說如來真

量無邊阿僧

中国佛教美学典藏

总主编

高建平　尹　佃

各分部主编

佛教绘画部　丁　方

佛教造像部　张　总　王敏庆

佛教书法部　何劲松

各分卷作者

造像经典与仪轨　王敏庆　普　能　著

石窟造像（上下）　何　莹　全　薇　著

地面寺院造像（上下）　宋伊哲　著

出土及传世造像　王敏庆　杨小娟　吴源虹　著

经卷佛画　张建宇　著

石窟壁画　张俊沛　著

绢帛佛画　刘　韬　著

禅意绘画　陈粟裕　著

禅德墨迹　聂　清　著

佛教碑刻　胡吉连　著

敦煌写经　李逸峰　著

佛塔建筑　王　耘　著

伽蓝建筑　徐　翥　著

主要编辑、出版人员

社　　长　刘祚臣

副总编辑　刘金双

主任编辑　曾　辉

编　　辑　（按姓氏笔画排序）

于淑敏　马　蕴　王　绚　王　廓

王一珂　王慕飞　冯　然　邬四娟

刘金双　李　静　李玉莲　宋焕起

林思达　易希瑶　帖慧祯　胡春玲

郭银星　黄佳辉　曹　来　盛　力

程　园　曾　辉　鞠慧卿

特约审稿　汤凌云　韩　伟　陈丽丽　王怀义

装帧设计　今亮后声

排　　版　博越创想

敦煌写经

内容简介

本书对敦煌写经中的书法做出全面阐释，如字体的分类、书写水准与审美风格、代表性写本介绍与欣赏等，有大量图片说明文中阐述的主题。本书主要从鉴赏的角度考察敦煌佛教写经书法艺术，同时加入了作者关于字体研究的成果，一方面充实了本书的学术色彩，另一方面也是对敦煌写经的书法之美进行细致的阐释。本书图片珍贵，具有典藏价值。

李逸峰

中国社科院宗教学博士后。教授、博士研究生导师。书法师从欧阳中石先生、叶培贵教授。2019年作为高层次人才引进，担任郑州大学书法学院副院长。郑州大学学科骨干特聘教授、河南省高校特聘教授。《大学书法》杂志主编。中国书法家协会理事、学术委员会委员，河南省书法家协会副主席兼教育委员会主任，教育部中国书法教指委高教委员会副主任。

国家出版基金项目
NATIONAL PUBLICATION FOUNDATION

高建平　尹　佃
－总主编－

中国佛教美学典藏

佛教书法部
主　编·何劲松

敦煌写经

李逸峰 — 著

中国大百科全书出版社

图书在版编目（CIP）数据

中国佛教美学典藏．敦煌写经 / 高建平，尹佃，何劲松主编；李逸峰著．—北京：中国大百科全书出版社，2024.5

ISBN 978-7-5202-1365-3

Ⅰ．①中… Ⅱ．①高… ②尹… ③何… ④李… Ⅲ．①佛教—美学—研究—中国 Ⅳ．① B948

中国国家版本馆 CIP 数据核字（2023）第 126420 号

出 版 人　刘祚臣
策 划 人　曾　辉
责任编辑　王　廓
责任校对　易希瑶
责任印制　李宝丰
装帧设计　今亮后声
排　　版　博越创想
出版发行　中国大百科全书出版社
地　　址　北京市阜成门北大街 17 号
邮政编码　100037
电　　话　010-88390969
网　　址　http://www.ecph.com.cn
印　　刷　北京雅昌艺术印刷有限公司
开　　本　889 毫米 ×1194 毫米　1/16
印　　张　18.5
字　　数　270 千字
印　　次　2024 年 5 月第 1 版
　　　　　2024 年 5 月第 1 次印刷
书　　号　ISBN 978-7-5202-1365-3
定　　价　500.00 元

总序

这部多达十五卷的佛教美学和艺术的总汇，是聚数十名专业研究者，积八年之功完成的一项宏大工程。在过去的这些年里，各位参与者都很辛苦。现在，终于苦尽甘来，欣喜之感油然而生。

当前，我们正处在中国式现代化建设的伟大进程之中。要建设中华民族现代文明，就要将现代理论与优秀传统文化遗产相结合。中国佛教艺术是中国传统文化和美学的一个重要组成部分。古人给我们留下了许多精美的艺术珍品，值得我们花大力气去整理、总结，站在现代的立场进行思考、研究。

在五千年的中华文明史中，最初一千多年，中华美学思想的萌芽可从巫史传统和工艺创造中体现。当时的人留下了丰富的实物，给我们提供了对那个时代文化状况的丰富的想象空间。其后，从商到周，出现了精美的青铜器皿，形成了发达的礼乐文化，在实物、操作和观念这三个层面推动了中华美学思想的形成和发展。佛教是发源于印度的宗教，传入中华大地以后与中国原有的礼乐文明碰撞交融，经历了一次外来思想中国化的过程，由此造就了文明的更新。

中国的礼乐文化在周朝兴盛，历经春秋战国，尽管礼崩乐坏，但还是有人竭力保存，到秦汉时仍有所传承。礼乐文化服务于周王室，通过分封的等级制度，实现以上化下、以夏化夷的政治设计。秦汉以后，分封逐渐消失，大一统的帝国逐步形成。这一时期，社会的上层与下层相距遥远，礼乐仍在上层社会的一些礼仪性活动中施行，这时就需要宗教在下层起到填补审美需求空间的作用。

在欧洲，希腊式的城邦制度解体，原来的希腊－罗马宗教体系只在上层社会被维持；而基督教则从社会的下层开始发展，得到广大民众的支持，最终迫使罗马皇帝改宗，同时也在巨大的罗马帝国范围内流传，成为世界性的宗教。在中国，佛教在一定意义上也起着这样的作用。从汉代到唐代，普通民众的审美需求成为佛教兴盛的土壤。正是由于这一原因，通过满足社会中下层民众的审美需求，佛教的审美理想和艺术创造在文明的深处扎下了根。

中国佛教美学有着一些突出的特点。

第一是理想性。这种理想性与非现实性、虚无和出世的观念结合在一起。这在华严宗和净土宗等宗派的思想中有明显的表现。它们所追求的净土，并非存在于现实的此岸世界，而是在理想的彼岸世界。它们的美，也从属于那个世界。现实的美只是彼岸世界美的影子。

第二是通过悟来感受世界。通过悟获得真美，或是苦修而悟道，或是禅宗所主张的顿悟——机缘触发，瞬间就能得道，即达到真美的境界。

第三是偶像崇拜。各种源于犹太经典的宗教，无论是犹太教、基督教，还是伊斯兰教，都流传逃出埃及的以色列人由于崇拜偶像而引起摩西震怒的故事，从而形成各种反偶像崇拜的传统，有的弃绝一切形象，有的不准造圣像。即使后来最热衷造像的天主教，也是依据一套“愚人的《圣经》”的说辞，即运用图像给不能阅读的人演绎《圣经》故事，提供图像存在的理由。这样一来，天主教的图像只是神圣故事的演绎，其本身不具有神性；圣徒所崇拜的不是偶像，而是通过图像感受神的道理。与此不同，尽管佛教早期也有过一段无佛像时期，但后来很快就有了对佛像的普遍接受。佛教的造像被认为其本身就有神性，是神的化身。

第四是宏阔的时空观。源于犹太经典的各种宗教都具有关于世界起源的传说和关于世界末日的预言。佛教则不同，不认为有起源和末日，而认为世界在时间上是无限的，循环往复，以至无穷；在空间上也是无限的，无所谓中心、边缘。体现在美学和艺术上，佛教就具有一种超越时空、追求无限的美学观念。

第五是和谐圆融的审美境界。美的理想是一种圆，但这不是毕达哥拉斯的数学上的圆，而是圆融的生存境界。佛教讲世界和谐，这又是通过圆的意象得到体现。

本套书共分四部十五卷，涉及书法、绘画 、造像、建筑等。

佛教书法部共有四卷，即《敦煌写经》《佛教碑刻》《禅德墨迹》和《禅意绘画》。

在印刷术流行之前，佛经的流传主要靠人工抄写。在这方面，敦煌藏经洞给我们留下了大批人工抄写的佛经。当时传抄佛经是基于保存和流传的需要，同时佛教徒们也将抄写佛经当成一种修行，通过艰辛的抄写工作以积累功德。这不仅为我们留下了大量的经典，同时也留下了重要的对当时的书写进行研究的材料。绝大多数佛教徒在抄写佛经时，都有一种虔敬的心态，他们书写认真，字迹清楚、容易识读。在字体上，楷、行、草三体均有，但以楷书为主。

佛教碑刻包括佛经碑刻、造像题记及寺塔碑碣。这些碑刻用途不同，风格上也有差异，但大体上是以隶书和楷书为主，风格上庄严静穆，偶有装饰意味。

禅德墨迹包括具有文人趣味的禅僧的书法作品，以及受禅宗思想影响的文人的书法作品。这些作品风格自由活泼，字体多为行书和草书，通过笔墨直抒胸臆，表现内在的情感。

禅意绘画，最初是画者致力于表现禅理，强调直觉性和感悟性，并以此使绘画超越形象的描绘。这种绘画追求推动了中国绘画意识的发展，并且与文人绘画结合，对中国绘画观念的发展和转折起到了关键作用。

佛教绘画部共有三卷，分为《石窟壁画》《绢帛佛画》《经卷佛画》，各有其鲜明的特点。

石窟壁画是指画在石窟壁上的绘画。壁画是人类最为古老的一种绘画形式。中国佛教石窟壁画主要存在于西域地区，以佛像和佛教故事为主要题材，也包括对佛国之境的描绘，其中乐舞飞天的壁画穿越千年，给人以惊艳之感，成为当代众多艺术创作的灵感来源。石窟壁画大多受印度绘画人物造型的影响，又开始具有中原绘画的元素，成为中西艺术风格结合的最早范例。

绢帛佛画以敦煌藏经洞绢画为主，现多藏于英、法、俄、德等国的博物馆中，日本、印度、韩国等国也有保存。这些绢画所画的形象不同，有佛、菩萨、罗汉、武士，以及供养人。从这些画中可看出中国绘画中线条之美的来龙去脉、中国绘画色彩的源与流。宗白华区分了中国艺术的错彩镂金之美与芙蓉出水之美，绢帛画大体属于错彩镂金一类。

经卷佛画，即佛经中的插图或附图，包括佛教经卷的卷首画（也称扉画）、随文插图、卷末的拖尾画。从制作技艺来看，经卷佛画分墨绘佛画和版画，雕版印刷繁盛时代出现了讲述各种佛经故事的版画。对经卷佛画的研究很有价值，但过去研究不多，本卷是对此研究领域的开拓。

佛教造像部内容最为丰富，分为《石窟造像》《地面寺院造像》《出土及传世造像》《造像经典与仪轨》。

《石窟造像》分上、下两卷。上卷讲新疆和中原北方石窟，下卷讲南方和藏传佛教造像。将这些不同地域、不同时代所创作的造像放在一起来对比，可以清晰地看出这些造像的造型和艺术风格在文化交流中留下的痕迹和在时代变迁中的沿革。

地面寺院造像则呈现出多样性和变动性。遍布西域和中原大地的佛寺中的造像，以及在藏区的藏传佛教寺庙中的造像，呈现出各自的地域特点；经过千年变化，又呈现出不同的时代特点。尽管佛像有“千佛一面”的说法，但不同地域、不同时代佛像的差别仍鲜明地体现出来。

出土及传世造像可称为前两种佛教造像的补充。这些造像被发现和保存，具有极大的偶然性。它们不像石窟造像，可系统发掘；也不像现存寺院里的造像，原本就有完整布局，具有系统性。这种出土及传世造像相对零散，其系统性需要研究者构建。

《造像经典与仪轨》是很特别的一卷。该卷对佛教造像特点和主要菩萨、天王等形象的基本框架做了概述，还对佛教活动的空间、所用法器等做了阐释。

佛教建筑部共两卷，一卷讲伽蓝，一卷讲佛塔。

《伽蓝建筑》主要讲历代的中土佛寺及藏传佛教的寺庙。正像欧洲历史上的建筑集中体现于教堂一样，佛教寺庙亦成为中国古代建筑的典范。本卷分朝代展示中国古代的寺庙，并对藏传佛教的寺庙做了专门的论述。

《佛塔建筑》专门论述佛塔。佛塔造型精美，是中国古代建筑精华所在。佛塔近可与寺庙组成一个整体，高耸的塔在建筑群中起画龙点睛的作用；远可装点河山，在自然山水中加上人工点缀。佛塔原本是瘗埋高僧圆寂后遗体和珍藏舍利的地方。它既是死亡之所，又是涅槃和超越之地。生死之事，永远是最大的事，这与僧人生活有密切关联，也使塔有了人情、人性、理想等多种意味。

佛教美学和艺术的内容丰富多彩，包含各个艺术门类。除本套丛书所介绍的之外，还包括诗词、音乐、歌舞等。我们的想法是，在现阶段能做什么，就先做起来。希望这套典藏为更全面地研究中国佛教美学起奠基作用；也希望将来在此基础上，借助新媒体，使中国佛教美学的精华得到更为全面的展示。

在最初组织这一课题组之时，我们的计划是，从几个主要的佛教艺术门类中，选取最有代表性的作品，给予精要的说明，以形成佛教美学的一个总汇。其目的在于，将佛教美学的精华在一个选本系列中汇总起来，将一些平时很难见到、只有专家才掌握的佛教艺术作品的图片加以集中，配以解说，从而使这些作品受到人们的关注。佛教从两千多年前开始传入中国，带来了佛教美学和艺术，在中国大地上生根、开花，与中国原有的传统结合，再经过历代僧俗信众的传承和创新，形成了璀璨多彩的中国佛教文化。中国佛教文化成为中华文化的一个组成部分，在世界文化史上也具有重要意义。在今天，加强佛教美学的学术研究，对佛教艺术的普及，对大众熟悉和了解佛教文化，对传承和弘扬中华优秀传统文化，都是一件功德无量的事。

记得第一次开编纂工作会，任务是明确大脉络的分工，确定各卷的主持人和基本研究队伍，划定各卷内容的边界。各位参编者的热情都很高。大家一方面认为，这件事很重要，编出的书会很宏伟壮观，成为一个大制作；另一方面也认为，这方面的书过去很少，有了一个好的立意，再加上选对了人，编起来不会费多大的劲，不过是将相关领域的专家集中起来，将原本就熟悉的材料以一个新的、对读者更具有亲和力的形式重新组织一遍而已。

到了真正上手去做才发现其中的种种艰难。材料难找，解说不好写。历史事实考证清楚，解说内容正确，这是基本的要求。这方面的要求，说说容易，做起来就有难度。不仅如此，由于这套书冠名美学，在选材时体现美学视角、在解说中体现美学阐释就很重要，对于长期致力于事实考证的专家来说，这种工作也有一定的难度。在撰写过程中，有人畏难退缩，有人赶不上进度要求，但是，这样一个庞大的工程，开弓没有回头箭，再艰难也要做下去，并且要保质保量地完成。

在这几年的工作中，撰稿和编辑人员都付出了巨大的努力。他们不仅研读既有的书籍、史料和画册，还要遍访全国各地的代表性寺院。最让我感动的是，他们跋山涉水，带着沉重的拍摄器材到现场拍摄。为了获得最佳的拍摄角度，课题组还购置了无人机，以便在人无法到达的角度进行拍摄。他们的努力，为这套书提供了大量精美的独家图片。

在此期间，课题组多次在北京召开会议；还远赴广东、山西等地，举行各种工作会议。每次会议都力求实效，解决编写过程中所出现的各种具体问题，包括工作分工、人员配备、文字质量、图片规格和要求、工作进度，以及编撰者与编辑如何相互配合以加快进度，等等。为了深化这套书的美学特色，我们还邀请了几位对中国古代美学有研究的学者对文字内容进行了审阅，提出了许多具体的修改意见。

现在，书稿终于付印了。感谢参加撰写《中国佛教美学典藏》的各位作者，各位均为对佛教美学和艺术有深厚研究基础的专家。他们不辞辛劳，集中精力，终于使这项巨大的工程得以完成。更令我们感动的是，著名佛门高僧尹佃法师自始至终参与我们的策划立项、内容框架研讨和后期编纂工作，多次参加编纂工作会议，提出重要意见。中国大百科全书出版社的郭银星和曾辉两位接力领导的编辑团队，对这项工作极为负责，在编辑出版过程中提供了周到而贴心的服务。本书是各位辛勤劳动的结晶。

佛教艺术和文化是中华美学的一个重要组成部分。中国佛教之美是先人留给我们的一笔宝贵遗产。同时，它又是在当代充满生命力的活的美学。我们带着对文化传统的虔敬之心来整理这份遗产，又以面向当代、面向世界、面向未来的态度，带着责任感和使命感，以激发传统文化在当代的生命力为目的，来审视并引领中国美学的辉煌未来。

总 论

佛教在西汉末至东汉初自西域传入中国，融入中国经历了一个较为漫长的过程，这个过程也是其逐步实现中国化的过程，最终孕育了有别于原始佛教的中国佛教。在此基础上，佛教以“同盟军”的身份一步步融入中国文化之中，并以其优长彰显于世。在佛教中国化的漫长的文化融合和发展过程中，中国书法始终与之相契相合，彼此之间相互影响，相互融通，相得益彰，绵延至今。历代有关佛教与书法、佛教书法的相关论述不少，但要对“佛教书法”进行明确界定，仍是一件不容易的事。黄君认为，“佛教书法的内涵应该主要体现在书法作品（及其理论）对于佛教思想的吸收、溶化、表现”等方面，“对于作品中的文字内容（经、律、论、公案、偈语等），虽然我们承认它属于佛教书法内容，但它毕竟是第二位的，次要的、非本质的”。[①] 从文本意义上，佛教书法在两汉时期随着早期佛经翻译的开始而出现，但此时的佛教书法更多的意义还是体现在其作为考证史实的文献，还并未上升到“艺术”的层面，更谈不上佛教思想的体现。

佛教在中国的发展与传播同时是一个不断比附中国文化的过程，其通过结合已有的中国观念与实践，以易于理解和接受的方式逐渐融入中国文化，对中国的哲学、文学、艺术等产生了深远的影响。客观地说，佛教在中国的传播与发展，实现了对中国传统文化艺术的再创造，扩展了中国文化艺术的范畴，丰富了中国文化艺术的内容。汉末两晋时期，佛教与中国原有的儒、道文化之间的交流表现为玄、禅两大思潮的碰撞和融合，并在此基础上促使当时的文化艺术走向自觉之

① 黄君：《“佛教书法”之我见》，《法音》1993 年第 2 期。

路。这一点在书法上表现得尤为突出：佛教犹如催化剂一般，使得中国书法艺术逐渐丰满、丰富起来。首先，玄学给书法注入易学“道”的本体，即书法艺术所要表达的是宇宙万物“一阴一阳”的本质规律；其次，佛教又给书法艺术注入另一本体——“心”，人们开始真正将书法视为“心画”，即清人刘熙载所说的“书也者，心学也”；最后，书法一改过去被当作工具、被视为“小技”或“末流”的局面，成为人们的审美对象，社会上开始出现书法世家，甚至出现书法上“父子争胜，兄弟竞爽”的场面。尽管这一时期以“二王”（王羲之、王献之）为代表的书家未必都对佛教思想表现出炙热之情，但此时佛教思想与老庄玄学相互统摄，自然而然地影响到书家们的审美与创作。就这样，书法迅速实现了艺术“自觉”，出现“人心营构之相”，即表现中国人特有的宇宙观和生命情调的艺术形式。正如宋人朱长文感叹的那样：“书之至者，妙与道参，技艺云乎哉！”

南北朝时期，佛教在中国得以空前发展，出现了“南朝四百八十寺，多少楼台烟雨中”的盛况，中原王朝朝野上下，信士满天下。此时，各阶层的佛教信众们都热衷于祈福避灾，捐造佛像。早期佛教认为人体是禁锢灵魂的躯壳，故不主张塑造佛像，直到佛教大众派与上座派分裂，偶像崇拜的思潮开始在大众派中出现，加上印度佛教传至罗马文化影响下的犍陀罗地区，与当地的雕塑艺术相结合，佛教造像广为流传。传入中国以后，佛教造像更是成为其重要的宣传手段。在捐造佛像过程中，以造像时间，供养人官职、籍贯，出资造像的因由及发愿文为主要内容的造像题记逐渐出现。与此同时，造像题记作为一种佛教书法类型也随之出现。造像题记以龙门石窟内的《龙门二十品》为代表，这类碑刻书法整体上雄健刚强、率真质朴，呈现出风格多样性的特征，与当时以北魏洛阳元氏墓志为代表的官方书风迥然有别。

北朝后期，由于受到佛教“末法”思想影响，特别是在经历了北魏和北周的两次灭佛浩劫后，一场声势浩大的刻经之风骤然兴起，佛教徒开始将经文刻在山崖或石碑上。这些刻经既有皇家背景，也有典型的底层文化特征。前者以位于北齐京畿附近的邯郸响堂山刻经与中皇山摩崖刻经等为代表，后者以位于山东的泰山经石峪《金刚经》与邹城“四山摩崖”等最为突出。这类摩崖刻经书法在风格上呈现出雄浑圆厚、浑穆简静之美。

尽管南北朝时期的佛教造像题记书法与佛教刻经书法所呈现出来的风格特征和美学追求与佛教的教义教理并没有直接、必然的联系，但作为佛教与书法两者融合的风格类型，对后世书法影响深远。正如清人阮元在《北碑南帖论》中说："短笺长卷，意态挥洒，则帖擅其长；界格方严，法书深刻，则碑据其胜。"康有为在《广艺舟双楫》中也说："吾见六朝造像数百种，中间虽野人之所书，笔法亦浑朴奇丽有异态。"清代书家大多重碑，对北朝碑刻书风给予高度评价。

隋唐时期，佛教的发展迎来了宗派林立的局面，天台、华严、禅宗、唯识、净土等佛教宗派的出现，表明此时中国佛教已完全融入中华文化体系，并形成其相对独立的理论体系，最终实现了佛教发展的中国化。晚唐时期，禅宗思想凭借它强大的渗透力，开始向社会的各个层面转化并实现它自身的价值。

晚唐以后，禅宗思想持续影响中国思想发展的进程，铸造中华民族的人生哲学，陶冶知识阶层的审美情趣。禅宗思想的发展逐渐由山林禅寺转向社会和思想界，对文学艺术产生了极大的影响，书法也概莫能外。这一时期，禅宗特别是主顿悟的南宗禅主张不立文字，教外别传，直指人心，见性成佛，认为只要"本心澄净"便可立地成佛。在"若不究心，坐禅徒增业苦；如能护念，骂佛犹益真修"的思想支配下，禅宗各派中普遍出现不尚坐禅、不尚苦行现象，修禅者随缘任运，呵佛骂祖，机锋棒喝，亦狂亦癫。此时的书法家们从南禅风中找到了强有力的宗教思想依据来支撑直指人心、直抒胸臆的创作理念，这使他们隐约领会到书法应重视清净本心，要以抒情达意为书法创作的第一要义。以怀素、亚栖、贯休、梦龟、彦修等僧人为主要代表的书家们强调书法创作中推陈出新、通变的观念，认为"变"是古往今来书家成功的关键，若执法不变，终成书奴。这种对于创新的重视与佛教中以"自觉觉他"、涅槃智慧挽救众生为目标如出一辙。这一创作理念几乎垄断了整个晚唐乃至五代书坛，为宋代尚意书风的形成埋下了伏笔。

宋代最为杰出的三位书家——苏轼、黄庭坚、米芾，都与禅师常相酬往，他们的书法自然而然地受到禅宗思想的影响。特别是苏黄二人，在与高僧交往酬答中，着力于佛学思想义理和禅宗美学境界方面的探索与体悟，"以文字而做佛事"，在佛法与书法中体悟如来的不二法门。正是以苏黄为代表的宋代文人在经历了人生起伏、仕途荣辱后，或"由儒入禅"，或"由儒入道"。他们参禅问道、游戏笔墨的书斋生活与尚意自适的日常书写，成了“一种集士大夫学问、道德与文人审美于一体，融合儒、释、道三家哲学内涵，既受文人敬仰又亲近生活的状态”，最终促成了宋代尚意书风的形成。[①] 宋代以后，尽管佛教与书法频频交往，但佛教思想对书法艺术新的渗透并不多，值得一提的是明人董其昌，《明史》称其“性和易，通禅理，萧闲吐纳，终日无俗语”。董氏与莲池、憨山等禅师关系甚密，还曾批阅过禅宗经籍《永明宗镜录》，具有非同一般的佛学修为。董氏受《楞严经》中“八还辨见”的启发，悟得“书未有学古而不变”的道理，并将佛家“梵我合一”“无上清净”的境界巧妙地化入其书写实践，创造出笔法“无迹可寻”、墨法“淡趣”的萧散简远书风，对晚明以后的书法产生重要影响。

佛教传入并逐渐融入中国文化的过程，始终都离不开文人士大夫的支持与倡导。反之，佛教思想又影响他们的精神世界、文艺创作与日常生活。在书法上，佛教思想除了影响其艺术理念、审美取向和创作实践之外，古代文人又以书法抄经等酬报助扬佛法。历代书法名家，几乎都写过佛教相关的经典或碑文书帖。如王羲之写了《遗教经》，张旭写了《心经》，柳公权写了《心经》《金刚经》和《清净经》，苏轼书写了《心经》《金刚经》《华严经》等经、序十余种。另如欧阳询、褚遂良、虞世南、颜真卿、黄庭坚、赵孟頫、米芾等都参与过佛教写经。

佛教自初传起，经典的翻译与传播都依赖于手工传抄，随着佛教的迅速发展，抄经更是需要大量人员的参与。此时，佛教典籍中都将抄经视为重要的修行行为，称之有无上功德，如《妙法莲华经·普贤菩萨劝发品》云：“若有受持读诵，正忆念，修习《法华经》者，当知是人则见释迦牟尼佛。”于是，抄写佛经、念诵佛经便成为一种普遍的社会现象。写经、抄经者除了僧侣，还有普通民众、居士、文人、商人、手工业者，更有王公贵族等，几乎涵盖了社会的各个阶层。这些人中除了一部分有一定文化基础的佛教信徒是由自己来抄经，其他绝大部分的人要借助于他人来完成抄经。更多时候，他们雇佣一些社会地位较低且有一定书写经验的人，于是便有了专门的职业写经人，被称为“经生”。与此同时，寺院也形成了一套由经生、官经生、书手、楷书手、校书手、典经师等组成的专门的组织机构，

① 刘超：《〈元祐党籍〉碑刻与元祐文人精神——兼论“苏学”“苏字”在南宋的传播》，《荣宝斋》2019年第4期。

并对写经的过程和仪轨进行严格规定。据宋代《宣和书谱》载：经生在抄经过程中“修整自持”，“数千字终始如一律，不失行次”，“一波三折，笔之势亦自不苟。岂其意与笔正，特见严谨，亦可嘉矣”。由此可见，抄手们在抄写经文时，要有恭虔之心，心无杂念，心平气和，神智宁静，完全进入角色，达至玄妙境界。对经生来说，还要做到速度与质量两不误，既要抄写得快，不耽误功夫，又要规矩齐整，便于诵经之人诵读。就这样，写经书法虽然在各个时代体现出一定的差异，但是其用笔、结构和章法逐步固定下来，形成独特的风格类型，在书法史上被称为“写经体”。现在人们看到的敦煌写经，在这类书法中蔚为大宗。

敦煌写经书法主要是楷书，而且是小楷，书写工整清楚，通篇从结体、笔法和章法布白形式上都趋于统一稳定，既与所处时代的主流书法相互融合、相互影响，又具有相对的独立性。魏晋时期的写经，因正处于隶书向楷书的过渡时期，带有明显的隶书意味，类似当时流行的钟繇楷书。南北朝时期的写经则明显受到魏碑书风的影响，基本上摆脱了隶书风格，结体上“斜画紧接”，笔画中明显体现出刀刻外露的锋芒之感。隋唐时期的写经风格与当时的主流书风相比则有一定滞后性，尚有隶书、魏碑的余续，整体上为工整优雅的妍美书风所代替。到晚唐五代时期，受“唐尚法”的影响，敦煌写经书法在笔势、结构、笔法上逐渐与社会主流书风趋于一致。

敦煌写经以大量的墨迹遗存清晰地展现了书法字体从隶书到楷书的演变过程。此外，敦煌写经虽有千人一面之嫌，但仍具有鲜明的类型特征，颇受后人关注，如王学仲便将之与“帖学”“碑学”并列，作为一种新的书法类型——“经系”提出来。

从中国绘画的发展历程来看，来自佛教的影响同样至关重要。

首先，佛教文化的发展促进了绘画艺术自觉的产生。汉代以前的绘画，如常见的“圣贤图”“帝王图”“烈女图”等人物画，其目的和书法一样是为了“成人伦，助教化”，重视外形之似、相貌之真。自汉末魏晋时起，人物画虽未完全摆脱人伦教化作用，仍强调形似貌真的一面，但已然发生着明显的变化，即朝着神似的方向发展。这些新的变化，在曹不兴、卫协、顾恺之三代画家的身上体现得尤为明显。此外，这一时期的人物画中开始增添了佛教的诸佛、菩萨、天神、伎乐等形象，并开始涉及山水自然。虽然此时的自然并不作为画面的重点，其目的只是以“物”衬“人”。但颇受战乱纷争、政治煎熬的人们开始逃离世俗，崇尚自然、寄情山水，最终导致山水题材绘画的出现。这一时期绘画观念的转变与佛教在传播、发展中形成的玄禅思想密切相关。在玄禅思想指导下，书画都得以上升到“道”“心”本体论高度，于是便由“技”进入“道”的境界。此时的书画家要表现心中的“意”，而这个“意”即来源于天地阴阳的变化，二者是相通的。由于“心”与“物”互相作用，不相对立，因此中国书画美便成为由阴阳变化所决定的天地万物和谐之美，以及与之相一致的主体“心”的共同表现，两者打成一片，不可分割。至此，绘画艺术在“道”理念下，对自然现象重新加以组织、加工、提炼，显示的是生命的和谐结构，以及宇宙生生不息的运动变化。这种中国特色的美学理念与西方美学中古希腊的“模仿论”、西方现代的“表现论”迥然有别。

其次，佛教文化对中国绘画最为深刻的影响还表现在来自禅宗的影响。自晚唐以来，禅宗的审美情趣影响到中国绘画，最终促成中国绘画艺术的革命，即写意书画的出现。之后，写意书画逐渐成为中国书画的主流。在禅宗思想影响下，绘画成为文人士大夫们参禅悟道的重要手段。该类绘画的内容往往超越时空的限制而带有很大的主观随意性，譬如绘者往往会将桃花、芙蓉、莲花等属于不同季节的内容置于同一画面。宋人沈括将之概括为“此乃得心应手，意到便成，故造理入神，迥得天意，此难可与俗人论也”。宋代以后，这一理念得到进一步发展，人们开始关注“主意”，以“意”为尺度评价画作的高低优劣。可以说，唐宋以后逐渐走向成熟的“以意为主”的审美观及写意画的形成和发展与禅宗的影响密切相关。

最后，学理上论述绘画与禅宗的关系颇为顺畅，但要对“禅画”进行明确界定颇为艰难，众说纷纭。综合起来，禅画的特殊性并不局限于题材或者绘画方式，而是作品在形式之外的精神内核，这种内核与禅宗修行的特殊体验有着密切联系，从而使得人在绘制或观看画作获得类似于禅修一般的心理体验。随着“禅”的世俗化、生活化，禅画也并不囿于禅门之内，作者的身份也不局限于沙门比丘，故其名号称为禅意画更为合适。概括起来，禅意绘画总体上表现出心中自然、直观顿悟、水墨妍彩等美学特征。

《中国佛教美学典藏》佛教书法部分为《佛教碑刻》《敦煌写经》《禅德墨迹》《禅意绘画》四卷，分别由胡吉连、李逸峰、聂清、陈粟裕负责撰写。各卷在编写体例上各有特色，或以时间为序，或分门别类。四卷对佛教书法中的碑刻、写经、禅德墨迹及禅意绘画在各个时期的代表作品进行讨论，着重阐释佛教文化与书画艺术的融合与互动，解析不同作品的美学内涵。

有关佛教与中国文化艺术关系的讨论，是一个老生常谈的问题，也是不断发展且常谈常新的问题。囿于我们的水平有限，所述难免存在纰漏之处，敬请有识者批评、指教。

何劲松　胡吉连

2022 年 10 月 29 日

目 录

图片目录

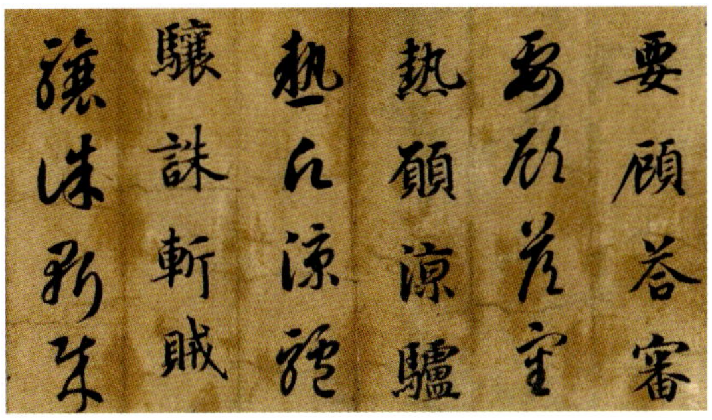

第三章

敦煌写经书写水准与审美风格

第五章
敦煌写经的宗教学意义

第六章
代表性敦煌佛教写本介绍与欣赏

中国
佛教美学
典藏

绪论

写本，即根据底本抄录而成的文本。佛教认为成佛有八万四千法门，人世间一切身、口、意诸般行止，皆可用作修炼，因此，抄写佛经被视为一种极为殊胜的修行法门，也成为佛教信仰者积累功德、祈福、消灾、忏悔的重要方式。佛教自汉代传入中国后，随着佛经的大量翻译、传入，抄写佛经的行为逐渐兴盛，历朝历代的佛教信仰者及爱好者，除僧人之外，从帝王将相、官宦文人到识字的普通百姓，几乎都有抄写、供奉经卷的习惯，这种风尚大大刺激了写经文化的蓬勃发展。于是，佛教便与书法产生了自然而又密切的联系，佛经写本成为书法史上不容忽视的一个组成部分。早在北魏时期，随着佛教的传播，通过抄经、讲经等形式在群众中流行的经典就有 415 部 1918 卷[①]，从抄经数量可以想见当时写经的盛况。

由于宗教的独特性质，佛教写本与书信、诗文等其他实用性书写文本及艺术性书写文本有所不同，佛经的抄写对于字体选择与书写态度都有一定要求，以恭正、庄严为上，然而，由于经文抄写者的社会层次、文化素养不一，现实中的佛经书写水平良莠不齐。整体而言，官方抄经普遍优于民间写经，楷书写本水平整体高于其他字体的写本水平。正如郑汝中先生所总结的："凡佛经均为恭正之楷书。"[②]北魏以来，恭正规矩的字体，成为抄写经卷的重要体貌样式，被称为"写经体"，它源自汉代的简书体，完成于唐代的楷书，完整地记录了中国文字隶变以

① 孙坚奋：《试论泰峄诸山摩崖刻经的两个问题》，载《北朝摩崖刻经研究》，齐鲁书社，1991 年，第 284 页。
② 郑汝中：《敦煌写卷书法钩沉》，载《敦煌写卷书法精选》，安徽美术出版社，2011 年，第 3—4 页。

后向楷书转化的全过程，对文字的发展、楷书的形成起到了推动作用。

从现存的历代佛教写本来看，字体选择与书写态度具有一致性。就字体来看，佛经写本基本属于工整清晰的楷书之列，但由于魏晋至唐，楷书正处于发展演变之中，因此唐代及以前的佛经写本运用的是一种并不成熟的特殊实用字体，笔形起笔以顺锋为主，收笔也不做过多修饰，字形体势高度统一，便于保持一定的书写效率，同时非常重视书写的工整规范，尽可能使用当时通行的正体。唐代以后，随着楷书的成熟规范，正楷成为佛教写本的基本字体。从信仰者角度来看，宗教经典具有不可移易的神圣地位，必然要求采用端庄规范的文字进行抄写，并对内容进行严格的核校，以尽力保证宗教传播的准确无误。从传播过程看，佛教的弘扬需要有广泛的群众基础，易于识别是佛教经典抄写的另一要求。楷书作为隶书以后的正体文字，具有端庄、规范、易识别的特点，与隶、草、行等字体相比，最符合佛经抄写的这些要求，因此在魏晋以后的宗教经典抄写中，楷书成为首选的字体样式。

当然，抄经中也偶有使用行、草书者，但一般限于论疏之类的抄写。陈寅恪在《大乘义章书后》中说："又此书日本刊本其卷一标题下，有'草书惑人，伤失之甚，传者必真，慎勿草书'等十六字。寅恪所见敦煌石室卷子佛经注疏大抵草书。……经纶则真书，而注疏则草书。"[①] 草书抄写速度快，效率高，但容

① 陈寅恪：《金明馆丛稿二编》，上海古籍出版社，1980年，第165页。

易出错，且不易识，对于佛教经典的传播，弊端十分明显，因此在佛经写本中所占比重不大。综观千姿百态的中国书法艺术，佛教写本呈现出相对单一的艺术风貌，正是由庄重端严的宗教信仰特点和要求所决定的。

对于那些用于供奉或传播的佛经写本，通常要求抄写者具有较高的书法水平，除了字迹清晰整洁之外，美观大方也成了写经书法尤其是楷书书写的基本要求。历代写经题记中时常有关于写经书法的言论。上海博物馆藏三国时支谦译《维摩诘经》楷书写本卷上的卷尾题记言："麟嘉五年（393）六月九日，王相高写竟，疏拙，见者莫笑也。"高昌楷书写经65TIN029《金光明经》卷第三的跋尾题记称："庚午岁八月十三日，于高昌城东胡天南太后祠下，为索将军佛子妻息合家写此《金光明》一部，断手讫竟，笔墨大好，言者手拙，具字而已，后有聪□媚好之者，贯其愌羲，疾成佛道。"西凉建初元年（405）敦煌城南比丘德祐等12人所抄S. 0797《十诵比丘戒》题记称："……同时戒场者，道辅、惠御等十二人，到夏安居，写到戒讽之趣，成，具字拙而已，手拙用愧，见者但念其义，莫笑其字也，故记之。"这些佛教楷本题记中的"疏拙，见者莫笑"，"断手讫竟，笔墨大好，言者手拙，具字而已"等字样，反映出人们对佛经抄写的纸墨器具和抄写水平都颇有讲究，并非简单的自谦之词。

关于抄经者，历史上出现过官方与民间这两大群体。佛教信仰者通常把抄写佛经作为修行、祈福或忏悔的一种重要形式，因此，民间能写字的佛教信徒往往会自觉地抄写佛经，但抄写者的书法水平参差不齐。此外，还有一些官方的专门以抄经为职业的经生，他们的书写水平普遍较高，所书写的佛经写本的审美艺术价值也较高。敦煌写经是我国佛教写本中最引人瞩目的一个部分，其中官方经生的抄写往往成为民间抄经的示范，加之王羲之、智永、欧阳询、李世民、褚遂良、颜真卿、徐浩、柳公权等经典书家的写本、拓本流传到敦煌等地，成为书经者取法的对象，因此敦煌写经，尤其是楷书经文写本的整体水平相当高，有些甚至足以与经典的楷书艺术作品相媲美。

中国
佛教美学
典藏

第一章

佛教写本中的瑰宝

敦煌经卷

佛教，尤其是大乘佛教，特别强调受持、读诵及书写经典的功德，《法华经·法师品》云："若复有人，受持、读诵、解说、书写《妙法华经》，乃至一偈，于此经卷敬视如佛，种种供养……当知是诸人等，已曾供养十万亿佛，于诸佛所成就大愿。"因此，抄写经文可以为自己或他人祈祷消灾、增福、延寿、成就心愿。书者在动笔时，态度十分虔诚，要净手焚香，甚至净室斋戒，除了以墨来书写外，还有以金粉、银粉或香料加入墨中，甚至有刺血来书写经书，以显示其精诚之心。

写经在中国历史久远，汉末即有记载。敦煌写本中以佛教内容为主，佛经的抄写占到80%以上，佛经写本中汉文书写数量达到95%。所以本书所述敦煌写经仅指敦煌汉文佛教写本。年代最久的佛经写本，当属敦煌出土的《譬喻经》一卷，写于三国甘露元年（265），该写本现藏于日本。唐代净土宗二祖善导大师（613—681）数十年来虔心弘扬净土法门，所有供奉都用来书写《阿弥陀经》，共有十万余卷。1909年，日本学者橘瑞超等在新疆鄯善县吐峪沟（高昌故址）附近发现《往生礼赞偈》及《阿弥陀经》断片，后者附有发愿文，应当是善导大师所书写的十万卷《阿弥陀经》中的一部分。

唐代以后，由于雕版（刻版）大藏经流行，抄写不再是佛经流传的重要手段，然而，从寺院到民间，僧众们出于修行、消灾、祈福等目的而抄写经文的现象并没有减少，一直延续下来。直到清代，据记载，乾隆皇帝在三十六岁之前每年书写《心经》两册，六十四岁至八十四岁改每月朔、望二日都要各写一部，乾隆皇帝一生书写《心经》等佛经不下数百遍，其御笔书写的《心经》是我国佛教书法艺术的瑰宝。

第一节 敦煌写本概况

敦煌位于中国西北河西走廊的西端，北纬 39°40'—41°40'，东经 92°13'—95°30'，东与瓜州县相邻，西北与新疆维吾尔自治区接壤，南隔阿克塞哈萨克族自治县与青海省相连，是一个高山和沙漠、戈壁环绕的小绿洲。全境面积 3.12 万平方千米，平均海拔 1139 米，年均温 9.9℃。敦煌在历史上和地理上有极重要的地位，南枕祁连，西控西域，是东西方文明荟萃的枢纽。汉魏之际，西域受印度佛教文化影响很深，尤其是南北两道上的于阗和龟兹。敦煌邻接西域，扼南北两道之门户，影响所及，成为我国最早的佛教中心之一，正如《魏书·释老志》所说："村坞相属，多有塔寺。"

敦煌最著名的佛教圣地是莫高窟，又称"千佛洞"，坐落于敦煌市东南 25 千米处鸣沙山东面的断崖上。关于它的建造时间，敦煌写经《太上业报因缘经》卷三残卷的背面有段记载："莫高窟者，厥初秦建元二年，有沙门乐僔，戒行清虚，执心恬静。尝杖锡林野，行至此山。忽见金光，状有千佛。遂架空凿岩，造窟一龛。"其后陆续有僧人开凿："次有法良禅师，从东届此，又于僔师窟侧，更即营建。伽蓝之起，滥觞于二僧，复有刺史建平公、东阳王等，各修一大窟。"至此，莫高窟进入了蓬勃的开凿时期，并在此之后经十六国、北朝、隋唐、五代、西夏、元等历代修建，最终形成了规模宏大的佛教洞窟艺术。

1900 年 6 月 22 日道士王圆箓和敦煌贫士杨果，在清理莫高窟第 16 窟中的淤沙时偶然发现一间密洞，洞内藏有 6 万多件文献，包括汉文、藏文、梵文、粟特文、于阗文、回鹘文等各种文字。这就是震惊中外学界，被称为敦煌"藏经洞"的第 17

窟。藏经洞被发现后，王圆箓先后多次拜访敦煌县令严泽、汪宗瀚，甚至找到了时任安肃道道台兼兵备使延栋说明此事，但都未能引起重视。直到1903年，敦煌县令汪宗瀚将唐人写经《大般涅槃经》四卷寄赠时任甘肃学政的叶昌炽，叶昌炽是晚清著名的金石学家、文献学家和收藏家。由于叶氏的关注，甘肃省府才于1904年下令王道士将敦煌经卷就地保存，等候处理。

1907年夏天，英国探险家斯坦因来到敦煌莫高窟，认识到这批文献的重要性，便极力拉拢看管经洞的王圆箓，利用其胆小无知及对宗教的虔诚，用低廉的价钱收买了24箱写本、佛画以及其他5箱文物，而这仅仅是劫难的开始。次年春天，法国探险家伯希和也来到莫高窟，以同样的方式从王道士手中收购了6000多件写本，由于伯希和本人精通汉学，因此他所劫走的这部分写本无论是文史价值还是艺术价值都更为珍贵。1910年，在晚清学者罗振玉的竭力呼吁下，清政府同意出资将剩余8000多卷写本运回北京，但负责押运的新疆巡抚何秋辇抵京后，会同时任国史馆协修、内阁侍读学士李盛铎及刘廷琛、方尔谦等人，将这批残卷中的精品悉数盗取，为掩人耳目，将较长的经卷截成数段用以充数。1914年斯坦因再返敦煌，收购600多件敦煌写本；期间还有日本大谷探险队、俄国西域考察团也先后买走了数量不等的经卷和文书。此后，美国哈佛大学福格艺术博物馆与宾夕法尼亚博物馆也组织考察团来到敦煌，因当地政府和百姓已认识到敦煌文物的重要性，最终盗宝未遂。至此，这场敦煌浩劫才算真正结束。然而，大批敦煌写本流散国外，民国学者陈寅恪曾感叹：“吾国学术之伤心史也。”

敦煌写本有各种名称，如“敦煌文书”“敦煌文献”“敦煌写卷”“敦煌遗书”等，本书一律称为“敦煌写本”。1900年发现的敦煌写本绝大部分为汉文毛笔抄写，保存了4世纪至11世纪的墨迹，历经两晋、南北朝、隋、唐、五代、北宋等朝代，内容涉及宗教、政治、经济、交通、地理、契约、文学、书法等领域，其中90%以上为佛教经文和其他宗教文献，卷帙浩繁，举世罕见。敦煌写本不仅是中国中古文献的真实保存，也是丝绸之路上佛教兴盛的生动记录，还是年代最久远、延续最完整、数量最庞大的书法宝库。目前发现的纪年最早的敦煌佛经写本是西晋永兴二年仲春七日（305 年 3 月 21 日）所抄《大般涅槃经》，最晚为北宋咸平五年壬寅岁七月十五日（1002 年 8 月 25 日）所抄《大般若波罗蜜多经》，时间跨度近 700 年。写本中很多具有较高的书写水准，真实反映出当时社会的汉字书写面貌、书法艺术水平以及宗教信仰状况；这样时代久远、数量巨大、风格多样的写本，是研究书法学、文字学、宗教学的珍贵资料。

现存敦煌写本，总计约六万个编号，散藏于世界各国公私机构。其中中国国家图书馆（简称国图）收藏一万六千多号，我国其他公私单位所藏数量号在两千至三千之间。英国国家图书馆收藏一万六千多号，俄罗斯圣彼得堡东方研究所收藏一万九千号左右，法国国家图书馆收藏约六千号，日本公私机构所藏数量约一千号。西欧、北美的一些国家也有收藏，但数量很少，总数不过几十卷。

国图藏的敦煌写本的年代分布如表 1–1 所示：

表1–1　敦煌写本年代分布统计表

时代	占总数比例
东晋十六国	0.18%
南北朝	7.80%
隋	0.39%
唐	38.39%
吐蕃统治时期	30.57%
归义军时期	22.67%

第二节

敦煌写本分类与佛教写本

20世纪80年代，饶宗颐先生选编法国所藏的写本，出版了29册《敦煌书法丛刊》，对敦煌书法研究贡献很大。该丛刊按照写本性质将其分为十大类，其中拓本一册，韵书一册，经史十册，书仪一册，牒状二册，诗词一册，变文一册，碎金二册，写经七册，道书三册（图1-1—1-10）。该丛刊编选严谨，正式以"敦煌书法"命名。敦煌书法风格率真、浪漫，俗书、异体字甚至错别字并用，书体界限也不是太严格，极具民间色彩，为书法的学习提供了更多的可能。近些年来，越来越多的书法家与书法爱好者钟爱敦煌书法，从中发现自己所需并得到启迪。其中占比最大的是经史和写经两类。经史以《论语》《周易》最多，题楷书、行书、草书混用，其书法风格明显与写经不同。写经七册，皆为佛教内容，都为工整的楷书。

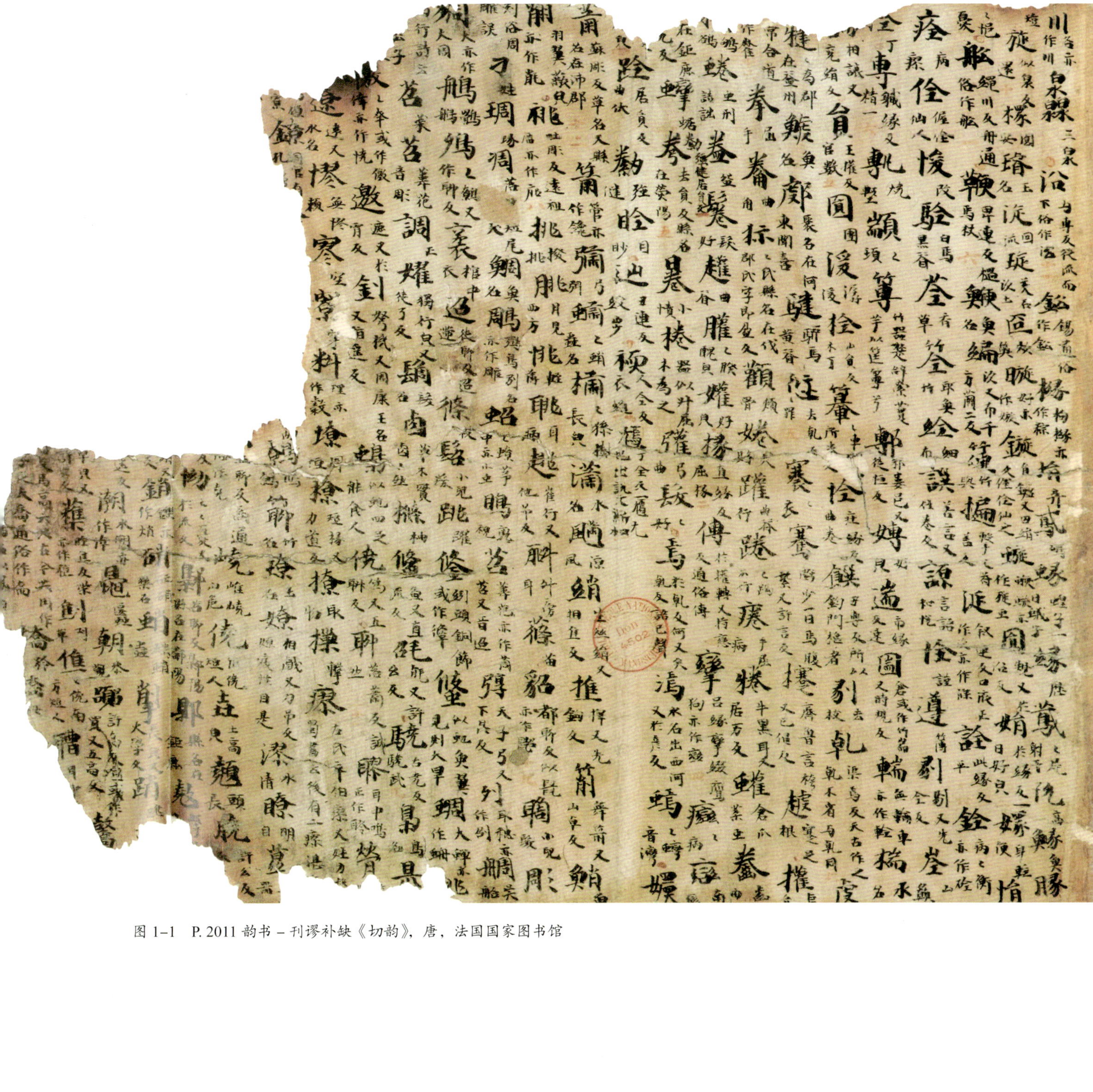

图 1–1　P. 2011 韵书－刊谬补缺《切韵》，唐，法国国家图书馆

帝窮神終揖茂陵之草七尺仙道紆闊孰長齡之可冀豈若茲泉近怡情性者矣朕以憂勞積慮風疾屢嬰每濯患於斯源不

图 1–2　P. 4508 拓本 – 唐太宗书《温泉铭》，唐，653 年，法国国家图书馆

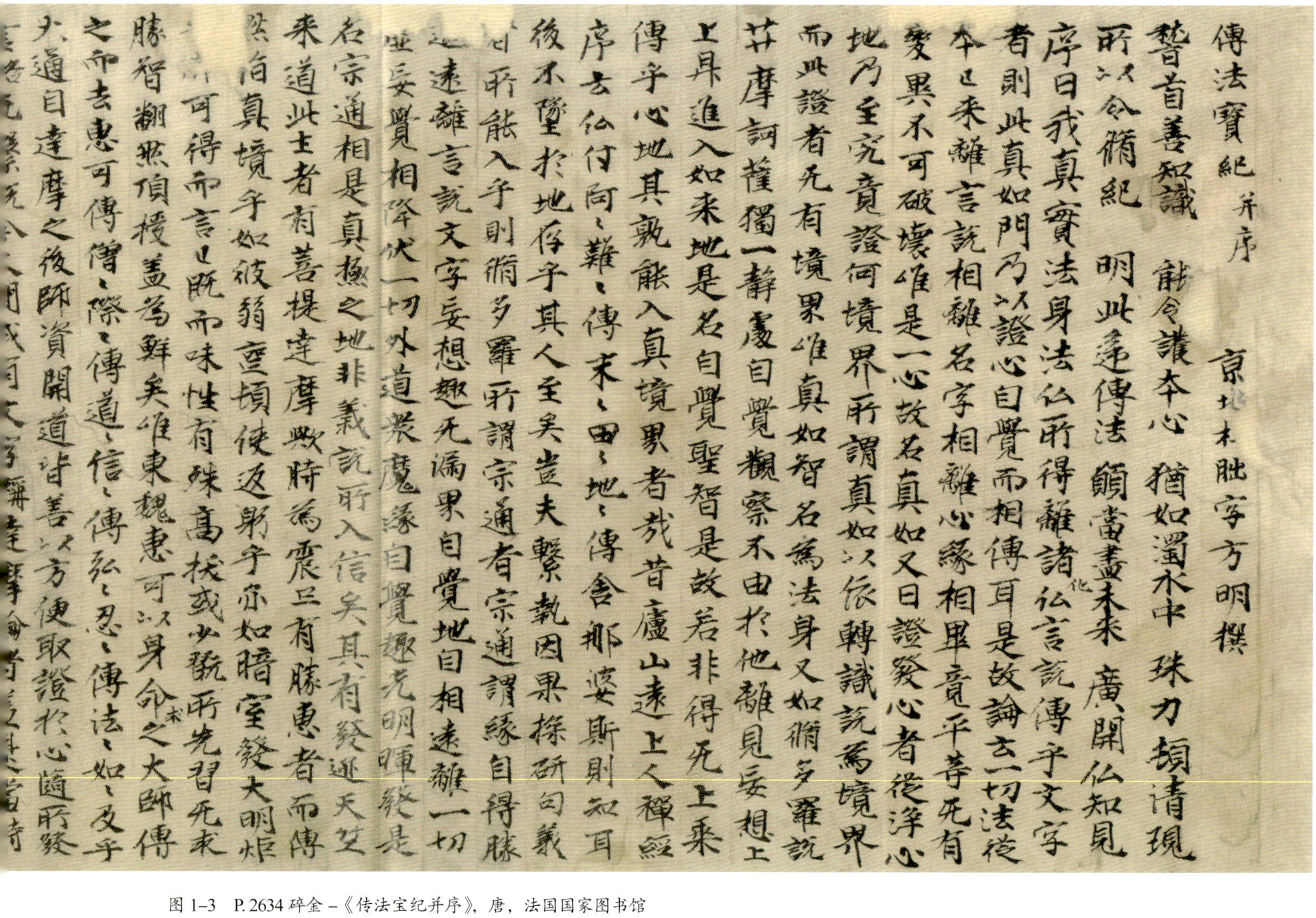

图 1–3　P. 2634 碎金 –《传法宝纪并序》，唐，法国国家图书馆

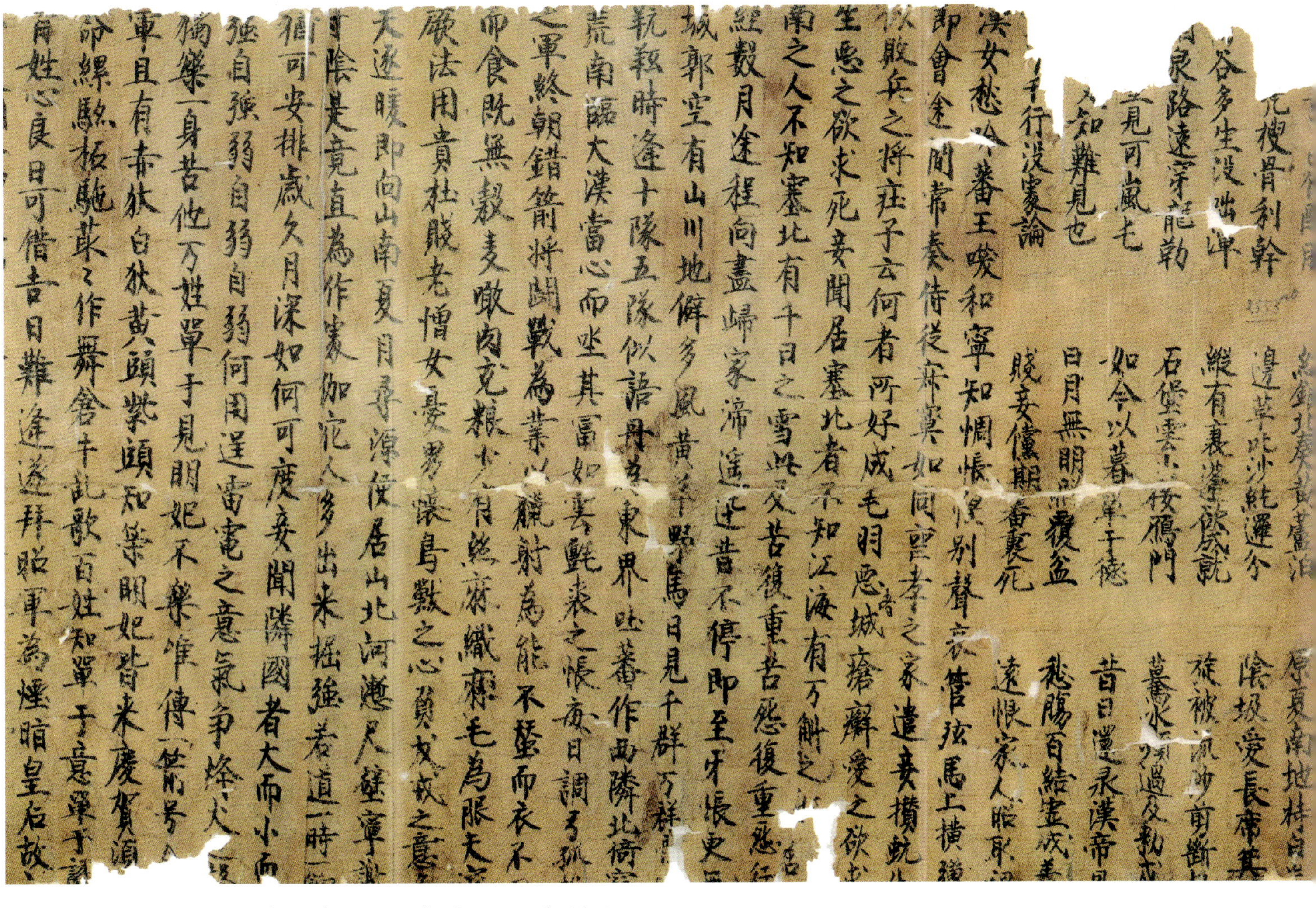

图 1-4　P. 2553 杂诗文 -《王昭君变文》，唐，法国国家图书馆

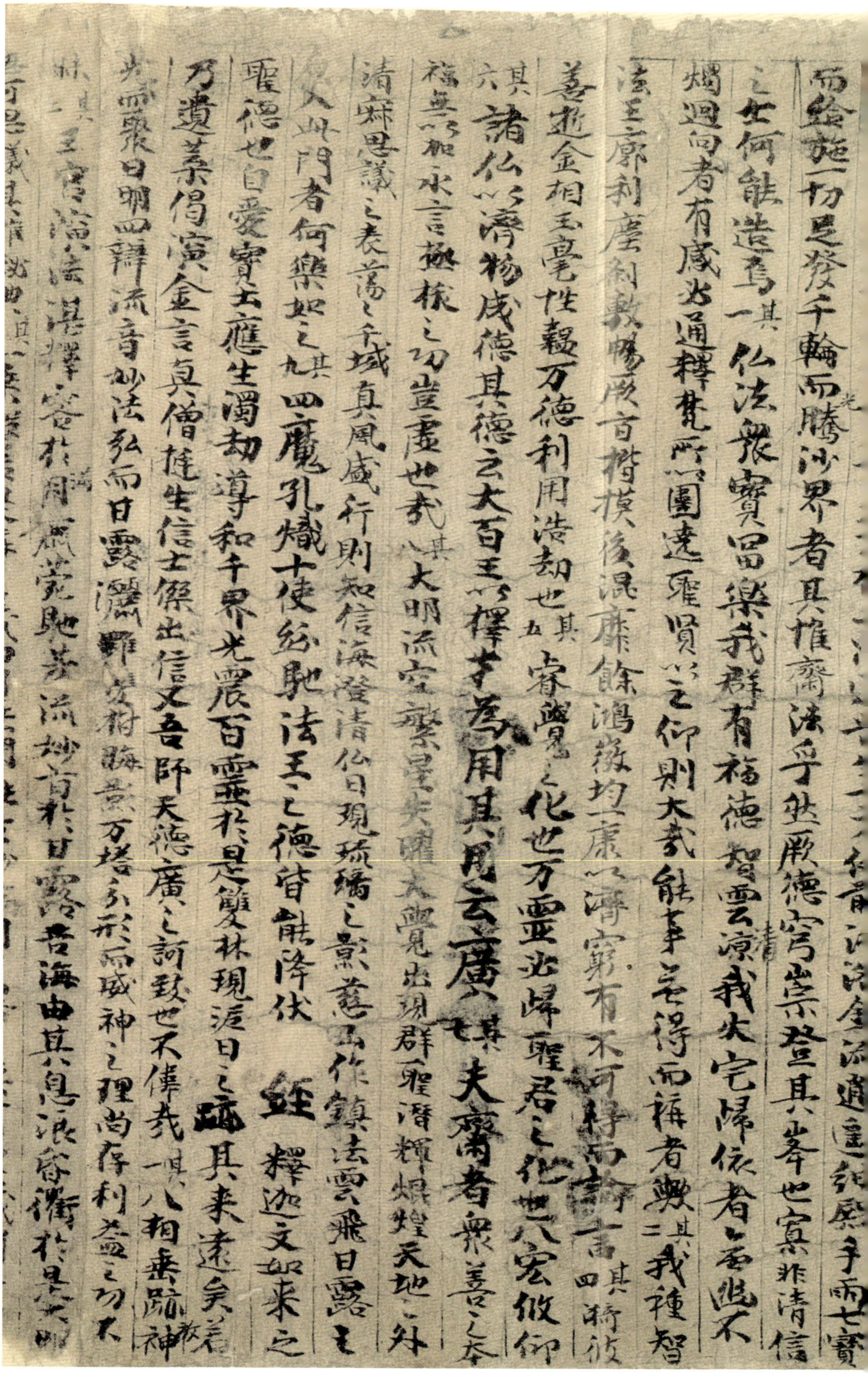

图 1-5　P. 3307 书仪－《释门文范》，唐，755年，法国国家图书馆

脈詞見圓滌函乾吉　云思靡有限是亡何窮靈凡雖終異天之恩無忌

大聖法王證無為於浩劫洪悲□……而知歸之何以三僧企耶一生補處無白

象而下賑兜率攀寶枝而腋□……之蓮開於七步舉手稱尊於十方而異哉

蓋諸佛以來不思儀善巧之化也其一　王宮誕靈開妙相於四八齊圓震轉法輪於十

二神光遠燭妙音遐暢已度者咸令出離未度者悉作因緣善方便之門難得而詳

矣其二　法身凝妙超塵而渾成應跡絲為數沙而利見思我慈覺光臨還去非生

亦生假身金輪之族無相現相遐闡玉毫之光啓三明而利物弘十力以乘時日月照以傳其

朗天地不足方其用至矣哉難得而名者也其三　八十方界挾一切普放月愛光施甘露樂者

惟大覺至真彼真慈緣普救利樂之道夫何以加其一　與光宅千界運轉四生開甘露門與第

一樂者其惟我大雄獨尊諸法之王法得究竟莫可談也其二　大覺之體也惟清惟寂大覺之

化也日慈日悲泊光遐照白法圓啓運四生而過常樂者有矣其三　正法身之像也十方普遍

法身之周世百福莊嚴天地焚燎而不驚驚慄塔推遷而常樂自若已降嚴飾乃生滅之原其一

三界六趣莫非苦空之宅四大五情並歸磨滅之相假使頂生御寓將輪七寶之永國藍子

昇□壽萬劫而遐壽莫不忘想幾識輪迴於大夢刹那為命馳謝於小年其二　欲有色有五

蔭流散眾流少年大年三相促景於奔電雖復飛纓曳組影含軒蓋莫不歌薤露

而長往聽松風而永歸其三　夫本有之結空由自我漸染莫際絲絲大來或身不可以墻

難色何能而水固惟釋迦告滅權興鶴樹之謹弟子玄臣詎比流星之說此以彼應

豈是快哉……

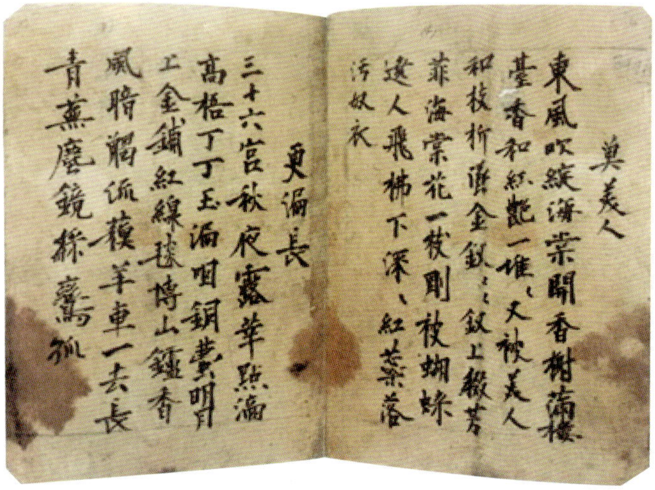

图 1–6　P. 3994 诗词 –《更漏长　虞美人》，唐，为 P. 3836 续抄，法国国家图书馆

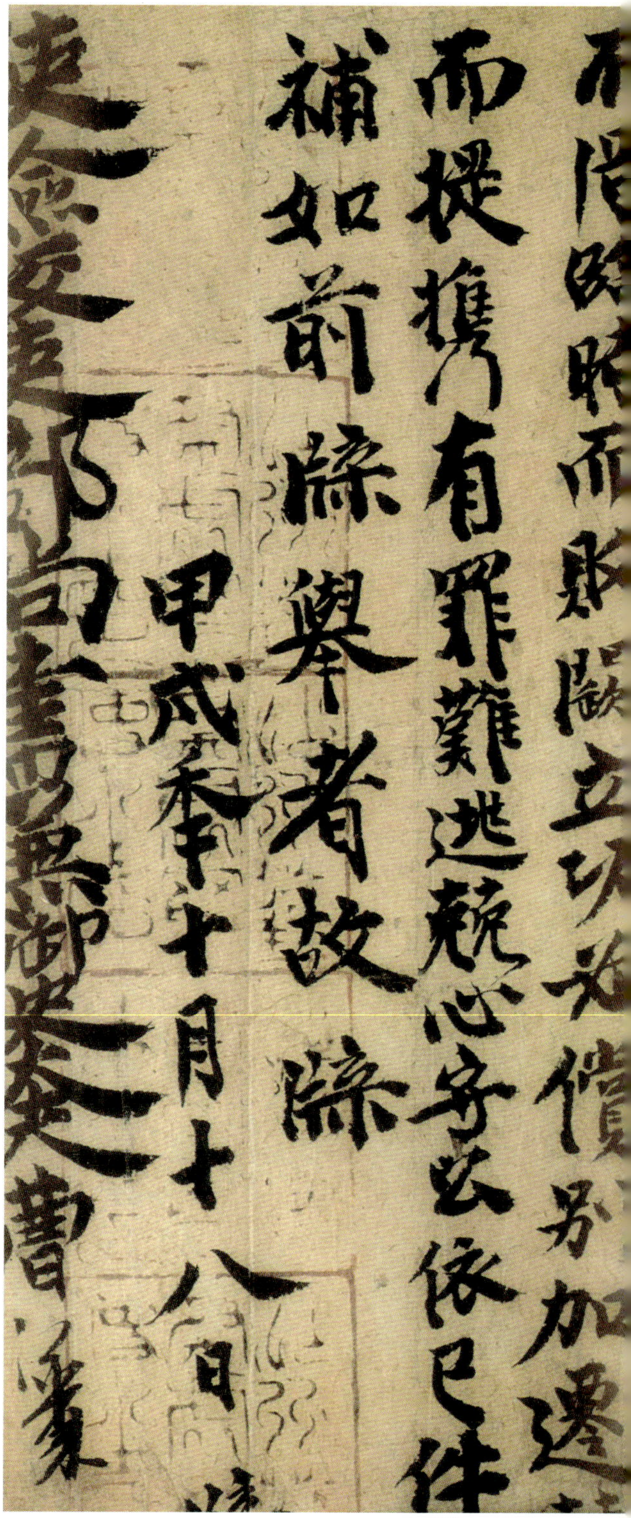

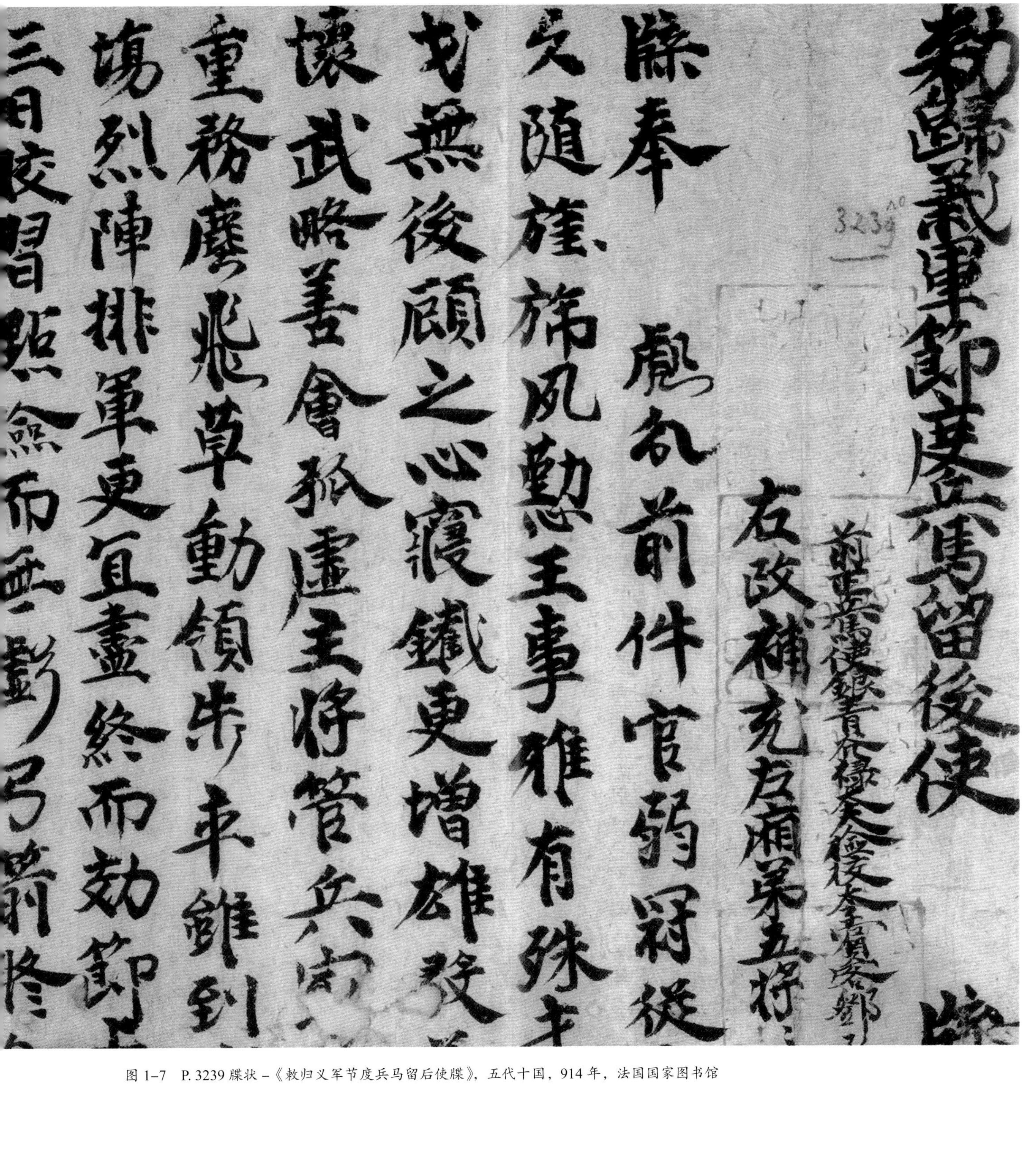

图 1-7　P. 3239 牒状 -《敕归义军节度兵马留后使牒》，五代十国，914 年，法国国家图书馆

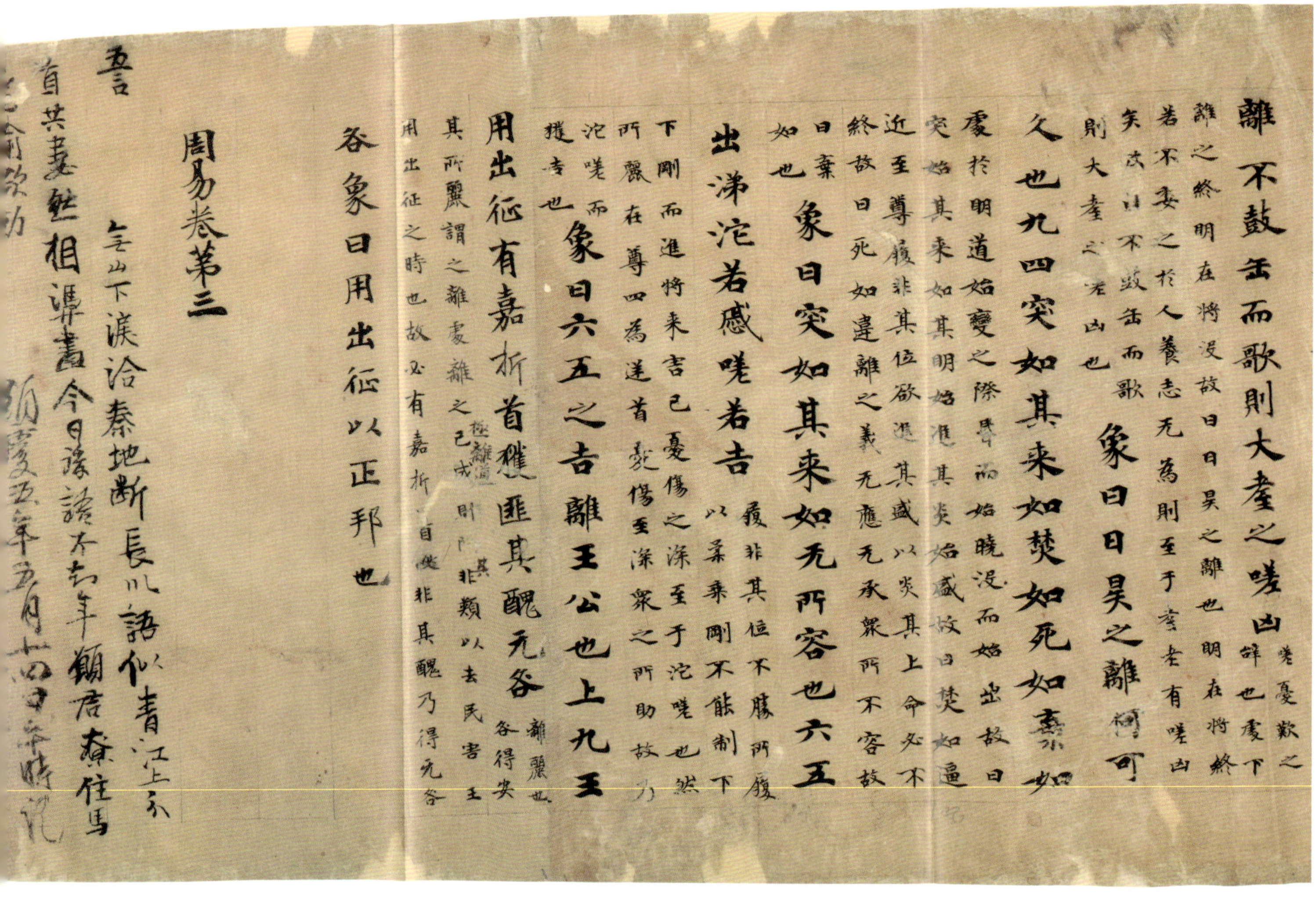

图 1-8　P. 2530 道书 -《周易卷第三》，初唐，法国国家图书馆

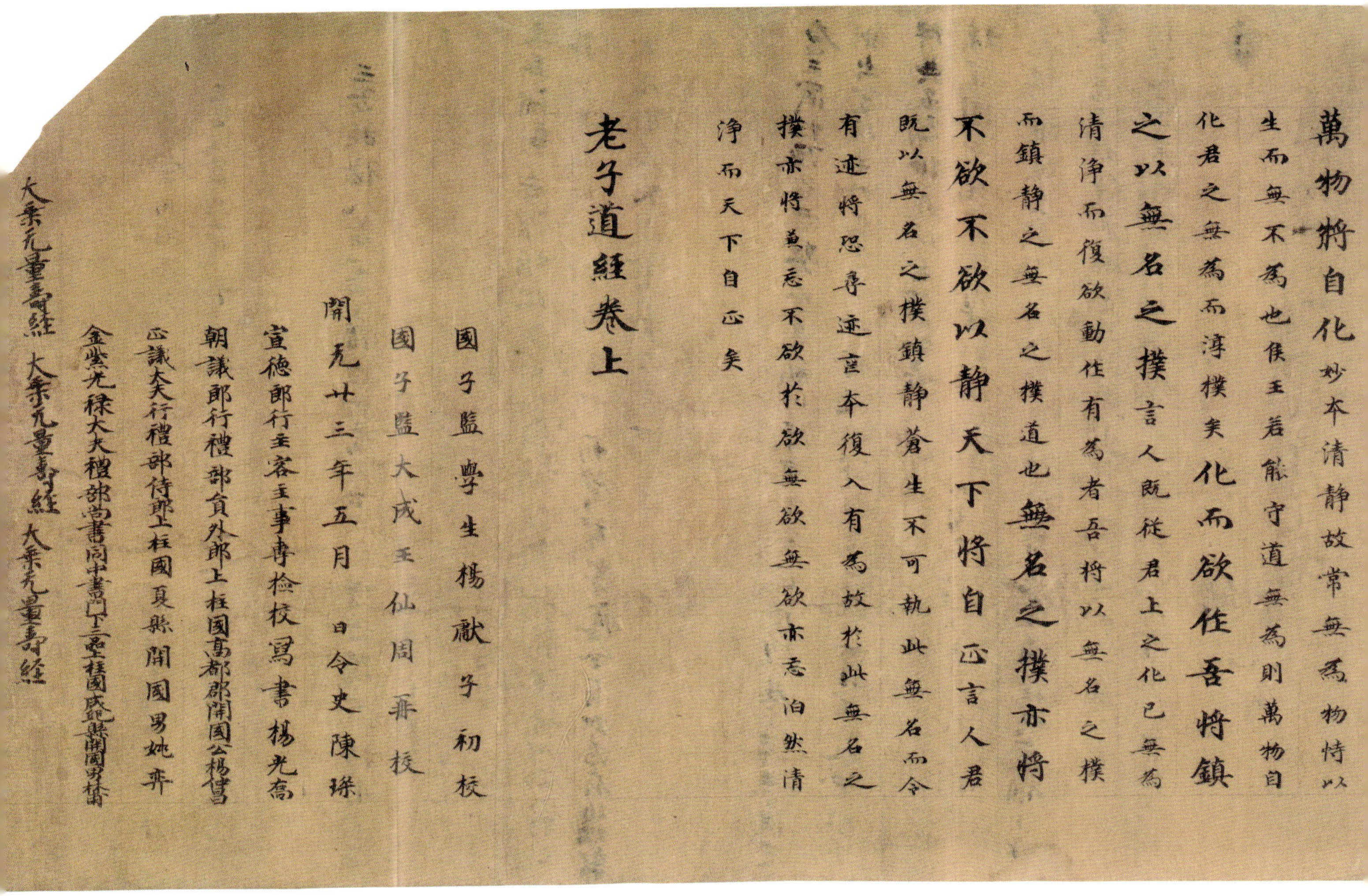

图 1–9　P. 3725 经史 –《老子道经卷上》，唐，735 年，法国国家图书馆

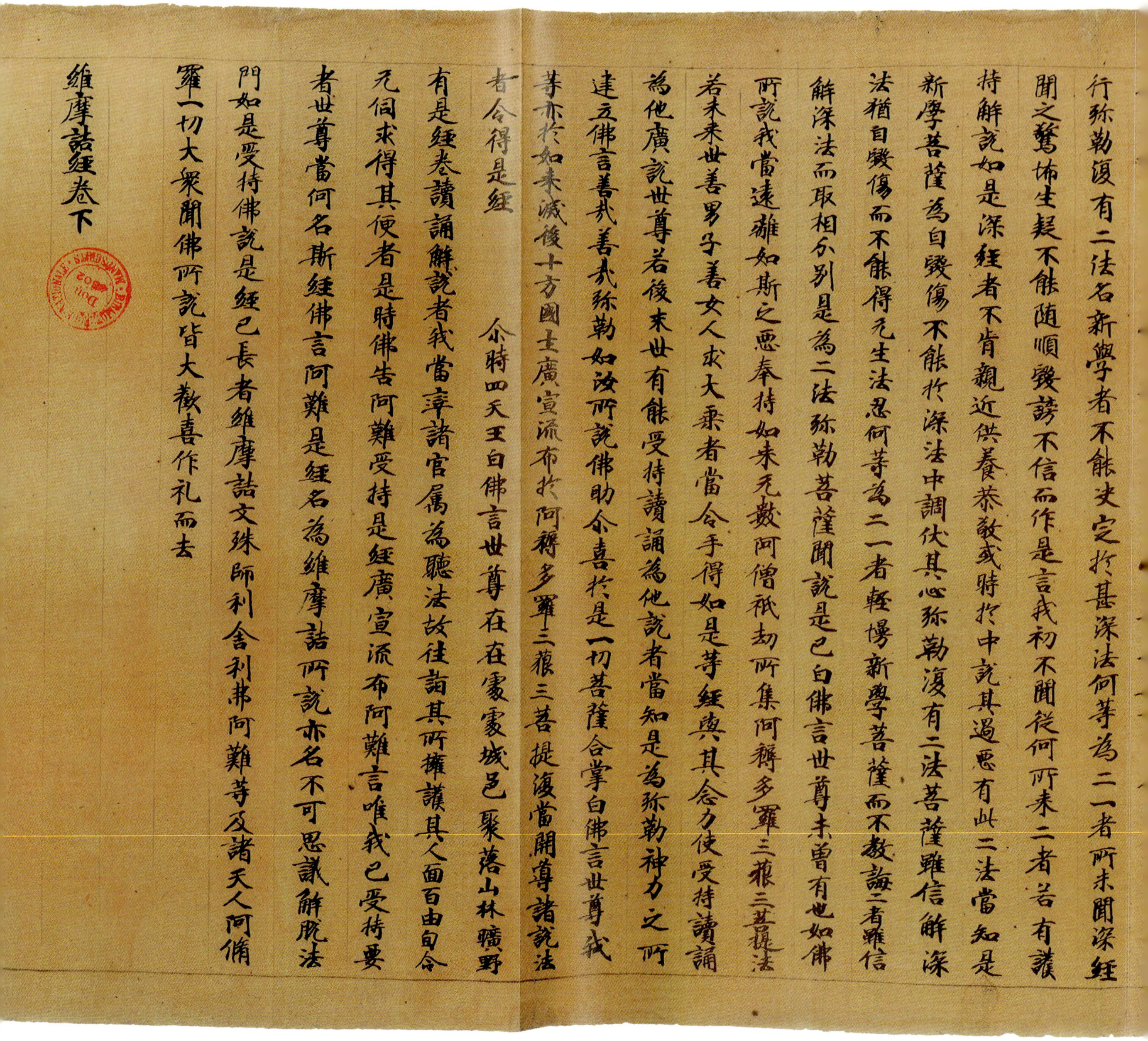

行弥勒復有二法名新學者不能决定於甚深法何等為二一者所未聞深經
聞之驚怖生疑不能隨順毀謗不信而作是言我初不聞從何所來二者若有護
持解說如是深經者不肯親近供養恭敬或時於中說其過惡有此二法當知是
新學菩薩為自毀傷不能於深法中調伏其心弥勒復有二法菩薩雖信解深
法猶自毀傷而不能得无生法忍何等為二一者輕慢新學菩薩而不教誨二者雖信
解深法而取相分別是為二法弥勒菩薩聞說是已白佛言世尊未曾有也如佛
所說我當遠離如斯之惡奉持如來无數阿僧祇劫所集阿耨多羅三藐三菩提法
若未來世善男子善女人求大乘者當令手得如是等經與其念力使受持讀誦
為他廣說世尊若後末世有能受持讀誦為他說者當知是為弥勒神力之所
建立佛言善哉善哉弥勒如汝所說佛助尒喜於是一切菩薩合掌白佛言世尊我
等亦於如來滅後十方國土廣宣流布阿耨多羅三藐三菩提復當開導諸說法
者令得是經　尒時四天王白佛言世尊在在處處城邑聚落山林曠野
有是經卷讀誦解說者我當率諸官屬為聽法故往詣其所擁護其人面百由旬令
无伺求得其便者是時佛告阿難受持是經廣宣流布阿難言唯我已受持要
者世尊當何名斯經佛言阿難是經名為維摩詰所說亦名不可思議解脫法
門如是受持佛說是經已長者維摩詰文殊師利舍利弗阿難等及諸天人阿脩
羅一切大衆聞佛所說皆大歡喜作礼而去

維摩詰經卷下

图 1-10　P.2088《维摩诘经卷下》，法国国家图书馆

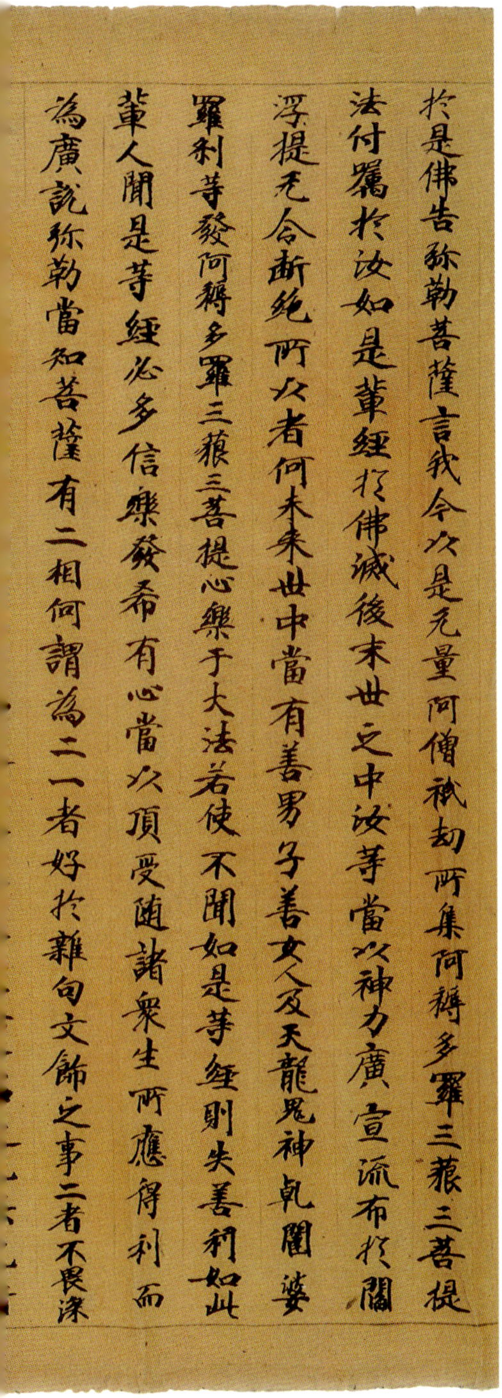
於是佛告弥勒菩薩言我今以是无量阿僧祇劫所集阿耨多羅三藐三菩提
法付囑於汝如是輩經於佛滅後末世之中汝等當以神力廣宣流布於閻
浮提无令斷絕所以者何未來世中當有善男子善女人及天龍鬼神乾闥婆
羅刹等發阿耨多羅三藐三菩提心樂于大法若使不聞如是等經則失善利如此
輩人聞是等經必多信樂發希有心當以頂受隨諸衆生所應得利而
為廣說弥勒當知菩薩有二相何謂為二一者好於雜句文飾之事二者不畏深

国图将所藏敦煌写本按文献内容分为佛教文献、道教文献、儒教文献、其他宗教文献、公牍档册、私档文书、非汉文文献、杂类和待考九大类。各类占比如表 1–2 所示：

表1–2　敦煌写本分类统计表

文献内容	占总数的比例
佛教文献	87.01%
道教文献	0.72%
儒教文献	1.10%
其他宗教文献	0.01%
公牍档册	0.75%
私档文书	1.53%
非汉文文献	3.23%
杂类	4.06%
待考	1.59%

由此表可见，佛教写本在敦煌文献中所占比例最为突出，这些写本不仅是敦煌学中重要的内容，也是中国佛教史和书法史上极具价值的一个部分。

第三节 敦煌佛教写本的主要内容与形式

藏经洞中的敦煌写本内容非常丰富，也很庞杂，包括佛教文书、道教文书、景教文书、摩尼教文书、祆教文书、经史子集四部书和一些民间文学材料等。其中绝大部分为佛教写经，大致可以分为八大类，即正藏、别藏、天台教典、毗尼藏、禅藏、宣教通俗文书、敦煌寺院文书与疑伪经等，这些佛教内容的写本，本书统称为敦煌写经。

敦煌佛教写经的内容分为经、律、论三藏。经一般被认为是佛陀说过的话的汇编，它是佛教教义的基本依据。律是佛教组织为教徒或信众制定的纪律或行为规范。论是对经、律等佛典中教义的解释或重要思想的阐述，它在佛教中一般被认为是菩萨或各派的论师所做。还有诸如咒语、题记等书写材料，表现出不同的书写动机与审美特点。

佛教经、律、论的抄写是佛教写经的主体，佛经的抄写是敦煌写经中的重要内容。汉魏至唐代的佛经种类众多，但流传下来的佛经抄本并不均衡。有些佛经保存下来的抄本特别多，如《妙法莲华经》至少有两千多号，其卷一、卷二都超过五百号，卷七则有七百号之多。

卷轴是敦煌写经的主要存在样式。现在我们所见的大多数敦煌汉文写本，无论其抄写内容是佛经、道经还是儒家经典，基本上都是以卷轴形式呈现。这种样式以官方组织的正式书写为规范，形成了一定的形制和标准。卷轴可以说是纸张被大量用于书写材料以来，直到印刷书籍占统治地位之前，一直被广泛运用的书写样式。

从纸张质地看，敦煌写经一般用麻纸来书写，这是一种高质量的纸张。敦煌写经的尺寸与书写格式颇有讲究。所用纸张一般为 26 厘米 × 39 厘米或 26 厘米 × 52 厘米，26 厘米即为 3 世纪时法定的 1 尺。这些纸张用细线划好竖格，竖格通高 18—19 厘米，宽 1.5—1.8 厘米，一般每纸 20—25 个竖格，有的多达 31 格。通常每行抄经 17 字，也有多达数十字者，未必一律。

大约自 5 世纪中叶开始，敦煌写经式样变得标准化。经卷封面常用厚纸或双层纸，上面装上以丝带捆扎卷子的细木条，卷子末端粘上木制或竹制的滚轴，卷轴封面外侧写上经卷标题，称为“外题”。标题下方钤盖藏书印鉴，并写编号和序数。经卷正文前有该经及该卷标题，称为“内题”或“首题”。正文写毕，通常在卷末再写一遍标题，称为“尾题”。此外，部分卷尾还附有题记，内容一般包括抄写者、供养人姓名及抄经目的，书写水准良莠不齐，有的题记与正文并非同一位书家所写。一卷往往由多张纸写成，全部写完后即把纸张粘接起来。此外，还有一种常见式样，正文单行，注疏双行，根据书写需要，随时交错出现。这些写本所用的字体离隶书字体特征已远，多为唐代以后作品。

敦煌写经中，每行多达数十字者为“细字经”或“小字体”卷子。这些写经多书小字，常见为每行 34 字。这种卷子大大节约了纸张，而且便于携带。比如《维摩诘经》全文，通常需要三个卷轴才能写完，书写小字则只需用一个卷轴；《妙法莲华经》由原来的七个卷轴可以压缩成两个。敦煌写本中还有折页本、册子本等形式，内容多抄写通俗佛经，如《观音经》《般若波罗蜜多心经》，还有陀罗尼咒、发愿文、佛赞文、变文，以及书仪、字书等类似文献的合集，主要是便于随时记录与随身携带。这些新的样式为后来的书法艺术形式所吸收。

敦煌写本中还有一些非正规的较为潦草的卷子，一般不是佛教、道教和儒家经典，而是一些注释类文献。这种写本除了使用麻纸，也使用其他种类的纸张，有时甚至直接写在废弃的纸张背面。

以下是敦煌写本部分样式（图 1-11—1-18）。

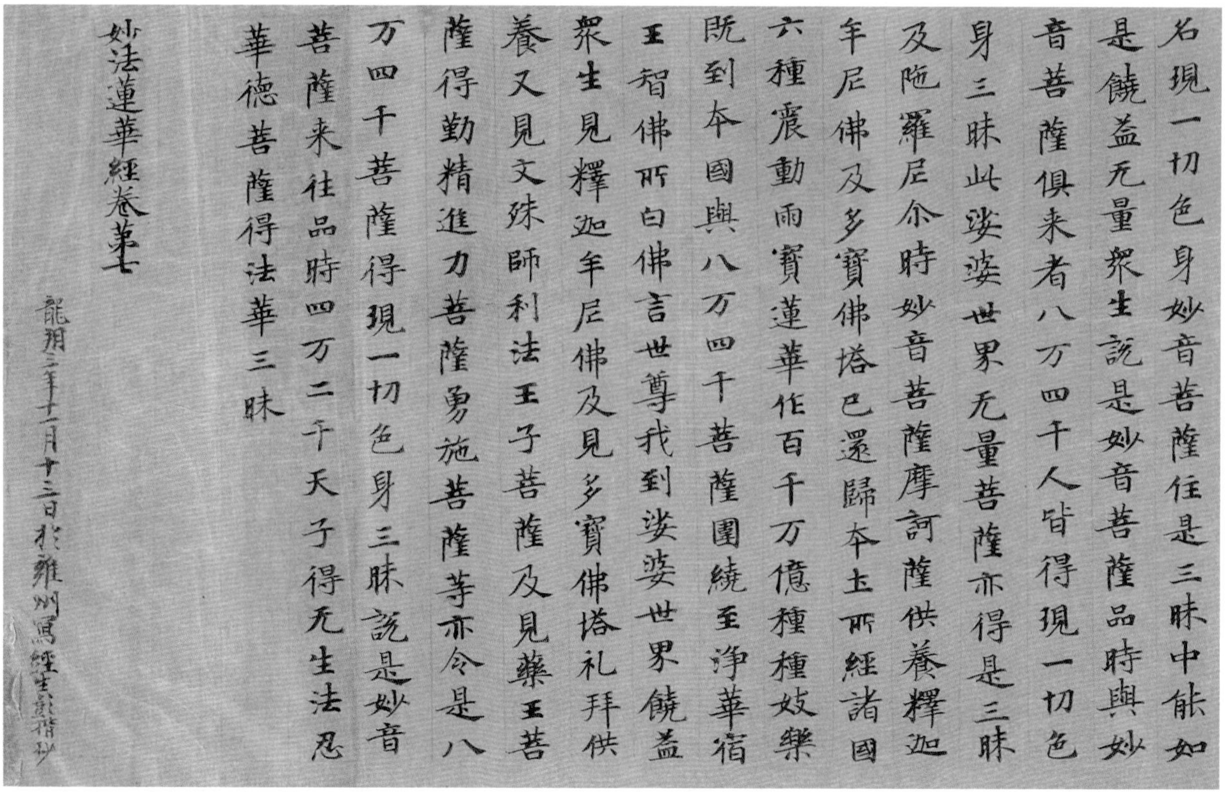

图 1-11　P. 2090《妙法莲华经卷第七》，唐，663 年，法国国家图书馆

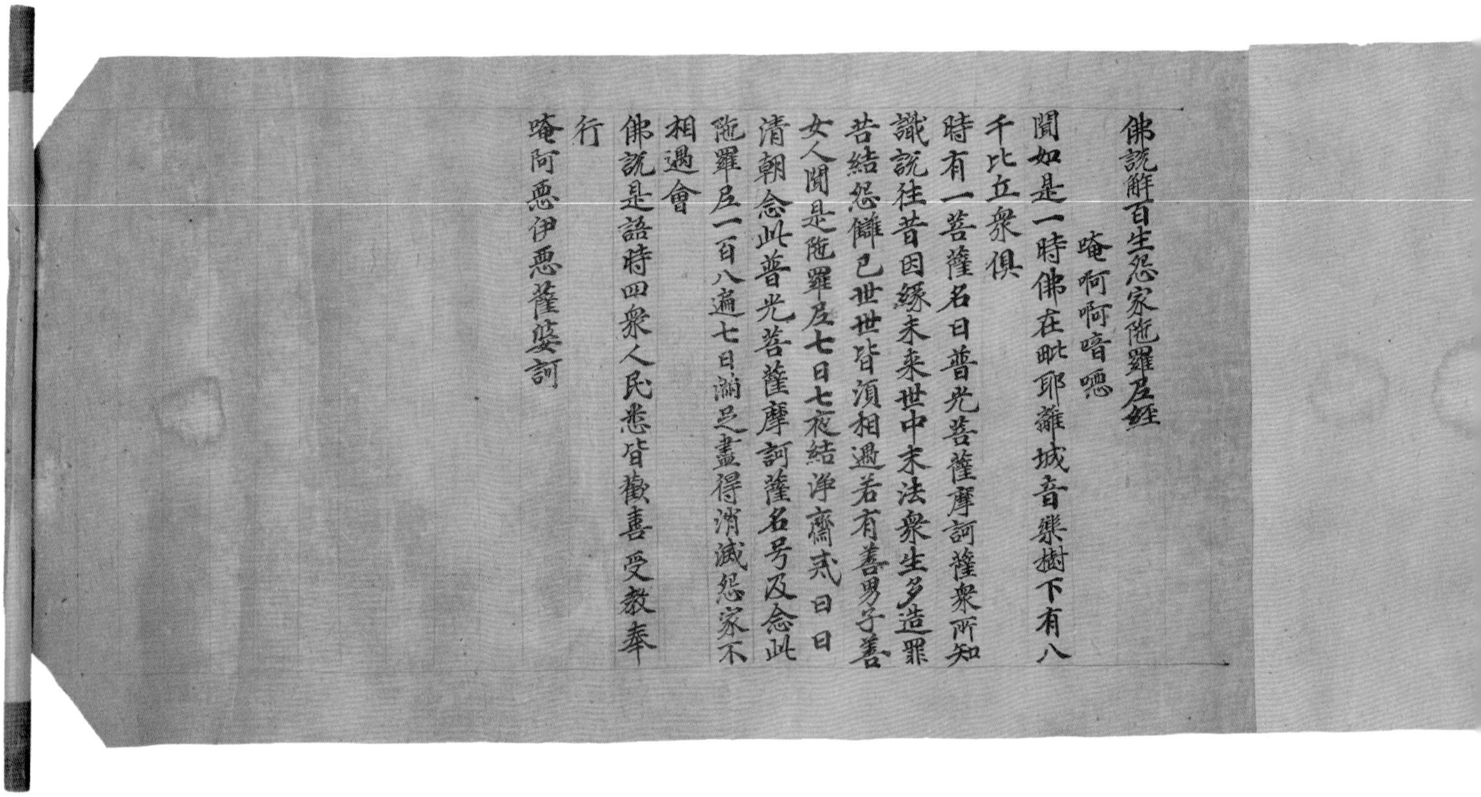

图 1-12　P. 2169《佛说解百生怨家陀罗尼经》，唐，663 年，法国国家图书馆

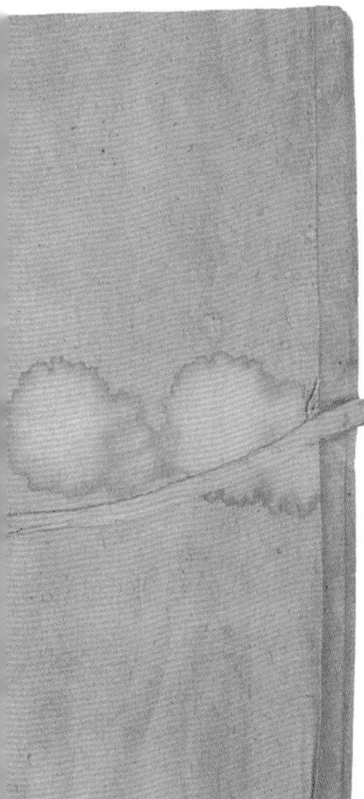

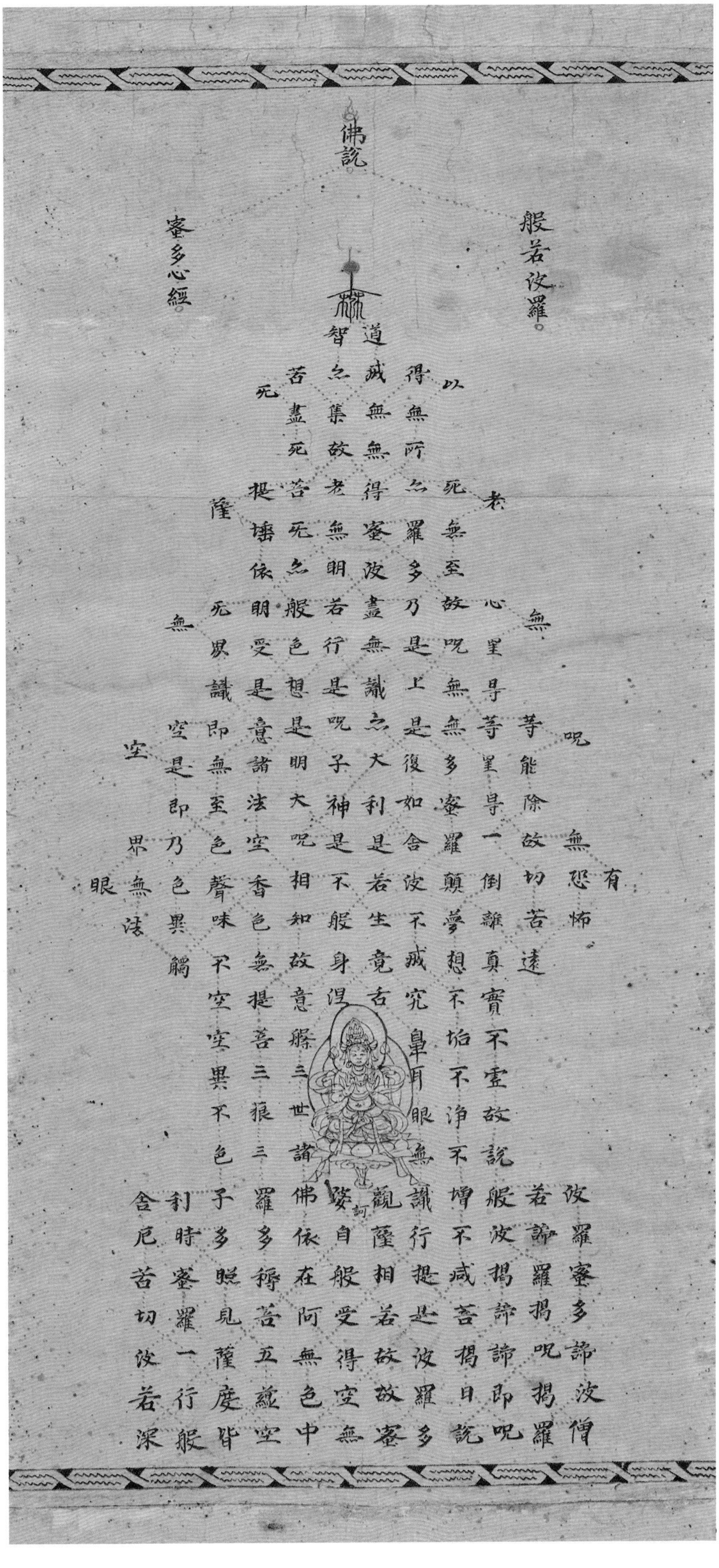

图 1–13　P. 2168 宝塔形回文佛说般若波罗蜜多心经，晚唐，纸本，29.9 厘米 × 74.9 厘米，法国国家图书馆

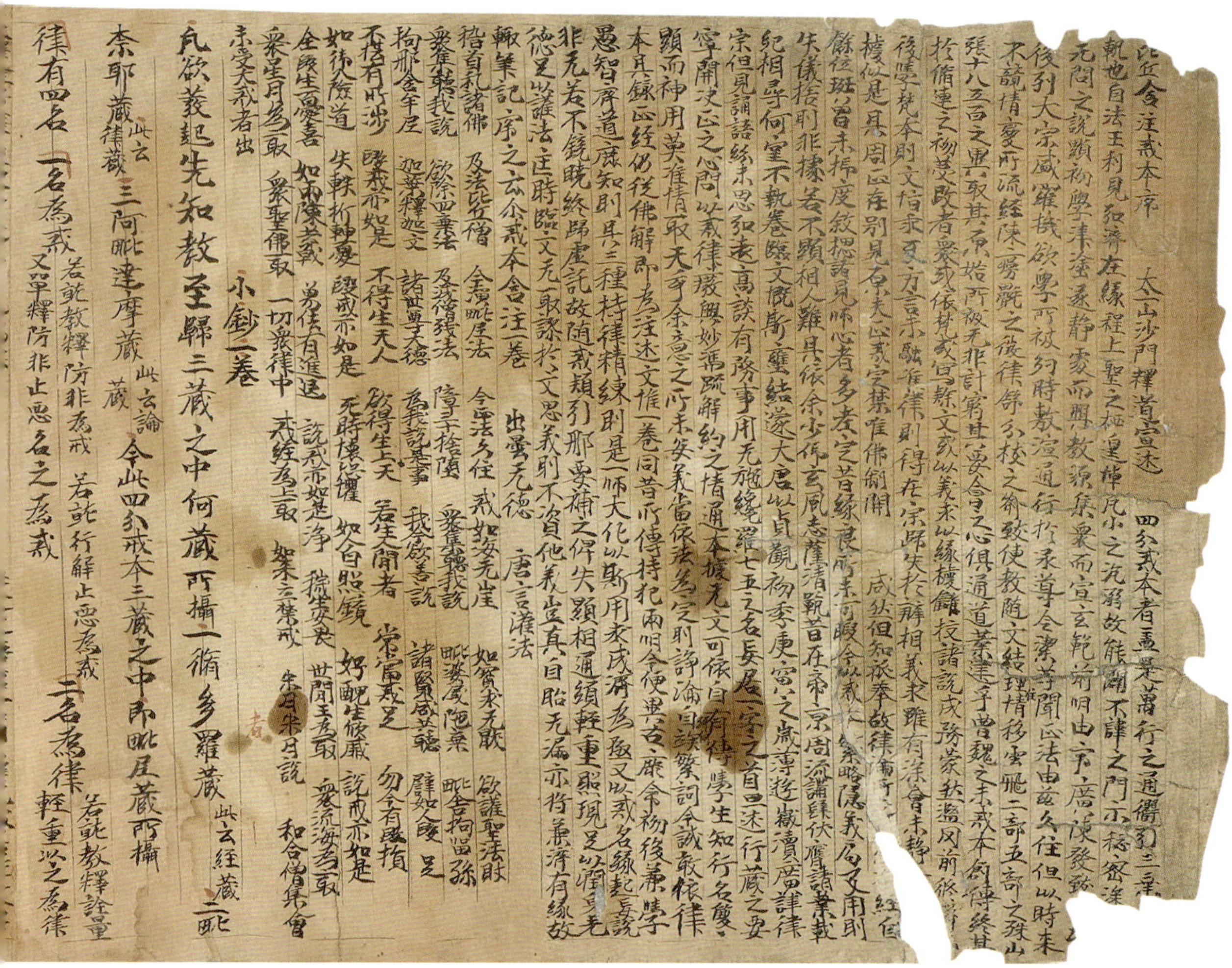

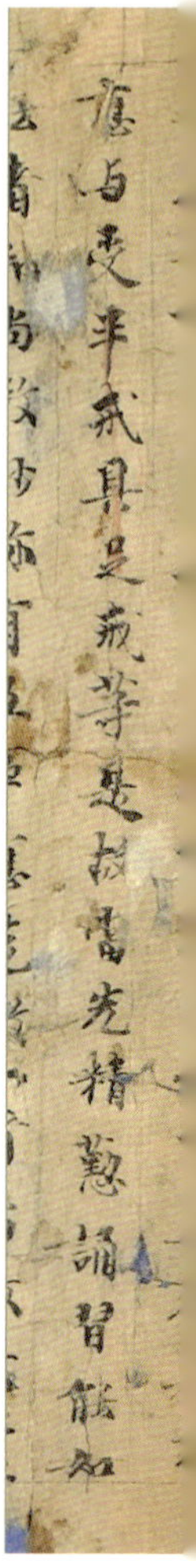

图 1-14　P. 2315 比丘含注戒本小字抄本一卷，唐，法国国家图书馆

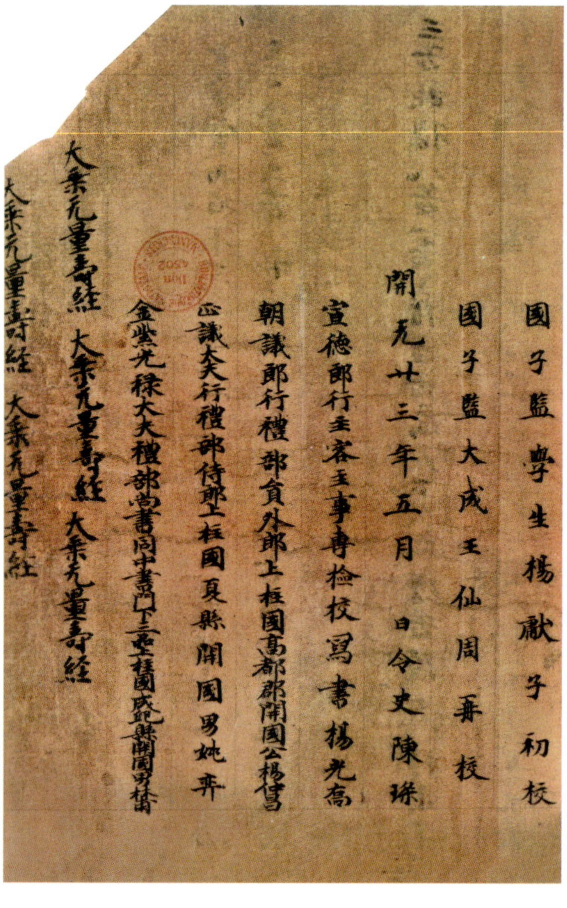

國子監學生楊獻子初校
國子監大成王仙周再校
開元廿三年五月　日令史陳琛
宣德郎行主客主事專檢校寫書楊光喬
朝議郎行禮部員外郎上柱國夏縣開國男姚弈
正議大夫行禮部侍郎上柱國高都郡開國公楊㠇
金紫光祿大夫禮部尚書同中書門下三品上柱國成紀縣開國男[illegible]
大乘無量壽經
大乘無量壽經　大乘無量壽經　大乘無量壽經
大乘無量壽經

图 1-15　P. 3725 写经题记，唐，735 年，法国国家图书馆

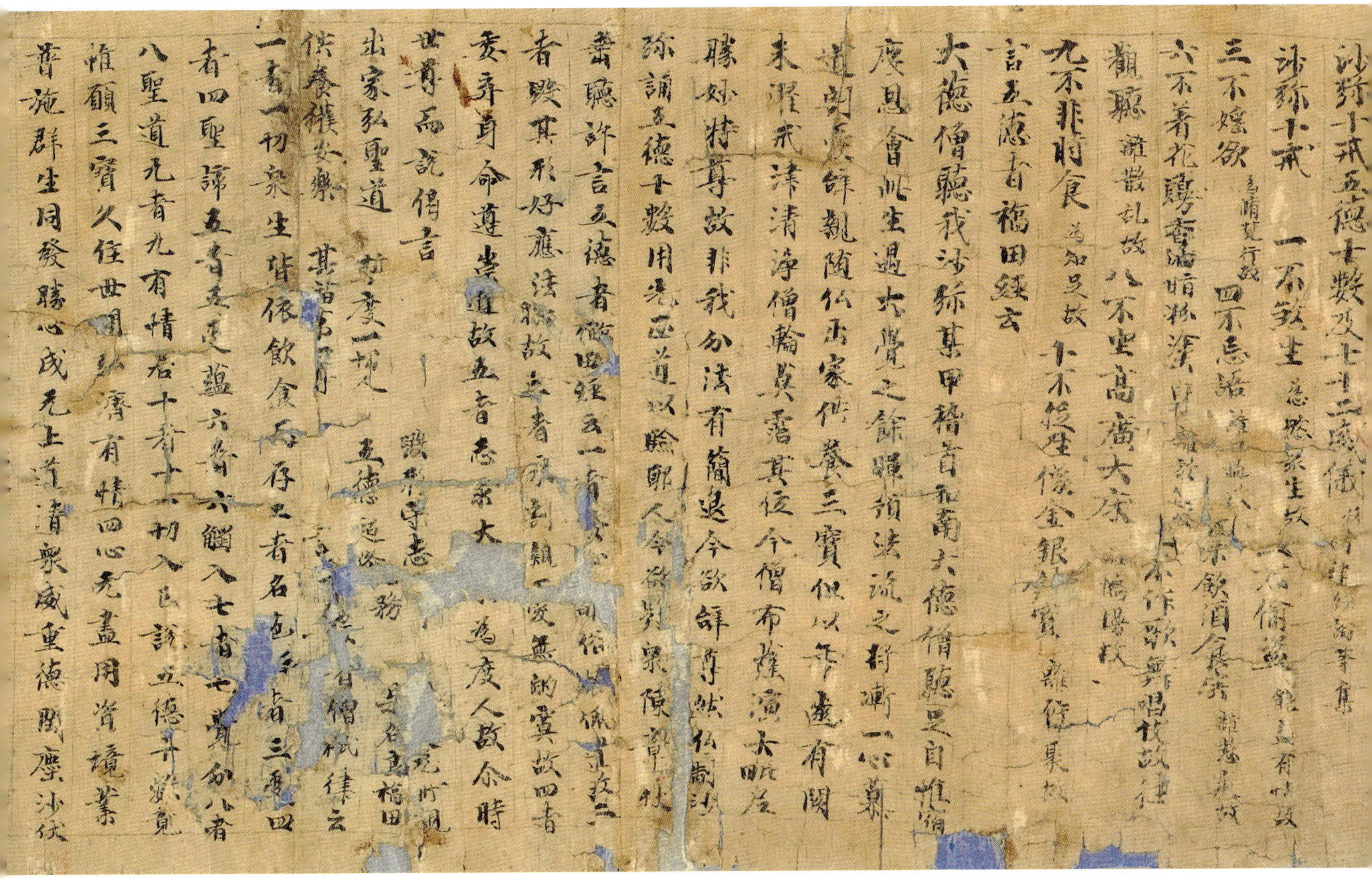

图 1-16　P. 2280 四分律——沙弥十戒五德十数及七十二威仪，南北朝，法国国家图书馆

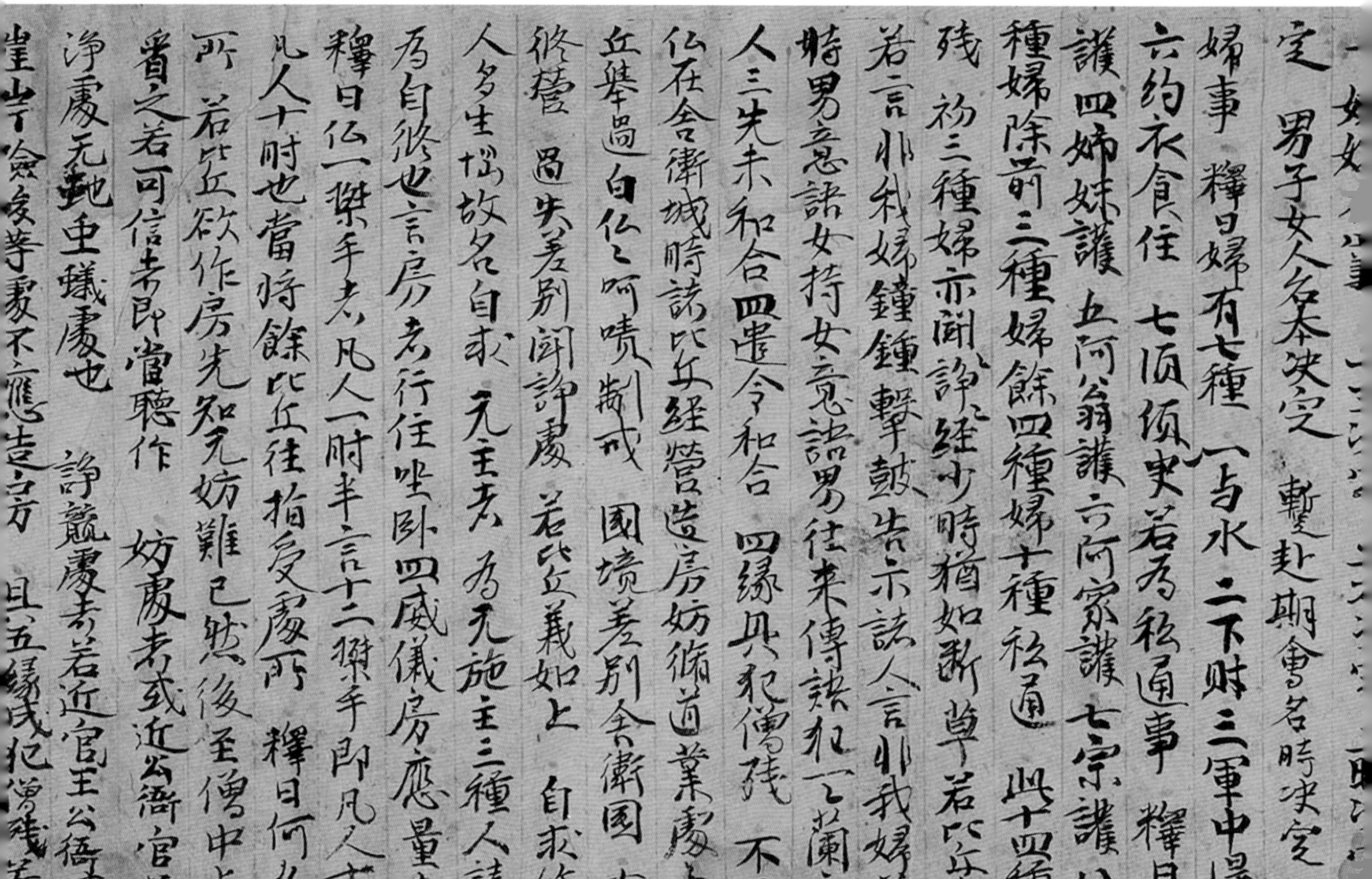

定 男子女人名本決定 數赴期會名時決定 衒賣女色須臾須 若為成
婦事 釋曰婦有七種 一与水 二下財 三軍中得 四均出衣粮 五喜樂住
六約衣食住 七須臾 須臾若為私通事 釋曰私通有十種 一父 二母護 三兄
護 四姊妹護 五阿翁護 六阿家護 七宗護 八姓護 九法護 十親護 初七
種婦除前三種婦餘四種婦十種私通 此十四種亦闘諍了若比丘和合犯僧
殘 初三種婦亦闘諍經少時猶如斷草 若比丘和合此三種婦犯二偷蘭遮
若言非我婦鐘鍾擊鼓告示諸人言非我婦 若比丘和合犯僧殘 媒嫁者
時男意語女持女意語男往來傳語犯一一蘭遮 具四緣成犯 一是人 二是他
人 三先未和合 四還令和合 四緣具犯僧殘 不具犯蘭 過量造房戒第六
佛在舍衛城時諸比丘經營造房妨廢道業處處乞覓惱亂世人見慈識嫌諸比
丘舉過白佛 佛訶嘖制戒 國境差別舍衛國 有漏差別諸比丘煩惱差別喜
修營 過失差別闘諍處 若比丘義如上 自求作屋 釋曰自受用也求乞於他
人多生惱故名自求 無主者 為無施主 三種人請造房也 自為己者不為他修
為自修也 言房者行住坐臥四威儀房 應量者不過限長佛十二搩手
釋曰佛一搩手者凡人一肘半 言十二搩手即凡人十八肘也 內廣七搩手料者即
凡人十肘也 當將餘比丘往指受處所 釋曰何名處所 無難無妨處名為處
所 若比丘欲作房先知無妨難已然後至僧中乞作房 若不可信一切僧共往
看之 若可信者即當聽作 妨處者或近公衙官道近餘寺宇崖險處也 應法
淨處無虵虫蟻處也 諍競處者若近官王公舍或近屋寺等處也不淨處者若近
崖岸險處等處不應造也 方 且五緣成犯僧殘 若缺緣不具犯一一偷蘭遮

图 1–17　P. 2069 四分律疏释，法国国家图书馆

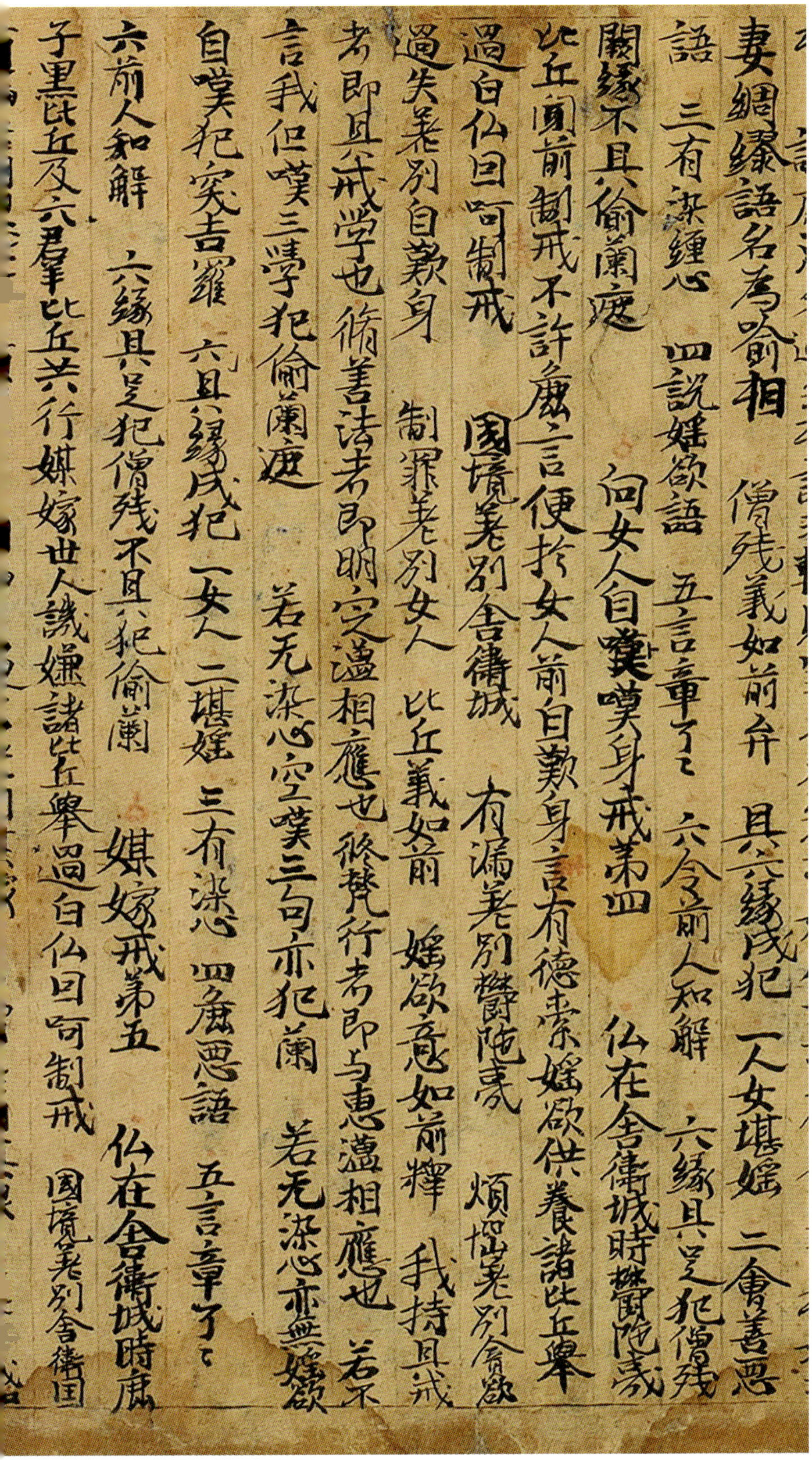

妻綢繆語名爲媒相　僧殘義如前弁　具六緣成犯　一人女堪媱　二會善惡
語　三有染纏心　四說媱欲語　五言章了了　六令前人知解　六緣具足犯僧殘
闕緣不具犯偷蘭遮　向女人自嘆身戒第四　仏在舍衛城時鬱陁夷
比丘聞前制戒不許麁言便於女人前自歎身言有德索媱欲供養諸比丘舉
過白仏因呵制戒　國境差別舍衛城　有漏差別鬱陁夷　煩惱差別貪欲
過失差別自歎身　制罪差別女人　比丘義如前　媱欲意如前釋　我持具戒
者即具戒學也　循善法者即明定遍相應也　修梵行者即与惠遍相應也　若不
言我但嘆三學犯偷蘭遮　若无染心空嘆三句亦犯蘭　若无染心亦無媱欲
自嘆犯突吉羅　六具六緣成犯　一女人　二堪媱　三有染心　四麁惡語　五言章了了
六前人知解　六緣具足犯僧殘不具犯偷蘭　媒嫁戒第五　仏在舍衛城時廣
子里比丘及六群比丘共行媒嫁世人譏嫌諸比丘舉過白仏因呵制戒　國境差別舍衛国

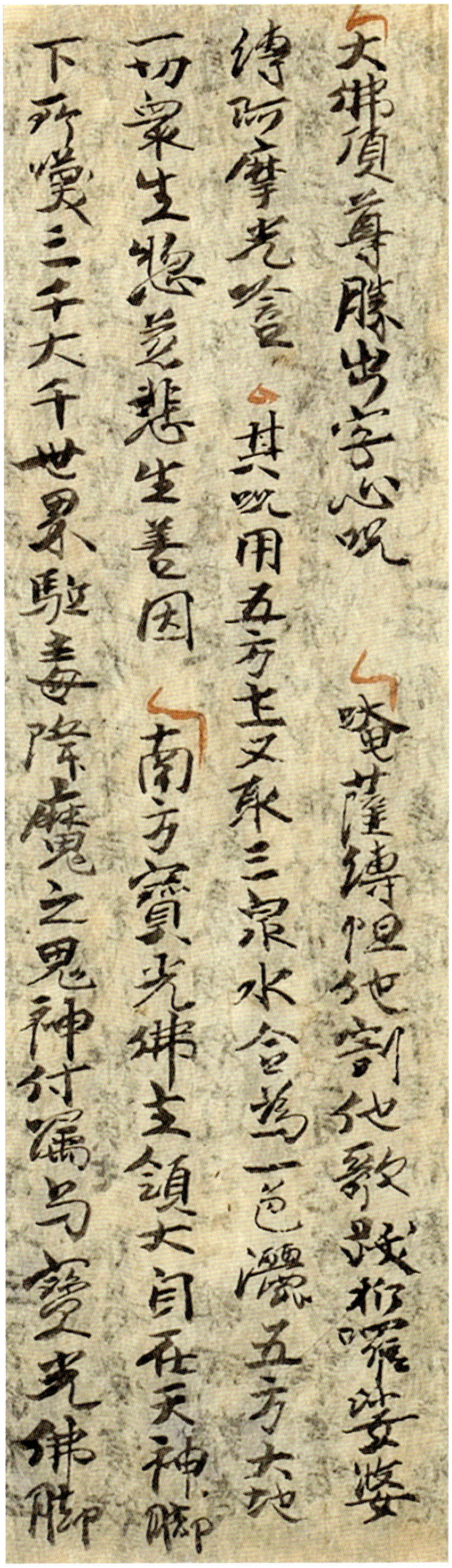

大佛頂尊勝出字心呪　唵薩縛怛他揭他歌䟦折囉娑婆
縛阿摩光唵　其呪用五方土叉取三泉水合爲一團灑五方大地
一切衆生慈悲生善因　南方寶光佛主領大自在天神脚
下所嘆三千大千世界驅毒除魔之鬼神付囑寶光佛脚

图 1-18　P. 2104 大佛顶尊胜出字心咒，晚唐，835—923 年，法国国家图书馆

第二章

敦煌写经字体分类

历代保存下来的敦煌写本众多，其中出现过多种字体，包括篆、隶、草、行、楷，以及介于隶楷之间的过渡性字体。从现存敦煌写经的情况来看，经典抄写以楷书为主，律、论部分以行书、草书为主。敦煌写经完整地展现了从两晋早期楷书到隋唐成熟楷书的演变过程。这一演变过程经历隶楷过渡，也是隶书字体特征逐渐弱化、楷书字体特征渐次明显的过程。

第一节 楷书写本

楷书是佛教写本的正体，宋代之前的佛教写本中的楷书字体形式十分多样，可以说是楷体字发展的一个缩影，这一现象在敦煌写经中尤为突出。早期敦煌写经的笔法字法已初具楷书规模，但隶书特征还很明显，可以谓之楷隶，谓之隶书亦无不可；随着隶书笔意逐渐减少，楷书特征逐渐突出，形成隶楷；最后隶书笔意脱尽，形成典型的规范楷书，可以谓之正楷。从楷隶到隶楷，中间的界限并不十分明确；但正楷字体的笔形、结构特征是鲜明的。字体演变过程中，即使是同一时期，楷书写本的字体也并不相同，某些写本的楷化程度相对较高，引领着楷书发展方向，最后走向成熟。所以，不能笼统划定某一阶段的写本的字体属于何种类型。但出于研究的需要，可以按照朝代或时间段，结合具体写本进行分析和判定，不妨对敦煌写经中的楷书写本做出大致分类。

一、楷隶写本

这里所说的楷隶，是已经明显带有楷化笔形特征的字体，但隶书笔意依然较重，可以视为带有明显隶意的楷书或早期楷书，本文谓之“楷隶”。笔者从河西汉代简牍中，已经发现隶书简、草书简的书写出现了楷书的笔形特征。这些笔形特征是因为产生了与隶书书写不同的用笔方法而出现的，常见的有横画、竖画起笔出现顺锋直入或斜切的笔法，撇画中出现尖撇笔形，捺画中出现楷化捺脚，转折笔形中出现硬折、硬钩等。如敦煌

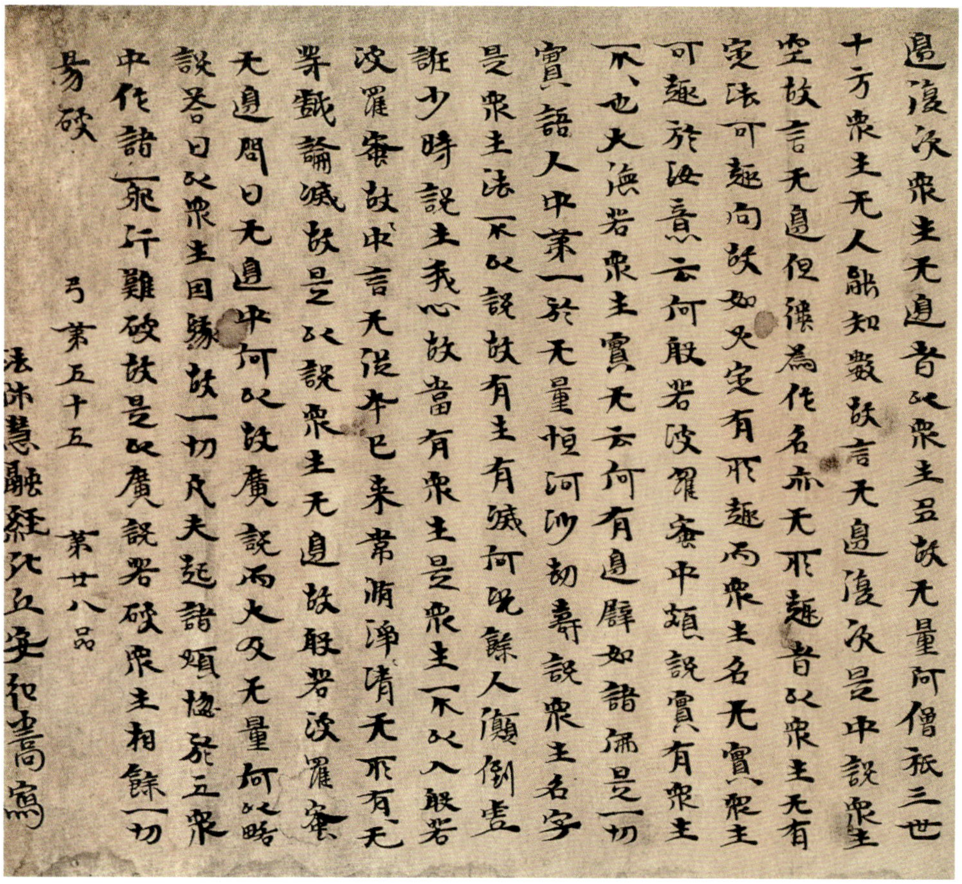

汉简新 624A 中的  等字中即有楷书笔画的雏形。但这些汉简所用字体还是隶书或草书，尚不能视为楷书。

敦煌写经中，有的早期写本带有浓重的隶书笔意，尤其是隶书的典型笔形特征，如横向笔形中的波磔、斜向笔形中撇捺的波磔依然较多保留，圆转笔形还大量存在，加上横向取势的结体，隶书字体特征还很明显。但从诸多笔形特征，如起笔大量采用顺锋直入，尖撇笔形大量出现，硬折、硬钩十分普遍，可以看出：楷书对隶书的改造遍及各种笔形，隶书已经面临全面解体。这种写本最好不归入隶书，但楷书字体尚未定型，实际上是介于隶书、楷书之间，隶楷参半的典型过渡性字体。如晋代安弘嵩写经残片（图 2–1），字形结构趋扁，有隶意；更主要的是撇捺等笔形保留明显的波磔。与隶书字体相比，该写本中字体的顺锋起笔已经基本取代了隶书的逆锋，尖撇、硬折、硬钩等楷化特征也已经很明显。

以下 BD03375《十诵律卷二三》、S. 00088《普曜经》（异卷）卷五、S. 00737《大般涅槃经》（图 2–2—2–4）都属于敦煌写经中的早期楷书字体类型。

上左：图 2–1　安弘嵩写经残片，东晋，纸本，25.1 厘米×342.5 厘米，故宫博物院

上中：图 2–2　BD03375《十诵律卷二三》，东晋，纸本，卷轴装，24.6 厘米×513.5 厘米，纸十三张，首尾均残，中国国家图书馆

上右：图 2–3　S.00088《普曜经》（异卷）卷五，东晋，4—5 世纪，麻纸，卷轴装，24.3 厘米×132.2 厘米，纸四张，首残尾全，英国国家图书馆

下：图 2–4　S. 00737《大般涅槃经》，北凉，纸本，卷轴装，28 厘米×368.6 厘米，纸八张，首残尾全，英国国家图书馆

二、隶楷写本

字体演变是在书写中逐步完成的。随着书写的日益简化，隶书诸多笔形起笔的逆锋逐渐为顺锋替代，横画与撇捺波磔等逐渐消失，这些笔形特征的消失并不影响汉字识别。但隶书笔形特征的彻底消退需要一个过程，尤其是波磔笔形保留了相当长的时间。我们将这种局部笔形少量保留隶书字体特征，而以楷书字体为主的书写材料视为隶楷写本。如BD01364《大智度论卷八》（图2–5）就是这方面材料的代表。这一写本隶书笔意尚存，楷书字体特征并不成熟，如横画的收笔或从上边线出锋，或笔锋往右上角下压，保留波磔笔意；捺的收笔介于隶书的波磔与楷书的捺脚之间，有的笔形偏隶书的波磔，有的则接近于楷书的捺脚；隶书扁形取势的字形结构已经解体，但楷书端正的结构又还没有完全建立起来。这种写本字体保留少量隶意，楷书字体已经占有明显优势，但仍属于尚未完全成熟的楷书。

类似的如BD06324《小品般若波罗蜜经卷五》（图2–6）、BD02394《大方广佛华严经》（图2–7）也都是这一类字体。

图 2-5　BD01364《大智度论卷八》，东晋，4—5 世纪，纸本，卷轴装，26.7 厘米 × 102.7 厘米，纸三张，首残尾全，中国国家图书馆

图 2-6　BD06324《小品般若波罗蜜经卷五》，北凉，纸本，卷轴装，27.9 厘米 × 775.4 厘米，纸十八张，首残尾全，中国国家图书馆

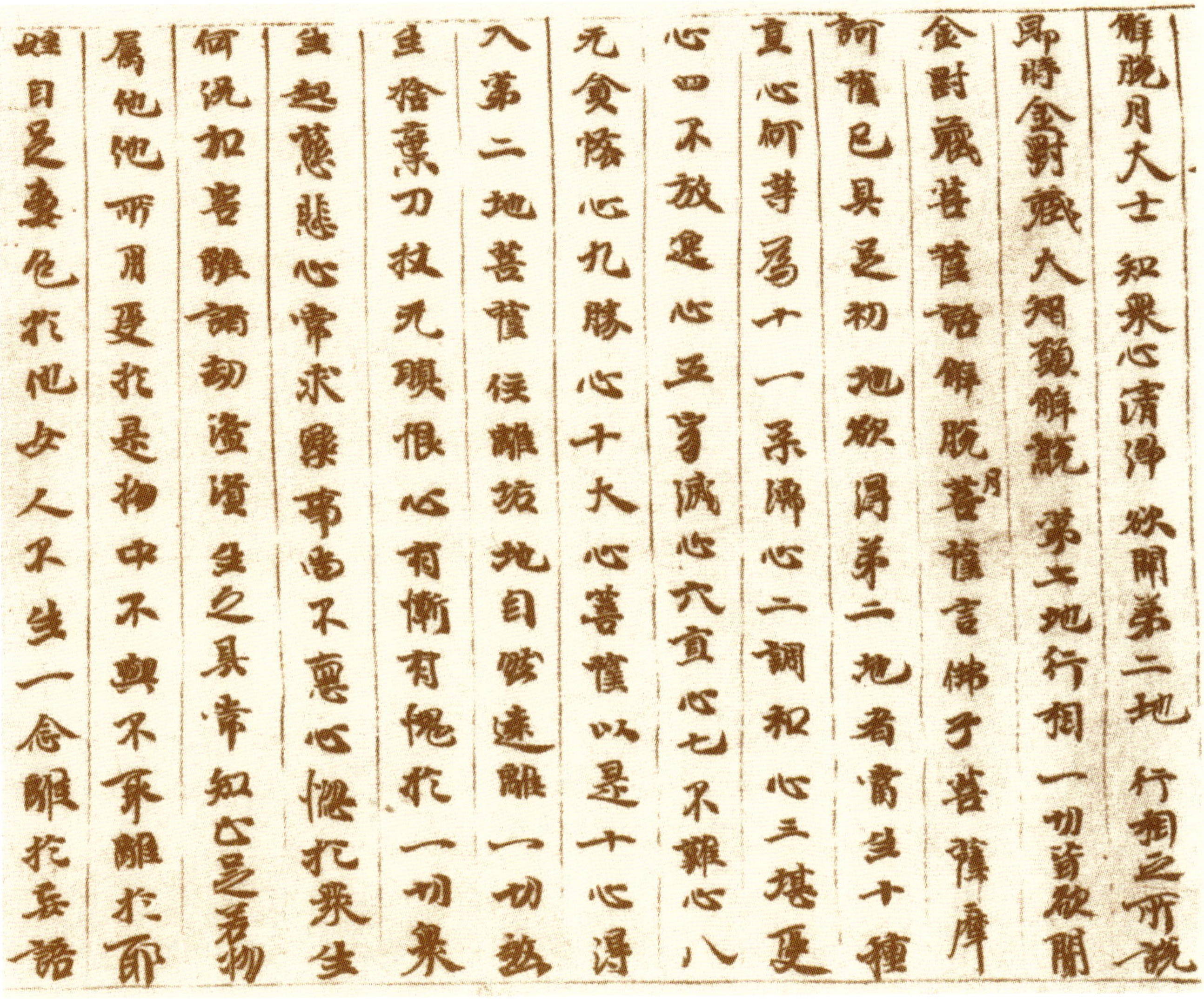
解脫月大士　知衆心清淨　欲聞第二地　行相之所說
即時金剛藏　大智願解說　第二地行相　一切皆欲聞
金剛藏菩薩語解脫月菩薩言佛子菩薩摩
訶薩已具足初地欲得第二地者當生十種
直心何等爲十一柔濡心二調和心三堪受
心四不放逸心五寂滅心六直心七不雜心八
无貪悋心九勝心十大心菩薩以是十心得
入第二地菩薩住離垢地自然遠離一切殺
生捨棄刀杖无瞋恨心有慚有愧於一切衆
生起慈悲心常求樂事尚不惡心惱於衆生
何況加害離諸劫盜資生之具常知止足於物
屬他他所用受於是物中不與不取離於邪
婬自足妻色於他女人不生一念離於妄語

图 2-7　BD02394《大方广佛华严经》(晋译五十卷本) 卷一九，南北朝，5—6 世纪，纸本，卷轴装，25.5 厘米×289.1 厘米，纸九张，首尾均残，中国国家图书馆

三、正楷写本

楷书形成的过程也是逐渐摆脱隶书字体特征的过程，在敦煌写经中，能够看到隶意渐尽而楷意渐浓，最后走向成熟的楷书字体。楷书字体特征自东汉开始萌芽，到南北朝基本定型，隋唐完全成熟，无论笔形还是结构，敦煌写经中的楷书写本体现的字体特征与书写规范性都与经典楷书基本一致。这种完全摆脱隶书遗意，无论点画、结体还是书写规范性都是典型楷书的敦煌写经，称为正楷写本。如写于皇兴五年（471）的绢本 P. 4506《金光明经卷第二》（图 2-8）、永平五年（512）的 P. 2907《大般涅槃经卷第卅二》（图 2-9）等，正楷特征已经具备。写于陈至德四年（586）的 P. 2160《摩诃摩耶经卷上》（图 2-10）堪称正楷写本的代表。P. 2056《阿毗昙毗婆沙智犍度他心智品中卷第五十二》也是规范的唐代正楷写本（图 2-11）。

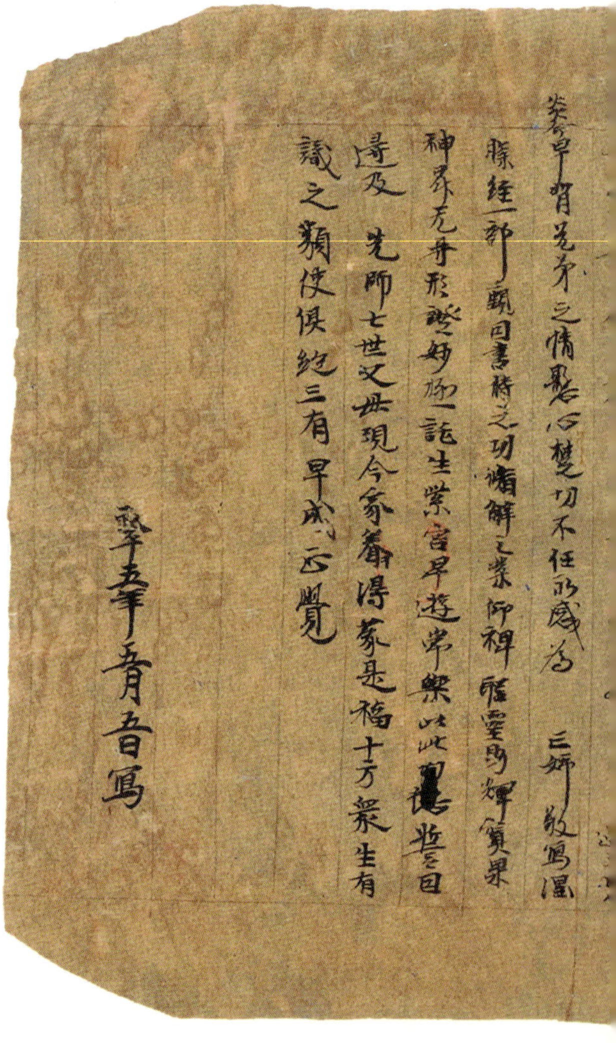

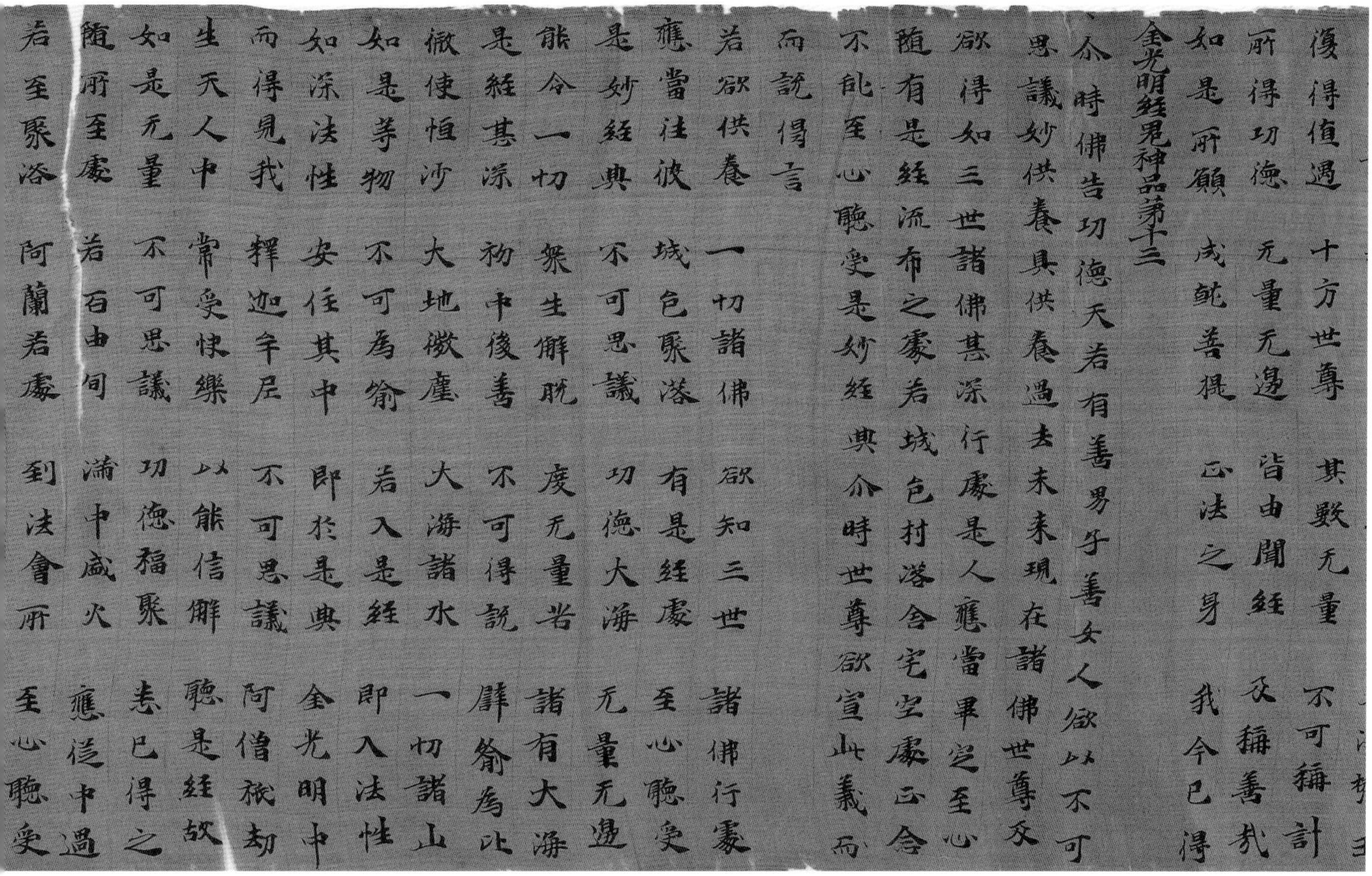

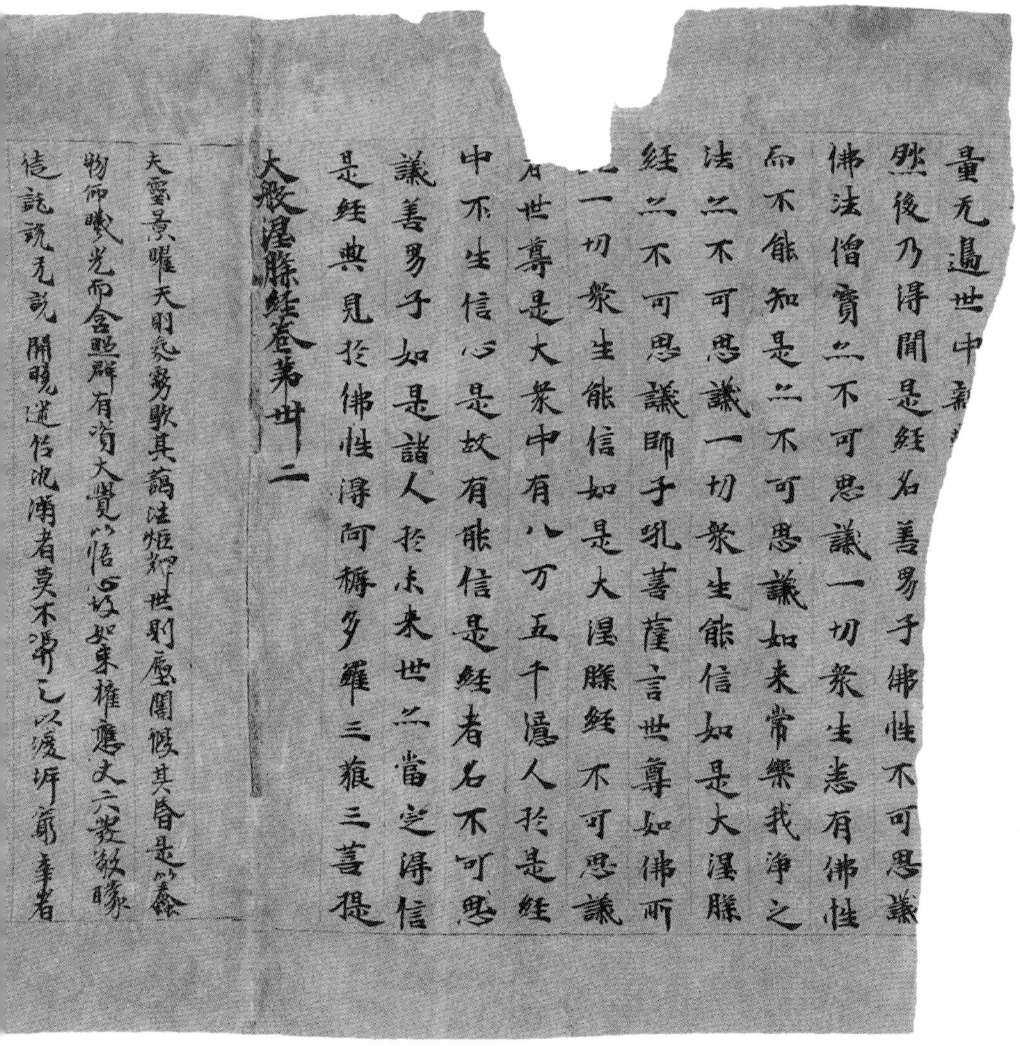

上：图 2-8　P. 4506《金光明经卷第二》，北魏，471 年，绢本，法国国家图书馆

下：图 2-9　P. 2907《大般涅槃经卷第卅二》，北魏，512 年，法国国家图书馆

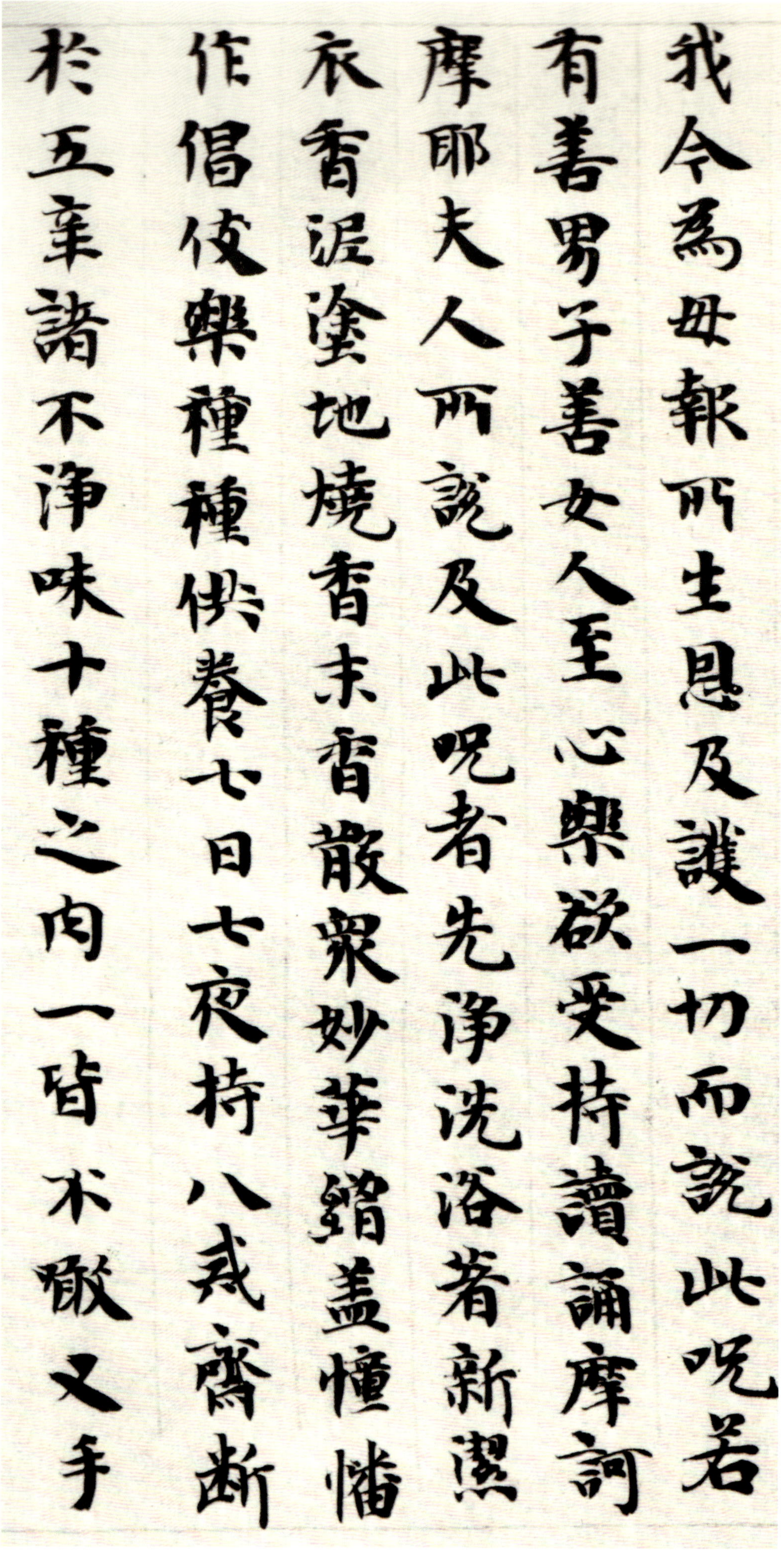
我今為母報所生恩及護一切而說此呪若
有善男子善女人至心樂欲受持讀誦摩訶
摩耶夫人所說及此呪者先淨洗浴着新潔
衣香泥塗地燒香末香散衆妙華繒蓋幢幡
作倡伎樂種種供養七日七夜持八戒齋斷
於五辛諸不淨味十種之內一皆不噉又手

图 2–10　P. 2160《摩诃摩耶经卷上》，南朝陈，586 年，法国国家图书馆

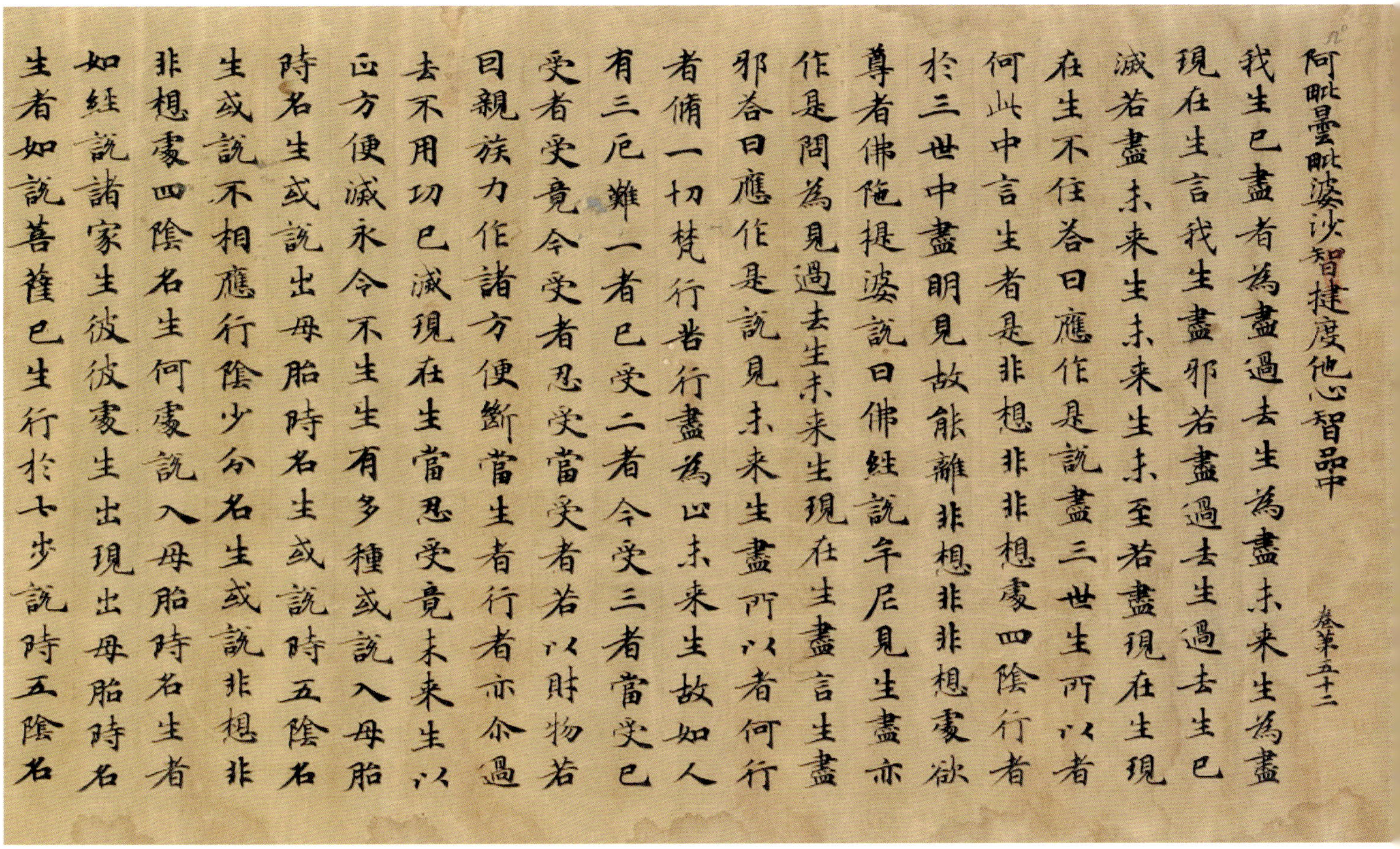

阿毗曇毗婆沙智揵度他心智品中　卷第五十二
我生已盡者為盡過去生為盡未来生為盡
現在生言我生盡邪若盡過去生過去生已
滅若盡未来生未来生未至若盡現在生現
在生不住荅曰應作是說盡三世生所以者
何此中言生者是非想非非想處四陰行者
於三世中盡明見故能離非想非非想處欲
尊者佛陀提婆說曰佛經說牟尼見生盡亦
作是問為見過去生未来生現在生盡言生盡
邪荅曰應作是說見未来生盡所以者何行
者脩一切梵行皆行盡為以未来生故如人
有三戹難一者已受二者今受三者當受已
受者受竟今受者忍受當受者若以財物若
曰親族力作諸方便斷當生者行者亦尒過
去不用功已滅現在生當忍受竟未来生以
正方便滅永令不生生有多種或說入母胎
時名生或說出母胎時名生或說時五陰名
生或說不相應行陰少分名生或說非想非
非想處四陰名生何處說入母胎時名生者
如經說諸家生彼彼處生出現出母胎時名
生者如說菩薩已生行於七步說時五陰名

图 2–11　P. 2056《阿毗昙毗婆沙智揵度他心智品中卷第五十二》，唐，法国国家图书馆

第二节 行书写本

行书是介于楷书与草书之间的字体，用途甚为广泛，佛教写本中数量较多，行书的边界有时并不清晰，所以往往呈现出“行楷”或“行草”的字体特征。尤其是除正规写经之外的一些辅助性经文注疏、题记等多用行书，书写水平参差不齐，比草书应用更为广泛。如敦煌写经中的 S. 02106 北魏景明元年（500）《维摩义记》（图 2–12）、写于隋大业九年（613）的 P. 2091《胜鬘义记卷下》（图 2–13），都是行书写本。有的偶有草字，但整体而言字形体势统一，书写自然熟练，表现出较高的书写水平。

敦煌写经中书写水平较高的行书，多与书法史上的名家有渊源。如 P. 2544 号《兰亭序》全文，在正文临完后，又倒过来临了两行“永和九年”。S. 01619 号《佛经疏释》卷后附临书一纸，从左至右依次为“若合一契未尝不临”等字，这显然是临摹右军《兰亭序》的语句。这两个写卷书写水准不高，但都以《兰亭序》为范本。敦煌还出土了唐人临摹的王羲之《旃罽帖》（图 2–14）等经典行草法帖，可见王羲之书法对敦煌写本中行书的影响。前述 P. 2091《胜鬘义记卷下》亦有右军风范。颜真卿书法对中唐以后敦煌写经产生了一定的影响，P. 2147《受菩萨戒文卷第一》（图 2–15）与《祭侄文稿》颇为近似。

敦煌写经行书写本除以上代表性作品外，P. 2273《维摩诘义记卷第一》、P. 2157《律戒本疏》、BD03215《法华经疏》（图 2–16—2–18）等，也都是水平较高的作品。

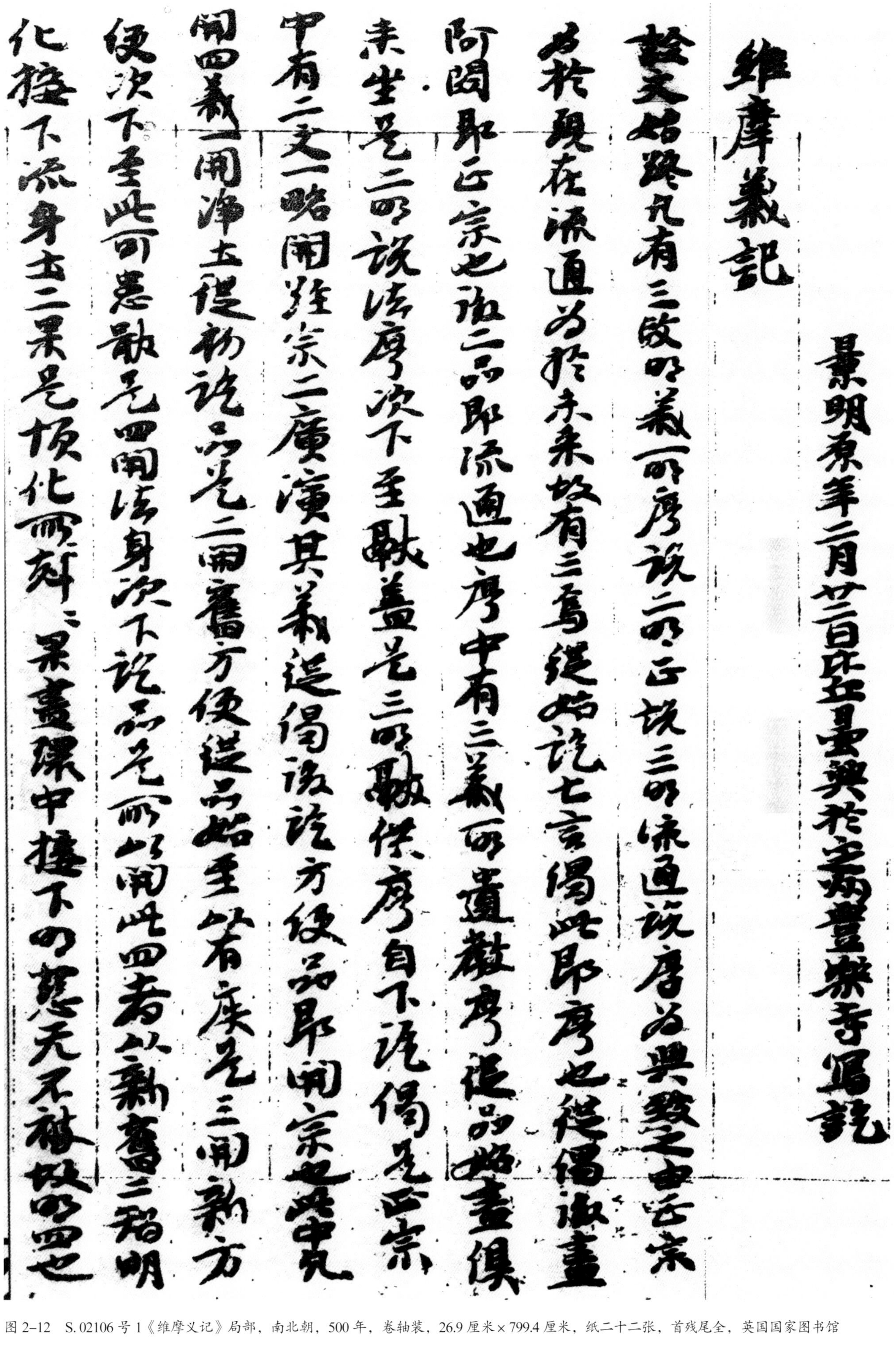
景明元年二月廿二日比丘曇興於定州豐樂寺寫訖
維摩義記
將文始終凡有三段一序說二正說三流通說序爲興發之由正宗
爲根體在流通爲於未來故有三焉從始訖七言偈此即序也從偈後盡
阿閦即正宗也後二品即流通也序中有三義一所遺教序從品始盡偈
來坐是二所謂法序次下至歎蓋是三所歎供序自下訖偈是正宗
中有二文一略開雜宗二廣演其義從偈後訖方便品即開宗也此中凡
開四義一開淨土從初訖品是二開舊方便從品始至後有疾是三開新方
便次下至此可悲歎是四開法身次下訖品是一所以開此四者以新舊二習明
化接下流身土二果是頃化所對二果盡環中接下四悲天不被故明四也

图 2-12　S. 02106 号 1《维摩义记》局部，南北朝，500 年，卷轴装，26.9 厘米 × 799.4 厘米，纸二十二张，首残尾全，英国国家图书馆

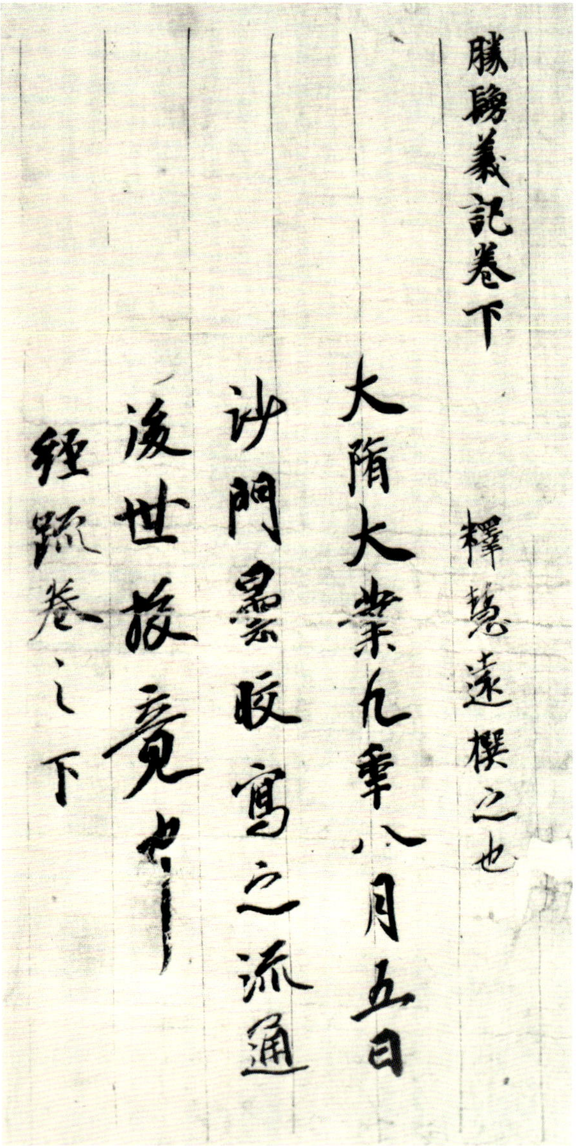

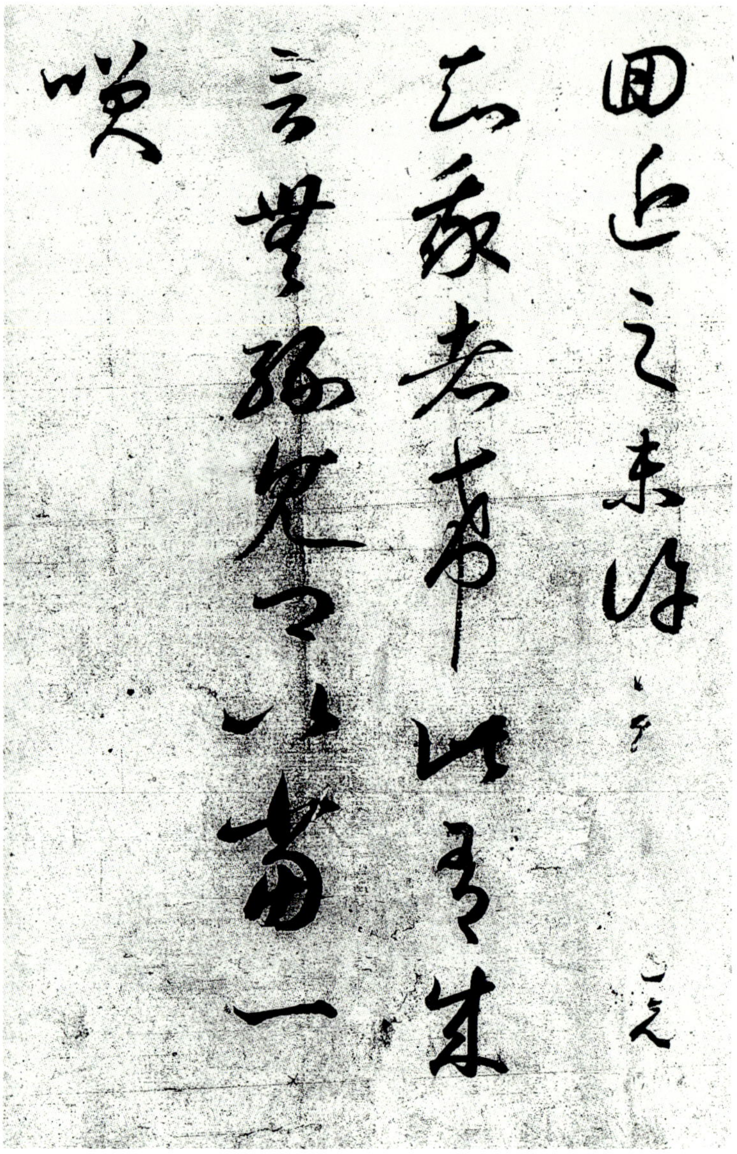

在佛教写本中，整体而言，行草字体表现出相对自由的书写心理，更多地体现日常的书写性与书法的艺术性。行书较之于楷书更加便捷，比草书书写符号更容易掌握，更易识别，接受度更高，使用人群更广泛，表现出的艺术趣味和姿态也更加丰富。

左：图2-13 P.2091《胜鬘义记卷下》题记，隋，613年，法国国家图书馆

右：图2-14 P.4642唐人临《旃罽帖》，唐，法国国家图书馆

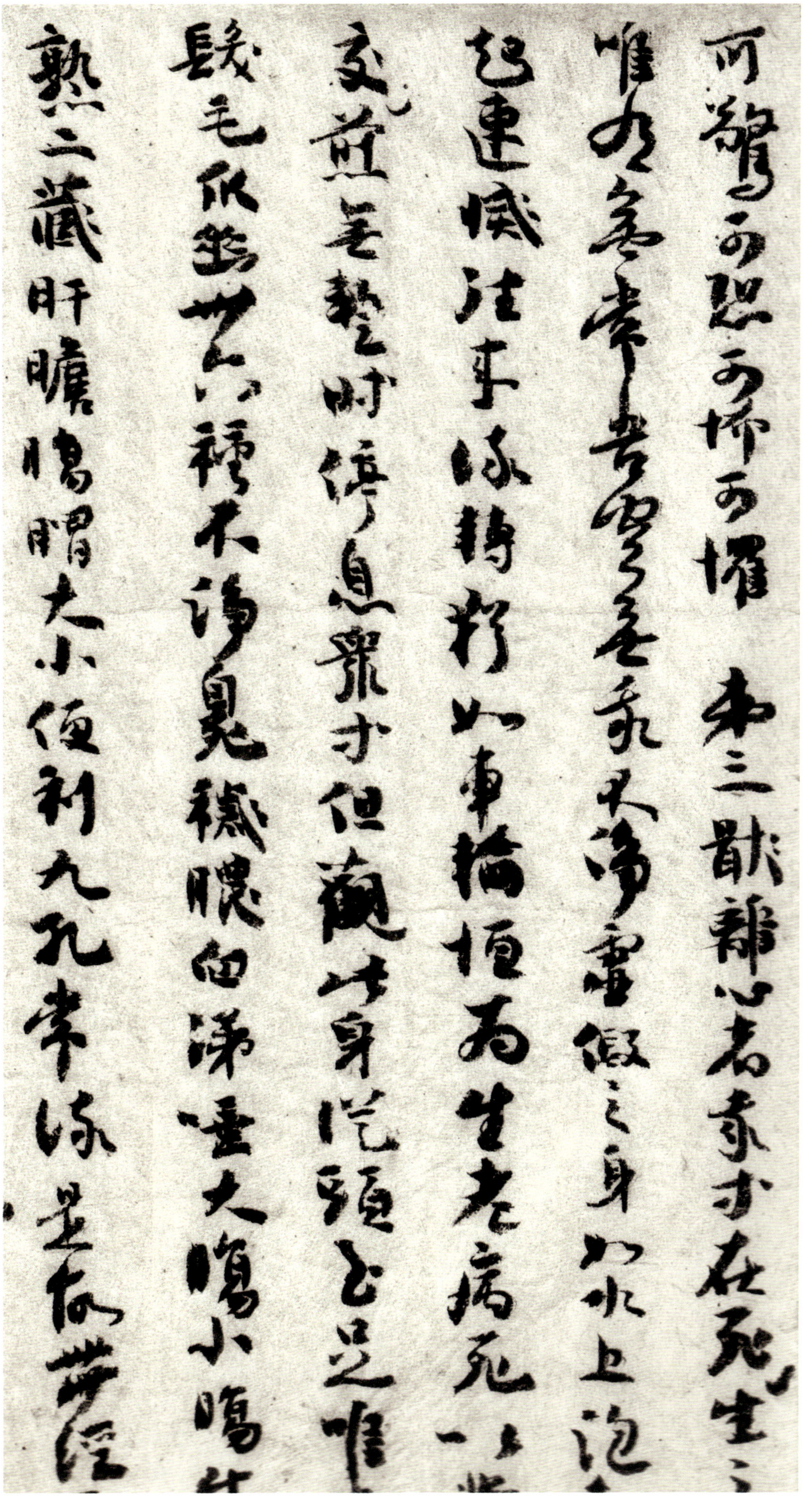

图 2–15　P. 2147《受菩萨戒文卷第一》，唐，首残尾全，法国国家图书馆

證如來如佛所說。此言以是所以安是等為欲斷於前相
具猶十地菩薩當知如佛竟非是佛今明如是等是佛所說
相似又解阿難出言法藏等佛說已如是阿難昇法坐五
漢同聲和阿難佛說只如是我聞等第二證經外
我切我見不真累師教佛弟子則不無皆親承聖旨從佛而聞
弟三證經外道說經或機在說前或機在說後說與識美非
如來說法機會不差故曰一時又證如此時說如此時聞說之上
是異時又一解阿難得佛覺三昧如來一所說十二部經一時領受
毗耶離城菴羅樹園此是弟四住處證經毗耶離者秦言
散事土田平博乃華麗之美然云好猶識之傍多種好猶眼發於識
園者回園名從受上城語猶偈令指出其受菴羅等狀似桃而非也
桃園從與大比丘衆已下弟五明時衆證經說中開為五別弟一與大比丘
聲聞衆弟二菩薩三万二千已下列菩薩衆弟三復有万梵天王
已下列八部鬼神弟五比丘已下列人衆所以先列聲聞等聲聞是舊內

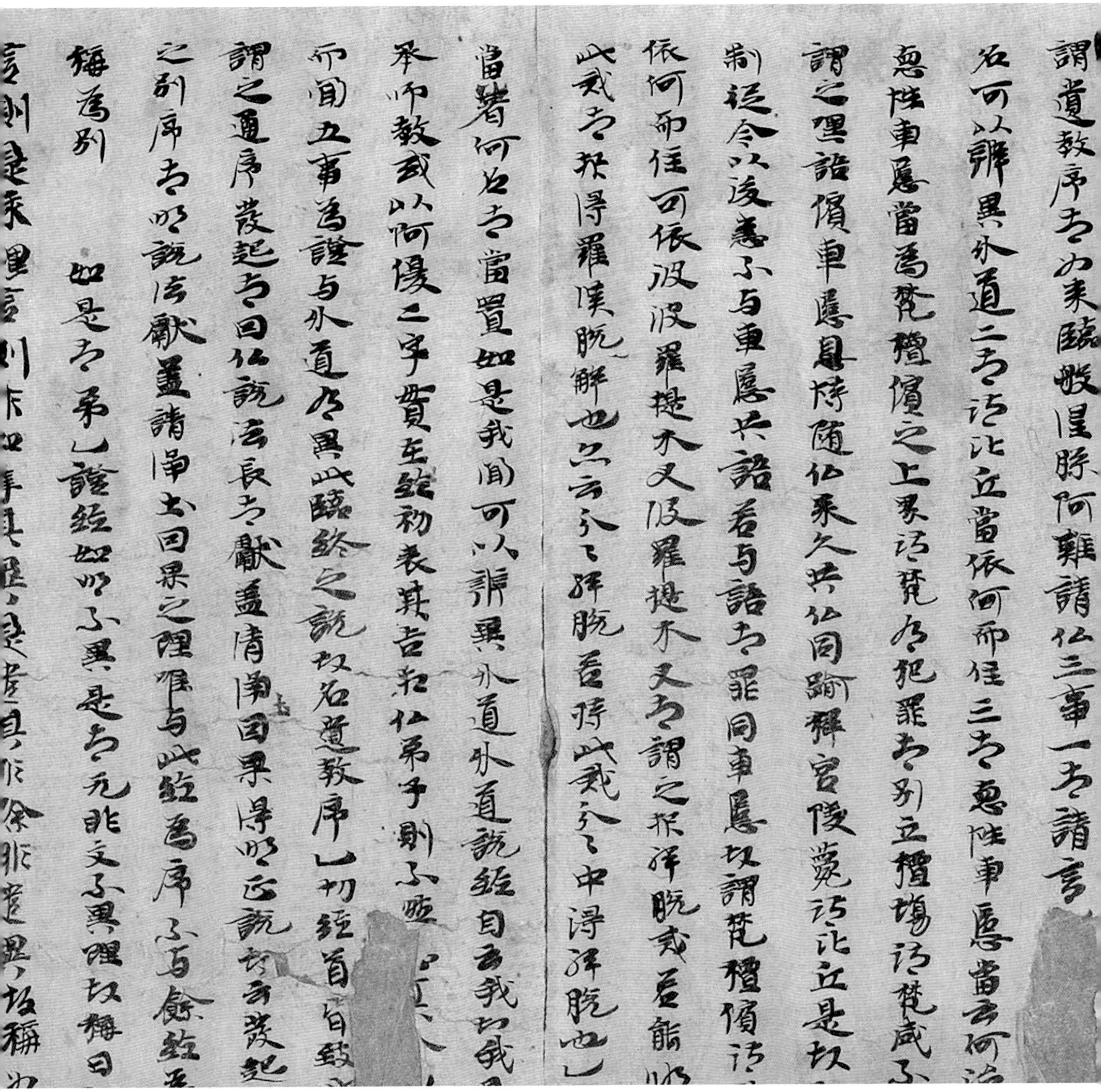

图 2–16　P. 2273《维摩诘义记卷第一》，西魏，549 年，法国国家图书馆

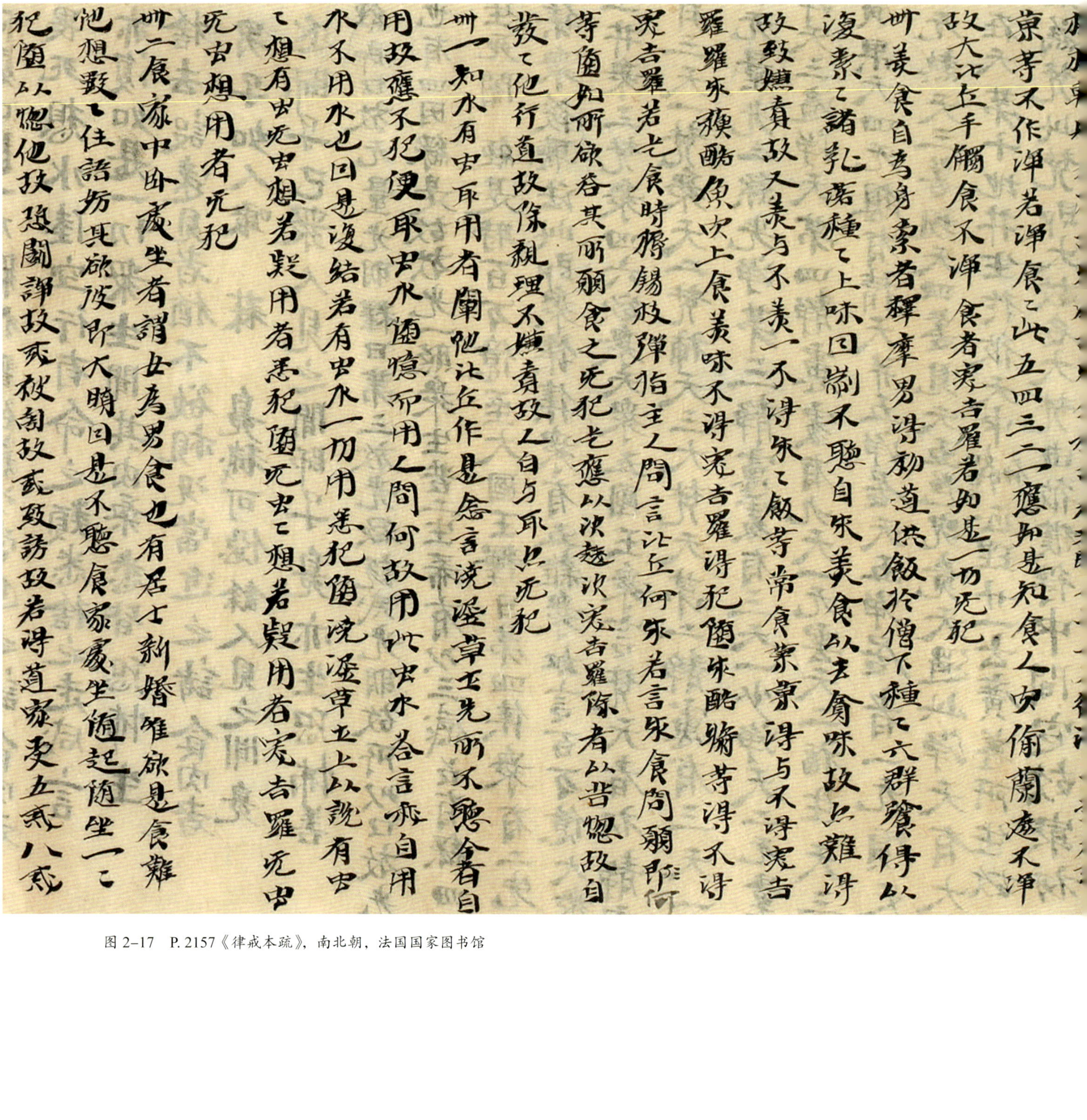
眾等不作淨若淨食〻此五四三二一應如是知食人安衛蘭遮不淨
故大比丘手觸食不淨食者突吉羅若如是一切犯
卅美食自為身索者釋摩男得初道供飯於僧下種〻六群殘得以
復索〻諸亂諸種〻上味因制不聽自求美食以去貪味故亦難得
故致譏責故又美与不美一不得求〻飯等常食索〻得与不得突吉
羅〻求酥酪魚肉上食美味不得突吉羅得犯隨求酪鱗等得不得
突吉羅若乞食時檐錫叔彈指主人問言比丘何求若言求食問頭所何
等隨人所欲答其所頭食之无犯乞應以次趍次突吉羅除者以皆惚故自
發〻他行道故除親理不譏責故人自与取亦无犯
卅一知水有虫取用者蘭陁比丘作是念言澆溼草土先所不聽今者自
用故應不犯便取虫水隨意而用人問何故用此虫水答言我自用
水不用水也因是復結若有虫水一切用悉犯隨澆溼草土上以說有虫
〻想有虫无虫想若疑用者悉犯隨无虫〻想若疑用者突吉羅无虫
无虫想用者无犯
卅二食家中卧處坐者謂女為男食也有居士新婚雖欲是食難
他想數〻住語妨其欲彼即大瞋因是不聽食家處坐隨起隨坐一二
犯隨以惚他故發鬬諍故死被害故或致謗故若得道家受五戒八戒

图 2–17　P. 2157《律戒本疏》，南北朝，法国国家图书馆

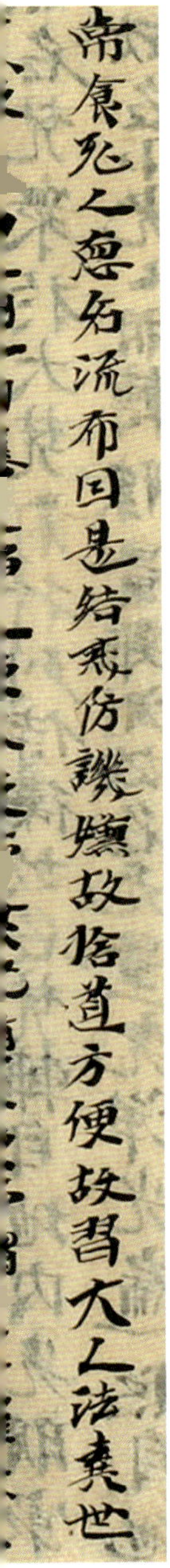

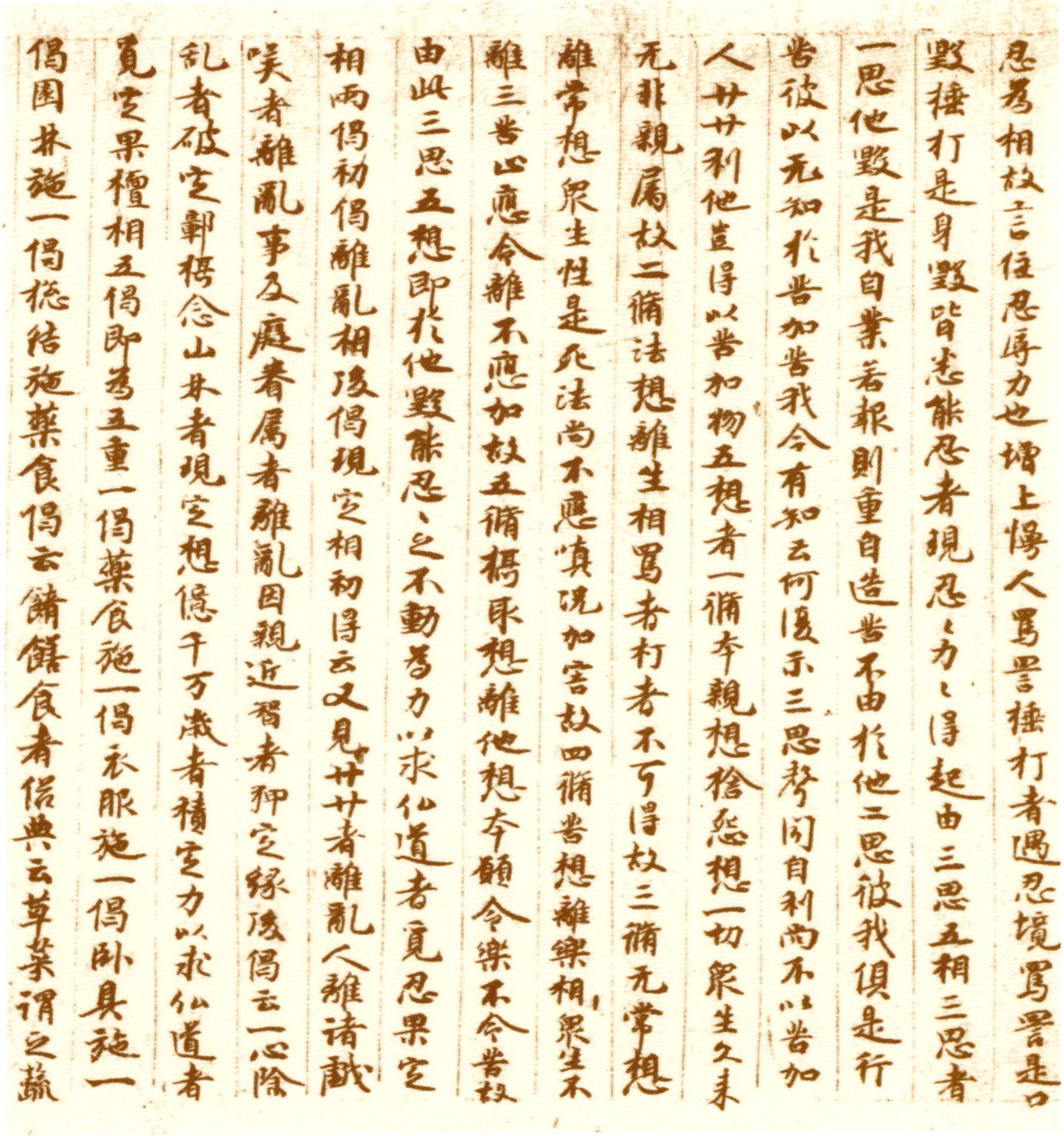

图 2-18 BD03215《法华经疏》，唐，7—8 世纪，纸极薄，卷轴装，作者、卷数不详，首残尾脱，中国国家图书馆

第三节 草书写本

汉代草书兴起，所谓“汉兴有草书”。这一时期的草书是隶书的快捷书写，往往带有隶书的遗存，通常叫“章草”，其流行要早于楷书。从某种角度，敦煌可以说是草书的发源地之一，东汉以后出现了张芝、索靖等草书大家，近年从敦煌马圈湾出土的汉简中也有一些书写水准很高的章草简牍（图 2-19）。经过魏晋书法发展，草书摆脱隶意，成为“今草”。尤其到唐代，从敦煌写经作品来看，草书多受智永《草书千字文》的影响，表现出很高的书写水准。敦煌写经草书多抄写律、论内容，有的写本达到了相当成熟的程度，完全可以视为经典草书的有益补充。

草书写本 P. 2063《因明入正理论后疏》（图 2-20），堪称敦煌写经中草书精品。全卷共存 517 行，每行 20—25 字，共计约一万二千字，通篇用今草字体撰写。此卷的草书，运笔如行云流水，潇洒自然。结字规范，字与字之间虽不连带，但单字之中的使转井然有序，盘曲映带也是极具姿态。全篇首尾相接，气韵贯通，洋洋洒洒，书写娴熟。敦煌写经中有多卷关于《妙法莲华经》的疏论写本，均为唐代草书，如 P. 2118《妙法莲华经明决要述卷》、BD03548《妙法莲华经玄赞》、BD14710《妙法莲华经玄赞》（图 2-21—2-23），草法规范，用笔熟练，简洁流畅，气息纯正，也都是难得的草书写卷。

敦煌写经中的草书写本，是佛教写本中一道亮丽的风景线，与楷书相比，显得自由活泼，生动有趣，具有较高的书写水平与艺术价值。

左：图 2-19　马圈湾汉简《王骏幕府档案奏稿》，
新莽天凤三年，甘肃简牍博物馆

右：图 2-20　P. 2603《因明入正理论后疏》局部，
唐，纸本，法国国家图书馆

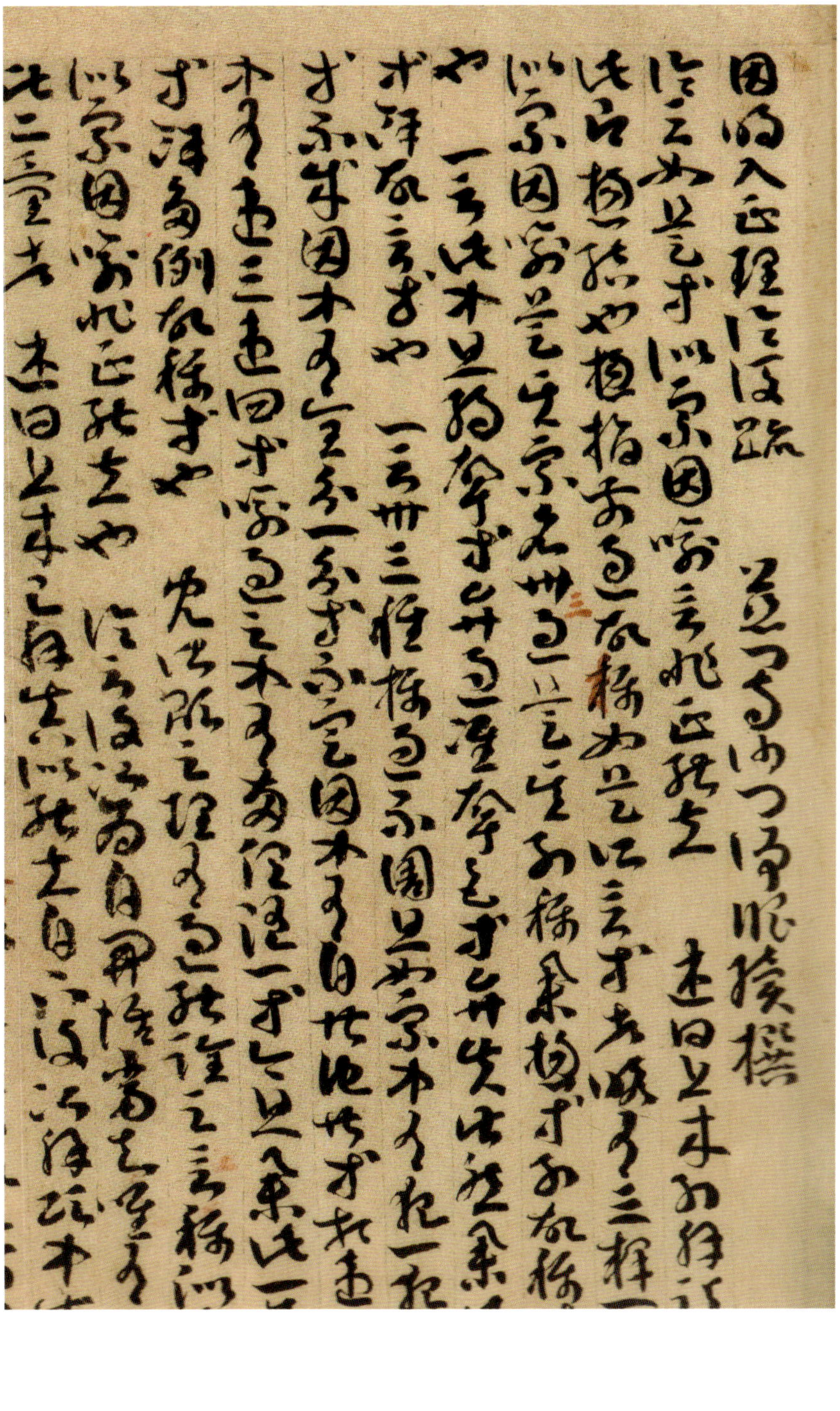

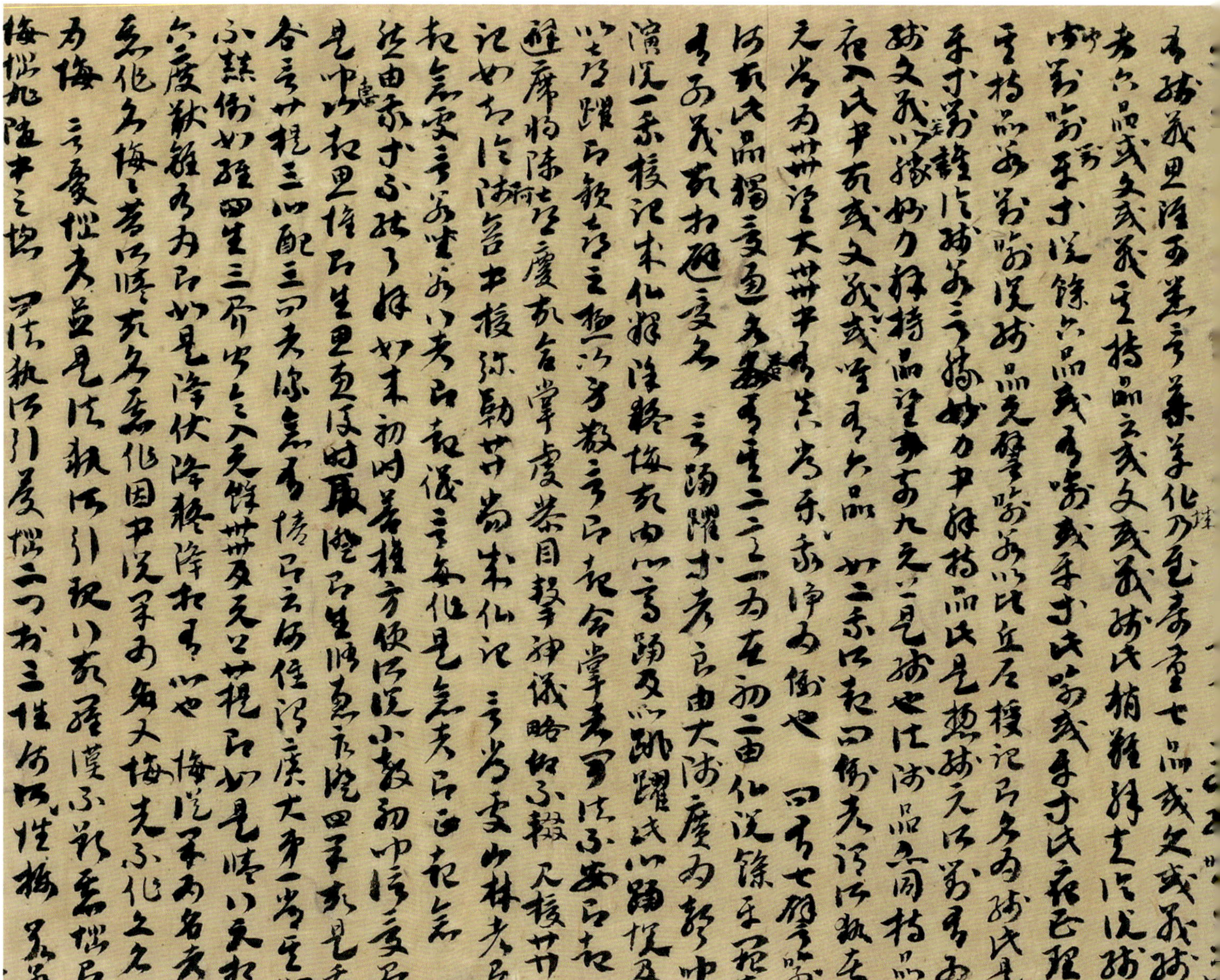

图 2–21　P. 2118《妙法莲华经明决要述卷》，唐，法国国家图书馆

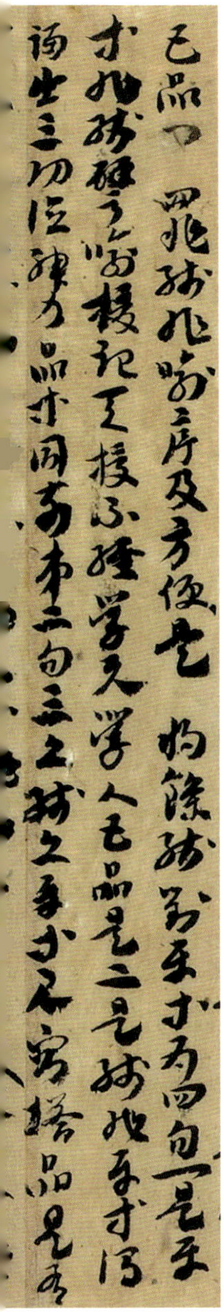

图 2-22　BD03548《妙法莲华经玄赞》卷一，唐，7—8 世纪，卷轴装，28.2 厘米 × 198.4 厘米，纸五张，首尾均脱，中国国家图书馆

以日在法性法界中用一切處隨緣一切境於仏地者の名自
在法界中圓尊者隨足中大子正地者法初地已上之者
者菩提心三十萬動初地已上宜之一百三十大千教一仏
仏境且云之大千如理之真二萬法界中用以大日在性
在十地修成等是分利分者二以萬地前之以自證性
以地前以在初云法身云以中界用中者法性云前在
性以前以從初地上法界中用在性常住地前云等用也
菩是菩薩乃云生之生者　菩薩乃分二地三位前分二地
如佛用初明長り三二内明地云以十地二之近位三
足真報　菩薩時生菩薩云内明分如是　菩薩已到乃回一分菩
一分二位在一念生分法小數以二念生明足大千以依法菩

图 2–23　BD14710《妙法莲华经玄赞》卷一〇，唐，7—8 世纪，薄皮纸，卷轴装，28.6 厘米×1755.8 厘米，纸四十二张，首残尾全，已修整，中国国家图书馆

中国
佛教美学
典藏

第三章

敦煌写经书写水准与审美风格

历代佛教写本中，篆、隶、草、行、楷等多种字体皆有所见，总体而言，以楷书写本水平最高，敦煌写经便是其中代表，这与其书写条件与取法有关。敦煌写经很多写本书写水平较高，呈现出丰富多样的审美风格。

第一节 敦煌写经的书写水准

敦煌写经自晋代到宋初，历时7个世纪，很多书写精美，堪称艺术佳作。如第二章中安弘嵩写经残片、《金光明经卷第二》、《摩诃摩耶经卷上》、《阿毗昙毗婆沙智犍度他心智品中卷第五十二》等楷书字体比较成熟，书写水准很高，是敦煌写经中的精品。尤其是进入7世纪以后，随着"唐尚法"时代书风的形成，敦煌写经中也打下了这一时代烙印。尽管这种写本，尤其是佛教写经，艺术表达个性不强，表现出较鲜明的"写经体"类型化风格，但从书写的技术层面来看，因为其书写条件有保障，取法范本也很好，所以达到了较高的水平。

一、较为完善的写经条件

如前所述，敦煌写经书写水准可谓良莠不齐，但不乏较高水准且数量丰富的写本。这一方面是字体自身演变的结果，同时，也需要有多方面的社会条件做保证。书写者的水平与态度、供养人的身份与眼光、写经的规则与校订的程序等，都是写经质量的有力保障。

首先，书手能保证抄经水平。

据《旧唐书》卷四三《职官志》记载，唐代弘文馆、崇文馆等机构有专门抄写文书的书手。其中弘文馆有"楷书手三十人"，崇文馆有"书手二人"，史馆亦有"楷书手三十五人"。开元年间张九龄等人所撰《唐六典》卷八记载，弘文馆置"楷书手二十五人"，卷十载作为皇家中央图书机构的秘书省，置"楷书手八十人”。学成的善书者一般没有官衔品第，相当于“胥吏”，为政府雇佣，主要承担文书抄写工作。唐太宗的私人图书馆弘文馆，太子的图书馆左春坊、皇帝的秘书处门下省等机构，都安排很多书手承担着大量的抄写任务，其中经典的抄写，通常都是由具有长期书写经验、水平较高的“楷书手”来担任。

经籍文书典章制度等的抄写，都具有规范性要求，政府对书手的质量与数量都有限定，因而对这些书手的选拔与培养方法、程序、师资、教学内容及管理都有比较严格的规定。尤其唐朝统治者非常重视书法，政府不仅开设弘文馆等专门的书法培养机构，还将书法作为铨选官吏的标准之一。官府中的书手都是选取书法优秀的官宦子弟。唐政府曾规定，“有性爱学书及有书性者，即入（弘文）馆内学书”，著名书法家欧阳询、虞世南都曾在弘文馆教习楷法。“贞观中，魏徵、虞世南、颜师古继为秘书监，请购天下书，选五品以上子孙工书者为书手，缮写藏于内库，以宫人掌之。”可见书手通常都是经过严格选拔并进行正规培养的专业书写人才。需要注意的是，这些书手部分工作就是参与官方佛经等各种经典的抄写，这些经典流传于全国各地，也包括敦煌，成为社会各界抄写经典时内容与书法的参照和学习的范本。因此，流传到敦煌的官方写本，其书写水准首先得到了保证。在隋唐敦煌写经中，许多经由官方严格校订的楷书写本，书写之精令人赞叹。

寺庙是抄经传播的重要场所，佛教徒成为抄经的重要成员。如贞观五年（631），太宗“敕法师玄琬于苑内德业寺为皇后写佛藏经，又于延兴寺更造藏经，并委琬监护”。由于寺院及僧人在抄经中所具备的有利条件，从初唐至晚唐时期，一直都是官方佛经抄写的主要力量之一。并且随着唐代帝王对佛教的愈加重视，抄写佛经的规模也日益庞大。如高宗显庆年间，诏令西明寺写经一部，“更令隐炼，区格尽尔，无所间然”。唐景龙二年（708），中宗命沙门法藏“仍写摩诃衍三藏并诸家章疏贮之”。懿宗咸通十一年（870），为懿宗祝寿，福寿寺尼写《大藏经》5461卷，由僧彻担任校对。这些带有官方意味的写经，对书写要求也很严格。

敦煌写本中除了官方抄写，还有民间书手参与。如S. 01893《大般涅槃经卷第三十七》卷末题记中载“经生敦煌县学生苏文须书”。很明确，苏文须的身份是经生，是以抄经为职业的书手。S. 02424《佛说阿弥陀经》末署云：“景龙三年十二月十一日李奉裕在家未时写了，十二月十一日清信女邓氏敬造《阿弥陀经》一部，上资天皇，圣化无穷，下及法界众生，出超西方供□上□之乐。”其中自称“清信女”的邓氏应该是“施主”，而李奉裕也可能是经生。这些以抄经为职业的经生，有的还开设经铺，借传播佛教经文来谋取生计。唐开元二年（714）七月，朝廷还颁发《禁坊市铸佛写经诏》：“佛教者，在于清净，存乎利益”；“坊巷之内，开铺写经，公然铸佛”；“自今以后，禁坊市等不得辄更铸佛写经为业”。虽然官方对民间写经多有限制，但正是因为有民间书手的参与，佛教经典传播的广度与力度才得以拓展和加大。随着数量的增多，具有广泛的群众基础，加之具有市场流通的要求，书写水准也随之得到提高。

除了以上抄经群体之外，不少文人参与写经，有的出于国家需要，作为佛经范本，由官方发送各地作为楷模，有的可能是文人自己出于信仰需要，自觉抄经，这些文人书写水准往往都比较高。皇家敕造的佛教经典写本中，不排除上层文人参与抄经。唐贞观九年（635）四月，“奉敕苑内写一切经，大总持寺僧智通共使人秘书郎褚遂良等，附新译经校定申奏，奉敕施行”。褚遂良作为唐代书法一代教化主，不仅参与新译佛经的校定，而且还有可能指导抄写，甚至亲自示范抄写。敦煌写经中就有很多书写水平、风格与褚遂良相当接近，是十分精美的写本。

除了写本外，一流书法家书写的佛经也出现在刻本中。众所周知，雕版印刷始于唐代，并在唐中后期广泛使用，佛教经典是雕版印刷初始阶段最重要的内容之一。目前所知最早的雕版印刷品，是梵文陀罗尼经咒单页，刻印于704—751年之间。现存最早的标有年代的雕版印刷品，是收藏在大英博物馆的唐咸通九年（868）王玠为二亲敬造普施的《金刚经》。无论抄本还是刻本，文字书写都是首要的。如褚遂良这样的经典书家所抄写的佛经，很可能成为当时社会上雕版印刷的模本以及其他抄经者学习的典范。敦煌出土的刻本中，便发现柳公权书写的《金刚经》（图3-1）。

无论上层文人、官方书手还是民间受过训练的抄经者，其书写水平一般不低，尤其是敦煌楷书写经，往往更能体现出书写者的水平与态度。

其次，供养者的身份也会影响写经水平。

敦煌写本中绝大部分为佛经抄本，其抄写通常出于供养的目的。供养者的身份愈高，对书写者要求也可能更高，书写水平一般也会更高。最有名的供养者当属东阳王元太荣（简称元荣）。元荣是北魏明元帝的玄孙，最迟于525年被派往敦煌任瓜州刺史，甚至北魏被北周王朝取代后，他仍然留任此职，直至去世。作为虔诚的佛教徒，元荣筹集了数目不小的经费，成立了一支专门的抄写队伍，530—533年间，他主持抄写并供养了300件《仁王护国般若波罗蜜经》，梵天王、帝释天、毗沙门天王各100件，《大智度论》100卷，《大般涅槃经》《妙法莲华经》等各种写经100卷。期间还为抄写佛经特地向毗沙门天王供奉了四万文银钱。凭借着虔诚的信仰、权贵的地位以及充足的经费，元荣保证了经卷抄写的数量与质量，对于佛教的传播起到了重要的作用。

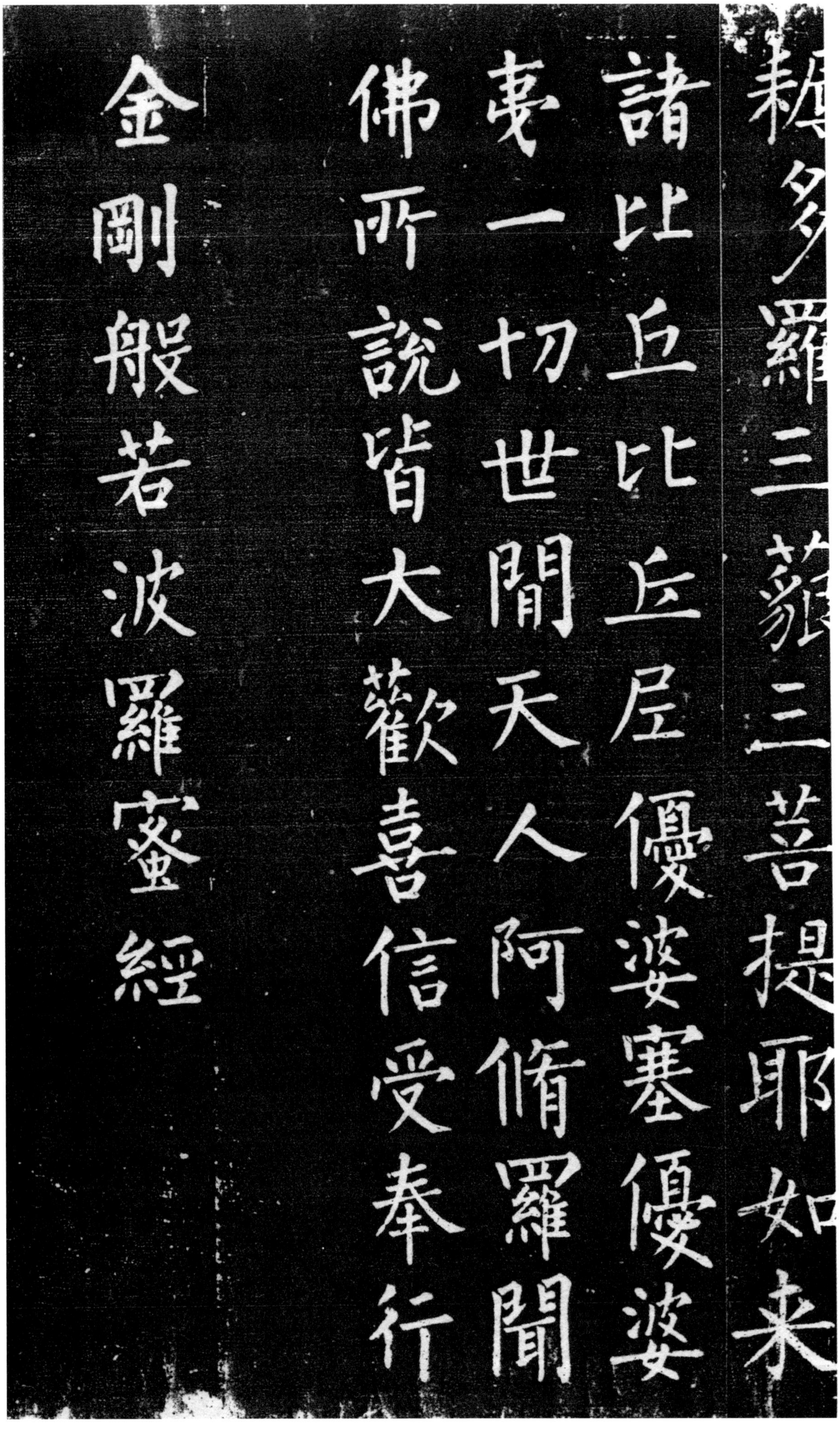
耨多羅三藐三菩提耶如来
諸比丘比丘尼優婆塞優婆
夷一切世間天人阿脩羅聞
佛所說皆大歡喜信受奉行
金剛般若波羅蜜經

图 3-1　P. 4503 柳公权书《金刚经》拓片局部，敦煌出土拓本，年代不详，法国国家图书馆

敦煌写经中，有隋朝宫廷内写成的卷子，其中有两卷是由隋文帝的独孤皇后所供养，一件为其儿媳秦王妃供养。独孤皇后名伽罗，这是个极具佛教色彩的梵语名字，独孤皇后以佛教大檀越的身份而闻名。她供养的两件卷轴的捐赠时间为588、599年的佛诞日。秦王妃年轻时曾一度想削发为尼，也是一位虔诚的佛教信徒。这些供养人的身份与倡导也有力地促进了写经水平的提高。

此外，抄经机构设置与抄经相关规则也能保证抄经水平。

如前所述隋文帝的独孤皇后，据说在她有生之年共供养了46部“一切经”，卷轴数目超过了10万件。如此庞大数目的写本，没有大规模的缮写机构是无法完成的。日本学者藤枝晃先生认为，可以肯定“在9世纪上半叶吐蕃统治下的敦煌，也建立了一个规模非常大的缮写机构。在该机构里，抄书手抄写了几千件佛教写经，主要是《大乘无量寿宗要经》和《大般若经》，其中既有汉文的，也有藏文的”。

6世纪早期，在敦煌地区成立了一个官方写经机构，其中有一部分经、律、论三类经卷，年代在511—514年之间，由令狐崇哲领导的“官经生”抄写。有十多件佛经写本都有同样的题记，每卷末均盖有“敦”或“敦煌镇印”的黑色印鉴。敦煌镇官府应该承担了为一座或多座佛寺各提供一部“一切经”的任务。

这种官方机构的写经除了对书手水平有较高的要求之外，通常还有严格的写经校经制度。敦煌写本中发现有三十件左右的《妙法莲华经》和《金刚经》卷子，都由京师高官和高僧主持的缮写机构中的书手或皇家图书馆的书手抄写而成，具有统一形式的题记。如S. 2573号《妙法莲华经卷第二》末署：

咸亨四年九月十七日门下省群书手封安昌书

用纸二十张

装潢手解集

初校大庄严寺僧怀福

再校西明寺僧玄真

三校西明寺僧玄真

详阅太原寺大德神符

详阅太原寺大德嘉尚

详阅太原寺上座道成

判官司农寺上林署令李德

使太中大夫守工部侍郎摄兵部侍郎永兴县开国公虞昶监

这些题记第一行写明书写时间、书手姓名及职衔，换行注明该卷的用纸张数，再换行写装潢手，接下来三行写一至三校的人员名单，再换行写经文详阅者，最后写判官与使。题记所列的详阅者，都是太原寺的四位高僧。这四位高僧都是唐僧玄奘的高徒。最后的“使”，确切地说是“写经使”，即写经机构的总主持人，职位地位最高。虞昶是当时的尚书——被称为“书圣”的虞世南之子，其正规的职务是工部侍郎兼掌写经。这种严格的抄经制度有效地保证了佛经书写质量。当然，这样的写经一般作为样本抄送全国各地，成为传播佛教的标准写卷。

二、敦煌写经的书写取法

佛教写本分布于不同时代，表现出不同的风格，但从一些经卷中也可以看到，王羲之一脉经典成为敦煌写本取法的重要来源。资料表明，敦煌藏经洞出土了唐人临王羲之《旃罽帖》(图 2–14)、《瞻近、龙保帖》(图 3–2)。

另如前述，P. 2544《兰亭序》与 S. 01619《佛经疏释》卷后所附临《兰亭序》文句，前者为全文，后者只临了“若合一契未尝不临”等字，水平虽都不高，但均可看出当时经生取法王羲之书法的史实。《怀仁集王羲之书圣教序》于唐高宗咸亨三年（672）刻石后，对当时经生群体也产生了影响。王羲之在唐代受到前所未有的推崇，其书法风格成为写经的主流不足为怪。

陈隋之际的智永作为王羲之七世孙，以传承右军书法为己任，书风直承王羲之。其《千字文》的影响也到了敦煌，P. 3561 蒋善进临《真草千字文》(图 3–3)，用笔细腻，结构准确，牵丝连带，平稳自然，气韵酷似智永书法原貌，显示出很好的功力。作品虽然仅存 34 行，170 字，但此临本确为初唐书法临作精品。敦煌写经中受到这种书写风格影响的作品不少。

敦煌藏有唐代拓本三种，即欧阳询书《化度寺碑》、柳公权书《金刚经》、唐太宗李世民书《温泉铭》。说明这些经典书家对唐代以后敦煌地区的书法都起到过示范作用。而这些书家无不受到王羲之书风的影响，可见，敦煌所出唐人写经以取法王羲之一脉书风为主是可以理解的。又如著名的《灵飞经》虽为道教经典，同样受到王羲之书法的深刻影响。敦煌写经中与《灵飞经》风格类似者不在少数。米芾认为进入盛唐开元以后，敦煌写经风

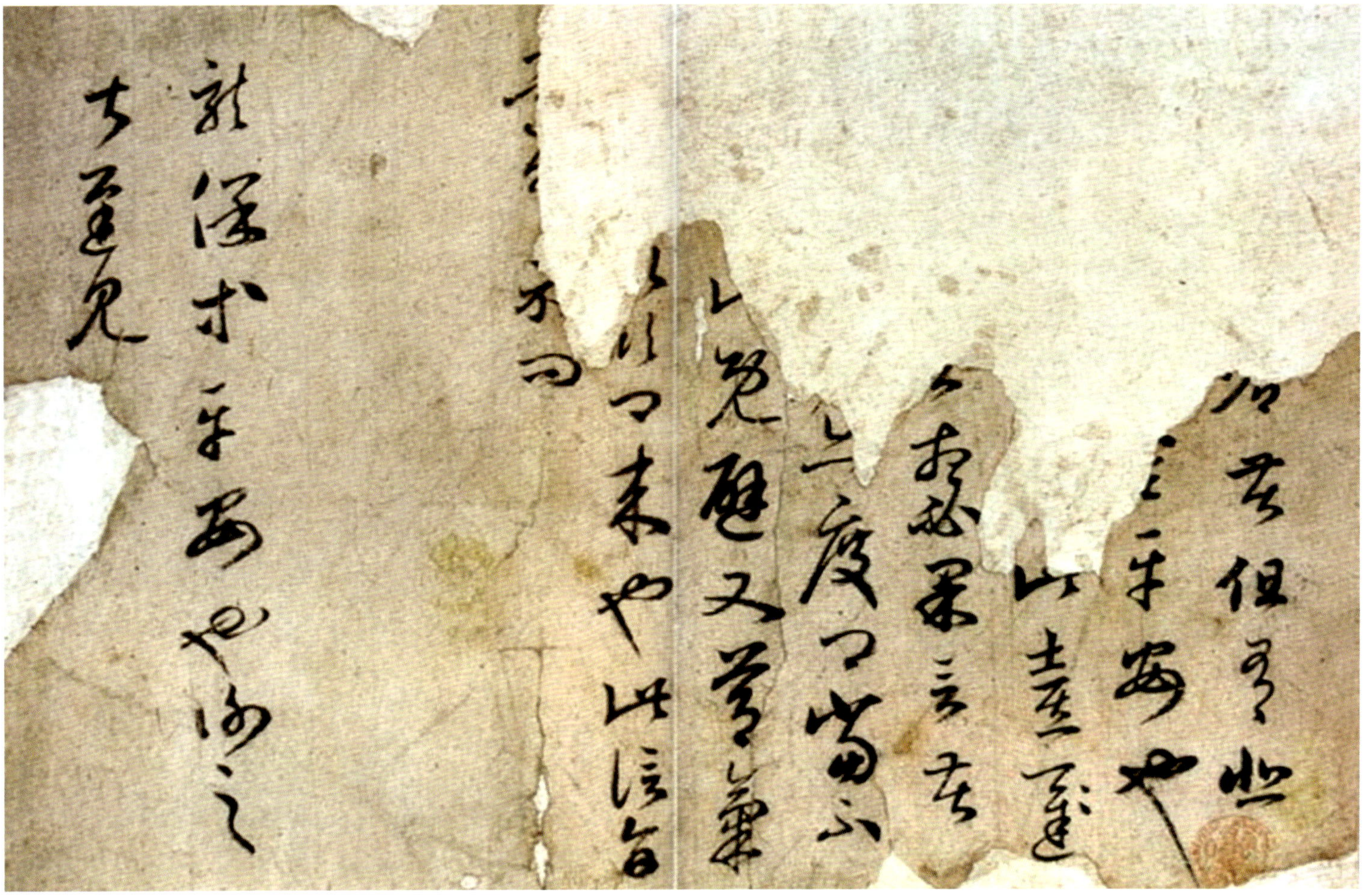

图 3-2　S. 03753 唐人临《瞻近、龙保帖》，唐，纸本，25 厘米 × 56 厘米，英国国家图书馆

格渐趋丰腴，他在《海岳名言》中说："缘明皇字肥，始有徐浩，以合时君所好，经生字亦自此肥。"这恐怕是一种时代的整体风格，而并非独有经生的字是如此。虞世南、褚遂良、颜真卿、徐浩作为一时名手，对当时写经书风产生直接的影响都是正常现象。

正是具有保证敦煌写本书写水准的主客观条件，又有足够优秀的学习范本，敦煌写经整体水平较高就不足为怪了。

悦豫且康嫡

悦豫且康嫡

蒸嘗稽顙再

蒸嘗稽顙再

牋牒簡要顧

牋牒簡要顧

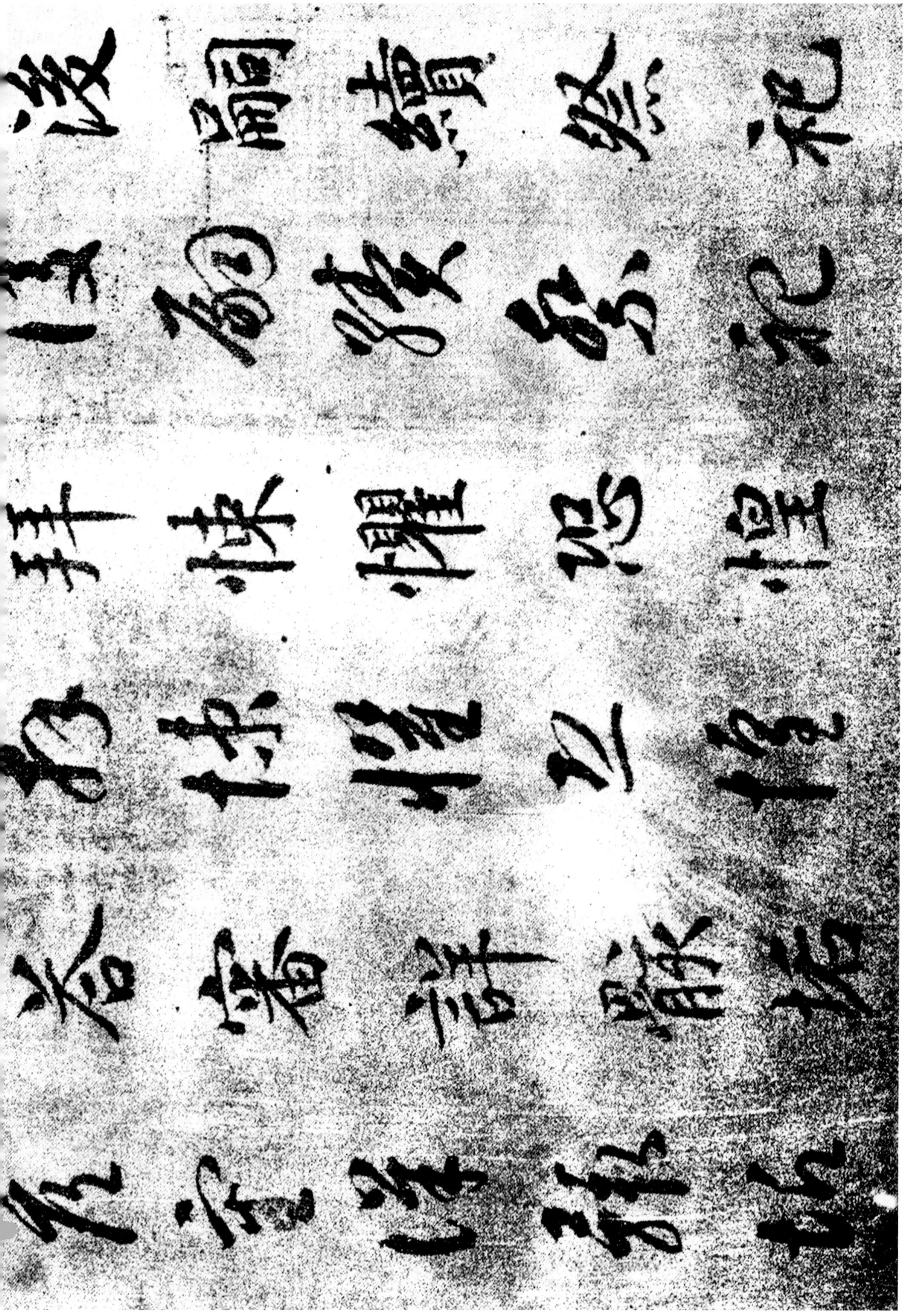

图3-3 P.3561蒋善进临《真草千字文》，唐，641年，法国国家图书馆

第二节 敦煌写经的审美风格

佛教写本作为实用性书写文本，表现出写经体的共同特征，即追求书写效率，用笔简捷方便，字形体势一致。在保证书写速度的前提下，尽可能体现书写的规范、整齐、美观。从审美的角度看，历时7个世纪的敦煌写本表现出不同类型的风格特征，尤其是一些书写水平较高、个性风格比较明显的写本，具有较强的艺术价值。本节对敦煌写经审美风格试做简单分类。

一、严谨端庄类

敦煌写经出于宗教目的，不管书写者是否是宗教徒，其书写时的心理都会受到宗教要求与应用目的的影响。总体而言，但凡经典的抄写，都会尽可能规整端正，不敢苟且。不同时期字体成熟程度不一，书写的规范性往往取决于书写者的动机和态度，即便是并不成熟的楷书字体，也从笔形的规范性、字形的一致性与章法的统一性方面保持相对严谨的书写心理，表现出整饬端严的书写面貌。如P. 2160《摩诃摩耶经卷上》（图2–10），明显受到智永《真书千字文》等经典楷书的影响，字法章法力求整饬，字势端严平正，书写尽量接近规范性的楷书字体；图3–4是两件7世纪书写的《妙法莲华经》，均受褚遂良书法影响，用笔细腻生动，点画起收完整，结构匀称稳定，与P. 2160《摩诃摩耶经卷上》相较，加强了书写过程中毛笔运行的顿挫动作，强调字体的楷化特征与书写的端正规范，点画挺拔清劲，字形稳定平和，显示出严谨端庄之美。

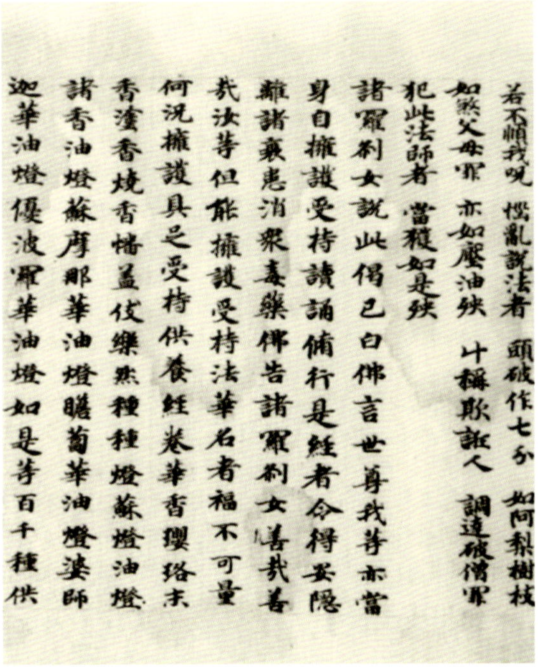

若不順我呪 惱亂說法者 頭破作七分 如阿梨樹枝
如殺父母罪 亦如壓油殃 斗秤欺誑人 調達破僧罪
犯此法師者 當獲如是殃
諸羅剎女說此偈已白佛言世尊我等亦當
身自擁護受持讀誦修行是經者令得安隱
離諸衰患消衆毒藥佛告諸羅剎女善哉善
哉汝等但能擁護受持法華名者福不可量
何況擁護具足受持供養經卷華香瓔珞末
香塗香燒香幡蓋伎樂然種種燈蘇燈油燈
諸香油燈蘇摩那華油燈膽蔔華油燈婆師
迦華油燈優波羅華油燈如是等百千種供

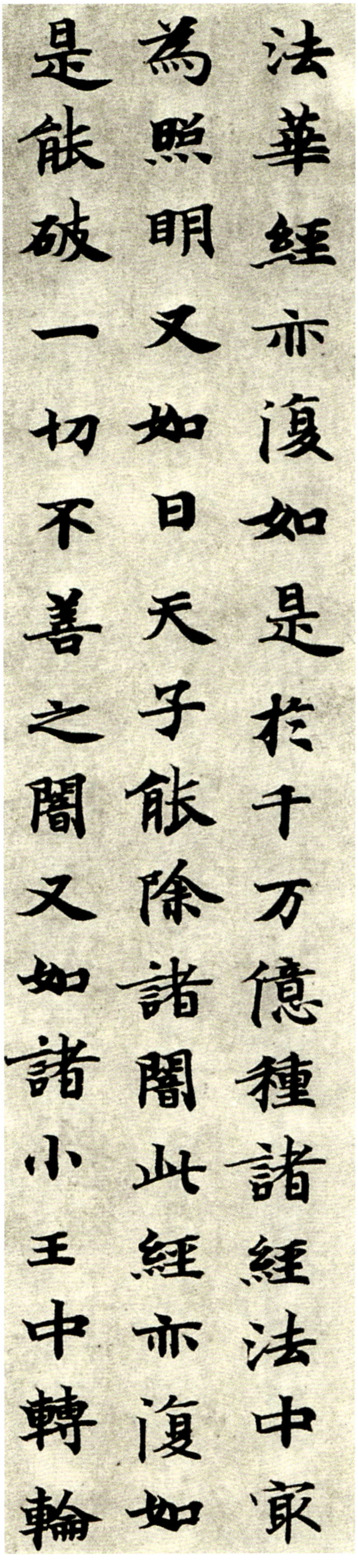

法華經亦復如是於千万億種諸經法中最
為照明又如日天子能除諸闇此經亦復如
是能破一切不善之闇又如諸小王中轉輪

图 3-4 BD14482《妙法莲华经》两件局部 –《妙法莲华经卷七》，唐，7—8 世纪，麻纸，卷轴装，26 厘米 × 500.5 厘米，纸十二张，首残尾全，中国国家图书馆

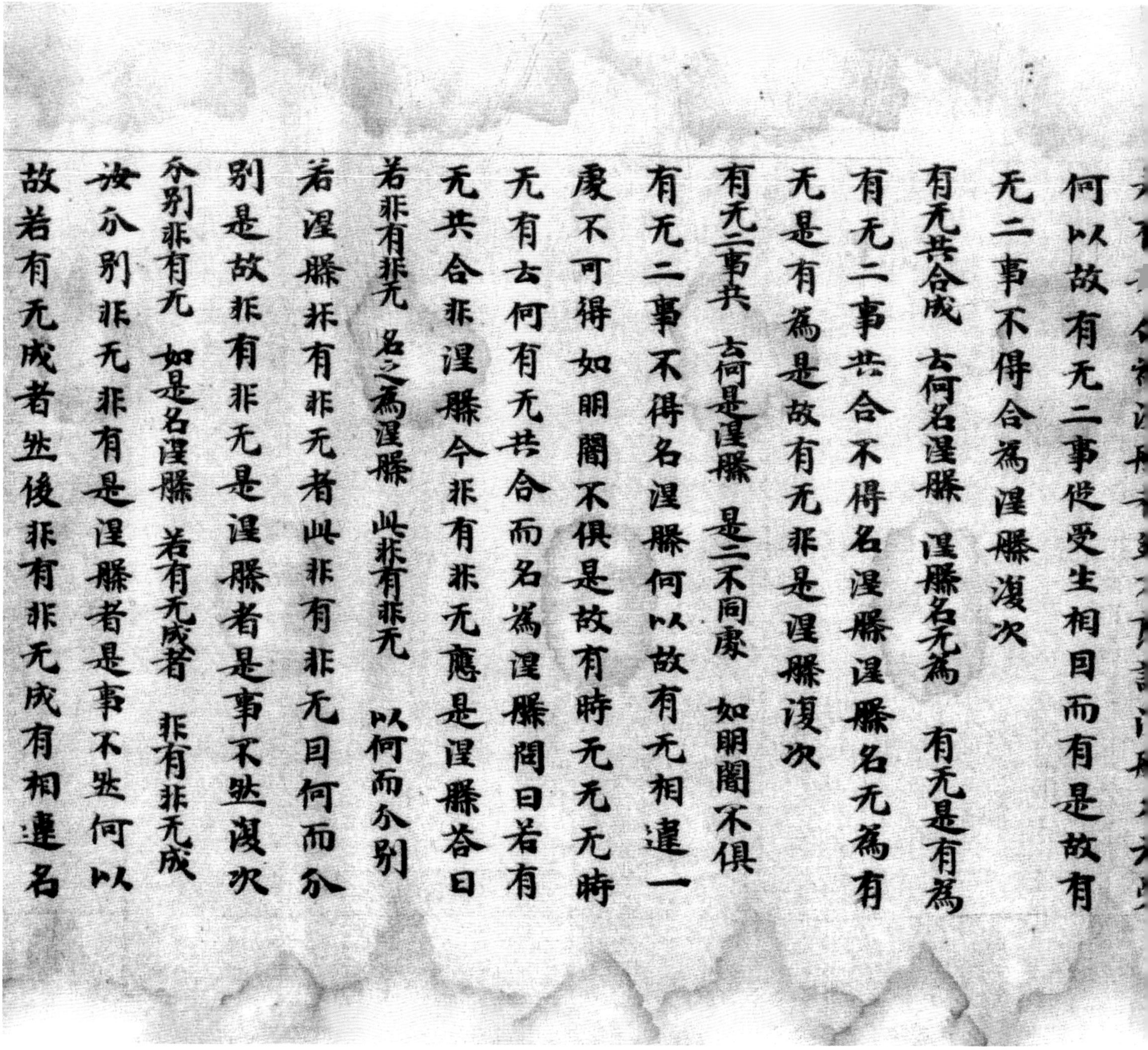
何以故有无二事從受生相因而有是故有
无二事不得合爲涅槃復次
有无共合成　云何名涅槃　涅槃名无爲　有无是有爲
有无二事共合不得名涅槃涅槃名无爲有
无是有爲是故有无非是涅槃復次
有无二事共　云何是涅槃　是二不同處　如明闇不俱
有无二事不得名涅槃何以故有无相違一
處不可得如明闇不俱是故有時无无時
无有云何有无共合而名爲涅槃問曰若有
无共合非涅槃今非有非无應是涅槃答曰
若非有非无　名之爲涅槃　此非有非无　以何而分別
若涅槃非有非无者此非有非无因何而分
別是故非有非无是涅槃者是事不然復次
分別非有无　如是名涅槃　若有无成者　非有非无成
汝分別非无非有是涅槃者是事不然何以
故若有无成者然後非有非无成有相違名

图 3-5　BD03622《中论》（八卷本）卷八，南北朝，卷轴装，26 厘米 × 634 厘米，纸十三张，首残尾全，中国国家图书馆

这类作品往往也容易写得规整有余而生动不足，点画生硬，结构拘谨，容易流于板滞。如 BD03622《中论》（图 3–5），无论点画用笔还是字形结构，不免显得呆板。

二、灵动放逸类

这一类较多表现于行草书写本与不成熟的楷书写本中。行草书主要用于书写经典之外的内容，心态会比较放松，在书写技能较好的情况下，尚能表现一定的性情。如 P. 2176《妙法莲华经玄赞卷第八》（图 3–6），行草夹杂，技能熟练，用笔灵巧，笔势飞动，提按自如，收笔多作放逸之态。字形大小错落，结构随势赋形，行内轴线呈 S 形摆动，摇曳多姿，具有很强的艺术性。此类风格的楷书写本往往字体不太成熟，强调笔触的轻灵与气息的连贯，有时带有行书笔意，交接笔画之间偶有牵丝，体现出书写者放松的心态与熟练的书写技巧。笔形起收灵便，运笔富有节奏，个别笔形如撇、捺能放能收。字形一般并不工整，体势错落，灵动多变。局部章法多有变化，总体而言比较完整稳定。如写于 457 年的《佛说菩萨藏经第一》（图 3–7）等，灵动放逸，富有美感。

写于 400 年的《大般涅槃经》（图 3–8），楷隶字体，隶书意味较多，楷书特征并不成熟，尽量保持了书写的相对工整，字形体势整齐划一，字距疏朗，章法规整。但撇捺笔画多有飞动之势，用笔强调笔尖弹性，点画之间强调连贯，显得灵动多姿。

三、圆润厚实类

敦煌写经中有一类用笔圆润、笔形厚实，体现出比较鲜明的书写风格。这一类写本尤其强调运笔过程的圆润，有的笔画渐次加重，即起笔较轻巧，楷书切锋不明显，收笔铺毫，颇为厚重，多顿笔，无回锋，呈圆实状。注重中段饱满，很多点画边线呈弧形。转折、钩画提按动作较少，多圆转，少方折，笔形之间过渡自然。整体字形圆浑含蓄，字内空间充满力量。通篇字势稳中有变，整体章法并不板滞。如书于隋太建八年（576）的 P. 2965《生经第一》（图 3–9）、陈至德四年（586）的 P. 2160《摩诃摩耶经卷上》（图 3–10）即属此类。

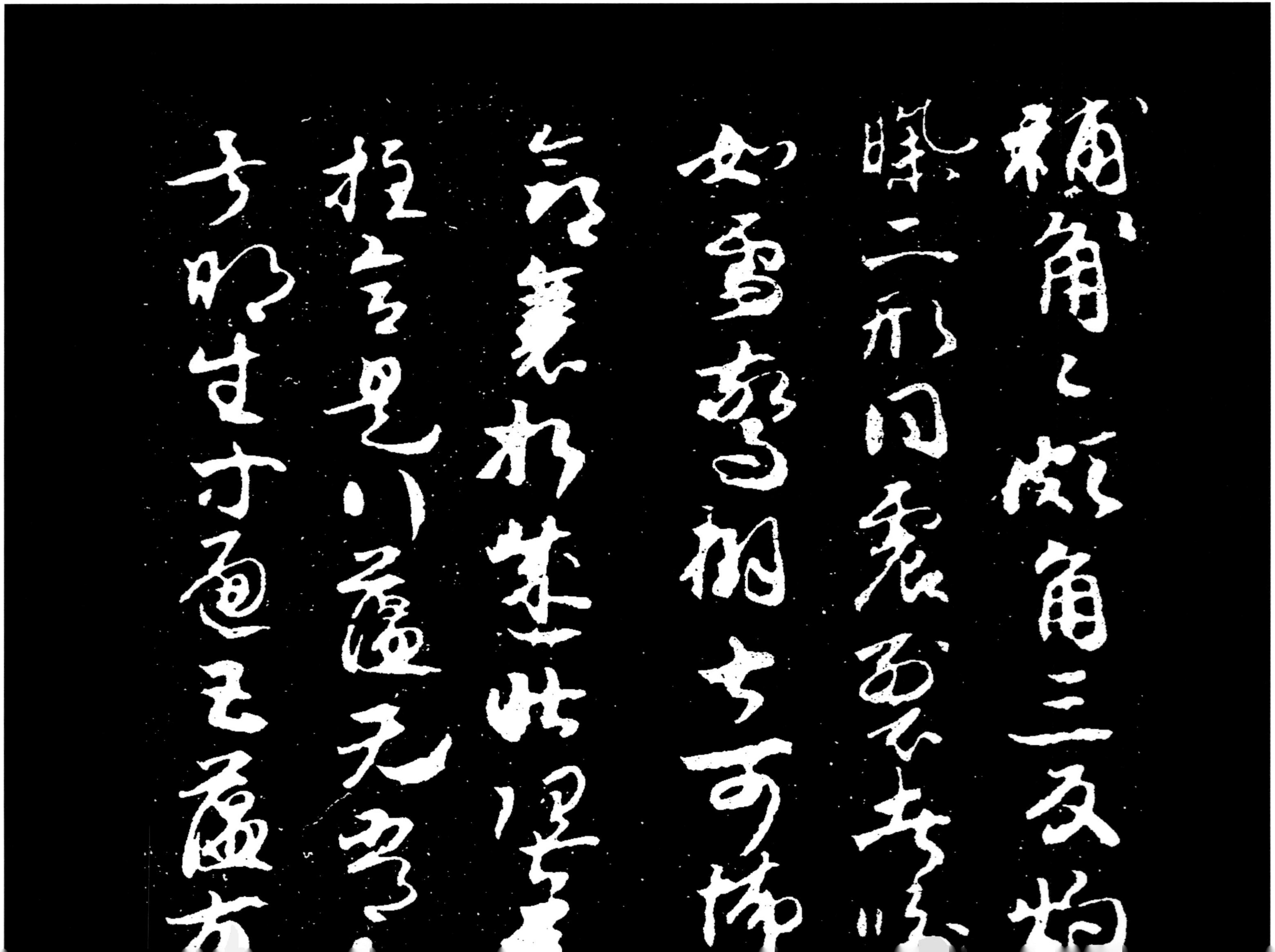

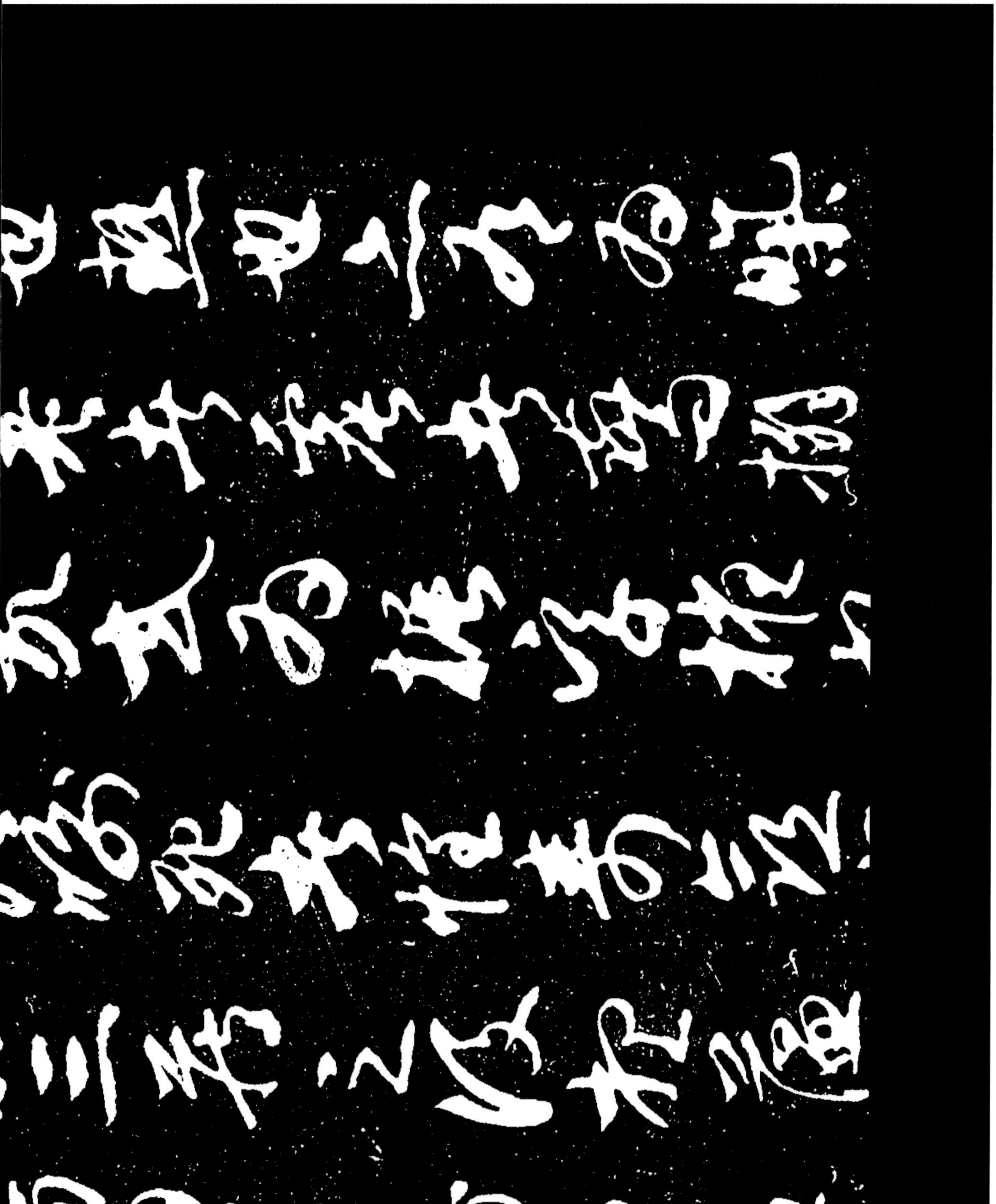

图 3-6 P.2176《妙法莲华经玄赞卷第八》局部，唐，法国国家图书馆

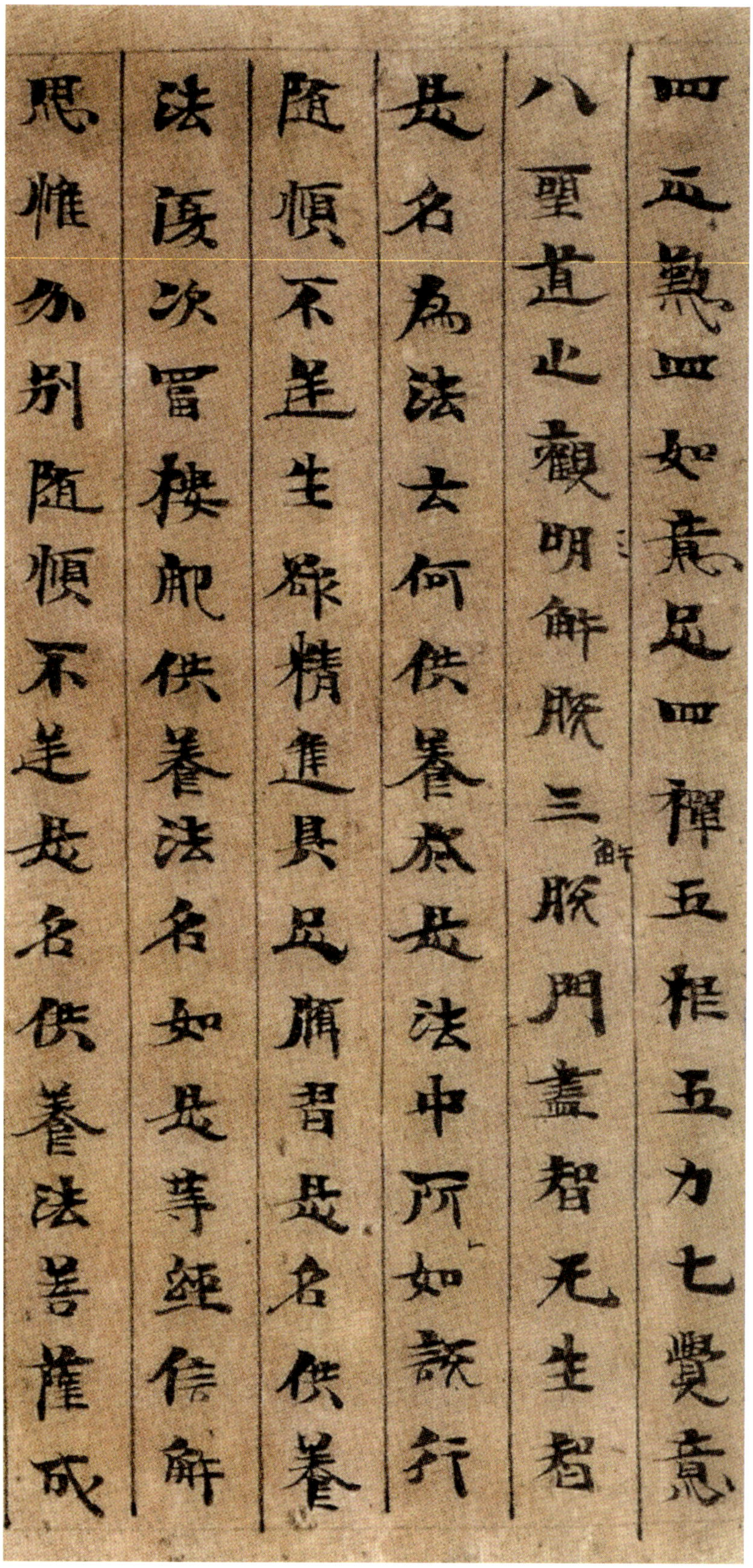
四正勤四如意足四禪五根五力七覺意
八聖道止觀明解脫三脫門盡智无生智
是名為法云何供養於是法中所如說行
隨順不違生欲精進具足修習是名供養
法復次冨樓那供養法名如是等經信解
思惟分別隨順不違是名供養法善權成

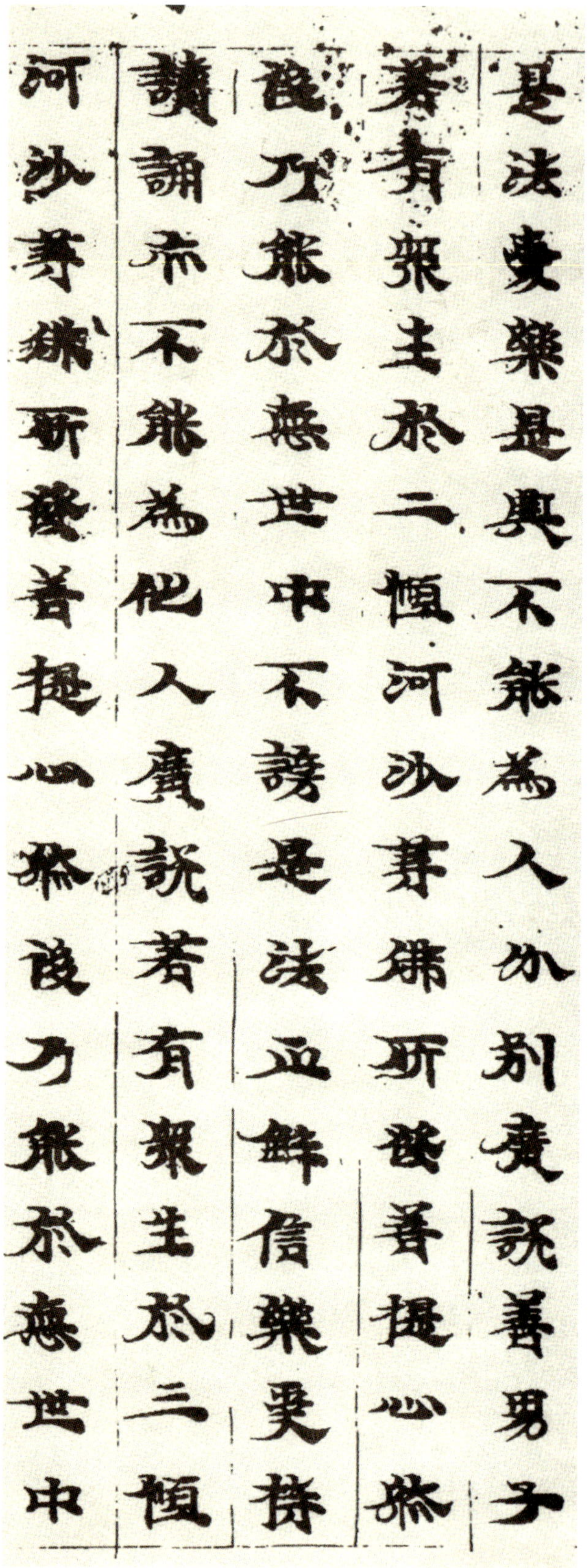
是法愛樂是典不能為人分別廣說善男子
若有眾生於二恒河沙等佛所發菩提心然
後乃能於惡世中不謗是法正解信樂受持
讀誦亦不能為他人廣說若有眾生於三恒
河沙等佛所發菩提心然後乃能於惡世中

左：图 3-7 《佛说菩萨藏经第一》局部，北凉，457 年，书道博物馆

右：图 3-8 《大般涅槃经》局部，东晋，400 年，白麻纸本，27.5 厘米 × 322 厘米，27.5 厘米 × 165 厘米，敦煌研究院

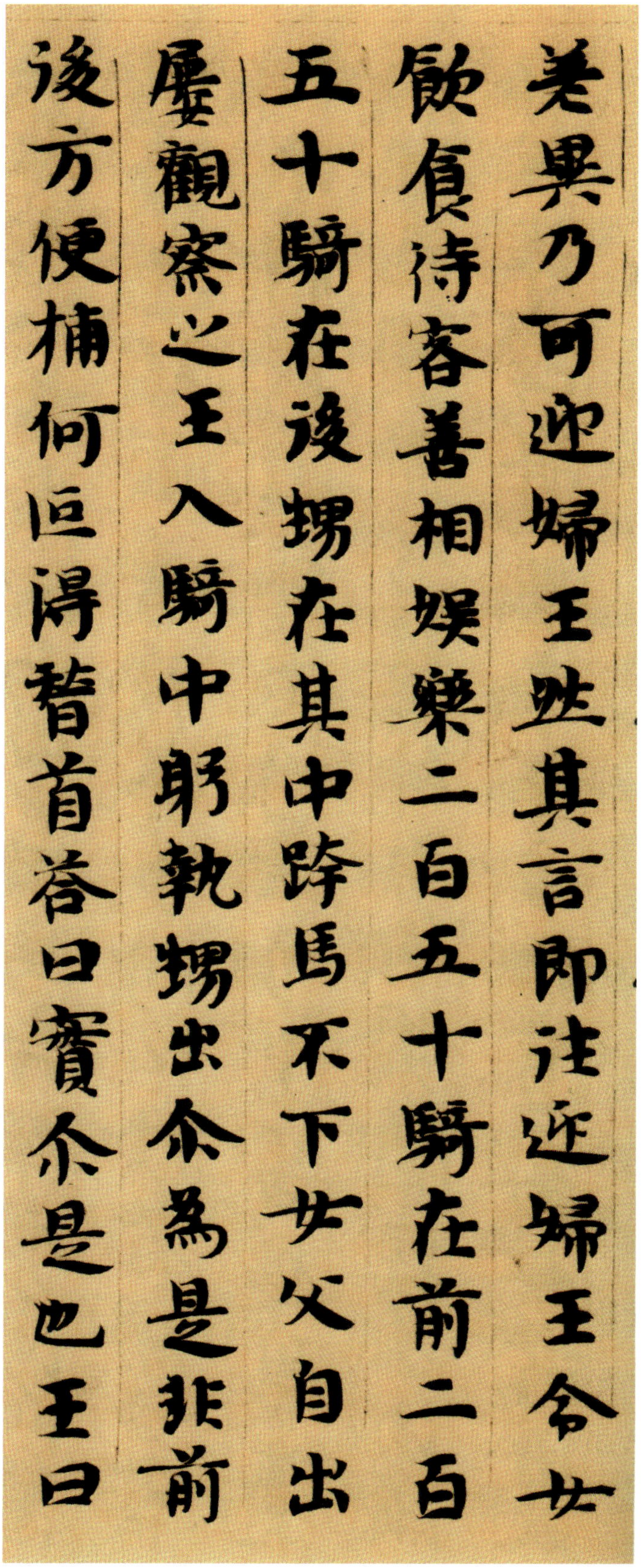

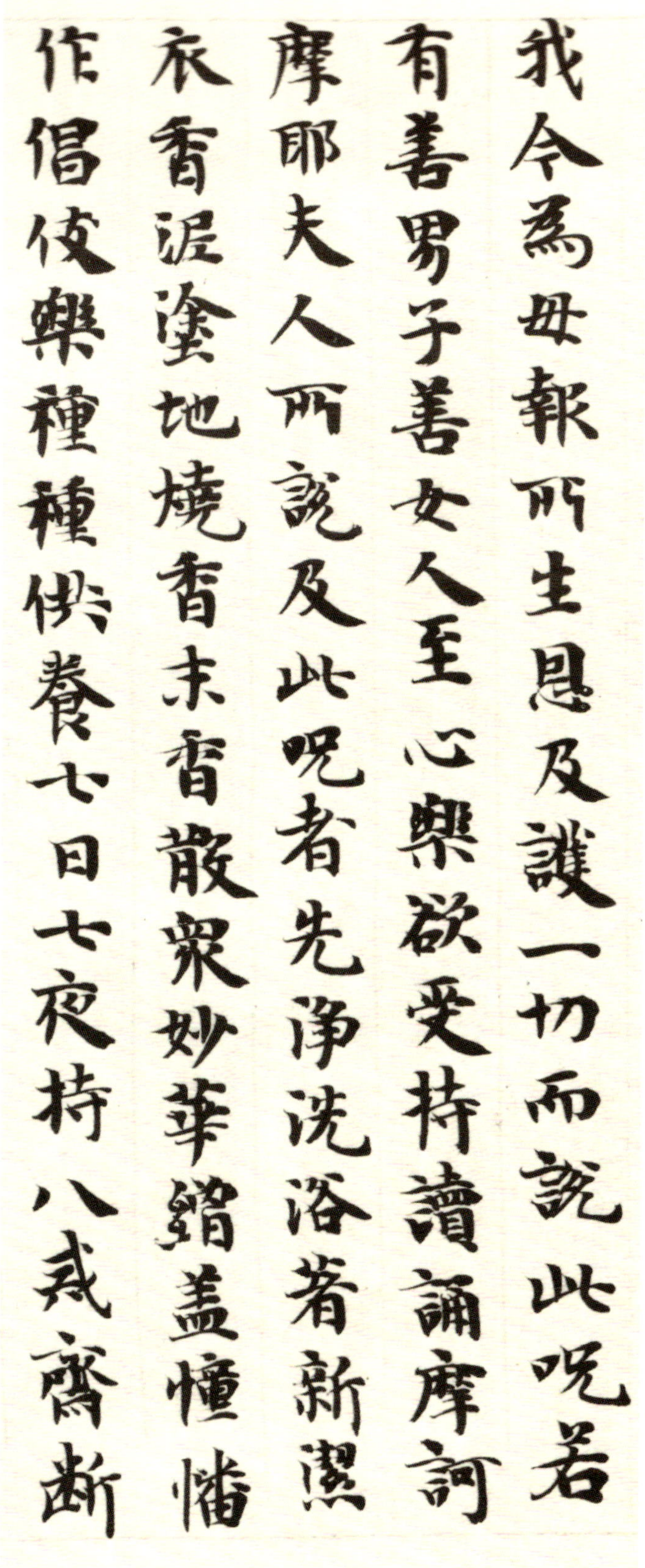

左：图 3–9　P. 2965《生经第一》局部，隋，法国国家图书馆

右：图 3–10　P. 2160《摩诃摩耶经卷上》局部，南朝陈，586 年，法国国家图书馆

四、朴拙稳重类

敦煌写经中有一类深受魏碑书风影响，楷书字体比较成熟，书写比较规整。用笔沉着，起笔常用逆锋、顿锋，多方笔，转折提按顿挫分明，点画粗重，偶有连带，字形有斜画紧结的魏碑风格，字势统一，朴拙稳重中不失生动。章法谨严，整齐和谐。如写于北魏延昌三年（514）的 P. 2179《成实论卷第八》(图 3–11)，是北方写本，魏碑书风，楷法并不规范，但字形敦实，朴拙厚重，点画偶露锋芒。书于 542 年之前的甘肃省博物馆 004《贤愚经卷第二》(图 3–12）点画朴拙厚实，偶有连带，并不板滞。字内空间茂密，中宫收紧，但并不拘束，显得稳重平和。

以上只是一种大致的分法，如果细分，敦煌写本审美风格有更多类型。

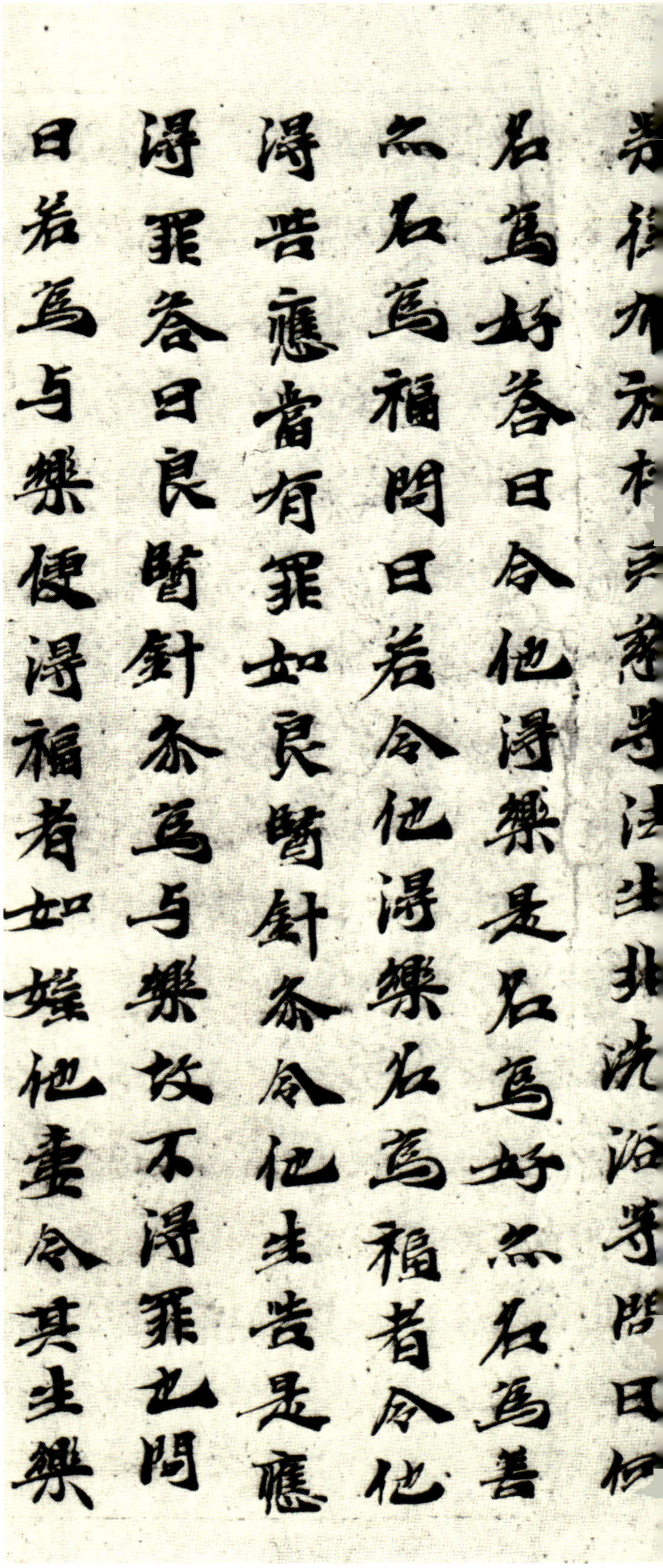

图 3–11　P. 2179《成实论卷第八》局部，北魏，514 年，法国国家图书馆

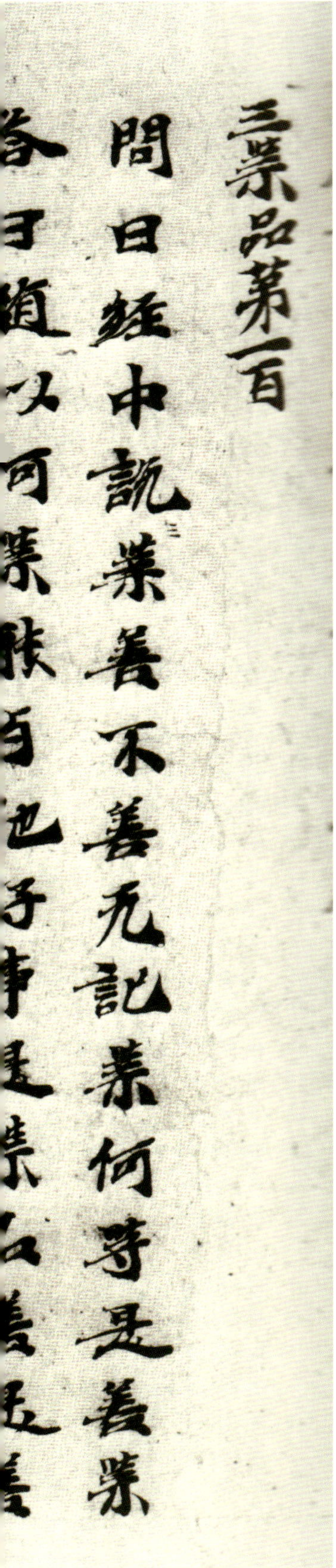

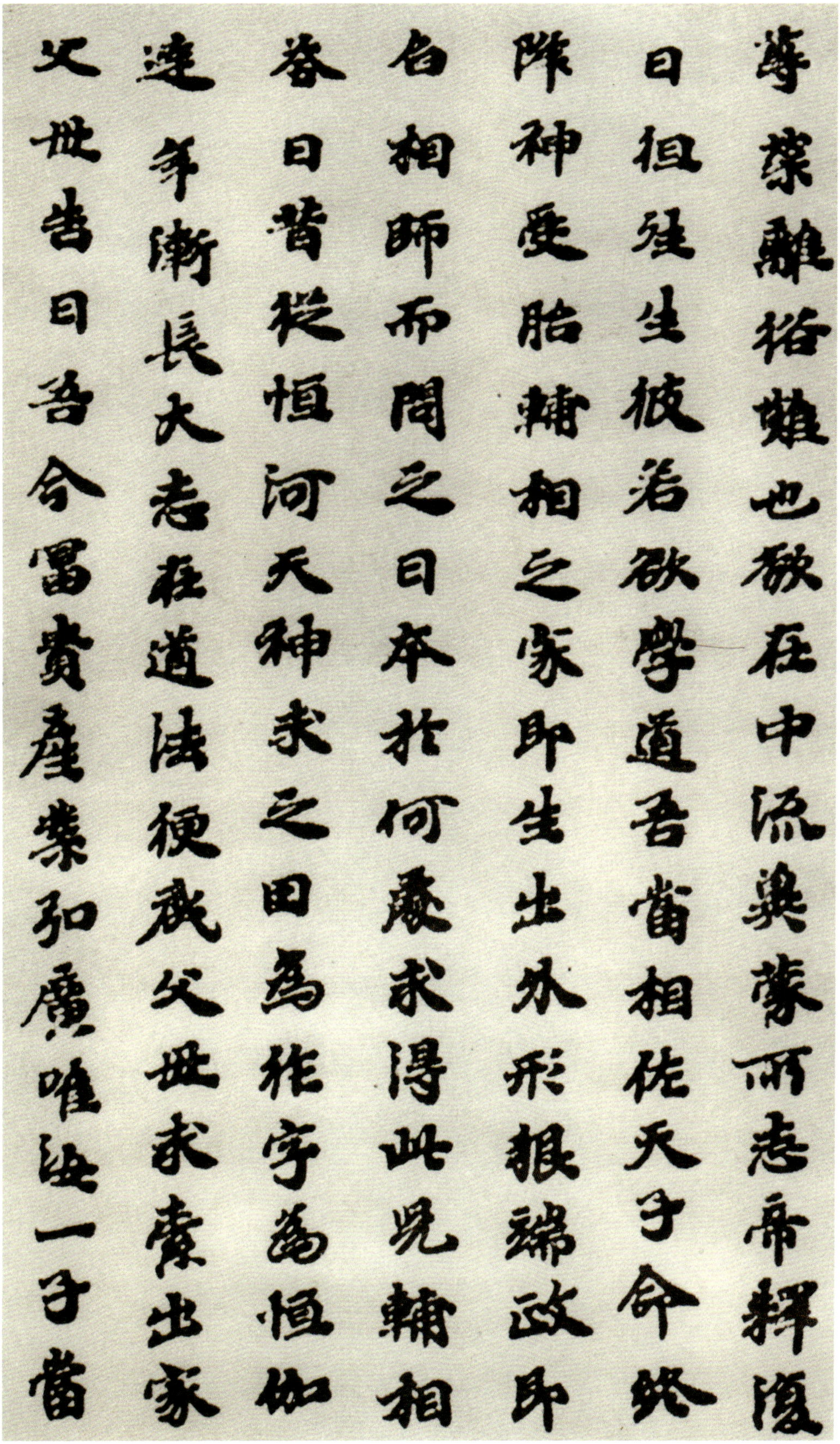

图 3-12　甘肃省博物馆 004《贤愚经卷第二》局部，西魏，542 年，纸本，24 厘米×736 厘米，甘肃省博物馆

中国
佛教美学
典藏

第四章

从敦煌写经看楷书字体演变

敦煌写经，历时7个世纪，始于隶书楷化，早期敦煌写经笔法字法已初具楷书规模，谓之楷隶；随着隶书笔意逐渐减少，楷书特征逐渐突出，形成隶楷；最后隶书笔意脱尽，成为成熟的正楷。从楷隶到隶楷，中间的界限并不十分明确，从隶楷到正楷，也经历了渐次变化的过程。

日本学者伊藤伸认为楷书的形成尚无人说清楚。“对于书体史上最重要的问题，即楷书从产生到完成的踪迹，以及它的构造，现在中国还没有人能够说得清楚，首先是这个时期的亲笔书写文字资料到十九世纪为止，中国人还没有见到过，他们谈及书体时，仅限于一些概念名称的变迁，却没能涉及到字体的构造。”[①]应该承认，关于楷书形成过程及其规律的研究，目前为止，尚未发现令人满意的成果。笔者认为，这主要是因为没有找到很好的研究方法和角度。本章以敦煌写经楷书写本为中心，兼及相关参照样本，从笔形研究出发，具体考察楷书形成的过程与规律。一种字体的演变总是从用笔方式的变化开始，以某些特定笔形的出现为字体初期特征，以特定笔形及其组合而成的字形体势完善为最终演变完成的标志。所以，研究汉字书写中用笔方式的变化与特定笔形的出现与形成，对于汉字字体演变的认识有着重要作用。敦煌写经书写完整体现出楷书字体演变的全过程，以这一类楷书写本材料为研究对象，对于认识汉字书写与字体使用及发展演变情况，尤其是楷书演变规律都是有帮助的。

---

① 伊藤伸著、赵声良译、李爱民校：《从中国书法史看敦煌汉文文书（二）》，《敦煌研究》1996年第2期，第13页。

笔者以一个世纪为界，选取4—7世纪四个时期12个具有代表性的敦煌楷书写本（其中11个为敦煌写经）作为研究对象，重点研究这些书写材料的笔形书写形态，以横向笔形为例，设置与书写有关的多项参数，力求以点带面，描述当时书写情况，探讨字体演变与书写规律，凸显敦煌写经的文字学、书法学价值。

第一节 参数设置

一、样本选择

本书选取的12个书写样本为：

4世纪：317—373年的《三国志·步骘传》、368年的《道行品法句经》、400年的《大般涅槃经残卷》[①]；

5世纪：430年《金光明经》、457年的《佛说菩萨藏经第一》、471年的《金光明经舍身品》；

6世纪：512年的《成实论破声品》、542年之前的《贤愚经卷第二》、576年的《生经第一》；

7世纪：602年的《优婆塞经卷第十》、672年的《妙法莲华经卷六》、673—674年的《佛说大药善巧方便经卷上》。[②]

为了研究的需要，还选取了王羲之《黄庭经》、智永《真书千字文》、褚遂良《雁塔圣教序》等书写材料进行对照。每个材料随机截取连片的50个相对清晰的字样，对其横向笔形进行微观考察。通过对这些材料单字笔形的研究，考察楷书字体演变的过程与规律，并论及书写在字体演变中的作用。

下文将根据需要对书写样本横向笔形设置多项参数进行微观分析，现对这些参数加以界定，并就参数具体研究指向做简要说明。

① 该本写于世纪之交，归入4世纪。
② 每一时期选取三个材料，以下简称“敦煌十二写本”。见附图。

二、笔形

笔形是指从下笔运行至收笔完结，笔锋始终不离开书写载体面所形成的轨迹。[1] 笔形置向指笔形书写方向，置向是包含书写动态的方向。笔形置向主要分单向、复向两类共四种，即单向的横向笔形、纵向笔形、斜向笔形与复向的转折笔形。各置向笔形起笔、行笔、收笔的状态，与字体演变，以及书写状况描述、分析、判断直接相关。本书仅以横向笔形为例进行书写分析。横向笔形指左右置向笔形，书写时自左起，直向右行，至右收笔。右行可分右上行、右平行与右下行等方向。可对应今文字横画。

三、用笔方式

用笔方式指书写过程中书写者对毛笔运行的控制方式，具体情况十分复杂，考虑到影响笔形状态与字体演变的因素，笔者根据研究需要将其分为三个层级加以说明。第一层级：分起笔、行笔和收笔三种。每一种笔形都要统计其数量。第二层级：起笔分顺锋与逆锋（含顿锋），行笔分提按、转折等，收笔分不出锋与出锋。第三层级：起笔顺锋分直入与斜切。横向笔形收笔出锋分上出锋、中出锋与下出锋三种，后两种可以合并考察；横向笔形不出锋分带波势与不带波势。

本文从选取的书写样本中提取了横向部分笔形，作为参数统计的参照。即在具体统计某种笔形的数量时，将这些比较典型的笔形作为判断标准。

起笔：顺锋直入、顺锋斜切、顿锋（逆锋）。

行笔：渐重，如。

收笔：上出；中、下出。不出锋大致可以分为两种形式，一类是带波势的收笔，如，例；一类是不带波势收笔，如、等。

本章以横向笔形为考察对象，通过相关参数的统计，分析这些样本的书写情况与楷书演变过程的字体演变规律。本章具体参数统计数据见“表 4–1　敦煌十二写本与参照三样本横向笔形参数统计表”。

① 关于笔形的界定，参考李洪智《汉代草书研究》，北京师范大学出版社，2014 年。

第二节 横向笔形起笔情况分析

出于研究的需要，笔者将横向笔形的起笔方式分为顺锋直入、顺锋斜切与逆锋（含顿锋）等进行数量统计，主要考察同一时期的书写材料其起笔方式的共性，以及不同时期的书写材料其起笔方式的差异，通过比较，研究用笔方式对字体演变的影响，楷书字体形成过程中用笔方式的变化及其规律。

无论是敦煌写经中的楷书写本，还是其他用以比较的书写材料，在对其笔形书写状态进行观察的过程中，只对书写清晰可分辨的笔形进行判断。凡是笔形起、收笔部位出现搭接，或材料本身保存不好而导致模糊不清、难以判断的笔形，一律不作统计。根据清晰字样的清晰笔形进行观察、统计和分析，是基本可以说明问题的。

表4-1 敦煌十二写本与参照三样本横向笔形参数统计表

样本参数		横向笔形	起笔			行笔	收笔			
			顺锋直入	顺锋斜切	逆锋（含顿锋）	渐重	上出	中、下出	不出锋	
									带波势	不带波势
《三国志·步骘传》	合计	164	29	26	14	124	13	48	12	11
	比例		17.7%	15.9%	8.5%	75.6%	7.9%	29.3%	7.3%	6.7%
《道行品法句经》	合计	122	30	22	18	89	19	43	19	4
	比例		24.6%	18.0%	14.8%	73.0%	15.6%	35.2%	15.6%	3.3%
《大般涅槃经残卷》	合计	109	28	12	18	75	12	25	9	8
	比例		25.7%	11.0%	16.5%	68.8%	11.0%	22.9%	8.3%	7.3%
《金光明经》	合计	152	102	38	6	92	13	51	22	37
	比例		67.1%	25.0%	3.9%	60.5%	8.6%	33.6%	14.5%	24.3%
《佛说菩萨藏经第一》	合计	127	89	31	7	69	14	25	5	50
	比例		70.1%	24.4%	5.5%	54.3%	11.0%	19.7%	3.9%	39.4%
《金光明经舍身品》	合计	122	52	56	14	17	4	16	3	64
	比例		42.6%	45.9%	11.5%	13.9%	3.3%	13.1%	2.5%	52.5%
《成实论破声品》	合计	153	47	13	20	113	6	26	2	59
	比例		30.7%	8.5%	13.1%	73.9%	3.9%	17.0%	1.3%	38.6%
《生经第一》	合计	181	53	12	26	136	6	13	7	74
	比例		29.3%	6.6%	14.4%	75.1%	3.3%	7.2%	3.9%	40.9%
《贤愚经卷第二》	合计	159	11	8	33	41	3	1	14	48
	比例		6.9%	5.0%	20.8%	25.8%	1.9%	0.6%	8.8%	30.2%
《优婆塞经卷第十》	合计	164	73	13	18	40	24	35	0	45
	比例		44.5%	7.9%	11.0%	24.4%	14.6%	21.3%	0	27.4%
《妙法莲华经卷六》	合计	192	53	17	28	29	10	51	0	33
	比例		27.6%	8.9%	14.6%	15.1%	5.2%	26.6%	0	17.2%

（续表）

样本参数		横向笔形	起笔			行笔	收笔			
			顺锋直入	顺锋斜切	逆锋（含顿锋）	渐重	上出	中、下出	不出锋	
									带波势	不带波势
《佛说大药善巧方便经卷上》	合计	214	36	32	28	14	21	40	0	32
	比例		16.8%	15.0%	13.1%	6.5%	9.8%	18.7%	0	15.0%
《雁塔圣教序》	合计	200	69	30	62	63	27	93	0	10
	比例		34.5%	15.0%	31.0%	31.5%	14.0%	46.5%	0	5.0%
《真书千字文》	合计	235	98	42	7	150	34	51	0	44
	比例		41.7%	17.9%	3.0%	63.8%	14.5%	21.7%	0	18.7%
《黄庭经》	合计	155	67	34	4	98	20	76	0	9
	比例		43.2%	21.9%	2.6%	63.2%	12.9%	49.0%	0	5.8%

一、4—7 世纪样本横向笔形起笔情况统计与分析

从以上敦煌十二写本中分别随机抽取 50 个字样，横向起笔方式统计如“表 4-1”。

（一）4 世纪

《三国志·步骘传》中 50 个单字共有横向笔形 164 个，其中顺锋直入的起笔有 29 个，占 17.7%，顺锋斜切 26 个，占 15.9%，逆锋（含顿锋）的起笔 14 个，占 8.5%。《道行品法句经》中 50 个单字共有横向笔形 122 个，其中顺锋直入的起笔有 30 个，占 24.6%，顺锋斜切 22 个，占 18.0%，逆锋（含顿锋）的起笔 18 个，占 14.8%。《大般涅槃经残卷》中 50 个单字共有横向笔形 109 个，其中顺锋直入的起笔有 28 个，占 25.7%，顺锋斜切 12 个，占 11.0%，逆锋（含顿锋）的起笔 18 个，占 16.5%。将三个材料进行横向比较发现，4 世纪敦煌楷书写本横向笔形中顺锋起

笔的用笔方式已经占据了相当大的比例，其中又以顺锋直入为主；逆锋、顿锋的用笔方式依然较多，但与顺锋起笔相较，已经退居其次。从数据统计来看，《三国志·步骘传》164个横向笔形，其中顺锋直入与顺锋斜切起笔之和有55个，占33.6%；《道行品法句经》122个横向笔形，其中顺锋直入与顺锋斜切起笔之和有52个，占42.6%；《大般涅槃经残卷》109个横向笔形，其中顺锋直入与顺锋斜切起笔之和有40个，占36.7%；而三个书写材料中的逆锋（含顿锋）起笔均少于20%，远远低于顺锋起笔的数量。

（二）5世纪

《金光明经》中50个单字共有横向笔形152个，其中顺锋直入的起笔有102个，占67.1%，顺锋斜切38个，占25.0%，逆锋（含顿锋）的起笔6个，占3.9%。《佛说菩萨藏经第一》中50个单字共有横向笔形127个，其中顺锋直入的起笔有89个，占70.1%，顺锋斜切31个，占24.4%，逆锋（含顿锋）的起笔7个，占5.5%。《金光明经舍身品》中50个单字共有横向笔形122个，其中顺锋直入的起笔有52个，占42.6%，顺锋斜切56个，占45.9%，逆锋（含顿锋）的起笔14个，占11.5%。通过对三个书写材料横向笔形起笔情况进行统计发现，5世纪顺锋起笔的比例进一步增加。《金光明经》152个横向笔形，其中顺锋直入与顺锋斜切起笔之和有140个，占92.1%；《佛说菩萨藏经第一》127个横向笔形，其中顺锋直入与顺锋斜切起笔之和有120个，占94.5%；《金光明经舍身品》122个横向笔形，其中顺锋直入与顺锋斜切起笔之和有108个，占88.5%。逆锋（含顿锋）起笔的笔形最少的《金光明经》仅占3.9%。

（三）6世纪

《成实论破声品》中50个单字共有横向笔形153个，其中顺锋直入的起笔有47个，占30.7%，顺锋斜切13个，占8.5%，逆锋（含顿锋）的起笔20个，占13.1%。《生经第一》中50个单字共有横向笔形181个，其中顺锋直入的起笔有53个，占29.3%，顺锋斜切12个，占6.6%，逆锋（含顿锋）的起笔26个，占14.4%。《贤愚经卷第二》中50个单字共有横向笔形159个，其中顺锋直入的起笔有11个，占6.9%，顺锋斜切8个，占5.0%，逆锋（含顿锋）的起笔33个，占20.8%。6世纪的横向笔形起笔与上一世纪材料相较，顺锋与逆锋（含顿锋）的比例又有所变化。《成实论破声品》153 个横向笔形，其中顺锋直入与顺锋斜切起笔之和有 60 个，占 39.2%；《生经第一》181 个横向笔形，其中顺锋直入与顺锋斜切起笔之和有 70 个，占 35.9%；《贤愚经卷第二》159 个横向笔形，其中顺锋直入与顺锋斜切起笔之和有 19 个，占 11.9%。通过比较发现，前两个书写材料中逆锋（含顿锋）起笔的横向笔形比例均在 15% 以下，远远低于顺锋起笔比例。但《贤愚经卷第二》159 个横向笔形中，逆锋（含顿锋）起笔 33 个，占到 20.8%，明显高于顺锋起笔的笔形数量。

（四）7 世纪

《优婆塞经卷第十》中 50 个单字共有横向笔形 164 个，其中顺锋直入的起笔有 73 个，占 44.5%，顺锋斜切 13 个，占 7.9%，逆锋（含顿锋）的起笔 18 个，占 11.0%。《妙法莲华经卷六》中 50 个单字共有横向笔形 192 个，其中顺锋直入的起笔有 53 个，占 27.6%，顺锋斜切 17 个，占 8.9%，逆锋（含顿锋）的起笔 28 个，占 14.6%。《佛说大药善巧方便经卷上》中 50 个单字共有横向笔形 214 个，其中顺锋直入的起笔有 36 个，占 16.8%，顺锋斜切 32 个，占 15.0%，逆锋（含顿锋）的起笔 28 个，占 13.1%。7 世纪三个书写材料的横向笔形起笔情况相似。《优婆塞经卷第十》164 个横向笔形，其中顺锋直入与顺锋斜切起笔之和有 86 个，占 52.4%；《妙法莲华经卷六》192 个横向笔形，其中顺锋直入与顺锋斜切起笔之和有 70 个，占 36.4%；《佛说大药善巧方便经卷上》214 个横向笔形，其中顺锋直入与顺锋斜切起笔之和有 68 个，占 31.8%。三个材料横向笔形逆锋（含顿锋）起笔比例分别为 11.0%、14.6%、13.1%，也是远远低于顺锋起笔的数量的。

二、横向笔形不同起笔方式的数量反映楷书字体演变及其书写状态

以上对每个时期内的楷书写本横向笔形的起笔情况进行了统计与比较，同一时期内横向笔形书写具有一定的相似性，反映一个时代楷书书写的共同特征。但有时也会发生不同的书写情况，如不同材料之间顺锋、逆锋的数量比例不尽相同，这一方面是因为统计过程中笔形不清晰，导致统计的误差，另一方面则因为不同的书写者有不同的书写个性与习惯。但无论怎样，一个时代的字体必然具有其字

体演变的时代特征，这些特征也必然通过书写表现出来。其中横向笔形的起笔方式就是其中一个重要的参数。笔者发现，4 世纪的三个材料反映出楷书横向笔形起笔已经大量出现顺锋，这种用笔方式促进楷书的逐渐形成，同时这也是楷书改造隶书的重要标志，后文将从与隶书的比较中再对此做数据分析。这一时期逆锋、顿锋起笔也不少见，这与楷书形成之初，保留隶书的用笔方式有关。5 世纪三个材料出现横向笔形顺锋起笔占据绝对优势的情况，《金光明经》92.1%，《佛说菩萨藏经第一》94.5%，《金光明经舍身品》88.5%。结合写本整体情况来看，这主要有两方面原因，一是为了追求抄经的速度与效率，充分发挥书写的自然性，属于应用性书写；二是楷书演变到了这一时期字体特征已经较为成熟，书写者对楷书的特点有了较好的把握。6 世纪楷书进一步演变，与 5 世纪三个材料相较，横向笔形顺锋起笔数量减少，与 4 世纪横向笔形起笔书写情况有相似处，但从整体情况来看，这一时期楷书在讲求速度的应用性书写的同时，已开始注意书写的规范性与美观性，即横向笔形并不一味追求顺锋起笔，而用逆锋或顿锋对笔形进行修饰。但有一点需要说明的是，这一时期作为魏碑字体书写盛行的时代，敦煌写经也受到时风的影响，横向笔形起笔明显表现出多方笔，即逆锋与顿锋多，顺锋直入与斜切少。《贤愚经卷第二》就是典型，该书写材料 159 个横向笔形，其中顺锋直入与顺锋斜切起笔之和有 19 个，仅占 11.9%，逆锋、顿锋起笔 33 个，占到 20.8%，明显高于顺锋起笔的笔形数量。这是规范性书写明显优于应用性书写的例子。

从横向笔形的起笔方式可以大致判断敦煌写经中楷书写本的规范性与美观性程度，这在 7 世纪三个书写材料中表现得更为明显。

不同时期书写材料横向笔形起笔数量不同程度反映楷书字体演变状态，不妨将上述写本与褚遂良《雁塔圣教序》、智永《真书千字文》、王羲之《黄庭经》等进行比较，考察横向笔形的起笔方式与字体演变的规律。

褚遂良《雁塔圣教序》作为唐代楷书的规范写本，其横向笔形顺锋直入与斜切起笔之和达到49.5%，而逆锋、顿锋起笔比例也达到31.0%，大致为5∶3的比例。以上敦煌楷书写本中与此比例接近的尚没有。尤其是逆锋、顿锋起笔在敦煌楷书写本中的比例一般不高，即使是唐代写本，也多在 20% 以下，这说明作为抄经这一书写活动，横向笔形以顺锋起笔为主，更多的是追求书写的速度与效率，这一点与《雁塔圣教序》追求书写的规范与美观是有明显区别的。

在敦煌写经中，有的与智永的《真书千字文》保留着一定传承关系，这一点从横向笔形的起笔也能分析出来。该材料顺锋直入起笔 41.7%，顺锋斜切 17.9%，二者之和达到 59.6%，与写于 603 年的《优婆塞经卷第十》有相似之处。《优婆塞经卷第十》50 个单字 164 个横向笔形，顺锋直入的起笔有 73 个，占 44.5%，顺锋斜切 13 个，占 7.9%，二者之和 52.4%。两个书写材料比较，逆锋、顿锋起笔的比例均低。

有意思的是，作为以传承王羲之家法著称的智永，其《真书千字文》与王羲之《黄庭经》横向笔形起笔情况相当接近。

从表 4–1 中可以看出，《黄庭经》横向笔形顺锋起笔数量占到 65.1%，尤其是顺锋直入 43.2%，与《真书千字文》基本一致。这一比例与 471 年《金光明经舍身品》、603 年的《优婆塞经卷第十》也很接近，说明这些材料的横向笔形起笔的相似性。值得注意的是，《黄庭经》横向笔形逆锋、顿锋起笔数量整体偏少，也与《真书千字文》相类，这一方面说明智永对王羲之的学习追求点画细节的相似；另一方面，如果《黄庭经》果为王羲之的作品，也可看出右军早在东晋时代即已远远超出同伦，具有超前的楷书创造意识。

三、楷书对隶书的改造从用笔方式开始

用笔方式的改变直接导致字体演变，楷书对隶书字体的改造正是在这种用笔方式的悄然变化中进行的。

横向笔形起笔已经表现出追求快捷的显著特征，那就是顺锋起笔数量的增加，逆锋起笔数量的减少。通过以上数据分析可以看出，顺锋起笔所占比例越高，逆锋起笔所占比例就相对越低，对笔形书写的修饰就越少，其追求便捷的动机就越明显，应用性书写程度也就越高。5 世纪楷书写卷，即《金光明经》《佛说菩萨藏经第一》与《金光明经舍身品》等材料不在意横向笔形起笔的修饰，追求方便快捷以提高书写效率的动机是十分明显的。同时，也正是在追求书写便捷、提高书写效率的过程中，篆书逐渐向隶书过渡，隶书又逐渐向楷书过渡。

四、逆锋、顿锋起笔与汉字书写及字体演变之关系

在敦煌写经中，为了追求便捷，横向笔形起笔往往以顺锋直入与斜切为主，应用性书写表现得十分明显。但也出现了一部分逆锋、顿锋起笔的情况。这主要有两种情况，一是隶书用笔方式的遗存。在典型的八分中，这种起笔方式还占据

着主流。也就是说，典型的隶书书写横向笔形起笔以逆锋、顿锋为主，这与篆隶系统的书写强调装饰性书写的藏锋有关。楷书字体直承隶书而来，在早期敦煌写经中，这种用笔方式部分保留是可以理解的。另一种情况是楷书字体发展演变到一定程度后，如7世纪敦煌写经楷书，因为字体成熟度的提高，笔形与字形的规范性也随之加强，有的还有书写美观的要求。在这种情况下，顺锋与逆锋、顿锋的用笔方式也会有所穿插交错，即不会一味以顺锋直入或斜切作为起笔方式。所以，在楷书较为成熟的阶段，一方面为了遵循楷书字体的规范性，另一方面讲究书写的美观性，横向笔形的起笔总是会进行适当的修饰或有所变化，这在《优婆塞经卷第十》《妙法莲华经卷六》与《佛说大药善巧方便经卷上》等7世纪三个楷书写经材料中可以得到体现，而最为典型的则是褚遂良《雁塔圣教序》。

当然，书写中的个性差异也会影响用笔方式与笔形特点，在横向笔形的书写中，具体的书写材料表现出不同的起笔方式，甚至在起笔中表现出个性风格。但整体而言，从用笔方式与笔形状态的角度来考察汉字书写的规范性、字体演变的成熟程度，无疑是一个全新的角度，相对于对书写材料字体判断的宏观描述与笼统归类，要显得具体准确得多。

应该看到，应用性书写强调顺应右手执笔的自然书写生理，以追求便捷为目的，是汉字书写的基础样态，属于自然性书写；规范性书写以应用性书写为基础，是在应用性书写基础上的提升，属于装饰性书写。所以，即使进入一种字体成熟阶段的规范化、美观性书写，也不能违背汉字书写的自然性。应用性书写伴随着规范性书写，规范性书写是应用性书写的发展。自然性书写是汉字应用过程中应遵循的主要原则，即强调书写的速度与效率；装饰性书写是汉字应用基础上追求规范性与美观性的需要。汉字字体发展到一定阶段，其书写总是要在实用性基础上加以升华，甚至在遵循自然性书写的前提下，脱离实用性而成为书写者表达情感的一种艺术形式。

第三节 横向笔形行笔情况略析

横向笔形书写运行过程反映出自然性书写与装饰性书写的消长关系，也是楷书字体成熟程度的一项重要指标。下面以敦煌十二写本为例，对其横向笔形中渐重笔形做一统计，并结合字样进行考察，分析具体材料的书写状态与所用字体的成熟程度。敦煌十二写本与参照三样本的渐重笔形参数情况如上文“表 4-1”所示。

以上材料中，渐重笔形低于 50% 的有：5 世纪的《金光明经舍身品》，6 世纪的《贤愚经卷第二》，7 世纪的《优婆塞经卷第十》《妙法莲华经卷六》《佛说大药善巧方便经卷上》，以及用于参照的《雁塔圣教序》。

从具体字样来看，以上书写材料整体而言强调字体的规范性与书写的美观性，是在遵循自然性书写基础上的典型的装饰性书写，字体使用相对成熟，书写水平较高，用笔变化较丰富。

渐重笔形超过 50% 的有：4 世纪的《三国志·步骘传》《道行品法句经》《大般涅槃经残卷》，5 世纪的《金光明经》《佛说菩萨藏经第一》，6 世纪的《成实论破声品》《生经第一》，还有参照样本《黄庭经》与《真书千字文》。

以上材料从具体字样来看，整体而言强调书写速度，追求书写效率，自然性书写优于装饰性书写，字体成熟度相对较低。但不同材料要做具体分析，如《黄庭经》与《真书千字文》，渐重笔形并不十分明显，虽然超过一半，但书写者在强调自然性书写的同时追求规范化与美观性，所以我们看到《黄庭经》书写规范美观，但楷书字体并不完全成熟，而《真书千字文》表现出的自然性书写很明显，在保证书写速度的同时兼顾了字体的规范与美观。值得注意的是，《真书千字文》中的渐重笔形比例与《黄庭经》十分接近，这也从一个角度说明智永对王羲之书法的忠实继承。

另外，《三国志·步骘传》《道行品法句经》《成实论破声品》《生经第一》中的渐重笔形高达 70% 以上，《道行品法句经》《金光明经》等的渐重笔形十分明显，这些材料自然性书写的特征就非常突出。

横向笔形中渐重笔形越多，书写追求便捷的程度就越高，更加强调右手书写生理的自然发挥，不做过多的修饰。反之，横向笔形平稳运行，不做过多粗细变化，说明书写时有意识讲究点画的匀称，追求书写的规范与美观。

第四节 横向笔形收笔情况略析

横向笔形收笔方式与字体演变直接相关，从隶书向楷书演变的过程中，横向笔形收笔时毛笔的出锋与不出锋、出锋的方向与角度、不出锋有无波势，都与楷书演变的成熟度有关。我们通过相关数据来说明问题。

一、各个时期书写材料横向笔形收笔情况考察

（一）4 世纪

从 4 世纪三个敦煌楷书写本材料来看，横向笔形收笔都有出锋与不出锋的用笔方式。其中上出锋的比例如下：《三国志・步骘传》中占 7.9%；《道行品法句经》中占 15.6%；《大般涅槃经残卷》中占 11.0%。

从具体的书写情况来看，三个材料中横向笔形收笔上出锋往往表现为隶书波磔的孑遗，有的波挑相当明显。从横向笔形收笔来看，有的虽然不出锋，但仍有隶书遗意的波势，笔者也将“带波势的不出锋”参数进行了统计，具体数据为：《三国志・步骘传》中占 7.3%；《道行品法句经》中占 15.6%；《大般涅槃经残卷》中占 8.3%。

这两种收笔方式都可见这一时期敦煌楷书写本保留隶书笔意的情况。如果将两组数据相加，这一隶书笔法的比例还比较

高:《三国志·步骘传》中占 15.2%;《道行品法句经》中占 31.2%;《大般涅槃经残卷》中占 19.3%。

其中《道行品法句经》比例最高①，带有隶书笔意的横画收笔接近三成，有些字从收笔来看，还有明显的隶书特点。如：一、三、妻、乎、王等。

《大般涅槃经残卷》中有些字隶书特征也很明显，如：子、生、世、二等。

《三国志·步骘传》中也有隶书笔意明显的字，如：江、以、宣、宜、左等。从横向笔形收笔的方式可以部分比较出楷书与隶书的特征，如同是《三国志·步骘传》中的“江”：江、江与江，前二字中的横向笔形收笔波势明显，隶书笔意较多；后字笔形平直，波势已弱，其楷书特征就更明显。同是《道行品法句经》中的“病”：病与病，此二字第二横一个带波势，一个不带波势，前字带波势的隶书笔意就比后字明显，后字楷书特征在横向笔形中相对强化。同是《大般涅槃经残卷》中的“生”：生与生，前字第三横上出锋，带明显波势，后字第三横不出锋，稍带波势，但不明显，二字相较，后字比前字的楷书特征就相对明显。

当然，从横向笔形收笔方式中也可以考察这一时期楷书字体演变情况，这主要从出锋的中、下出锋以及不出锋中的不带波势来分析。

我们知道，隶书中波磔笔形的收笔通常从点画的上边线出锋，即参数中所列的上出锋，而横向笔形收笔从笔画中间出锋或下边线出锋的用笔方式是隶书楷化的典型用笔方式，即参数中所列的中、下出锋。因为这两种出锋用笔方式都反映楷书特征，故合并考察。

数据显示，以上三个材料中，中、下出锋的情况比较明显:《三国志·步骘传》中占 29.3%;《道行品法句经》中占 35.2%;《大般涅槃经残卷》中占 22.9%。可见这一时期楷化程度已经较高。

笔者结合另一反映楷化程度的参数，即“不带波势的不出锋笔形”的用笔方式，可以更加清楚地看出这一时期楷书演变在横向笔形书写中的表现。《三国志·步骘传》中占 6.7%;《道行品法句经》中占 3.3%;《大般涅槃经残卷》中占 7.3%。

参数列表中，横向笔形不出锋分为带波势与不带波势两种。实际上，不出锋的用笔方式已是隶书向楷书演变的表现，其中带波势的不出锋，说明隶书

① 数据统计结果与书写材料的清晰度有一定关系，所以相关数据只能作为分析的参考，可以大致反映有关情况。

特征有所保留，而不带波势的不出锋则说明隶书特征逐渐消失，楷书特征逐渐加强。

如果将中、下出锋与不带波势的不出锋数据相加，则《三国志·步骘传》《道行品法句经》《大般涅槃经残卷》反映楷书特征的横向笔形收笔参数数据分别达到：36.0%、38.5%、30.2%。结合具体的字样来看，横向笔形收笔如果采用中、下出锋与不带波势的不出锋为主，其楷书特征就表现得非常明显。如《三国志·步骘传》中：車、軍、事、諸等字；《道行品法句经》中：解、中、度、病、法、餘、何等字；《大般涅槃经残卷》中：善、河、謗、中、信、生等字。

（二）5 世纪

再来看看 5 世纪三个写本材料的相关数据。能反映隶书笔意的上出锋与带波势的不出锋参数如下，上出锋数据：《金光明经》8.6%，《佛说菩萨藏经第一》11.0%，《金光明经舍身品》3.3%。带波势的不出锋数据：《金光明经》14.5%，《佛说菩萨藏经第一》3.9%，《金光明经舍身品》2.5%。

从这两组数据看出，《金光明经》《佛说菩萨藏经第一》与《金光明经舍身品》的横向笔形的收笔依然保留部分隶书的用笔方式，但数量很少。在这两组反映隶书笔意的数据中，《金光明经》带波势的不出锋多于上出锋，所以很多隶书笔意的横画收笔表现出收敛而不放逸，这也是尽可能减少或压缩隶书的字体特征，逐渐向楷书过渡的用笔方式。如集、花、蓮、上、千、滿、是等字中的长横收笔，都是带波势的不出锋的用笔，很明显是隶书横向笔形用笔方式的孑遗，但与纯正的隶书波磔上出锋的笔法拉开了距离，已经略具楷书横画的雏形了。从所列数据来看，《佛说菩萨藏经第一》中横向笔形上出锋数据略多于带波势的不出锋数据，从樓、陵、長等字样来看，这一书写材料的横向笔形的收笔显得相对放松，与《金光明经》比，波挑出锋稍微明显。这种情况反映的是二者书写风格的差异，与字体演变的成熟程度关系不大。

值得注意的是，《金光明经舍身品》中两项反映隶书笔意的参数分别为 3.3%、2.5%，均低于《金光明经》的 8.6%、14.5% 与《佛说菩萨藏经第一》的 11.0%、3.9%。结合具体字样来看，横向笔形收笔的上出锋与带波势的不出锋用笔都很少，这一写本的楷化程度就相对高，如宣、善、善、量、益等字中长横，虽然依然略带波势，有的出锋，有的不出锋，但从整体上来看，隶书笔意已经很少，可以说，已经作为楷书的点画特征加以有效吸收了。这种残存隶书横向笔形遗意的用笔方式，即使到了楷书高度成熟的唐代，也广泛加以应用，这在后文将会结合数据做具体分析。这一写本的楷化程度已经达到了这个高度，在敦煌写经中是极为少见的，几乎与6、7世纪的书写材料楷化程度相当。从书法水准来看，也足以成为5世纪敦煌写经的样本。

为了更好地说明这一时期楷书演变情况，还可结合中、下出锋与不带波势的不出锋用笔方式来分析。三个材料样本的中、下出锋数据：《金光明经》33.6%，《佛说菩萨藏经第一》19.7%，《金光明经舍身品》13.1%。不带波势的不出锋数据：《金光明经》24.3%，《佛说菩萨藏经第一》39.4%，《金光明经舍身品》52.5%。

在隶书向楷书演变的过程中，用笔方式表现为上出锋减少，中出锋、下出锋增加，波势笔形减少，不带波势的笔形增加。从以上两组数据来看，《金光明经》的中下出锋为33.6%、上出锋为8.6%，不带波势的不出锋为24.3%、带波势的不出锋14.5%；《佛说菩萨藏经第一》的中下出锋为19.7%、上出锋为11.0%，不带波势的不出锋为39.4%、带波势的不出锋为3.9%；《金光明经舍身品》的中下出锋为13.1%、上出锋为3.3%，不带波势的不出锋为52.5%、带波势的不出锋为2.5%。从具体的书写材料来看，三个样本横向笔形收笔的中、下出锋比上出锋明显要多，波势笔形已不多见，主要表现为无波势的笔形。这些都是汉字字体楷化的重要特征。也就是说，横向笔形的收笔各参数的变化也反映出楷书演变的成熟程度。

还有一个现象值得注意，即《金光明经》《佛说菩萨藏经第一》与《金光明经舍身品》三个材料样本，在其反映楷书字体特征的两项参数中，中、下出锋数量依次减少：33.6%、19.7%、13.1%；不带波势的不出锋数量却依次增加：24.3%、39.4%、52.5%。结合具体的字样来看，笔者发现，隶书向楷书演变过程中，横向笔形收笔的中、下出锋是对隶书用笔方式的破坏，不带波势的不出锋是对楷书用笔方式的创建。随着隶书特征的逐渐消失，横向笔形收笔的中、下出锋逐渐增多，楷书特征逐渐明显。另一方面，随着楷书字体的日渐成熟，楷书书写逐渐走向规范，中、下出锋逐渐减少，不带波势的不出锋又渐次增加。二者此消彼长，实际上是汉字在解散旧字体、形成新字体过程中，用笔方式的改变造成笔形改变出现的现象，总会经历先破坏，再重建，并逐步走向规范的过程。

（三）6世纪

6世纪三个写本在横向笔形收笔的用笔方式上又出现了一些新的变化。先来考察上出锋的相关数据：《成实论破声品》3.9%；《生经第一》3.3%；《贤愚经卷第二》1.9%。从这一组数据看出，这一时期三个写本横向笔形收笔上出锋的情况已不明显，《成实论破声品》50个字样共153个横向笔形，能分辨出的上出锋笔形只有6个；《生经第一》50个字样共181个横向笔形，能分辨出的上出锋笔形也只有6个；《贤愚经卷第二》50个字样共159个横向笔形，能分辨出的上出锋笔形更少，仅3个。

再看带波势的不出锋笔形的相关数据：《成实论破声品》1.3%；《生经第一》3.9%；《贤愚经卷第二》8.8%。《成实论破声品》《生经第一》中的带波势的不出锋笔形所占比例已经很少，50个字样中，分别只有2个、7个这样的笔形，《贤愚经卷第二》比例较高，但实际笔形数也不过14个。况且这一时期的带波势笔形已与早期楷书中明显的隶书笔意不同，表现出的是魏碑楷书中的规范化书写。即便如等字，其中的横向主笔都带有波势，但这种波势已与隶书横向波磔笔形有明显的差别，只能说，这种楷书的横向笔形还保留了一点隶书笔法的遗意。

隶书笔意渐次消失，楷书特征就日渐明显。笔者通过横向笔形的收笔参数进行量化，也可以较为准确地分析从隶书到楷书的演进过程。以上两组数据是三个写本材料横向笔形收笔的上出锋与带波势不出锋的情况，已经可以部分说明6世纪敦煌写经的楷化程度已经很高，中、下出锋与不带波势的不出锋数据可以进一步验证这一演变现象与规律。

中、下出锋数据：《成实论破声品》17.0%；《生经第一》7.2%；《贤愚经卷第二》0.6%。不带波势的不出锋数据：《成实论破声品》38.6%；《生经第一》40.9%；《贤愚经卷第二》30.2%。

两组数据共同反映三个书写材料的楷书特征。如果将两项参数结合起来看，《成实论破声品》中、下出锋与不带波势的不出锋之和为55.6%，《生经第一》则为48.1%，《贤愚经卷第二》最低，为30.8%。三者楷书笔形特征明显，与上出锋、带波势不出锋相比，占据了绝对优势。尤其是不带波势的不出锋优势明显，中、下出锋偏少，说明这一时期楷书横向笔形收笔多不出锋，且无波势，楷书的规范性趋势明显。

虽然三个书写材料属于同一时期，但横向笔形的书写表现出各自的特征。《成实论破声品》中的横向笔形收笔的中、下出锋较多，159 个横向笔形中占了 26 个，其次是《生经第一》，181 个横向笔形，中、下出锋 13 个，最少的《贤愚经卷第二》，159 个横向笔形中，中、下出锋仅见 1 个。从具体字样来看，表现出来的书写风格也有差异。如《成实论破声品》中的“若”——若、若、若、若，横向笔形收笔均有中下出锋，表现出较为开张放逸的风格；而《贤愚经卷第二》中的“若”——若，横向笔形收笔不出锋，字形表现得相对较紧。这种情况在《成实论破声品》与《生经第一》之间也有所表现，如《成实论破声品》中的“在”——在，横向笔形收笔有下出锋的方式，字形左右延展之势即很明显；而《生经第一》中的“在”——在、在、在，横向笔形收笔多不出锋，整体而言就显得不够舒展，表现出较为内敛的书写风格。

（四）7 世纪

7 世纪写本三材料中的横向笔形收笔表现出一些共同特征，上出锋占有一定比例，带波势的不出锋普遍为零，中、下出锋与不带波势的不出锋均占有较高比例。上出锋所占比例如下：《优婆塞经卷第十》14.6%，《妙法莲华经卷六》5.2%，《佛说大药善巧方便经卷上》9.8%。

从《优婆塞经卷第十》统计的 164 个横向笔形来看，清晰可辨的上出锋收笔有 24 个，如有、故、校、苦、復、若等字中均有上出锋收笔的横向笔形。《妙法莲华经卷六》这种情况相对较少，从所统计的 192 个横向笔形来看，上出锋收笔有 10 个，如是、善、経、此、諸等字表现较为明显。《佛说大药善巧方便经卷上》统计的 214 个横向笔形中，这种情况有 21 个，如應、往、求、妻、者等字中均有上出锋收笔的横向笔形。如前所述，横向笔形中上出锋收笔是隶书书写的遗留，但到这一时期，随着楷书字体的成熟，这种笔形已经逐渐楷化，成为楷书的典型笔形。一方面这种笔形基本脱去隶书笔意，虽为上出锋，但出锋动作较小，几乎没有隶书出锋的波势；另一方面，这种上出锋已经成为与其他楷书笔形相适应的用笔方式，即在书写中往往作为与中、下出锋一样的自然楷化书写，并非出于对隶书用笔方式的保留，而是出于对楷书用笔方式的丰富。所以，整体而言，这种上出锋的横向笔形作为楷书的一种笔形样式，在这一时期的楷书中，包括经典楷书都得以一定程度的使用。

这一时期楷书已经臻于成熟，除了这种上出锋横向笔形并无波势、明显楷化之外，中、下出锋的横向笔形收笔较多，不出锋的横向笔形均无波势。具体数据统计如下。下出锋的横向笔形收笔所占比例：《优婆塞经卷第十》21.3%，《妙法莲华经卷六》26.6%，《佛说大药善巧方便经卷上》18.7%。不带波势的不出锋收笔的横向笔形所占比例：《优婆塞经卷第十》27.4%，《妙法莲华经卷六》17.2%，《佛说大药善巧方便经卷上》15.0%。

这两组参数直接反映楷书特征，将其相加，《优婆塞经卷第十》《妙法莲华经卷六》与《佛说大药善巧方便经卷上》三材料中这种楷书横向笔形比例即占了明显优势，分别达到 48.7%、43.8% 与 33.7%。

正因为横向笔形上出锋收笔已经楷化，中、下出锋与不带波势的不出锋占据明显优势，三个材料的书写即已具有十分接近的楷书字体特征。结合具体字样来看，这种横向笔形所表现出来的楷书字体特征已经很成熟（见表 4–2）。

表4–2　楷书字样

材料 / 字样	《优婆塞经卷第十》	《妙法莲华经卷六》	《佛说大药善巧方便经卷上》
不	不	不	不
复	復、復	復、復	
华	華	華	
善	善、善	善	善
是	是、是	是、是	是、是
受	受		受

相同的字样横向笔形的用笔方式尽管有差异，但字形基本相同，其横向笔形的楷书特征都很明显。

二、各时期之间书写材料横向笔形收笔情况之比较

前文已对每一时期三个书写材料内部进行了比较，考察了各个历史时期楷书字体使用的大致情况。为了说明楷书在敦煌写经中的演变动态，不妨将各时期之间的横向笔形收笔状况做一纵向比较，并与《黄庭经》《真书千字文》《雁塔圣教序》等不同时期的经典作品进行比较。

（一）上出锋、带波势不出锋笔形情况比较

这两项参数的比较旨在考察敦煌写经中隶书笔意在横向笔形中的遗存情况与楷书成熟后对这一用笔方式的保存、改造情况。（见表 4–3）

表4–3　横向笔形收笔上出锋、带波势不出锋情况

材料名称	上出锋比例	带波势不出锋比例	合计
《三国志·步骘传》	7.9%	7.3%	15.2%
《道行品法句经》	15.6%	15.6%	31.2%
《大般涅槃经残卷》	11.0%	8.3%	19.3%
《金光明经》	8.6%	14.5%	23.1%
《佛说菩萨藏经第一》	11.0%	3.9%	14.9%
《金光明经舍身品》	3.3%	2.5%	5.8%
《成实论破声品》	3.9%	1.3%	5.2%
《生经第一》	3.3%	3.9%	7.2%
《贤愚经卷第二》	1.9%	8.8%	10.7%
《优婆塞经卷第十》	14.6%	0	14.6%
《妙法莲华经卷六》	5.2%	0	5.2%
《佛说大药善巧方便经卷上》	9.8%	0	9.8%

通过比较发现，横向笔形上出锋收笔在《三国志·步骘传》《道行品法句经》《大般涅槃经残卷》《金光明经》《佛说菩萨藏经第一》等几个较早敦煌楷书写本中应用较多，在《金光明经舍身品》《成实论破声品》《生经第一》《贤愚经卷第二》等几个写本中逐渐降低，但到了《优婆塞经卷第十》《妙法莲华经卷六》《佛说大药善巧方便经卷上》等材料中比例又有所回升。在横向笔形上出锋收笔较多的早期写本中，整体隶书字体特征还较明显，属于楷隶或隶楷字体，楷书字体尚未完全形成。随着这一用笔方式逐渐降低，隶书字体特征也随之消失，楷书字体逐渐走向成熟，6 世纪三个材料中这一用笔方式又有所增加，但隶书字体的特征并未加强。相反，这一用笔方式为楷书笔形所吸收和改造，成为与中、下出锋相并列的一种楷书用笔方式。这种用笔方式一方面为楷书的规范化书写提供了定型化的楷书笔形，另一方面又增加了楷书书写的丰富性，为楷书书法提供了更多的笔形样式。从 4 世纪到 7 世纪的四百年间，汉字字体在横向笔形上出锋收笔用笔方式上，表现出隶书字体特征逐渐弱化，楷书字体特征逐渐强化的趋势，并为楷书不断走向规范化、艺术化提供了可能。

横向笔形带波势不出锋的收笔在《三国志·步骘传》《道行品法句经》《大般涅槃经残卷》《金光明经》等几个材料中保留较多，此数种材料这一比例与横向笔形上出锋收笔比例均较高，两组数据共同表明其隶书意味明显，楷书特征尚未完全形成。《佛说菩萨藏经第一》《金光明经舍身品》《成实论破声品》《生经第一》等几个材料中横向笔形带波势不出锋的收笔已经较少，这一比例与横向笔形上出锋收笔比例也基本一致，所以这些材料的楷书特征就很明显。其中《佛说菩萨藏经第一》上出锋收笔较多，带波势的不出锋收笔却较少，这一方面可能与书写者个性有关，也可算是介于两种情况之间的过渡性的书写，即在上出锋收笔方面表现出较多隶书特征，在带波势的不出锋收笔方面又已经接近楷书了。6 世纪三个书写材料横向笔形带波势不出锋的收笔均为零，说明这一笔形的隶书特征已完全丧失，相应的楷书字体走向成熟。

（二）中、下出锋与不带波势的不出锋情况

笔者研究发现，在字体演变过程中，横向笔形中、下出锋与不带波势的不出锋两种收笔，是楷书改造隶书进程中在用笔方式上的重要变化，这两项参数的比较旨在考察楷书笔意在这些材料横向笔形中的演变情况。（见表 4-4）

表4–4 横向笔形收笔中、下出锋与不带波势的不出锋情况

材料名称	中、下出锋比例	不带波势不出锋比例	合计
《三国志·步骘传》	29.3%	6.7%	36.0%
《道行品法句经》	35.2%	3.3%	38.5%
《大般涅槃经残卷》	22.9%	7.3%	30.2%
《金光明经》	33.6%	24.3%	57.9%
《佛说菩萨藏经第一》	19.7%	39.4%	59.1%
《金光明经舍身品》	13.1%	52.5%	65.6%
《成实论破声品》	17.0%	38.6%	55.6%
《生经第一》	7.2%	40.9%	48.1%
《贤愚经卷第二》	0.6%	30.2%	30.8%
《优婆塞经卷第十》	21.3%	27.4%	48.7%
《妙法莲华经卷六》	26.6%	17.2%	43.8%
《佛说大药善巧方便经卷上》	18.7%	15.0%	33.7%

通过比较发现,《三国志·步骘传》《道行品法句经》《大般涅槃经残卷》《金光明经》等材料中横向笔形收笔中、下出锋比例相对较高，这是楷书形成之初，较多采用这一用笔方式改造隶书的表现。结合具体字样考察发现，这些早期楷书写本为了追求书写的便捷，笔形较多采用中、下出锋，改变了隶书多用上出锋的笔法。但因为处于楷书形成的早期，这些中、下出锋的收笔方式仅为书写便捷，并不要求规范。随着楷书字体逐渐成熟，横向笔形中下出锋的收笔有所收敛,《佛说菩萨藏经第一》《金光明经舍身品》《成实论破声品》《生经第一》《贤愚经卷第二》等材料中的比例渐次降低，尤其是《贤愚经卷第二》降到很少的比例，这可能与这一材料受魏碑字体影响有关，过于追求横向笔形的收敛，中、下出锋极少，从具体字样来看，其自然的书写性也不如其他书写材料鲜明。如《贤愚经卷第二》中 、、 等字，虽有多个横向笔形，但未见中、

下出锋的用笔方式。

但到了7世纪的《优婆塞经卷第十》《妙法莲华经卷六》《佛说大药善巧方便经卷上》等材料中，横向笔形收笔中、下出锋比例又有所回升，这是楷书演变至成熟阶段横向笔形用笔方式进行调整的表现。

再来考察这些书写材料横向笔形不带波势的不出锋比例情况。笔者发现，《三国志·步骘传》《道行品法句经》《大般涅槃经残卷》等三个材料这一比例较低，但《金光明经》《佛说菩萨藏经第一》《金光明经舍身品》《成实论破声品》《生经第一》《贤愚经卷第二》《优婆塞经卷第十》中这一比例明显增加，这是楷书字体特征逐渐强化的表现。但到了《妙法莲华经卷六》《佛说大药善巧方便经卷上》中，这一比例又往回调整，这无疑是楷书书写过程中用笔方式与笔形特征逐渐趋于中和的反映。

两组参数结合来看，早期楷书写本如《三国志·步骘传》《道行品法句经》《大般涅槃经残卷》等横向笔形中、下出锋与不带波势的不出锋两种用笔方式相互消长，但两者之和比例整体较低，结合具体字样来看，以隶楷过渡阶段的笔形特征为主，虽初具楷书笔形，但并不规范。《金光明经》《佛说菩萨藏经第一》《金光明经舍身品》《成实论破声品》两组数据之和比例最高，这是有意强化楷书笔形特征，同时又逐渐走向书写规范的结果。《生经第一》《贤愚经卷第二》《优婆塞经卷第十》《妙法莲华经卷六》《佛说大药善巧方便经卷上》等材料同时对两种用笔方式进行调整，楷书笔形在书写过程中逐渐规范成熟，进而变得丰富起来。

三、与其他书写材料横向笔形收笔情况之比较

我们还可通过与《黄庭经》《真书千字文》《雁塔圣教序》等材料进行比较，考察所列横向笔形收笔参数所反映的字体演变情况。

为了更好地探讨楷书字体演变规律，确定敦煌写经字体使用情况，笔者继续就横向笔形收笔特征，将敦煌十二写本与《黄庭经》《真书千字文》《雁塔圣教序》等经典作品进行比较。

先看上出锋情况。

这三个材料横向笔形上出锋收笔情况接近：

《黄庭经》：12.9%；

《真书千字文》：14.5%；

《雁塔圣教序》：14.0%。

从敦煌写经来看，与之接近的有：

《道行品法句经》：15.6%；

《大般涅槃经残卷》：11.0%；

《佛说菩萨藏经第一》：11.0%；

《优婆塞经卷第十》：14.6%；

《佛说大药善巧方便经卷上》：9.8%。

差距较大者有：

《金光明经舍身品》：3.3%；

《成实论破声品》：3.9%；

《生经第一》：3.3%；

《贤愚经卷第二》：1.9%。

这一组数据表明，《道行品法句经》《大般涅槃经残卷》作为4世纪写本，横向笔形收笔上出锋情况与稍早的经典小楷《黄庭经》基本保持一致，经历5、6世纪诸如《金光明经舍身品》《成实论破声品》《生经第一》《贤愚经卷第二》等书写材料的调整，这一笔形又逐步走向规范，《优婆塞经卷第十》《佛说大药善巧方便经卷上》已与《真书千字文》《雁塔圣教序》等经典楷书基本一致。

再看中、下出锋情况。

用于比较的三个材料中，《黄庭经》与《雁塔圣教序》接近，分别为49.0%、46.5%，可见中、下出锋占据绝对优势。《真书千字文》为21.7%，与这一比例接近的敦煌写经较多：

《大般涅槃经残卷》：22.9%；

《佛说菩萨藏经第一》：19.7%；

《成实论破声品》：17.0%；

《优婆塞经卷第十》：21.3%；

《妙法莲华经卷六》：26.6%；

《佛说大药善巧方便经卷上》：18.7%。

楷书笔形的形成总会经历一个自我调整消长的过程，横向笔形中、下出锋在楷书中的比例多与《真书千字文》接近，表明这一笔形维持在这一比例较为普遍与合理。《黄庭经》作为早期楷书，这一比例较高，符合当时楷书并不成熟的时代特点；《雁塔圣教序》虽然作为唐代成熟楷书，这一笔形比例依然较高，可能与书写的个性特点有关。可见，经典楷书的笔形，某些细节可能体现书写者的个性，表现作品的风格。而作为敦煌写经，作为世俗流通的材料，不讲求个性风格的表现，在用笔方式上，也就以趋同为旨归了。智永书写《真书千字文》，其目的在于继承王羲之书法，流布天下，以求趋同，所以《真书千字文》横向笔形收笔中、下出锋比例与上述多数写本接近。正因《真书千字文》笔法具有较多共性，所以其书法得以广泛传播，其后很多敦煌写经中，明显是以《真书千字文》为范本的书写材料。上述敦煌出土蒋善进临本《真书千字文》，是当时学习智永书法的实例。

最后看不出锋情况。分为两种情形，一是带波势的不出锋，一是不带波势的不出锋。

先看带波势的不出锋。

《黄庭经》《真书千字文》《雁塔圣教序》三材料全部为零，即横向笔形不见有带波势的不出锋收笔。这与7世纪三个写本《优婆塞经卷第十》《妙法莲华经卷六》《佛说大药善巧方便经卷上》情况一样。也就是说，横向笔形带波势的不出锋收笔比例越低，隶书笔意就越少，楷书字体特征可能就越明显。

再看不带波势的不出锋。

《黄庭经》：5.8%；

《真书千字文》：18.7%；

《雁塔圣教序》：5.0%。

7世纪三个敦煌写经样本：

《优婆塞经卷第十》：27.4%；

《妙法莲华经卷六》17.2%；

《佛说大药善巧方便经卷上》15.0%。

经过比较，《真书千字文》与这三个敦煌写经样本情况接近。与中、下出锋情况相似，表明这一笔形维持在20%的比例较为普遍与合理。《黄庭经》作为早期楷书，这一比例较低，符合当时楷书并不成熟的时代特点；《雁塔圣教序》虽然作为唐代成熟楷书，这一笔形比例也较低，也可能与书写个性有关。

从横向笔形书写的角度，将书写样本进行一一比较，发现如下汉字书写与字体演变规律。

用笔方式的改变直接导致汉字字体演变。

横向笔形顺锋起笔是对隶书字体的破坏。4世纪写本中横向笔形顺锋起笔已经表现明显；5 世纪这一现象得到加强；6 世纪基本保持这种书写现象和趋势，但进行了适当调整；7 世纪顺锋起笔又占据明显优势。从敦煌写经来看，横向笔形起笔经历了这 4 个世纪的演变，出于楷书书写规范化与美观性的需要，这一笔形起笔方式也进行了调整。如 6 世纪受魏碑时风的影响，部分样本顿锋、逆锋起笔方式增多，方笔起笔成为当时横向笔形的一种起笔方式；7 世纪随着楷书字体的成熟与规范，横向笔形起笔也不再是一味顺锋，即使是顺锋起笔，直入与斜切的比例也在不断地调整。

顺锋起笔符合右手执笔的自然生理与书写工具毛笔的自然属性，楷书横向笔形的自然书写必然表现为顺锋起笔的增多，这是书写追求速度与效率的结果，也符合敦煌写经的属性。但随着楷书字体成熟，书写不断追求规范与美化，规范性与美观性书写必然对横向笔形提出了新的要求，而对自然性书写进行约束与调整。

横向笔形行笔中渐重笔形的数量也反映了楷书书写与字体演变的规律。渐重笔形所占比例越高，追求书写便捷与效率的动机就越明显，更强调自然性书写，字体的成熟度、规范性与美观性都可能受到影响。

横向笔形收笔出锋与不出锋、带波势与不带波势都反映出汉字书写与字体演变的状态。在隶书向楷书演变的过程中，用笔方式表现为上出锋减少，中出锋、下出锋增加，波势笔形减少，不带波势的笔形增加。出锋尤其是上出锋是隶书横向笔形的常用收笔方式，中、下出锋是隶书向楷书演变过程常见的收笔方式。但随着楷书字体不断成熟，这一现象又有所调整，上出锋收笔逐渐成为成熟楷书书写中一种常见的用笔方式。与隶书书写相较，楷书横向笔形书写的不出锋相对较多。带波势的收笔是楷书字体形成过程中隶书用笔方式的遗留，随着楷书字体的成熟，不带波势的收笔成为楷书横向笔形的主要用笔方式。

横向笔形收笔的中、下出锋是对隶书用笔方式的破坏，不带波势的不出锋是对楷书用笔方式的重建。随着隶书特征的逐渐消失，横向笔形收笔的中、下出锋逐渐增多，楷书特征逐渐明显。另一方面，随着楷书字体的日渐成熟，上出锋横向笔形并无波势，明显楷化，中、下出锋随时调整，不带波势的不出锋渐次增加，带波势不出锋收笔笔形完全消失，这一切都是楷书书写逐步规范、楷书字体不断成熟的表现。

书写中也不能忽视书写者的个性差异，相同时期不同的书写材料，相同参数统计出不尽相同的数据，横向笔形也就表现出不尽相同的起、行、收的用笔方式，其楷书的规范化、成熟度也就会有所不同。

第五章

敦煌写经的宗教学意义

敦煌写经不同内容、字体、字形、风格可能体现了不同的宗教目的与心理需求，也表现出不同的书法美学特征，这种美学特征折射出不同的宗教学意义。本书从抄经要求、信仰目的与宗教心理等方面阐释敦煌写经的宗教学意义。

第一节

佛教楷本体现的宗教信仰

如前所述，写经字体的选择、书法水准的要求，都体现出抄写者或供养者虔诚的宗教心理。从敦煌写经来看，这些抄经还反映出佛教徒复杂的信仰动机与宗教情怀。

一、经典选择反映宗教信仰

佛教抄经是宗教信仰的一种具体表现形式，这种表现形式在不同时代不同地域会选择不同的抄写内容。因此，对于抄写内容的选择往往反映一时一地的佛教信仰特点与倾向。

如西晋以后，敦煌地区观音信仰有着很好的社会基础，有关观音的经典成为抄写的主要内容。隋唐之际维摩诘信仰盛行，于是出现大规模抄写《维摩诘经》的现象。这都可以从一些现存抄经及其题记中得到印证。

西晋时著名的佛经翻译家竺法护世居敦煌，他翻译的《正法华经》《光世音大势至受决经》（简称《观世音受记经》）都是敦煌地区的早期佛典，为宣扬观音信仰起到了重要作用。敦煌写本中有六朝以来抄写的《妙法莲华经》《正法华经》《观世音经》等，加上这些经典的疏论、玄赞、问答、经义记总共十卷以上。[①]

隋唐之际民众大规模抄写《维摩诘经》，敦煌写经中这一佛经相关写本很多，反映出一个时代的宗教信仰特征。S. 11864

① 方广锠：《敦煌遗书中的〈妙法莲华经〉及有关文献》，《中华佛学学报》1997年第10期，第211—232页。

《维摩诘经》十四品尾题："岁次甲戌年九月卅日，沙州行人部落百姓张逸玄奉为过往父母及七世先王、当家夫妻、男女亲眷及法界众生敬写小字《维摩经》一部，普愿往生西方净土，一时成佛。"日本大谷大学图书馆所藏敦煌目录编号为日 0024 写本《维摩诘经》"第十四"尾题下有题记云："大唐垂拱四年（688）岁次戊子十二月一日，清信优婆夷王伯美为身染痾疹及为一切法界苍生敬写《维摩经》一部，愿使从今已去，三宝助□，疫疠消除，普愿众生，共成佛道。"

早在南朝时，维摩诘信仰盛行于统治阶级与上层文人之间。据《出三藏记集》卷五《新集抄经录》载，齐竟陵文宣王抄三十六部佛经，其中有《维摩诘所说经》"佛国品""方便品""问疾品"各一卷。《辩正论》卷三载陈吏部尚书廷尉卿毛嘉"躬自运笔写《维摩经》"[①]之事。此时维摩诘作为法身大士化生于娑婆世界，示居士相，因此该经成为在家居士修行的宝典。但到了隋唐时期，从敦煌《维摩诘经》的抄写来看，发愿祈福、治病救苦、悔罪除恶、祈求护佑等实用主义思想已经构成了这一时期维摩诘信仰的整体特征。前述 S. 11864、日 0024 二写本的目的即属于这一类。

二、写经题记反映抄经动机

对于上层统治者而言，抄经可能出于个人信仰需要，但更多的是因为意识形态的需要；对于职业经生而言，抄经无疑是一种谋生的方式，国家统治与个人谋生这两种动机一般不会在写经题记中明说。积累功德消除恶业、祈福消灾保佑平安、追念逝者超度亡灵等目的，在很多写经题记中有明确的发愿记录。

写经最为突出的目的当属积累功德，这也是一般抄经者的共同动机。诸多佛经中说得明确，抄写、读诵、受持、传播经典有无量无边功德，乃至成佛。北凉昙无谶所出《大集经》对读诵、书写经典的功德大加宣扬："释迦如来灭度之后，随有是经流布之处，若有听受、持读、诵说、书写经卷，乃至一偈一句一字，而其国主一切恶事即得消失；所有树木、谷米、药草，四大天王降施甘露而以益之；国土王法悉得增长；邻国恶王勤求和同，各各自生喜心慈心；一切诸天、佛弟子者悉来拥护。如是国王、王子、夫人及诸大臣，各各生于慈愍之心；谷米丰熟，食之无病，亦无斗讼，兵革不起；无诸恶兽及恶风雨；远离一切过去恶业。"[②]这就是供养佛法。大乘佛典中特别推崇"法供养"，认为在诸种供养中以法供养为最。在梁扶南三藏曼陀罗仙译《宝云经》卷五说："如来法身不待财施供养，惟以法施供养为上，以具足供养利益众生，令得安乐常获善利。"[③]唐般若所译《四十华严》中《入不思议解脱境界普贤行愿品》云："诸供养中，法供养

① 《大正藏》52：506b。
② （北凉）昙无谶译《大方等大集经》卷二十二《宝幢分中护法品第十》，上海古籍出版社，1997 年，第 282—283 页。
③ 《大正藏》第 16 册，新文丰出版公司，1983 年，第 234 页。

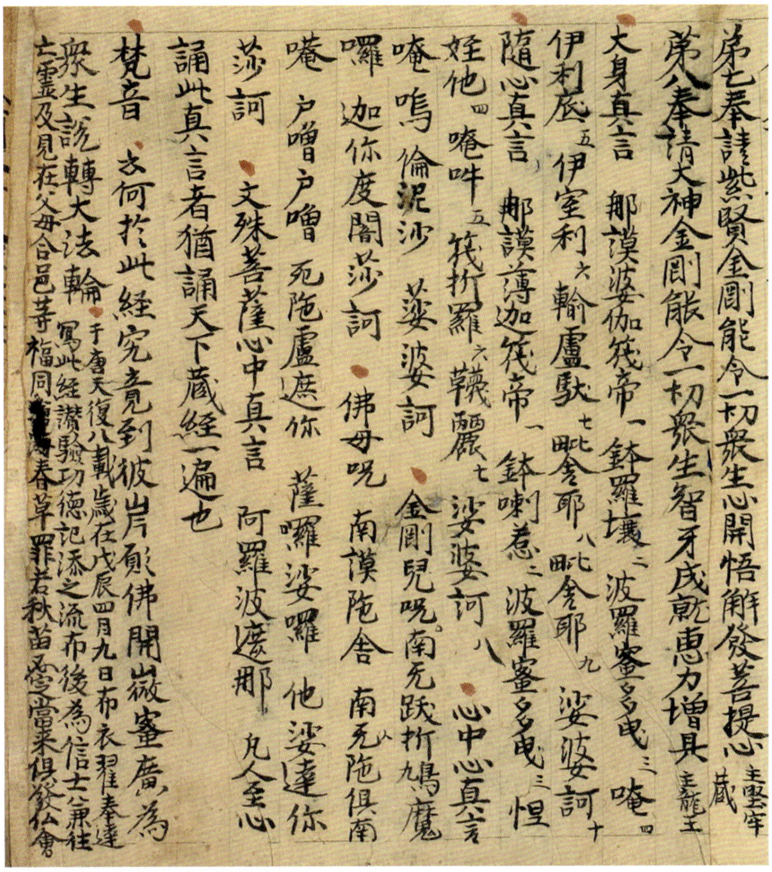

图 5-1　P. 2094《金刚般若波罗蜜经》，唐，908 年，法国国家图书馆

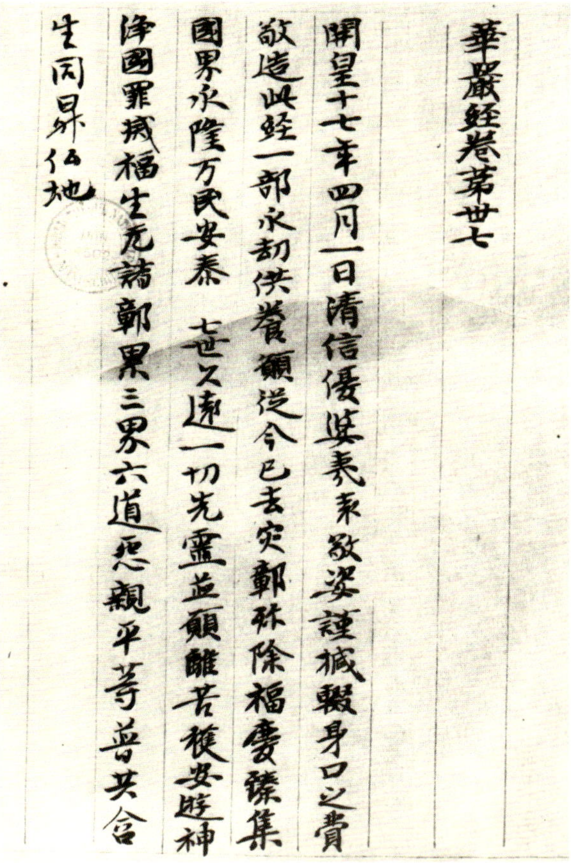

華嚴經卷第卅七

開皇十七年四月一日清信優婆夷袁敬姿謹減輟身口之費

敬造此經一部永劫供養願從今已去災鄣殄除福慶臻集

國界永隆万民安泰　七世久遠一切先靈並願離苦獲安遊神

淨國罪滅福生无諸鄣累三界六道怨親平等普共含

生同昇仏地

图 5-2　P. 2144《华严经卷第卅七》，隋，597 年，法国国家图书馆

最。”[①]“法供养”功德之大不可思议，这一点对于佛教信仰者来说，深信不疑。

P. 2094《金刚般若波罗蜜经》（图 5-1）题记云：“于唐天复八载，岁在戊辰四月九日，布衣瞿奉达写此，赞验功德记添之流布，后为信士兼往亡灵及见在父母合邑等，福同春草，罪若秋苗，必定当来俱发佛会。”抄此佛经，广为流布，赞验功德，深信“福同春草，罪若秋苗，必定当来俱发佛会”。

古代僧尼为了表示对佛教的虔诚，通过抄写大批佛经来受持、读诵、供养，以表示潜心向佛的信仰。在信徒观念中，佛法广大无边，必须研习三藏经典，始能会通教义，得道成佛。故出资造经或亲自抄经，“藉着供养佛经，得教化之旨，求其灵验之功，可以积累功德，救苦祈福”[②]。

P. 2144《华严经卷第卅七》（图 5-2）题记云：“开皇十七年（597）四月一日，清信优婆夷袁敬姿，谨摵辍身口之费，敬造此经一部，永劫供养。愿从今已去，灾彰殄除，福庆臻集，国界永

① 《大正藏》第 10 册，新文丰出版公司，1983 年，第 845 页。

② 林聪明：《从敦煌文书看佛教徒的造经祈福》，载台湾汉学研究中心编《第二届敦煌学国际研讨会论文集》，台湾汉学研究中心出版，1991 年，第 521 页。

隆，万民安泰。七世久远一切先灵，并愿离苦获安，游神净国，罪灭福生，无诸障累，三界六道，怨亲平等，普共含生，同升佛地。”从这一题记看出，“敬造此经”者是一位优婆夷，愿意拿出自己的“身口之费”抄经，实际并无具体个人目的，只是作为佛教徒通过这种方式修行，达到积累功德的信仰目的。《全唐文》第06部卷五百三十载顾况撰《虎邱西寺经藏碑》也称：“譬如无根，安得有华，故觉华长者得定光如来授一记，鹿仙长者得释迦如来授一记，宝手菩萨得空如来授一记，皆因造藏而得作佛。”[①]这些文字表明抄写佛经在佛教信徒观念中功德无量真实不虚，可以使人获得智慧，消除恶业，甚至还可以使树木生长，国家富强，可谓无量无边。S. 03691《佛说佛名经第十五》题记有“敬写大佛名经贰佰捌拾捌卷，惟愿城隍安泰，百姓康宁”之语，为百姓祈福，在“敬写者”看来，卷帙量大，其功德或更大。

为自己或亲人祈福消灾，或为生者求平安福报，或为逝者求往生佛地。这种动机在题记中多有明确记录，很具体。每当人们对生活前途与命运感到不可把握或者对疾病灾障感到无奈的时候，宗教信仰往往成为心灵的寄托，而抄经供养是心理慰藉的具体方式。如甘肃省博物馆029《大般涅槃经》题记：“久视元年六月卅日，宁远将军守右武威卫晋州安信府左果毅都尉上柱国邓守琎，在府写《涅槃经》一部，为父母及身、兄弟妻子等，无诸灾障，诸佛护助，愿守琎父子平安到家，共娘及弟并妻子等相见，报佛慈恩。”[②]祈求自己与家人没有灾障，家人平安到家顺利相见，这种愿望很生活很现实。S. 00087《金刚般若波罗蜜经》尾题载：“圣历三年五月二十三日，大升拔谷副使上柱国南阳县开国公阴仁协写经为金轮圣神皇帝及七世父母、合家大小。”该题记后还有祈求升官的很具体的内容：“得六品，发愿月别许写一卷；得五品，月别写经两卷，久为征行，未办纸墨，不从本愿。今办写得，普为一切转读。”[③]升官的动机很强烈，但对自己的前途又感到不可把握，所以试图通过抄经这种方式，达到祈求佛祖保佑的目的。北0776《金刚般若经》题记称：“弟子押衙杨英德，为常患风疾，敬写《金刚般若波罗蜜经》一卷，愿患消散。”[④] S. 03252《般若心经》有同样内容的题记：“弟子押衙杨英德，为常患风疾，敬写《般若多心经》一卷，愿患消散。”[⑤]“常患风疾”，或药物不治，别无良方，只好求助佛法，这里抄写佛经的动机便是祛病强身。随着《药师经》的逐渐流行，为了祛病祈福也常常选择该经内容。

还有为逝去的亲人超度抄经祈福者，这种情况很多。P. 2055b《佛母经》（图5–3）

① 《全唐文》第06部卷五百三十，影印本，中华书局，第5378页。
② ［日］池田温：《中国古代写本识语集录》，东京大学东洋文化研究所，1990年，第559页。
③ ［日］池田温：《中国古代写本识语集录》，东京大学东洋文化研究所，1990年，第248页。
④ ［日］池田温：《中国古代写本识语集录》，东京大学东洋文化研究所，1990年，第512页。
⑤ ［日］池田温：《中国古代写本识语集录》，东京大学东洋文化研究所，1990年，第514页。

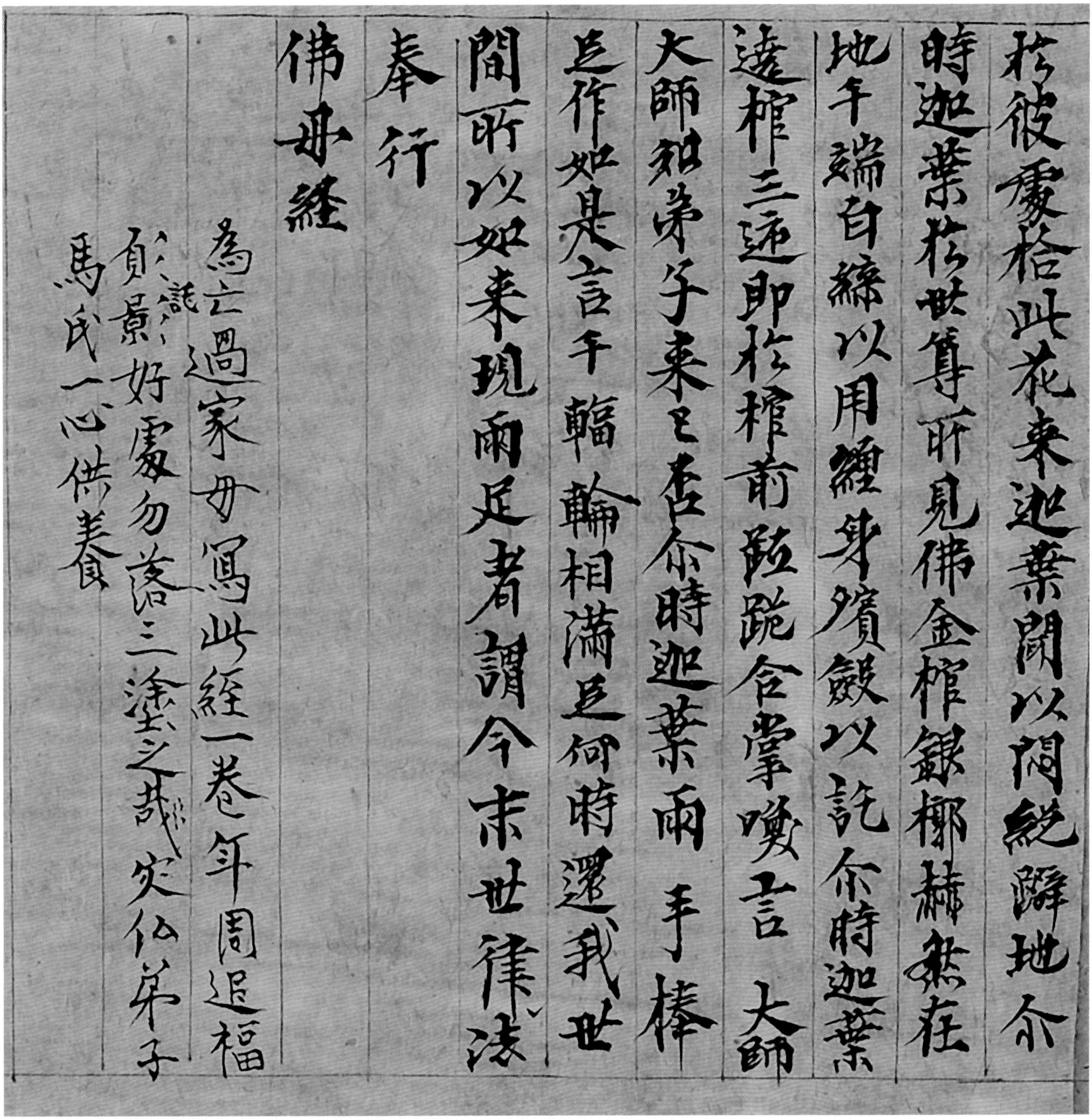

图 5-3 P. 2055b《佛母经》，五代十国，958—961 年，法国国家图书馆

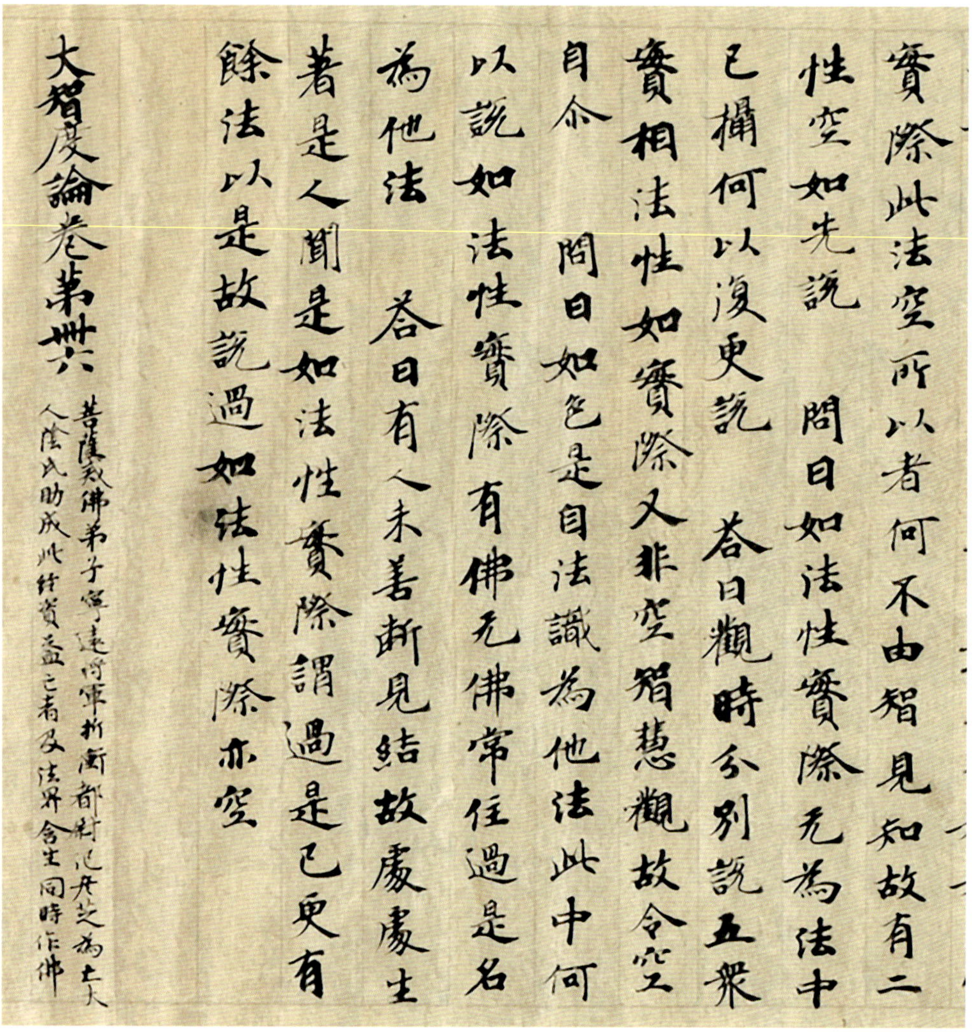

图 5-4　P. 2082《大智度论卷第卌六》，唐，法国国家图书馆

题记："为亡过家母写此经一卷，年周追福愿托影好处，勿落三途之灾，佛弟子马氏一心供养。"P. 2082《大智度论卷第卌六》（图 5-4）题记："菩萨戒佛弟子宁远将军折冲都尉汜彦芝为亡夫人阴氏助成此经，资益亡者及法界含生，同时作佛。"P. 2117《大般涅槃经卷第卅三》（图 5-5）题记："大业四年四月十五日敦煌郡大黄府旅帅王海，奉为亡妣敬造涅槃、法华、方严各一部，以兹胜善奉福尊灵，仰愿超越三途，登临七净，世世生生，还为眷属，六道含识，皆沾愿海。"祈福的对象通常为最亲的逝者，按照佛教轮回观念，逝去如能"超越三途"，即脱离地狱、饿鬼、畜生三恶道，往生佛地，就是来世最好的福报。这种抄经的愿望，实际上也可视为怀念亲人、寄托哀思、表达孝道的一种方式。

尤其是唐代武周时期，武则天大力弘扬佛教，《法华经》即是其大力推广的佛经之一。在敦煌写经中，女性群体为逝去亲人祈福抄写最多的佛经即此，其次为《金刚经》和《般若波罗蜜多心经》。

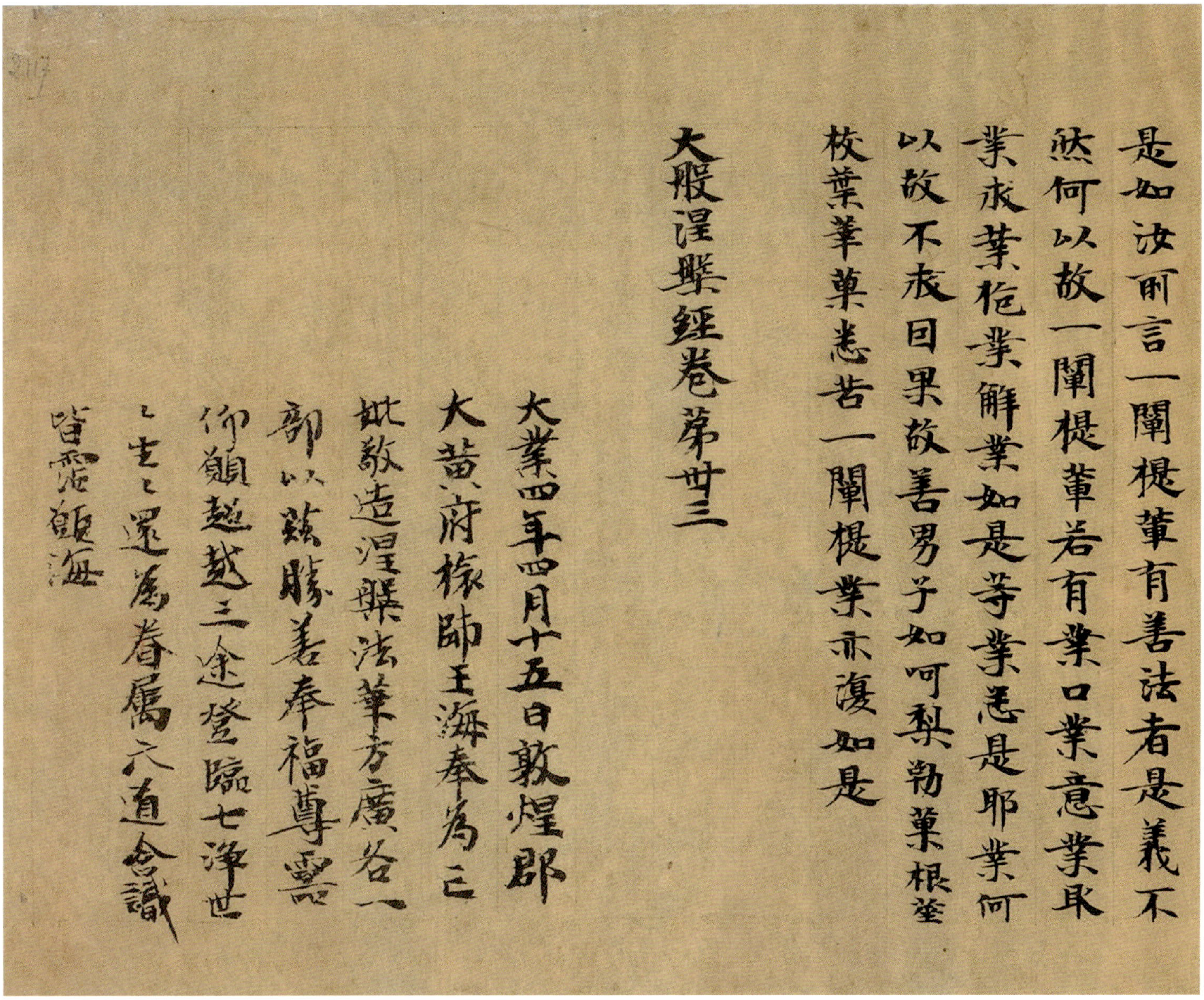
是如汝所言一闡提輩有善法者是義不
然何以故一闡提輩若有業口業意業取
業求業施業解業如是等業悉是邪業何
以故不求因果故善男子如呵梨勒菓根莖
枝葉華菓悉苦一闡提業亦復如是
大般涅槃經卷第卅三
大業四年四月十五日敦煌郡
大黃府椽師王海奉為亡
妣敬造涅槃法華方廣各一
部以茲勝善奉福尊靈
仰願越三途登臨七淨世
々生々還爲眷屬六道含識
皆霑[illegible]海

图 5-5　P. 2117《大般涅槃经卷第卅三》，隋，608 年，法国国家图书馆

三、佛经抄写表现出的宗教体验

如前所述，抄经行为本身、字体的选择与书写水准的要求都可见信仰者虔诚的心态。另外必须注意到，佛经一旦抄写出来，在信仰者心目中便成为神圣的象征性符号。抄经要借助宗教仪式和各种规范，不允许世俗之物亵渎神圣，也禁止神圣随便介入世俗领域。如果书写者是佛教信徒，在下笔之前往往会自觉遵循一定的仪式，如盥洗沐浴、诵经念咒，在这种仪式中实现神圣与世俗两种阈限的转变，同时也让人们明确地把神圣和世俗区分开来。这也正是宗教仪式中象征性书写符号的意义所在。

还有刺血写经的形式，足见信仰的虔诚。信徒以血和墨书写，以示对佛教的尊崇。刺血写经早在唐代就有，如赞宁《宋高僧传》有温州大云寺僧鸿楚“刺血写《法华经》一部”；灵武龙兴寺增忍“刺血写诸经，总二百八十三卷”；岑勋《多宝塔碑》也记千福寺僧楚金“刺血写《法华经》一部，《菩萨戒》一部，《观普贤行经》一部”。[①] 敦煌市博物馆 053、S. 05451、S. 05669 及 P. 2876《金刚般若波罗蜜经》，都是这类作品。甘肃省博物馆藏有不少明代刺血写经，有两部《大方广佛华严经》为明洪武三十年（1397）“庄浪卫在城奉佛弟子周觉”书写。刺血写经一般都以楷书字体形式出现，反映了信徒对宗教的虔诚，对信仰的执着。[②]

“神圣感”是一种既崇敬又畏惧的宗教情感体验，这是佛教书写活动中书者与观者共同产生的一种心理反应。在宗教学史上，真正系统、专门地从情感方面研究“神圣”的第一人是德国神学家、哲学家、宗教史学家奥托（Rudolf Otto，1869—1937）。奥托于 1917 年出版了《神圣的观念》一书，他把神圣观念作为宗教的本质和宗教情感的真谛。奥托认为“神圣”是宗教特有的一个范畴，它的意思不是至善，也不是某一崇拜对象与信徒在相互作用的过程中形成的一种“完全特殊的不可归纳为任何其他东西的心理状态”。他称这种心理状态为 numinous（对神既敬畏又向往的感情交织）。这个词来源于拉丁文 numen，意为超自然的实体。奥托认为宗教信仰者是通过体验到矛盾的 numinous 情感而体验到 numen 的存在，感受到自己的渺小和软弱，感受到自己是一种被创造物。由此人们感受到崇拜对象的超越性，它的威严和力量，感受到崇拜对象乃是一种

① 朱关田：《中国书法史》（隋唐五代卷），江苏教育出版社，1999 年，第 210—211 页。
② 胡同庆、安忠义：《佛教艺术》，敦煌文艺出版社，2004 年，第 300 页。

“可怕的神秘的东西”[1]。书写佛经的信徒往往先沐手净身，毕恭毕敬，自觉以楷体抄写，且小心谨慎，不允许漏抄错抄，在书写中体验佛陀教诲的庄严，传达出宗教的神圣不可陵越。对于观者而言，这种神圣的宗教体验也是客观存在的，面对抄写工整的经卷，可以体会到经典的神圣与信仰者的庄严。

从这个意义上说，对于佛教信仰者，已经不能简单地将这些佛经看成普通的文字，而是如同佛教造像等具象的圣物一样，是圣灵的象征性符号，同样能激发观者崇高、庄重、敬慕的情感，甚至实现人神的接近与沟通，让人产生虔敬的宗教情绪。

① 参阅金泽《宗教人类学导论》，宗教文化出版社，2001年。

第二节

佛经抄写的符号性及其宗教学解释

佛经的书与刻，对于佛教的传承起到了重要作用。刻经以抄经为基础，从历代保存的刻经情况来看，楷体刻经占据绝对优势。楷书抄经与刻经共同构成了一套佛教与书法结合的符号系统。如前所述，观看佛教写经、刻经与观看佛教造像有相似的宗教体验，那就是使观者产生一种神圣的礼敬之情。这是书刻宗教性质的汉字符号在人们心中自然产生的心理反应。

所有的生命体都有一套感受器系统和一套效应器系统。“没有这两套系统的互相协作和平衡，生物体就不可能生存。靠着感受器系统，生物体接受外部刺激；靠着效应器系统，它对这些刺激作出反应。”[①]这两套系统在任何情况下都是紧密交织、互不可分的。但是人还有第三套系统，即包括象征在内的符号系统。这个系统位于感受器系统和效应器系统之间，由于有了这个系统，人对外部刺激的反应，不再是直接的、本能的反应，而是间接的（经过思维的）、文化的反应，随着社会文化的发展，人越来越具有一种通过创造符号、使用符号、运用符号，进而相互交流、把握世界的能力。[②]人不再是生活在一个单纯的物理宇宙之中，而是生活在一个符号宇宙之中。语言、神话、艺术和宗教则是这个符号宇宙的各部分，它们是组成符号之网的不同丝线，是人类经验的交织之网。“人类在思想和经验之中取得的一切进步都使这符号之网更为精巧和牢固。”[③]

当代文化人类学家格尔茨（Clifford Geertz）论述“宗教是

---

① ［德］卡西尔：《人论》，甘阳译，上海译文出版社，1985 年，第 32 页。
② 金泽：《宗教人类学导论》，宗教文化出版社，2001 年。
③ ［德］卡西尔：《人论》，甘阳译，上海译文出版社，1985 年，第 32 页。

一种文化系统”时也指出，文化是一种通过符号在历史上代代相传的意义模式，它将传承的观念表现于象征形式之中。通过文化符号体系，人与人得以相互沟通、绵延传承，发展出对生命的态度。[①] 人类通过运用符号给他周围的一切都打上了自己的印记，人不仅创造了物质文化，而且还创造了日益丰厚的精神文化，包括宗教文化。超越自己，既是一种需求，也是一种能力，还是一个从自发到自觉的过程。人类在原始宗教中就已经开始运用符号（象征），但那时还不是自觉。如果将原始宗教所代表的原始文化与20世纪的文化相比较，人们会发现，人类创造和运用的符号世界的复杂程度和丰富程度已有天壤之别。就宗教本身来说，人类由自发地形成宗教到自觉地创立宗教，也表明人类驾驭符号世界的能力在不断进步。佛教在中土传播的过程中，自觉地运用汉字书写的符号性与艺术性，融入中国人的文化血液中，使人们又自觉地接纳佛教经书。当面对一卷书写工整、装帧考究、供养于特殊场合的佛教抄经时，生出神圣的宗教情感自然也就不足为怪了。

① ［美］格尔兹：《文化的解释》，纳日碧力戈等译，王铭铭校，上海人民出版社，1998年，第250页。

第三节

佛经抄写对佛教传承作用的理性认识

前文已经谈及佛教抄经与信仰之间的关系问题，现在不妨再从文化学与宗教学的角度，对佛经抄写文化之于加强佛教信仰、促进佛教传承的作用做进一步的认识。

在文明时代，人的延续并不能保证宗教的延续。宗教的生存需要讲究“事在人为”的艺术和谋略。任何宗教，主动也罢，被动也罢，都要面对前文明时代不曾面对的三个重要问题：一是与国家政权和政治的关系，二是自身的供养，三是与世俗文化的关系。书法对于佛教的延续直接或间接地在处理这三个方面的关系。在中国政治与文化史上，书法往往与一定的政治事务直接相关，如唐宋时期还专门设置了管理书法教习的政治机构，科举制度对于士人的书写水平也是很看重的。应该说，书法在一段历史时期内，得到了包括最高统治者在内的人的关注，他们有的本身就是书法艺术的直接领导者和参与者。书法凭借自身的独特魅力和功用，渗入了包括政治、经济、宗教等的各个领域和层面。在与佛教的结合中，正因为有了政治集团的书写参与，佛教内容也轻松地进入了他们的书写范围，哪怕是统治者为佛教场所题写一篇序文、一个匾额、一帧碑铭，书法借助其政治影响力而得以保存，李世民作《大唐三藏圣教序》即是一个鲜明的例子，这在客观上为延续和推动佛教的发展起到了不可低估的作用。其次，佛教自身的供养是维持其生存和发展的物质基础，在佛教中国化过程中，我们清楚地看到书法对于佛教获得广泛供养所起的作用。譬如许多佛教圣地就因为有名人碑刻，受到僧俗尤其是文化人的尊重和供养；高僧们的佛教书法成为僧俗结缘的媒介；石窟中有造像记这种形式提供给供养人表达心愿。还有，书法本身属于世俗文化的一部分，当它与佛教结合以后，一方面书法某种程度上具有了神圣的面目，另一方面，佛教通过为中国广大民众所认同的书法艺术得到保存、传播和发展。今天看来，佛教文化中不能没有书法文化的内容，书法文化中也或缺不了佛教文化的身影。一方面敦煌写经保存了 4 世纪到 11 世纪 700 多年的书写墨迹，有的还是精美的书法作品。另一方面，借助书法艺术的感染力与传播力，佛教走进了包括皇室、士大夫在内的各个阶层人们的生活与心灵。文人参与佛教抄经，有效提升了佛教文化品位，扩大了佛教的影响，推动了佛教的发展。

从宗教学的角度看，佛教经典抄写本身可视为宗教的强化仪式。强化仪式着眼于超越世俗社会的神圣王国所建立的秩序，目的是“保证业已存在或业已确立的秩序、价值、关联等不会在时间的流逝，或在生老病死新陈代谢的传承中弱化以至于无，除了保持下去，还要强化它们，以利于个人或群体的生存与发展”[①]。各种神灵崇拜，年节祭祀仪式，在于强化自然秩序、社会生活秩序和价值，强化群体与神灵之间的密切联系，或强化生活、生产的安全性与满意度；祈祷祝福，冥想沉思，集体礼拜，进香朝圣，以及禁忌与礼节，都能强化群体与个人的信仰。对于佛教徒而言，书写佛经讲究礼节周全，虔诚神圣。这种宗教仪式是强制性的，并非针对个人的，其目的也并非对于具体生命危机的克服，而是对群体总的价值的维护。其途径或是通过神话的象征的揭示，或是倡导运用宗教鼓励或赞赏的价值来处理人们所遇到的问题。佛教刻经比写经会显得更加隆重与神圣。如大规模的房山刻经，无论对于发起刻经的慧思、静琬还是后来的历代主持人，以及对于朝拜者、诵读者，都是一种信仰的强化、心灵的洗礼。佛教认为，书刻佛教经籍本身是积累功德的行为，能完成如此巨大的工程，接触如此众多的佛教经典，在佛教看来，已是无量无边的功德和缘分，是获得佛力加持、善果报应、成就菩提的途径和机缘。敦煌写经尤其是大规模抄经，无疑需要强大的宗教信仰力量的支撑才能完成。报应与成就的赞赏与鼓励，放大了人们祈求成功的愿望，个人与群体的信仰得以有效强化，并可能极大地改变人们的行为，就维护群体总的价值而言，就是使佛教获得更大的生存空间，形成更大的影响，沿着佛教所希望的方向传播和发展。

---

① 金泽：《宗教人类学导论》，宗教文化出版社，2001 年。

中国
佛教美学
典藏

第六章

代表性敦煌佛教写本介绍与欣赏

敦煌文献作为宗教活动中的非名家书迹，书写者普遍社会地位不高，书写水平良莠不齐，其书法艺术价值产生过争议。但毋庸置疑的是，敦煌文献中不乏大量书写水平较高、可圈可点甚至可与名家媲美的写本，这些写本能与书法史中的时代、地域、名家经典建立关系，当作书法艺术作品来赏析。

综合现有的图录出版情况和本书需要，从中、法、英三国所藏的写本中挑选部分代表性敦煌佛教写本加以简单介绍与鉴赏。主要来源处为《中国国家图书馆藏敦煌遗书》《英国国家图书馆藏敦煌遗书》以及国际敦煌项目（IDP）和中国古籍保护网法藏敦煌遗书的数字资源。遴选的核心标准是：有明确纪年为佳，书写时代性鲜明，书法优秀。进而对书写风格、所用字体、地域、作者具有特色的写本予以关注。

第一节 楷书类

楷书庄重、规范，适合表达佛教徒的虔诚之心，且易于识别和传播，在敦煌佛教写本中占有很大比重，尤其是佛教原典的抄写。随字体演变，不同时期有相对应的正体文字，从初始的楷隶到隶楷，再到成熟正楷。可以在东晋十六国时期、南北朝时期、隋唐时期和归义军时期的背景下，结合类型学分析，把握与欣赏敦煌佛教写本的不同风格与面貌。

一、早期（东晋十六国）

敦煌地区地处“河西四郡”的最西端，在1世纪就已接触佛教。佛经被译为汉文的最初阶段是东汉至西晋年间，正是书写载体简牍向纸本更迭，汉字字体从隶书向楷书演变的时代。当时的名家钟繇所擅三体之一的章程书，即是区别于旧的汉代隶体的新字体——早期楷书，从他写给朝廷的奏章，如《宣示表》《贺捷表》《荐季直表》，可以看到3世纪初期已经形成了较为成熟的楷书，并获得了官方的认可。在同时期的残纸与简牍中，敦煌悬泉置遗址出土一件西晋纸文书（Ⅰ91DXT0409①A:2），虽保留个别波磔隶意，但楷书形态比较成熟，笔法具有早期行楷特征（图6–1）；楼兰残纸中一部分魏晋时期残纸（图6–2、6–3）的书写，也是略带隶意、兼具行书笔意的楷书；走马楼三国吴简也出现了较多演化不完备的楷书（图6–4）。这些日常书写材料全面印证了3世纪以来的字体使用情况。现存最早的敦煌写本正是在这个时期产生的，抄写佛经

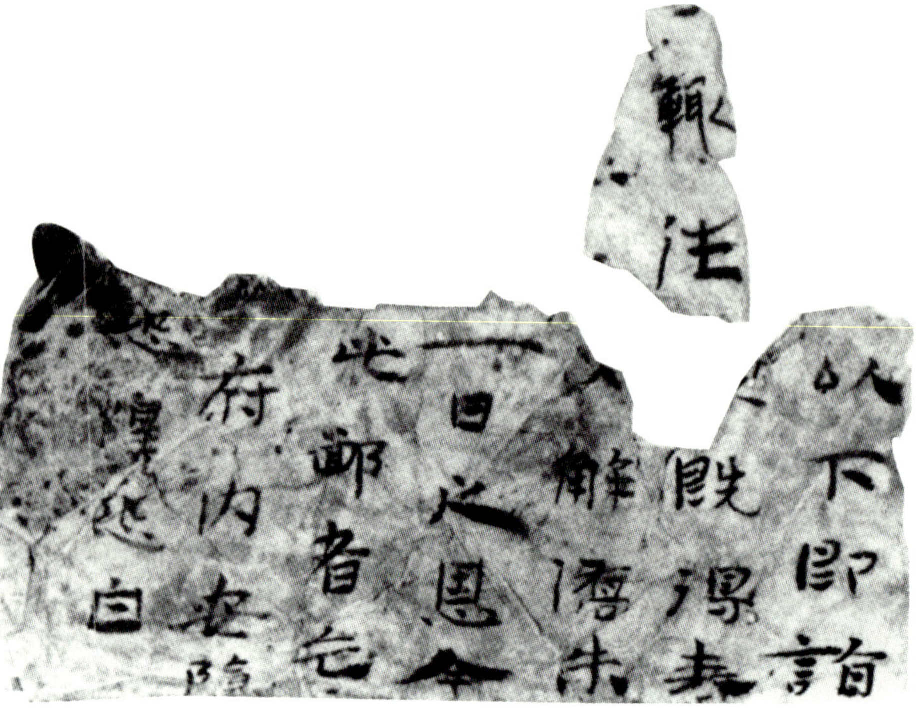

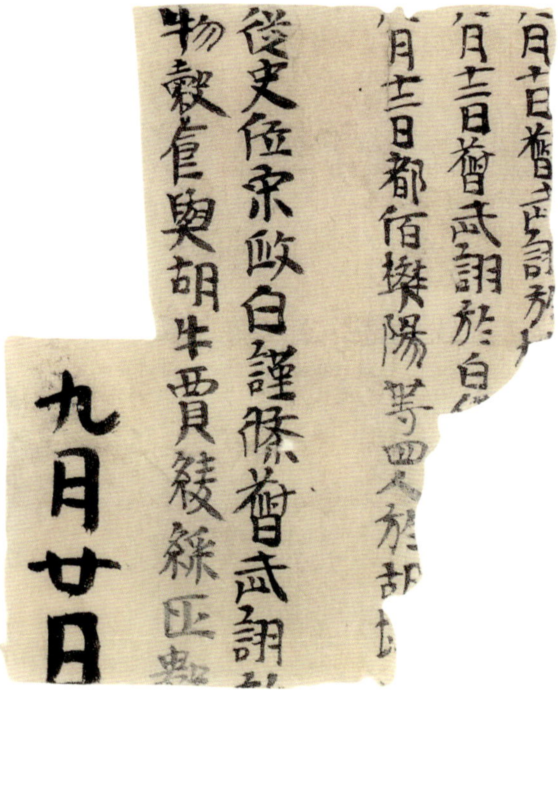

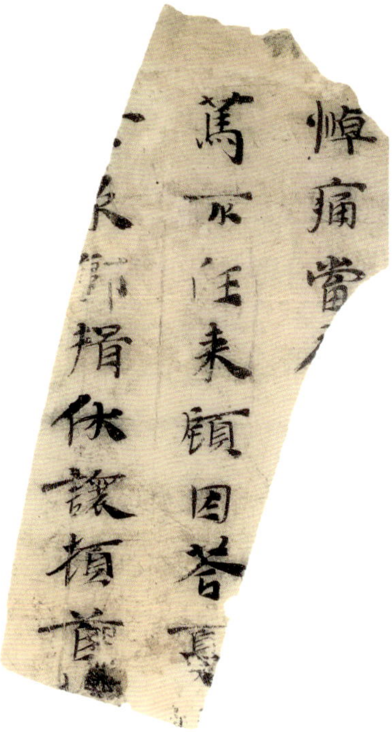

上：图 6–1 Ⅰ 91DXT 0409 ① A:2，敦煌悬泉置遗址出土西晋纸文书，西晋，甘肃省文物考古研究所

下左：图 6–2 L.A.II. ii – 孔纸 14.2，西晋楼兰残纸文书，魏晋，瑞典国立民族学博物馆

下右：图 6–3 L.A.II. ii– 孔纸 8.2，魏晋楼兰残纸文书，魏晋，瑞典国立民族学博物馆

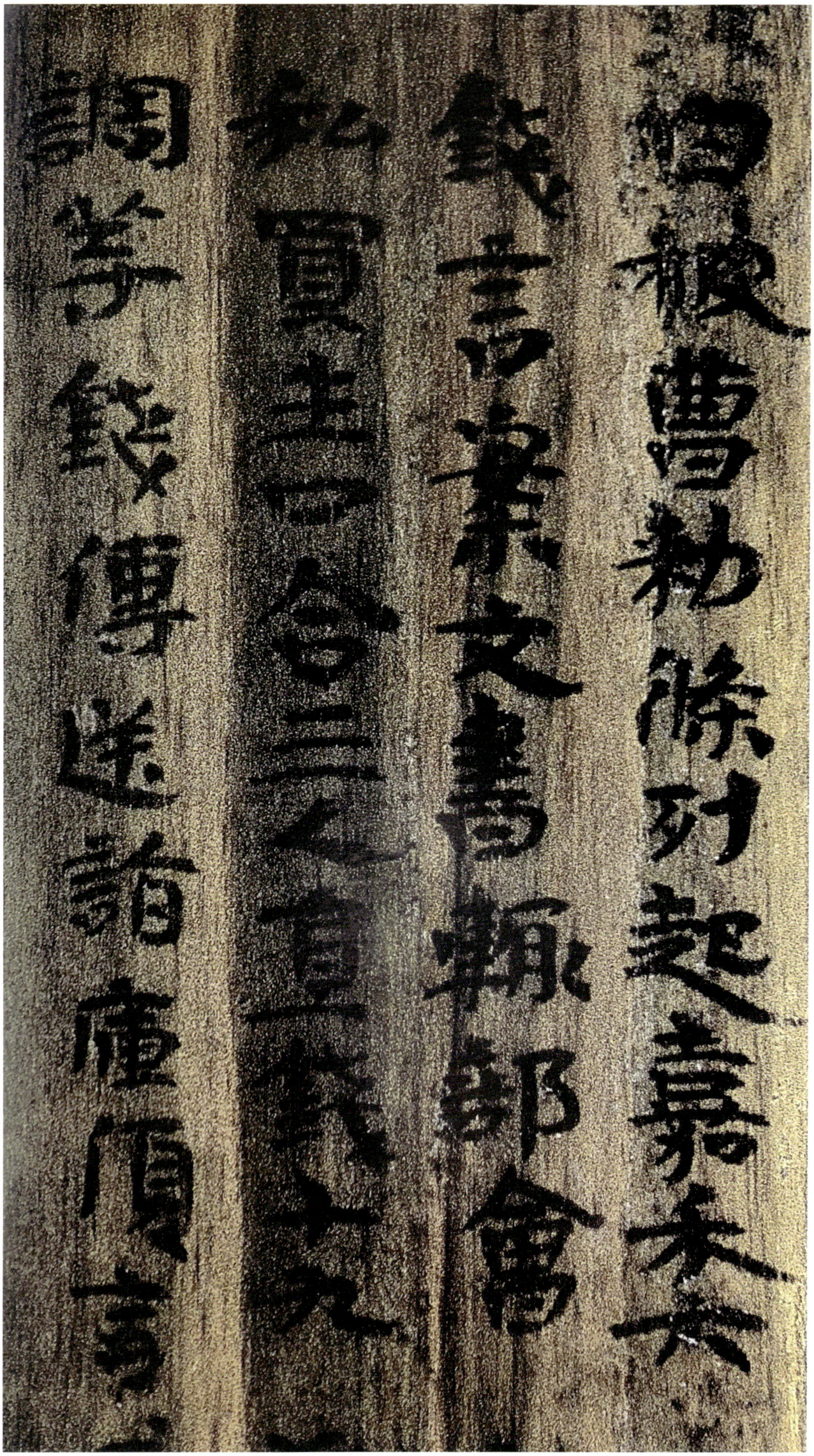

图 6-4　走马楼吴简 068320 号，《都市史唐玉白为条列吏民私卖买生口收责估钱事》，木牍，三国，237 年，9.3 厘米 × 24.9 厘米，长沙简牍博物馆

的字体通常在正体基础上加以改造，在保证工整的前提下追求书写效率。

写经人在抄写佛经时必须遵守固定的形式规格，他们所习范本一般都是前人抄写的经卷，尽量模仿，较严格地按照范本体式抄写；相较于正常速度演化的日常书写字体，写经字体的发展便略有滞后了。所以早期的敦煌写经，在一两百年中，基本都是较为古式的楷隶或隶楷的形态，其所对应的时代是东晋十六国时期。敦煌先后归属前凉、前秦、后凉、西凉、北凉，直至439年北魏鲜卑拓跋部统一北方。这一时期的写经风格，大致可分为两类，一类是颇具特色的“北凉体”，一类是类似钟王的早期楷体书风。

（一）北凉体写经

“北凉体”最早由施安昌先生提出，认为部分十六国河西地区的书迹：“其书写的间架结构和运笔方法有着十分明显的共性：字形方扁，在隶楷之间。上窄下宽，每每有一横或者竖、撇、捺一笔甚长，竖笔往往向外拓展，加强了开张的体势，富于跳跃感。特别是横划，起笔出锋又下顿，收笔有燕尾，中间是下曲或上曲的波势，成两头上翘形式。碑版上尤为突出，可谓‘犀利如刀，强劲如弓’。点划峻厚，章法茂密，形成峻拔、犷悍的独特风格，颇有‘凉州大马，横行天下’的气势。鉴于此书体在四世纪末和五世纪前期的古凉州及西地区盛行，又在北凉的书迹中表现最为典型（如《沮渠安周造寺碑》），故称之为北凉体。”[①] 而东晋云南曲靖出土的《爨宝子碑》（图6–5）和江苏南京出土刘宋初年的《晋恭帝玄宫石碣》（图6–6）也有类似北凉体的特征，华人德认为当时南北互相学习模仿铭石书并无可能，所以北凉体是四、五世纪之交，魏晋铭石书中一类形态较独特的隶书，更可能是隶书向楷书演化中的时代特征。[②] 而所有北凉体应用的共性是，用于庄重场合的正式书写，与日用字体截然不同。河西地区、新疆地区出土的西凉、北凉年号的北凉体，常见于刻石、写经与其他墨迹中，不同载体的北凉体特征大体相似，但具体的笔法表现有所不同。铭石书中的北凉体，如《沮渠安周造寺碑》（图6–7），字形更偏向于隶书，金石之气浓重，肃穆古雅。写经选用北凉体，以示抄写佛经之庄重，同时为满足书写便捷，做了一些改造，书写性增强，楷书的意味更多；当然，不同书手书写的北凉体亦各有风格。

① 施安昌：《“北凉体”析——探讨书法的地方体》，紫禁城出版社，2002年，第240页。
② 华人德：《“北凉体”刍议》，《书法研究》2004年第3期，第68页。

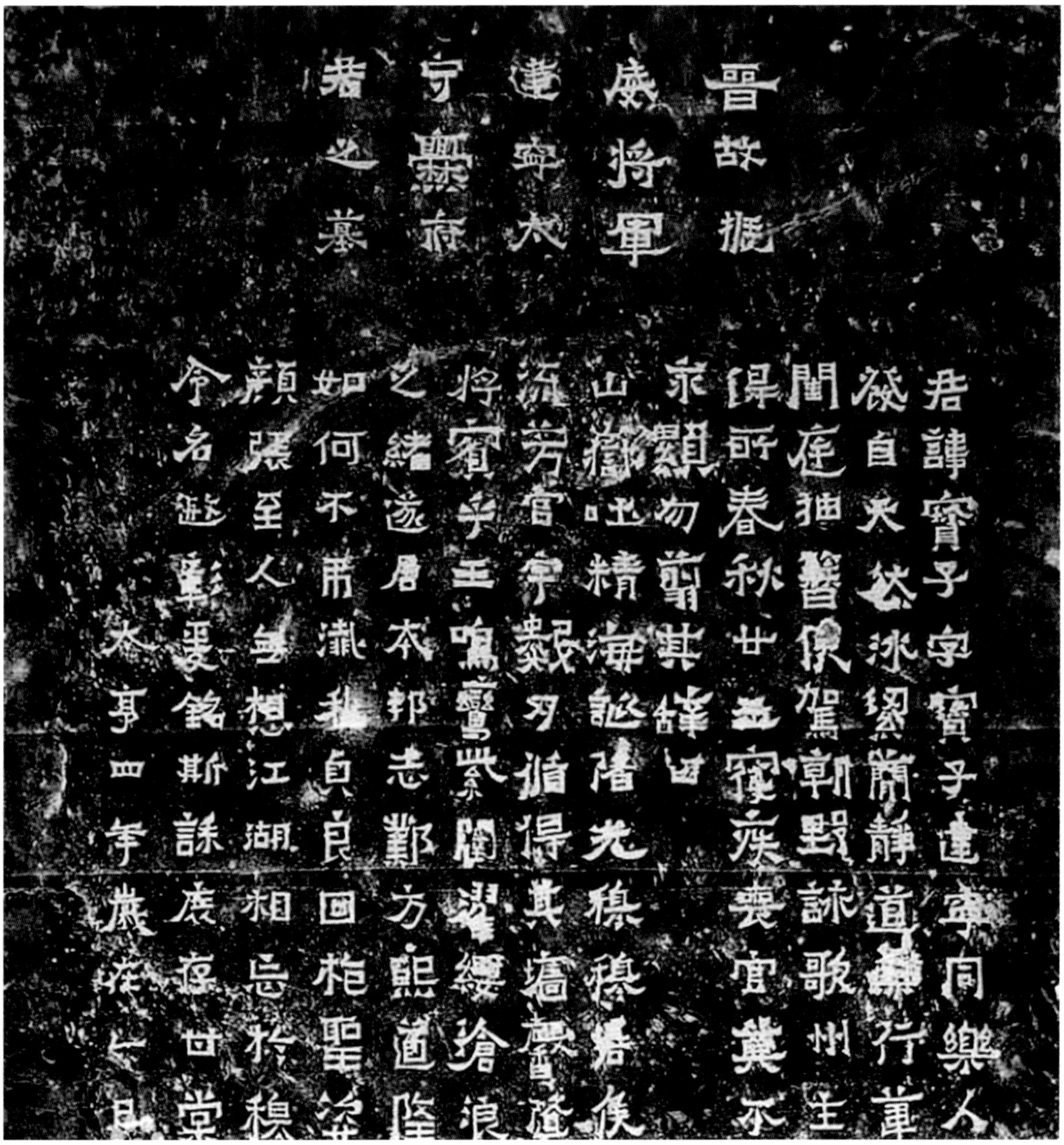

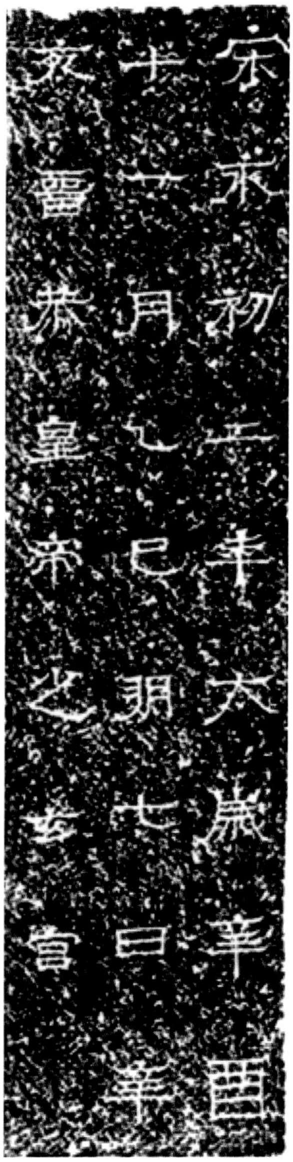

左：图 6-5 《爨宝子碑》局部，东晋，405 年，高 1.83 米 × 宽 0.68 米 × 厚 0.21 米，曲靖市第一中学

右：图 6-6 《晋恭帝玄宫石碣》拓本局部，南朝宋，421 年，当代拓本，南京市博物馆

图 6-7 《沮渠安周造寺碑》拓本，北凉，445 年，清拓本，中国国家博物馆

1. S. 00797 正面《十诵律第四诵卷七》背面《十诵比丘戒本》附《受戒文》《戒三诵者》

此卷写本由英国国家图书馆藏，卷轴装，首残尾全，西凉建初二年（406）写本，荣新江认为该本是目前为止确切属于敦煌藏经洞出土的最早写经，同时他也指出实际上一定有早于406年的写经在敦煌存在。[①]在敦煌第一个佛窟开凿完毕后的五十年就已写就，包含两个文献，一是《十诵律第四诵卷七》，抄写在正面，编号S. 00797，尾有题记："比（丘）德祐书，一校竟。"二是《十诵比丘戒本》，抄写在背面，编号S. 0797V，还附《受戒文》《戒三诵者》，末尾题记云："建初元年岁在乙巳十二月五日戌时、比丘德祐、于敦煌城南首具戒……到夏安居、写到戒讽之趣、成具（拙）字而已。手拙用愧、见者但念其义，莫笑其字也，故记之……" S. 0797V所抄戒律《十诵比丘戒本》经与鸠摩罗什译本对照，行文颇有差异，可能为亡佚已久的昙摩持共竺佛念译本；日本学者矢吹庆辉《鸣沙余韵》认为该本是现存最古老的《十诵比丘戒本》。由题记可知，比丘德祐于建初元年十二月受具足戒，戒律规定，受过具足戒的出家人才是真正意义上的僧伽，可穿袈裟，具有收徒、授戒、传法、接受俗人供养的资格，受具足戒年龄一般在20至60岁间。书写此卷时间应在建初二年夏安居时，夏安居是一种修习方式，要求出家五众在夏三月，即四月十五日至七月十五日，集中在寺内坐禅修学，敦煌僧尼每年都从事此项活动。

此卷为楷隶写本，主体风格为北凉体。从题记来看，正背面均为比丘德祐书写，从字迹来看，正背面出现了约四种不同字体。正面可见两种不同字体，一种为前部分的日常体，书写水平较弱，另一种为偏向于日常便捷的北凉体。而背面，有与前卷相同的偏日常书写的北凉体，另有一种特征明显的北凉体，书写较有特色，还有一小段的横向取势略显夸张的北凉体。（图6–8）

首先看该卷中篇幅最大的偏日常便捷的北凉体（图6–9），之所以称之为"偏日常便捷"，是因为较之于标准意义的北凉体，书手在书写中做了较多改造。一是笔法更简捷，减少了横画入笔时的斜切重顿、行笔中段的上拱下凹及收笔时的燕尾上挑，变为多顺锋直入，中段直挺，收笔驻笔或下出锋；二是字形整体趋于方正，左右开张之势较为收敛。而北凉体特征也具备，一字之中重长笔明显，撇捺左翻右磔，捺脚波挑明显，撇画方头锐尾，点画重按挑起，个别横画一波三折。整体来看，下笔果断，笔画短促，快捷中不失厚重，古朴中仍含轻巧。

---

① 荣新江：《敦煌学十八讲》，北京大学出版社，2001年，第247页。

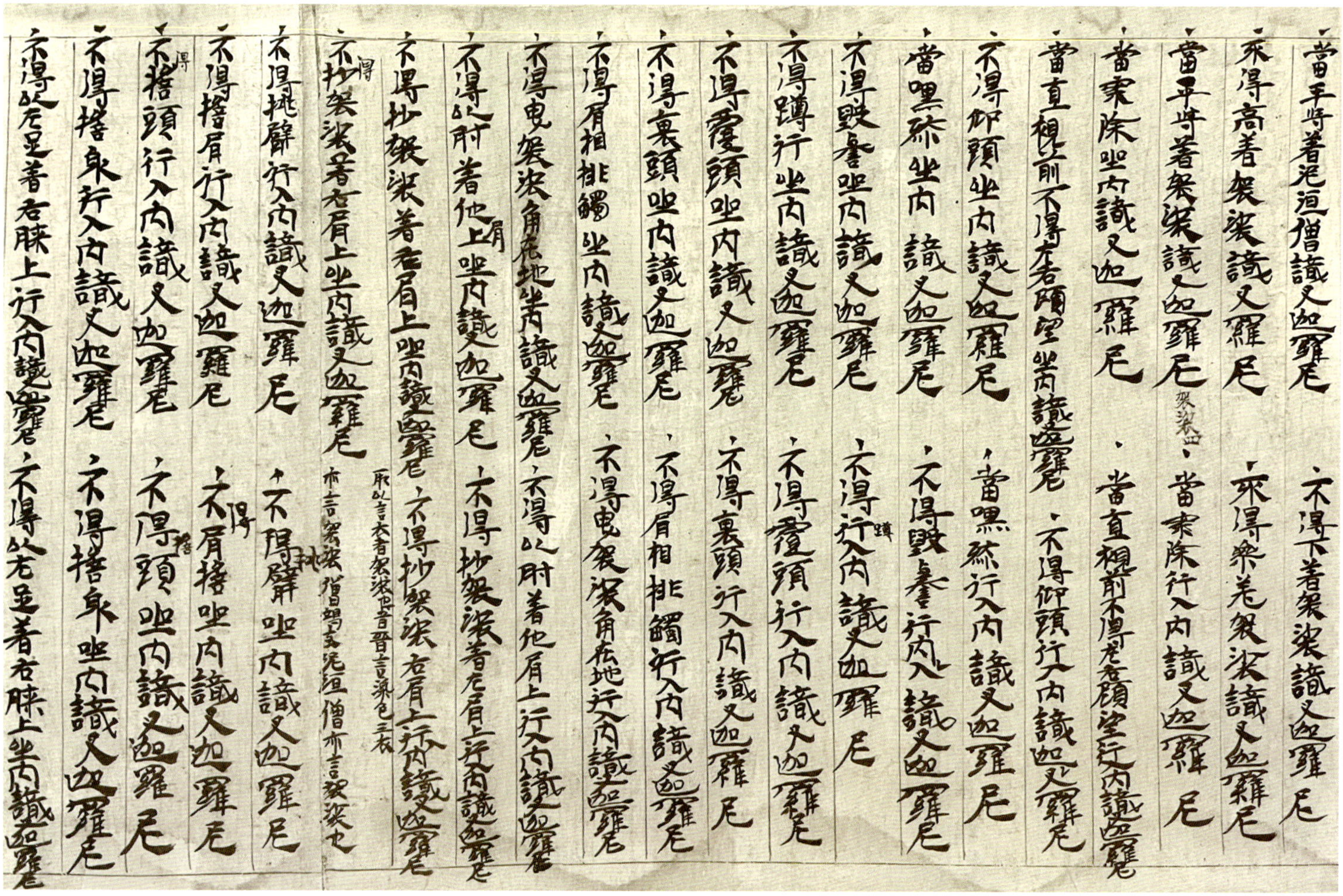

图 6-8 S. 00797 正面《十诵律第四诵卷七》背面《十诵比丘戒本》附《受戒文》《戒三诵者》局部一，东晋，406 年，卷轴装，24.6 厘米 × 692.6 厘米，纸二十二张，首残尾断，英国国家图书馆

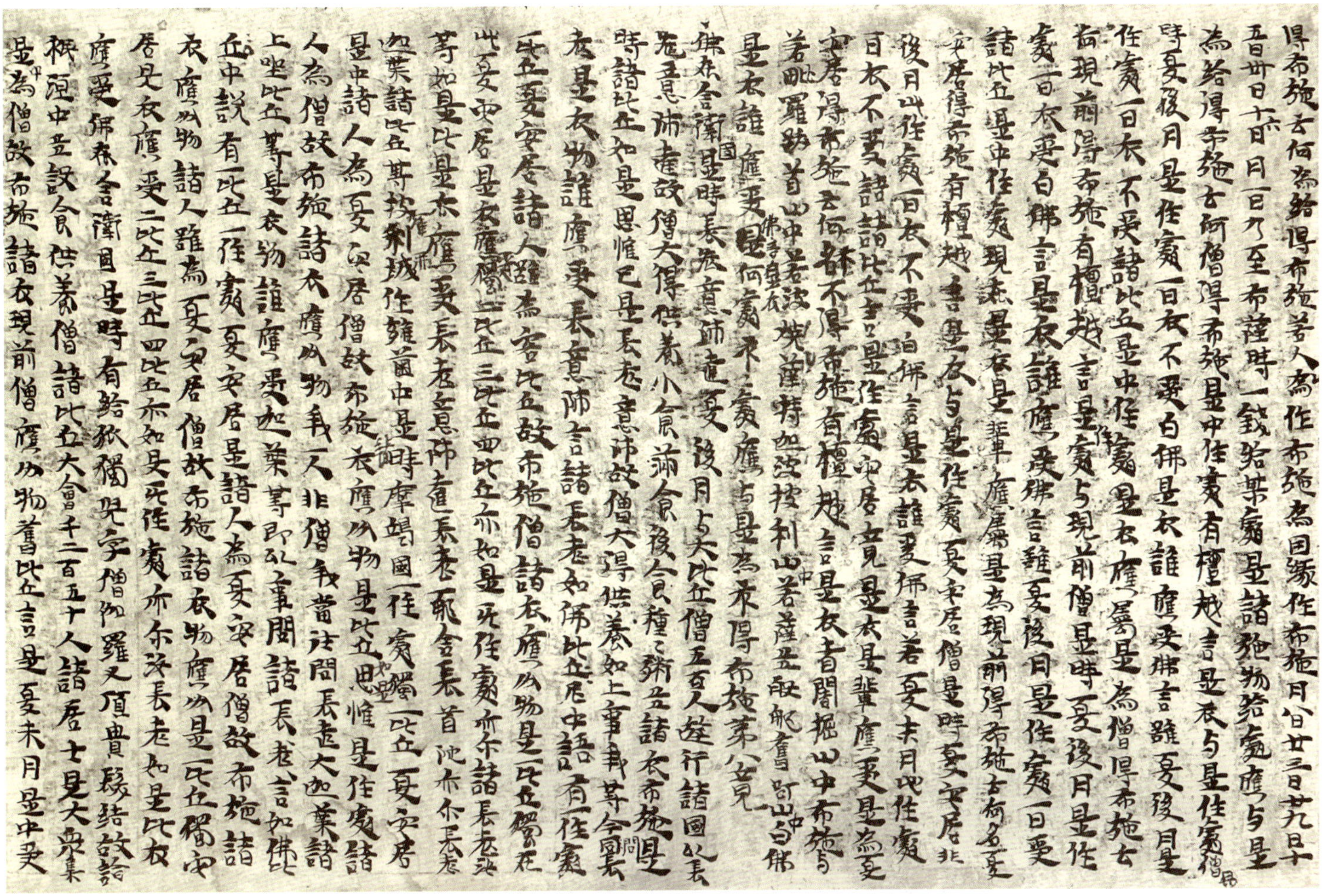

图 6–9　S. 00797 正面《十诵律第四诵卷七》背面《十诵比丘戒本》附《受戒文》《戒三诵者》局部二，东晋，406 年，卷轴装，24.6 厘米 × 692.6 厘米，纸二十二张，首残尾断，英国国家图书馆

再看特征明显的一种北凉体书写（图 6–10、6–11），横画先顿笔按下再向右行，有翻仰之势，然后上出锋，两头重；“佛”佛、“僧”僧、“何”何等字的竖写作翻撇；撇画斜而直，颇显尖利之态。时有连带笔意，但书写速度不显快，反而有绵延之意。该卷背面长段题记也是用该体所写，越写至后部越有潦草仓促之感。在题记中，书写者还怀有歉意称自己“手拙”，让见者“莫笑其字”，表现出对书写工拙的重视。此北凉体与十六国北凉一位名为安弘嵩的比丘所写风格类似。

2. 安弘嵩写经

安弘嵩抄经当属写经中“北凉体”的代表之作，极为珍罕，现存作品一为故宫博物院藏《大智度论五五卷廿八品》，一为英国国家图书馆藏 S. 02942《大智度论五九卷卅六品》。两件虽无明确纪年，但根据隶意尚浓的字体特征，判断应为五世纪初北凉写本。

《大智度论》是阐释佛典《大品般若经》的论书部分，古印度龙树著，后秦鸠摩罗什汉译，共一百卷。故宫博物院藏《大智度论五五卷廿八品》（图 6–12、6–13）抄写其第五十五卷第廿八品，纸本，纵 25.1 厘米，横 342.5 厘米，卷首已残，尾有题记，“法师慧融经比丘安弘嵩写”。字体古朴而笔势峭拔，行书笔意较浓重，字形方扁，翻挑分明，横画伸展而两头上翘，竖笔短促，撇捺分张却结字平稳，短撇直而长撇翻挑。通卷墨色浓郁，提按顿挫，轻重徐急，款款而来，面对相对刻板的北凉体，书手书写状态谨慎之中也有轻松，稳而不失趣味，兼具风格和情调，这源于对书写的熟练把握，可见安弘嵩写技的高超。敦煌出土另一卷《大智度论五九卷卅六品》（图 6–14、6–15），亦题“法师帛慧融经比丘安弘嵩写”，笔迹与此卷相同，题记多一姓氏“帛”字，实为同一人所书无疑。佛教僧人冠“帛”姓是依据佛教“从师命氏”的理念和“佛陀”的中原译音。[①] 佛教文献“僧传”中，“帛”姓僧人主要收录在早期汉文僧传中，从时代上看，出现在 219—435 年，以后就不见冠“帛”姓的僧人了。[②] 故知 S. 02942 号写卷书写时间应不晚于北魏统一十六国时。通卷笔画稍显肥滞，墨色淡，轻快感次之。

3. P. 4505《十诵比丘戒本》与 BD03375《十诵比丘戒本》

与 S. 00797 同一题材的英国国家图书馆藏 P. 4505《十诵比丘戒本》（图 6–16）是一件珍贵的绢写本，墨色浓重，字迹清晰，题记中虽无明确纪年，从北凉体的

① 霍旭初：《古代佛僧“帛”姓考辨》，《西域研究》2013 年第 3 期，第 65—73 页。
② 霍旭初：《古代佛僧“帛”姓考辨》，《西域研究》2013 年第 3 期，第 65—73 页。

字体特征来看，约为五世纪初，尾有题记：“沙门弘文手书诵读，愿一切比丘奉行、速成无上道果。”与 S. 00797 号字体对比来看，两件时间大致相同。楷隶写本，章法紧密，字迹工整，书写严谨，北凉体特征，通篇字势统一向右下方倾斜。

中国国家图书馆藏 BD03375《十诵律卷二三》（图 6–17）与 P. 4505 同一字体，应为一人所写。该卷纸本，卷轴装，长 513.5 厘米，宽 24.6 厘米，纸数十三张，共 425 行，每行 27 字。首尾均残，卷面略折，第四纸上残缺一块。有乌丝栏，部分为折叠栏。与《大正藏》本比较，文字有较大不同。

4. S. 00737《大般涅槃经》（北本）卷二九

英国国家图书馆藏 S. 00737《大般涅槃经》（北本）卷二九（图 6–18、6–19），纸本，无明确纪年，应为 5 世纪北凉写本，多古字。卷轴装，长 368.6 厘米，宽 28 厘米，纸数八张，共 205 行，每行 18—19 字。首残尾全，卷面有油污和等距离水渍。第六纸有污渍，似血痕，下边略有残破。有燕尾，有原轴，两端涂黑漆，有乌丝栏。与《大正藏》本对照，分卷不同。

此卷同是北凉体特征的楷隶写本。笔法熟练，笔力爽劲，撇画翻转自如，笔画之间衔接行笔气息连贯，略有行书意味。结体端方，造型稳重，颇有铭石北凉体肃穆端严之气势。尾有题记：“比丘法威所供养经，二校已。”“比丘法威所供养经”与正文书写有所不同，笔画纤细，更多装饰意味。

5. S. 00116《大般涅槃经》（北本）卷二三

英国国家图书馆藏 S. 00116《大般涅槃经》（北本）卷二三，纸本，为 5 世纪北凉写本。卷轴装，长 740.2 厘米，宽 28 厘米，纸数十五张，共 410 行，每行 19 字。首残尾全，卷首残缺，右上残缺一大块。前半卷上边及卷面有等距水渍，下边有等距离残缺。有乌丝栏。每段首有黑笔点标。

此卷为楷隶写本，北凉体特征，起笔尖锋入纸，收笔也多露锋，笔力劲健爽快。横画多见两头翘起，如“萨”薩、“可”可、“一”一，撇画多有弧度，如“尔”尒、“若”若、“大”大，捺画重按微有出锋，如“人”人、“近”近、“异”異。通篇强调笔触的轻灵与气息的连贯，时带有行书笔意。卷前段与后段书写稍有差别。前段（图 6–20）个性更强，锋颖尖锐，笔势陡峭，体势错落，笔画粗细轻重对比明显。后段（图 6–21）较工整规矩，收敛锋芒，飞张之势变得平稳。尾有题记：“比丘德念写供养之。”

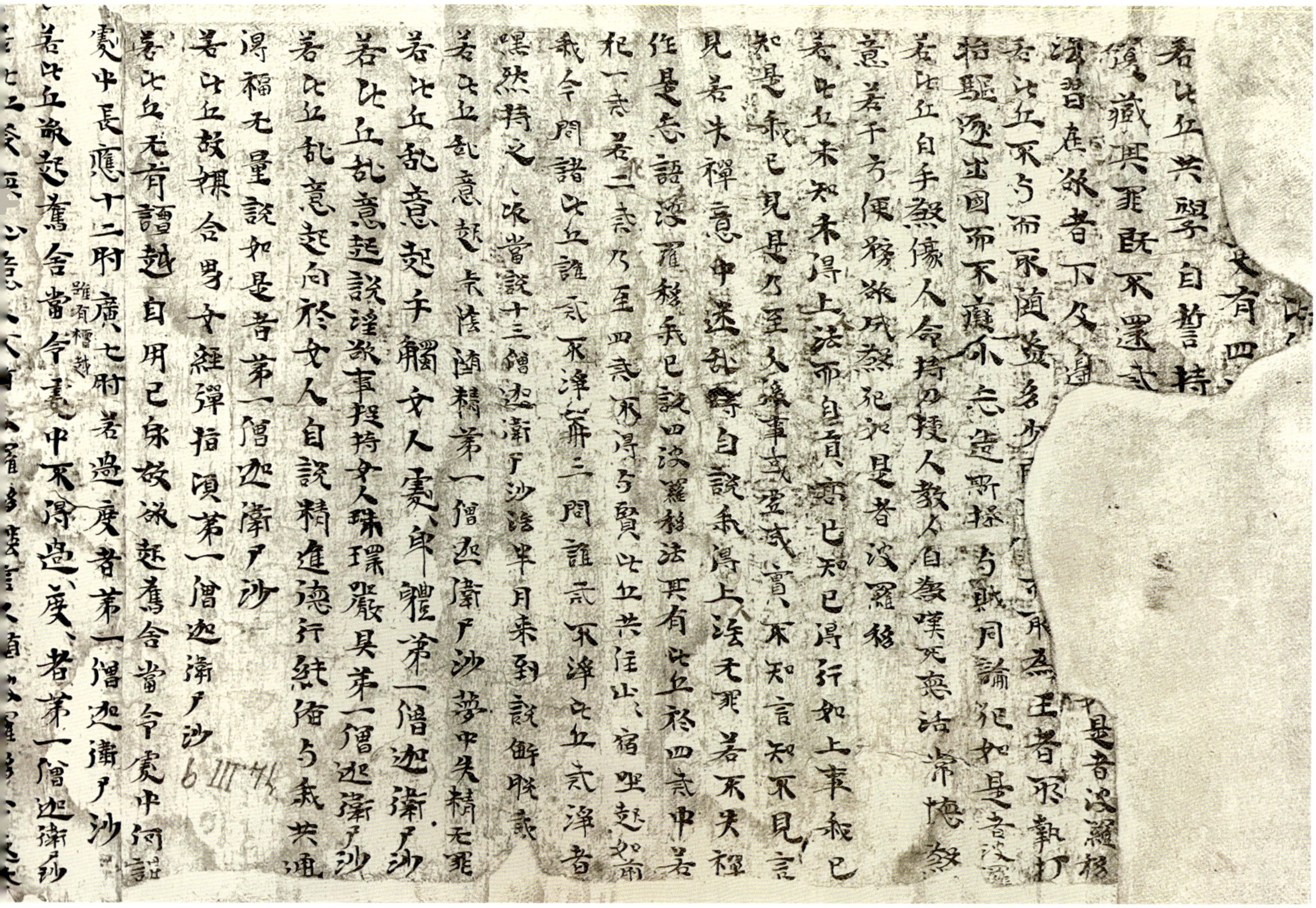

图 6–10　S. 00797 正面《十诵律第四诵卷七》背面《十诵比丘戒本》附《受戒文》《戒三诵者》局部三，东晋，406 年，卷轴装，24.6 厘米 × 692.6 厘米，纸二十二张，首残尾断，英国国家图书馆

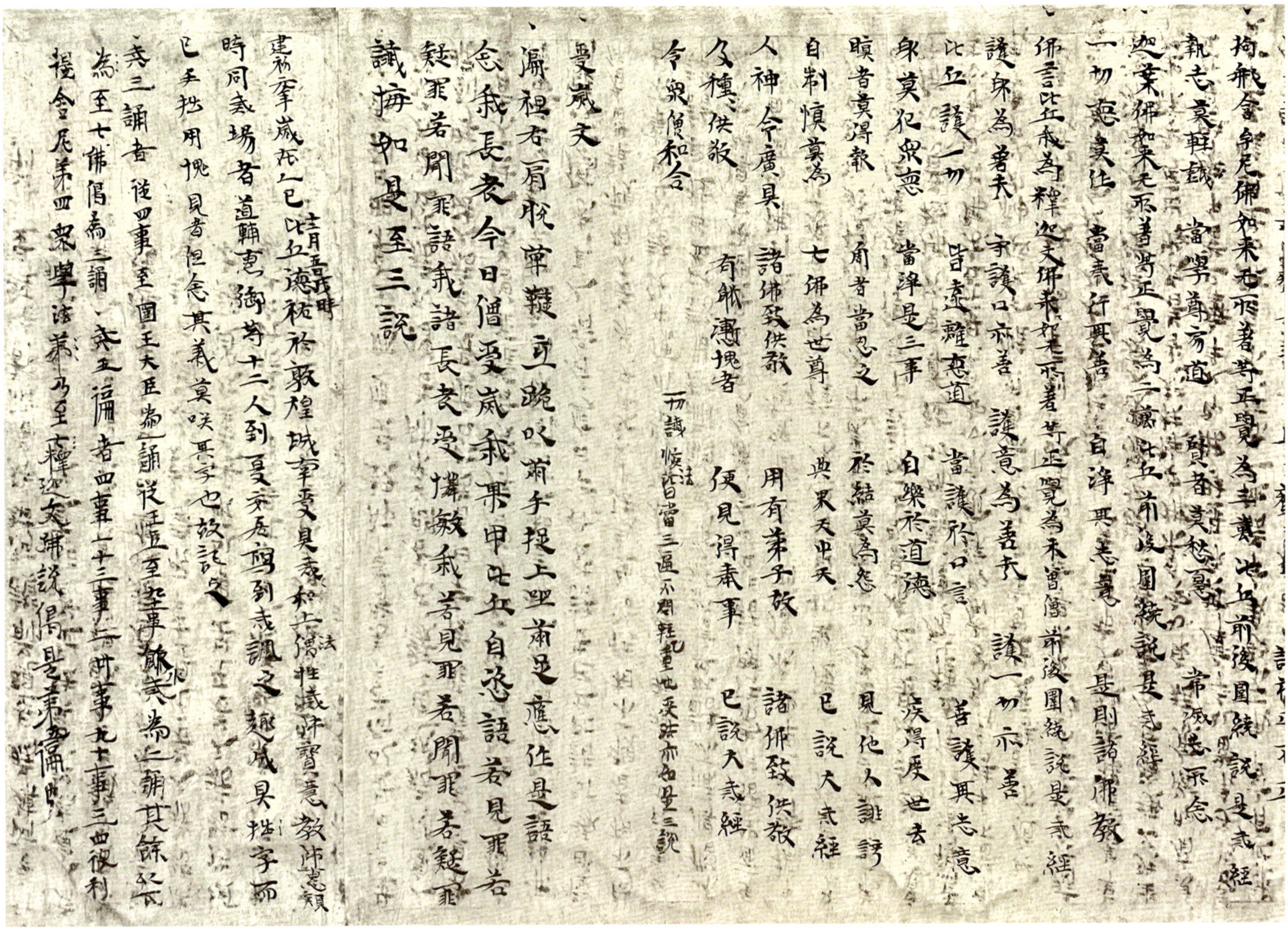

图 6-11　S. 00797 正面《十诵律第四诵卷七》背面《十诵比丘戒本》附《受戒文》《戒三诵者》局部四，东晋，406 年，卷轴装，24.6 厘米 × 692.6 厘米，纸二十二张，首残尾断，英国国家图书馆

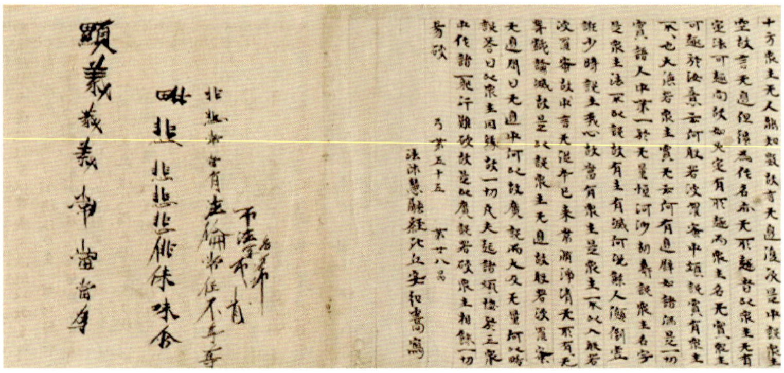

图 6-12　安弘嵩写《大智度论五五卷廿八品》局部一，北凉，约 5 世纪，纸本，25.1 厘米 × 342.5 厘米，首残尾全，故宫博物院

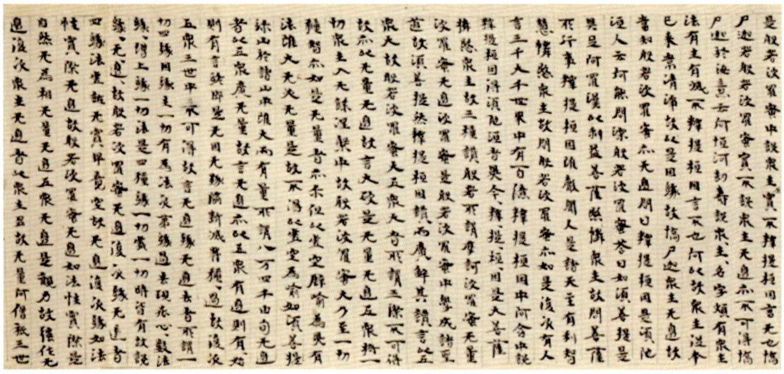

图 6-13　安弘嵩写《大智度论五五卷廿八品》局部二，北凉，约 5 世纪，纸本，25.1 厘米 × 342.5 厘米，首残尾全，故宫博物院

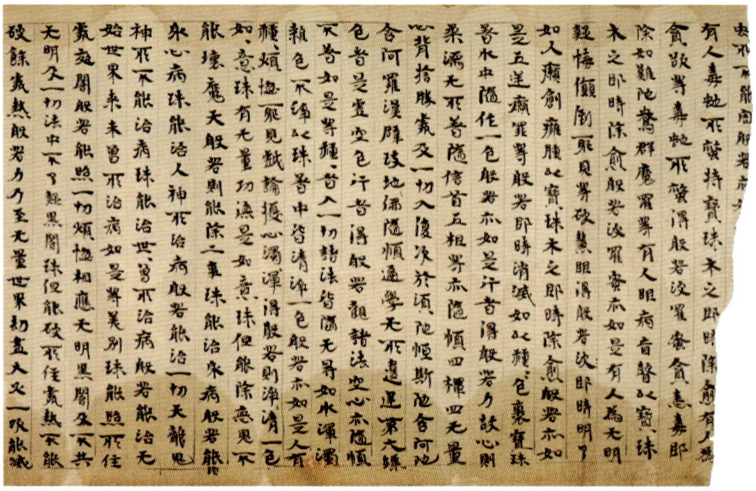

图 6-14　S. 02942 安弘嵩写《大智度论五九卷卅六品》局部一，北凉，约 5 世纪，英国国家图书馆

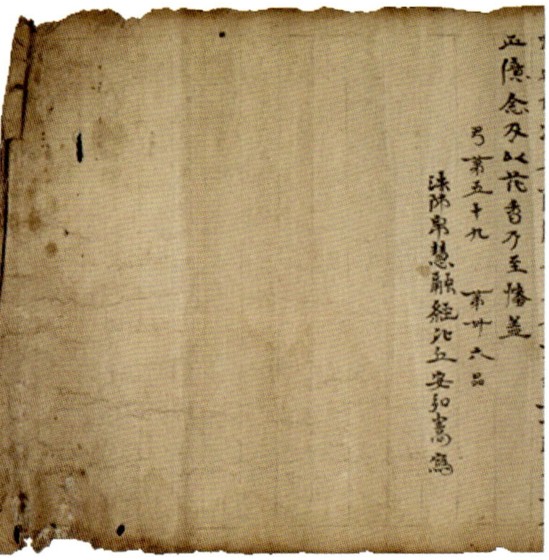

图 6-15　S. 02942 安弘嵩写《大智度论五九卷卅六品》局部二，北凉，约 5 世纪，英国国家图书馆

有罪故當作是限我今問諸比丘誰戒不淨耶三問誰戒不淨比丘戒淨
然持之 汝當說二阿尼鵙法半月來到說解脫戒 若比丘獨共女人屏
處人見之疑隨犯三部事中何謂三部事四波羅夷僧迦衛尸沙尼薩祇
提處來舉事者當隨其所言如此法阿尼鵙 若比丘於道中住見女
說婬欲惡法處人見之疑斷犯前部事僧迦衛尸沙尼薩祇波溢提處
舉事者當隨其所言如此法阿尼鵙 我已說二阿尼鵙法我今問諸
誰戒不淨耶三問誰戒不淨比丘戒淨者嘿然持之 汝當說卅尼薩
溢提法半月來到說解脫戒 若比丘所受僧迦利日月滿已成是便
所成竟長衣得畜經日十過十日者尼薩祇波溢提 若比丘所受僧
利日月滿已成是便放捨三衣不具經一宿者尼薩祇波溢提 若比
受僧迦利日月滿已成是便放捨若得不時衣應疾受之當用補成
為快若不足作衣者應畜經一月設有希意更望餘人邊當復得之
用作衣者尼薩祇波溢提 若比丘從非親理比丘尼受衣若貿衣尼薩祇
溢提 若比丘令非親理比丘尼浣故衣染衣毆衣尼薩祇波溢提 若比丘

摩耨臭以自扶濟若不能七人乃至次者作摩耨臭不為自扶濟二[illegible]
有罪歧當作是限我今問諸比丘誰戒不淨屏三問誰戒不淨比丘戒淨者嘿
然持之　次當說二阿尼唱法半月來到說解脫戒　若比丘獨共女人屏處坐
兆人見之疑隨犯三部事中何謂三部事四波羅移僧迦衛尸沙尼薩祈波溢
提兆來舉事者當隨其所言如此法阿尼唱　若比丘於道中住見女人不
說婬欲惡法兆人見之疑斷犯兩部事僧迦衛尸沙尼薩祈波溢提兆來
舉事者當隨其所言如此法阿尼唱　我已說二阿尼唱法我今問諸比丘
誰戒不淨屏三問誰戒不淨比丘戒淨者嘿然持之　次當說卅尼薩祈波
溢提法半月來到說解脫戒　若比丘所受僧迦利日月蒲已氏足便放捨
所氏貪長衣得畜經日十過十日者尼薩祈波溢提　若比丘所受僧迦
利日月蒲已氏足便放捨三衣不具經一宿者尼薩祈波溢提　若比丘所
受僧迦利日月蒲已氏足便放捨若得不時衣應疾受之當用補易衣
為快若不足作衣者應畜經一月設有希意更望餘人邊當復得之足
用作衣者尼薩祈波溢提　若比丘從非親理比丘尼受衣若貿衣尼薩祈波
溢提　若比丘令非親理比丘尼浣故衣染衣殿衣尼薩祈波溢提　若比丘從
非親理長者夫婦乞衣无因緣者尼薩祈波溢提有因緣者應往乞衣何謂
因緣若為賊所劫或亡失衣火燒衣衣壞盡　若比丘為賊所劫或亡失衣火

图 6-16　P. 4505《十诵比丘戒本》，约 5 世纪初，绢本，法国国家图书馆

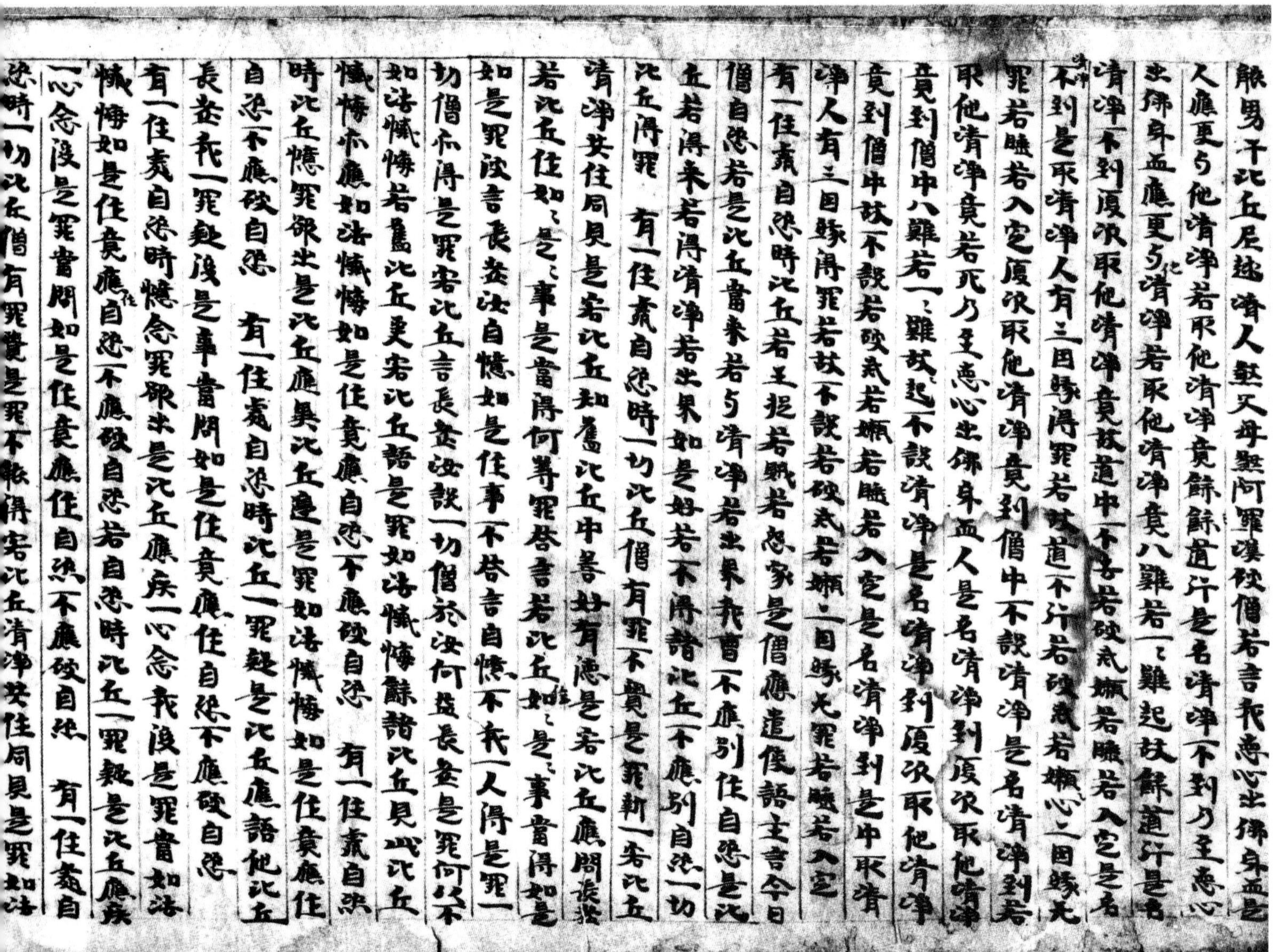
能男子比丘尼越濟人殺父母殺阿羅漢破僧若言我惡心出佛身血是
人應更与他清淨若取他清淨竟餘餘道行是名清淨不到乃至惡心
出佛身血應更与清淨若取他清淨竟八難若一一難起故餘道行是名
清淨不到復次取他清淨竟故道中不去若破戒嫉若睡若入定是名
不到是取清淨人有三因緣得罪若故道不行若破戒若嫉心三因緣无
罪若睡若入定復次取他清淨竟到僧中不說清淨是名清淨到若
取他清淨竟若死乃至惡心出佛身血人是名清淨到復次取他清淨
竟到僧中八難若一一難故起不說清淨是名清淨到復次取他清淨
竟到僧中故不說若破戒若嫉若睡若入定是名清淨到是中取清
淨人有三因緣得罪若故不說若破戒若嫉三因緣无罪若睡若入定
有一作罪自恣時比丘若王捉若賊若怨家是僧應遣使語主言今日
僧自恣若是比丘當來若与清淨若出界我曹不應別作自恣是比
丘若得來若得清淨若出界如是好若不得諸比丘不應別自恣一切
比丘得罪　有一作罪自恣時一切比丘僧有罪不覺是罪新一客比丘
清淨共住同見是客比丘知舊比丘中善好有德是客比丘應問[illegible]
若比丘作如是如是事是當得何等罪答言若比丘作如是如是事當得如是
如是罪彼言長老汝自憶如是作事不答言自憶不我一人得是罪一
切僧亦得是罪客比丘言長老汝說一切僧於汝何豫長老是罪何以不
如法懺悔若舊比丘受客比丘語是罪如法懺悔餘諸比丘見此比丘
懺悔亦應如法懺悔如是作竟應自恣不應破自恣　有一作罪自恣
時比丘憶罪卻出是比丘應與比丘邊是罪如法懺悔如是作竟應作
自恣不應破自恣　有一作罪自恣時比丘一罪疑是比丘應語他比丘
長老我一罪疑後是事當問如是作竟應作自恣不應破自恣
有一作罪自恣時憶念罪卻出是比丘應疾一心念我後是罪當如法
懺悔如是作竟應作自恣不應破自恣若自恣時比丘一罪疑是比丘應疾
一心念後是罪當問如是作竟應作自恣不應破自恣　有一作罪自
恣時一切比丘僧有罪覺是罪不能得客比丘清淨共住同見是罪如法

图 6-17　BD03375《十诵律卷二三》，东晋，4—5 世纪，纸本，卷轴装，24.6 厘米 × 513.5 厘米，纸十三张，首尾均残，中国国家图书馆

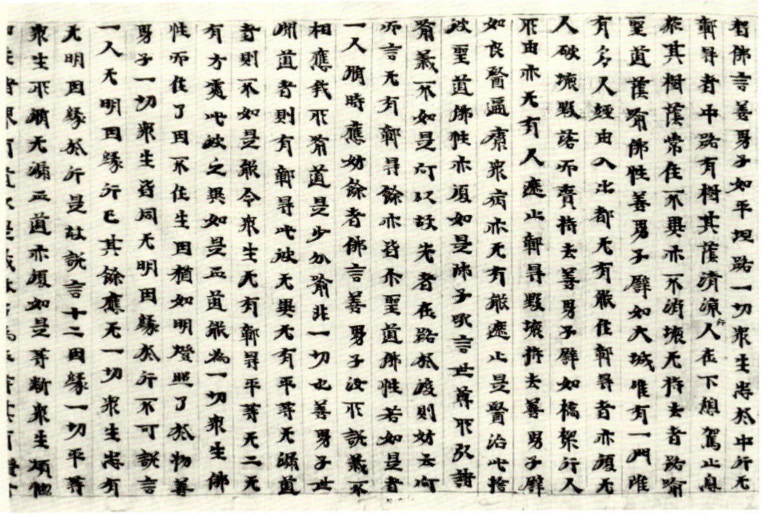

图 6-18 S. 00737《大般涅槃经》（北本）卷二九局部一，北凉，纸本，卷轴装，28 厘米 × 368.6 厘米，纸八张，首残尾全，英国国家图书馆

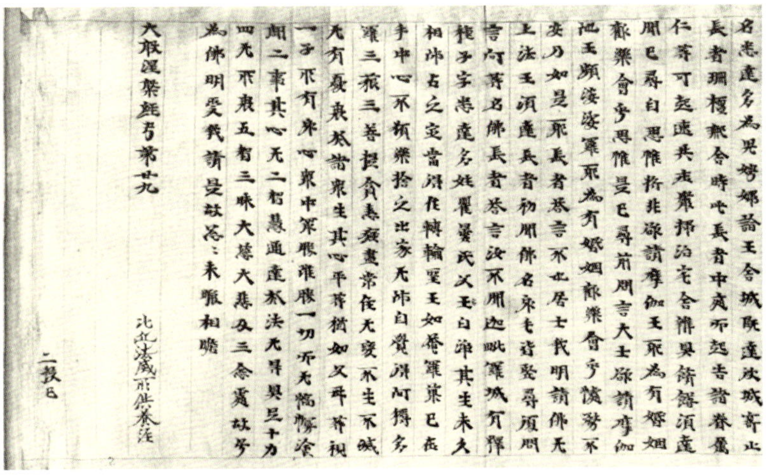

图 6-19 S. 00737《大般涅槃经》（北本）卷二九局部二，北凉，纸本，卷轴装，28 厘米 × 368.6 厘米，纸八张，首残尾全，英国国家图书馆

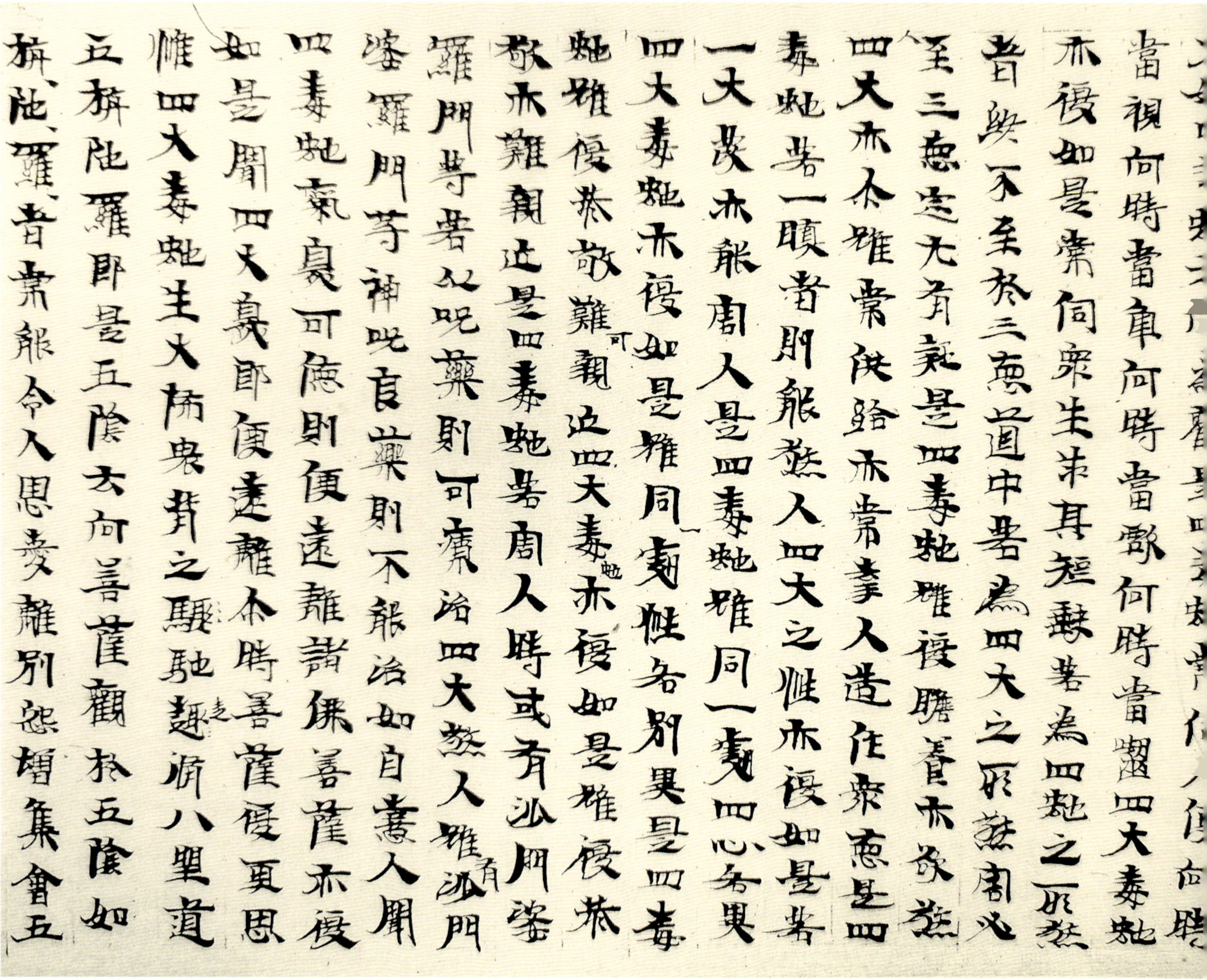

图 6-20　S. 00116《大般涅槃经》（北本）卷二三前段，北凉，约 5 世纪，纸本，卷轴装，28 厘米 × 740.2 厘米，首残尾全，英国国家图书馆

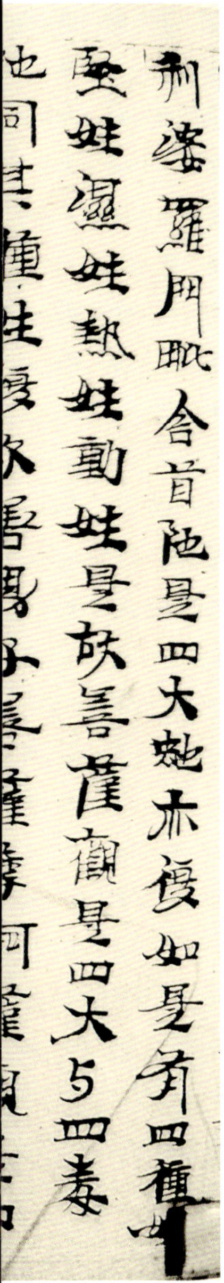

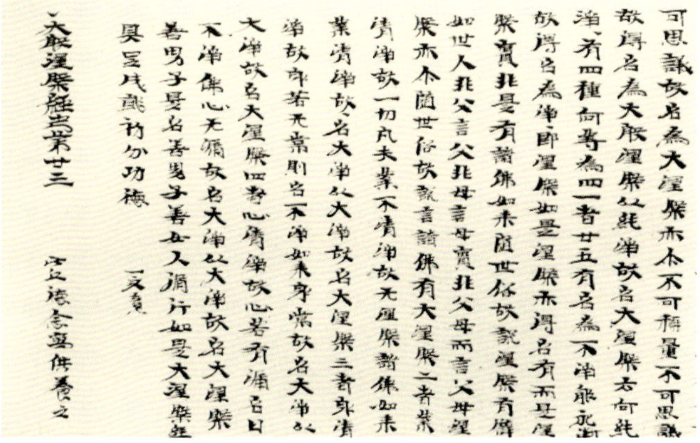

图 6-21 S. 00116《大般涅槃经》（北本）卷二三后段，北凉，约 5 世纪，纸本，卷轴装，28 厘米×740.2 厘米，首残尾全，英国国家图书馆

6. S. 02201《优婆塞戒经》卷三

英国国家图书馆藏 S. 02201《优婆塞戒经》卷三（图 6-22），纸本，当为 5 世纪写本，尚有隶书遗意。卷轴装，长 529.3 厘米，宽 28 厘米，纸数十三张，共 309 行，每行 18 字。首残尾残，卷首残破，卷面有水渍，有乌丝栏。品题、段落上有黑笔标注。本卷属于偏清秀、安静的北凉体，字距拉开，章法舒朗。横画收笔上扬，有意保留隶书波磔，字存古意，但已经抵挡不住楷书演进的步伐，从诸多笔画写法和字形特点来看，楷书特征已经相对成熟。

类似的还有英国国家图书馆藏 P. 2078《佛说观佛三昧海经卷四》（图 6-23），尾有题记为："信士张双周为命过妻令狐胤姬写供养。二校竟。"可知是男子张双周为亡妻所写，年次未详，大约在五世纪的北朝。张双周乃敦煌大族张氏所出，张氏世代为宦，佛教是其宗教信仰的重要部分，北朝时期张氏信众普遍抄写供养佛经，还从事经生职业，是北魏敦煌官方写经事业的主力军之一。[①] 从书法来看，张双周的书写也很好地反映张氏家族普遍的抄经水平。此卷风格别具一格，横画起笔重按斜切，收笔刻意上挑出锋，有北凉体的隶意余韵；而从转折来看，又是魏碑的重按方折，很多撇画、点画、捺画及字形已经是很成熟的楷书笔法结体了。用笔扎实，结体轻微欹侧，整体面貌古拙奇肆而不失大气端严。

---

① 孔令梅：《汉晋北朝时期敦煌张氏与佛教关系探析》，《社会科学家》2011 年第 2 期，第 147—150 页。

心生歡喜三者善心相續間无斷絕復有三
一者見他少善心初不忘二者豪末之慧輒
与報三者於无量世受无量苦其心堅固无
轉想復有三法一者深知生死与諸過猶
不惜一切作業二者見諸衆生无歸依者作
歸依三者見惡衆生心生憐愍不責其過復
三法一者親近善友二者聞法无厭三者至
誠受善知識教復有九法遠離三法三時不
平等慧施三種衆生復有四法所謂慈悲喜
善男子菩薩若以上法淨心要在二時一者
出時二者緣覺出時善男子衆生善法有三

心衆不悔復有三法一者未除疑心能捨忍
恆与他人二者未除瞋恚有惡來加[illegible]能忍
三者未除癡心而能分別善法惡之法復有
法一者善知方便能衆[乙]教生遠離[惡]法二者善
方便能教衆生令循善法三者化衆生時心
疲悔復有三法一者為令衆生離身苦時自
身命心不悋惜二者為命衆生離心苦時自
身命心不悋惜三者教化衆生循善法時自
身命心不悋惜復有三法一者自捨已事先
他事二者營他[事]時不擇時節三者終不願惠
苦憂怨喜有[三]法一者心无妬嫉二者見他受

图 6–22　S. 02201《优婆塞戒经》卷三，约 5 世纪，纸本，卷轴装，28 厘米 × 529.3 厘米，纸十三张，首尾均残，英国国家图书馆

頂入爾時如来入佛頂相三昧令父王見如瑠
璃窟咸真金像真金像内於佛心中如瑠璃
筒從佛咽喉下見如来心如紅蓮花金花映餝
紅花金光不開不合團圓如心八万四千脈一
〻脈如天畫師所畫之脈一〻畫中八方四千
光明一〻光明八万四千種色一〻色中无
量微塵數化佛一〻化佛坐金剛臺放金光
明其光无數不可具說一〻光中尔有化佛
數如上說是諸化佛皆出廣長舌相上至髮
際一〻佛舌有一億光其光合聚為十千毀一
〻光上有百億化佛結跏趺坐入普現身三昧
十方諸佛微妙色身入此三昧海中當佛入此

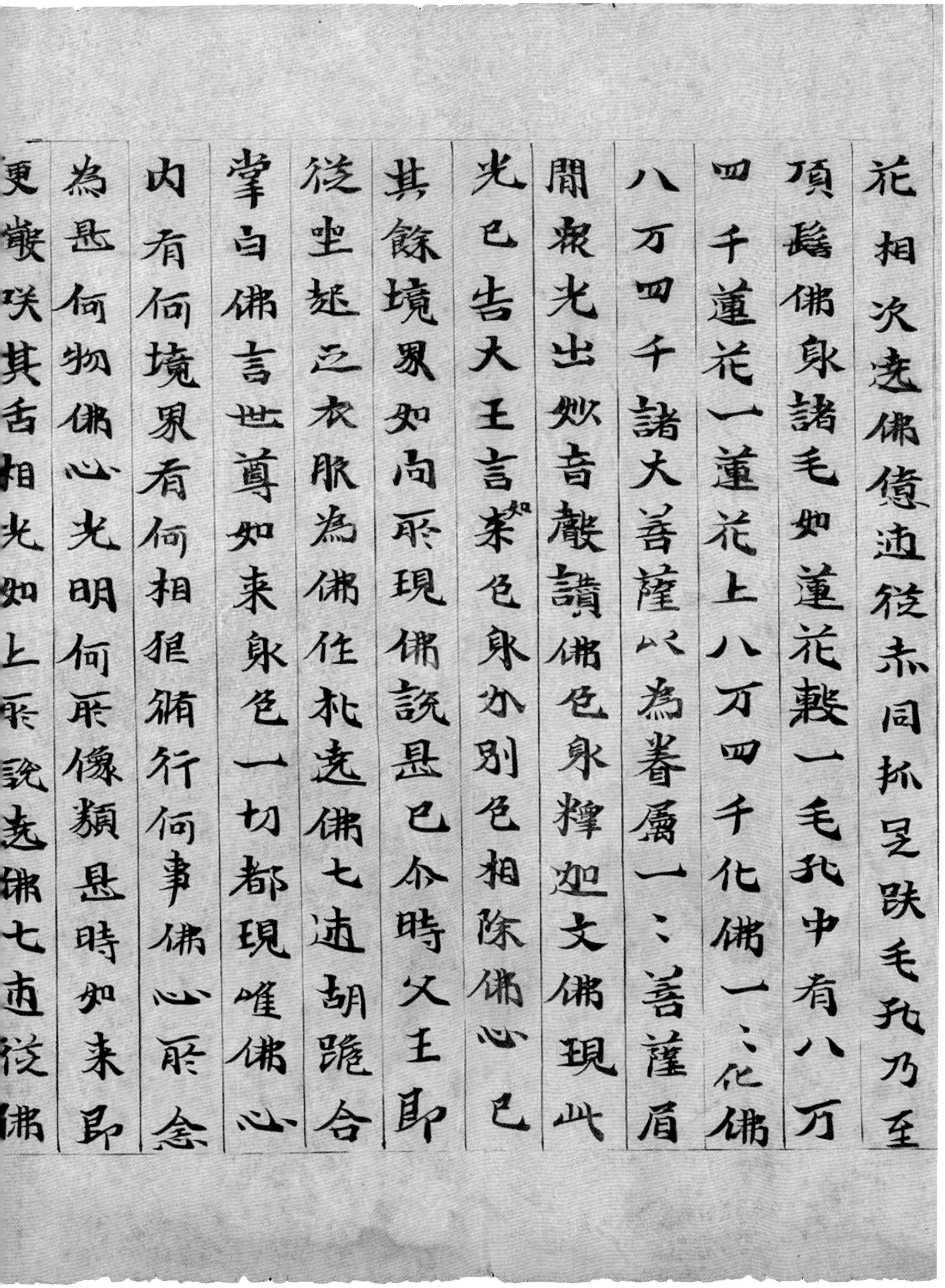

花相次遶佛億匝從亦同抓足趺毛孔乃至
頂髮佛身諸毛如蓮花鬘一毛孔中有八万
四千蓮花一蓮花上八万四千化佛一一化佛
八万四千諸大菩薩以為眷屬一一菩薩眉
間衆光出妙音歎讃佛色身釋迦文佛現此
光已告大王言如来色身分別色相除佛心已
其餘境界如向所現佛說是已尒時父王即
從坐起正衣服為佛作禮遶佛七匝胡跪合
掌白佛言世尊如来身色一切都現唯佛心
内有何境界有何相貌循行何事佛心所念
為是何物佛心光明何所像類是時如来即
便微笑其舌相光如上所說遶佛七匝從佛

图 6–23　P. 2078《佛说观佛三昧海经卷四》，北魏，英国国家图书馆

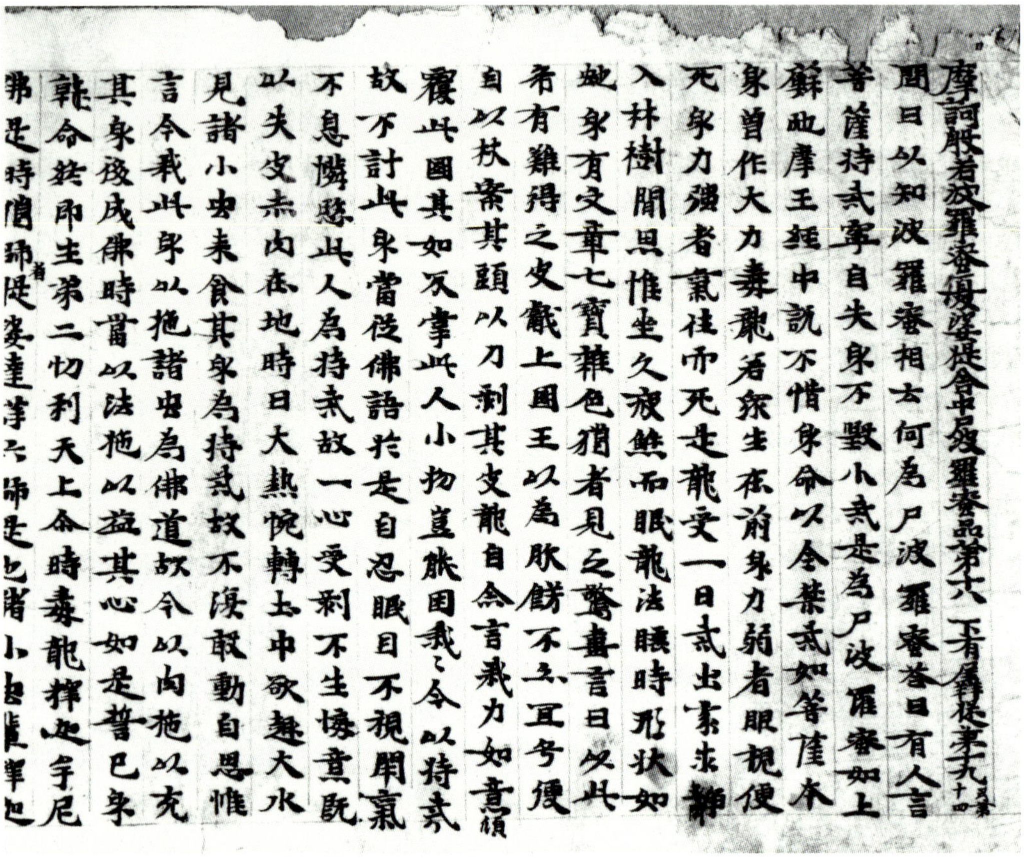

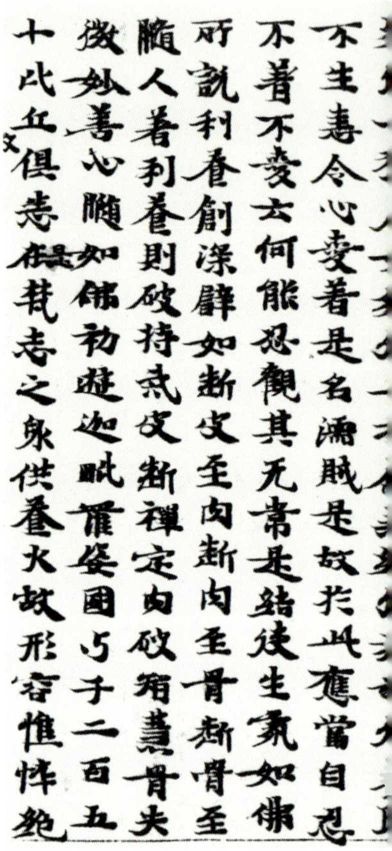

7. BD03741《大智度论卷一四》

中国国家图书馆藏 BD03741 号《大智度论卷一四》（图 6–24、6–25），纸本，卷轴装，长 463 厘米，宽 27.6 厘米，纸数十二张，共 279 行，每行 19 字。首全尾残，首纸上方残破，有乌丝栏。本卷字体较为成熟，结构较为方正规整，为隶楷写本。多数横画起笔完全是楷书写法，收笔重按为主，隶书波挑已不明显，捺画已无雁尾，成熟捺脚形成，钩画处于隶书平钩向楷书过渡的形态，如“为”、“而”。只有部分转折、横画收笔、撇画弧度保留北凉体的隶书笔法，部分字形强化横向笔画，呈现隶书结构的遗存，因此归入隶楷写本，但更像北凉体向成熟楷书过渡的一种状态，应为五世纪中后期作品。首题“婆诃般若波罗蜜优婆提舍中尸波罗蜜品第十八……”字距紧密，书写较正文更正式，北凉体特征相对更加显著一点。通篇墨色浓重，下笔厚实有力，笔画硬朗，表现出庄重威严的审美风格。

左：图 6–24　BD03741《大智度论卷一四》局部一，约 5 世纪中后期，纸本，卷轴装，27.6 厘米 × 463 厘米，纸十二张，首全尾残，中国国家图书馆

中：图 6–25　BD03741《大智度论卷一四》局部二，约 5 世纪中后期，纸本，卷轴装，27.6 厘米 × 463 厘米，纸十二张，首全尾残，中国国家图书馆

右：图 6–26　BD06324《小品般若波罗蜜经卷五》，北凉，纸本，卷轴装，27.9 厘米 × 775.4 厘米，纸十八张，首残尾全，中国国家图书馆

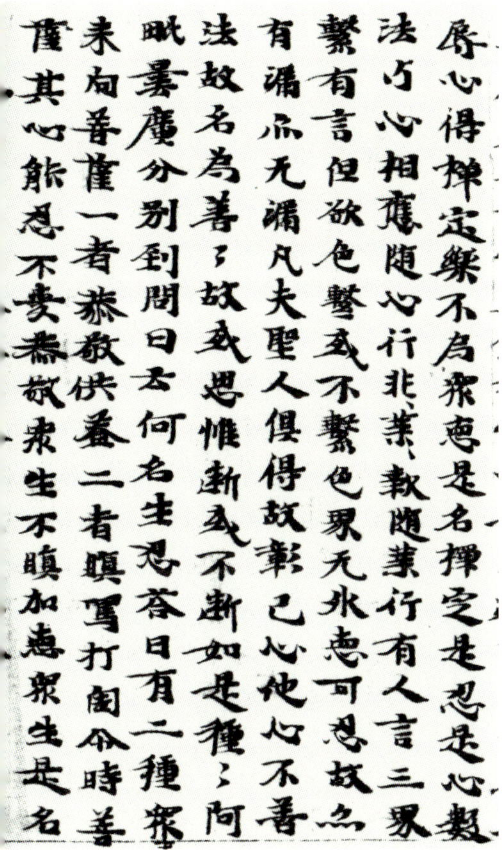 

8. BD06324《小品般若波罗蜜经卷五》

中国国家图书馆藏 BD06324 号《小品般若波罗蜜经卷五》（图 6–26），纸本，卷轴装，长 775.4 厘米，宽 27.9 厘米，纸数十八张，共 422 行，每行 16 字。首残尾全，尾有原轴，两端涂黑漆，轴头已断，有乌丝栏。为五世纪北凉写本。该卷字距行距疏远，有些字形瘦长，似有意拉伸，显得比较挺拔，属于结体长方的北凉体。书写显得谨慎而克制，尤其是捺画收束较紧。一些有弧度的笔画打破沉闷，像个别捺画的波挑很俏皮，如"提"提、"之"之；横画收笔偶有波挑，体现出一定的隶书遗意；撇画少有常见北凉体书写的弧度，多直撇，与后世楷书撇画无异。点与点之间的书写注重节奏的连贯，表现出书写自然的行书意识。

9. S. 04010《增一阿含经第七》

英国国家图书馆藏 S. 04010《增一阿含经第七》，大约写于 5 世纪，尾有题记"沙门释惠朗经供养"（图 6–27）。东晋时，道安法师提倡僧众统一姓"释"，后《增一阿含经》被译，卷廿一中规定出家弟子称“释”姓：“刹利、婆罗门、长者、居士种，于如来所剃除须发，着三法衣，出家学道，无复本姓，但言沙门释迦子。所以然者，如来众者，其犹大海，四谛其如四大河，除去结使，入于无畏涅槃城。是故，诸比丘，诸有四姓，剃除须发，以信坚固，出家学道者，彼当灭本名字，自成释迦弟子。”[①]当时的沙门风潮，沙门师从不一，各成派别，不全是释迦牟尼的弟子，“沙门释”就是“沙门”种姓里的“释迦”亚种姓。道安法师的提倡切实发挥影响到了他到达长安的南北朝时期，中国僧人统一“释”姓，在法号前冠以“释”字，不再用俗姓或从师姓。《高僧传》卷五记载：“既至，住长安五重寺。僧众数千，大弘法化。初，魏晋沙门，依师为姓，故姓各不同。安以为大师之本，莫尊释迦，乃以释命氏。后获《增一阿含》，果称四河入海，无复河名，四姓为沙门，皆称释种。既悬与经符，遂为永式。”[②]吐鲁番出土470年《妙法莲华经卷第十》题记写有“释比丘德愿”，是现存敦煌吐鲁番文献中所能见到在僧名前冠以“释”字的较为早期的写本。[③]从这一点来看，该卷书写时间应不早于5世纪中叶。但从字体来看该卷年代可能更早（图6–28），与前述安弘嵩写经风格相似，是明显的北凉体风貌，楷隶字体，楷书形态很不成熟，隶书笔法与结体特征较多，书写熟练，笔法的便捷性强，肥笔较多。如横画的起笔轻松灵便，顺锋直入，行笔迅捷，往往前半段轻，后半段重；撇画通常比较短促，入笔重，中段突然变轻，尖锋收笔；点画连接书写较多，有行书笔意。

题记似与正文非一人书迹，供养人一般为出资写经或者受持诵读佛经者，不一定是书写者。“沙门释惠朗经供养”的书写较为杂乱紧促，水平与正文有差距，这种情况可能是抄经人写完后，释惠朗在供养佛经时加上了自己的名款。当然也不排除是抄经手写完之后的随意签名。

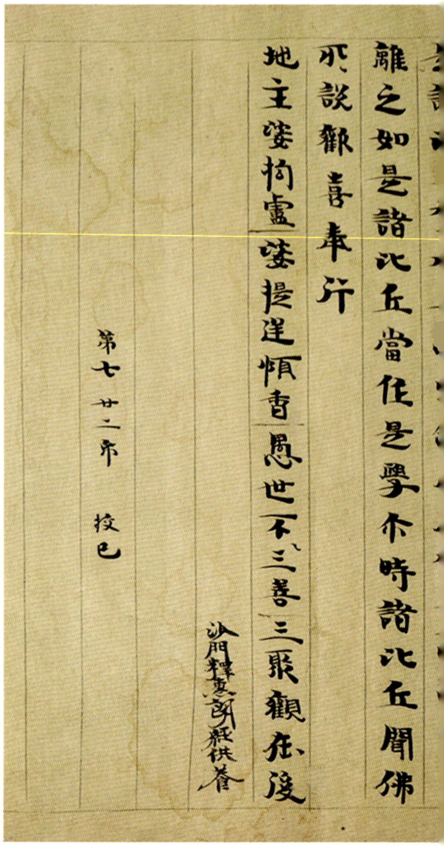

图6–27　S. 04010《增一阿含经第七》局部一，约5世纪，英国国家图书馆

① 《大正藏》第2册，台北新文丰出版公司，1983年，658页。
② 梁慧皎：《高僧传》卷第五，中华书局，1992年，第181页。
③ 毛秋瑾：《墨香佛音》，北京大学出版社，2014年，第130页。

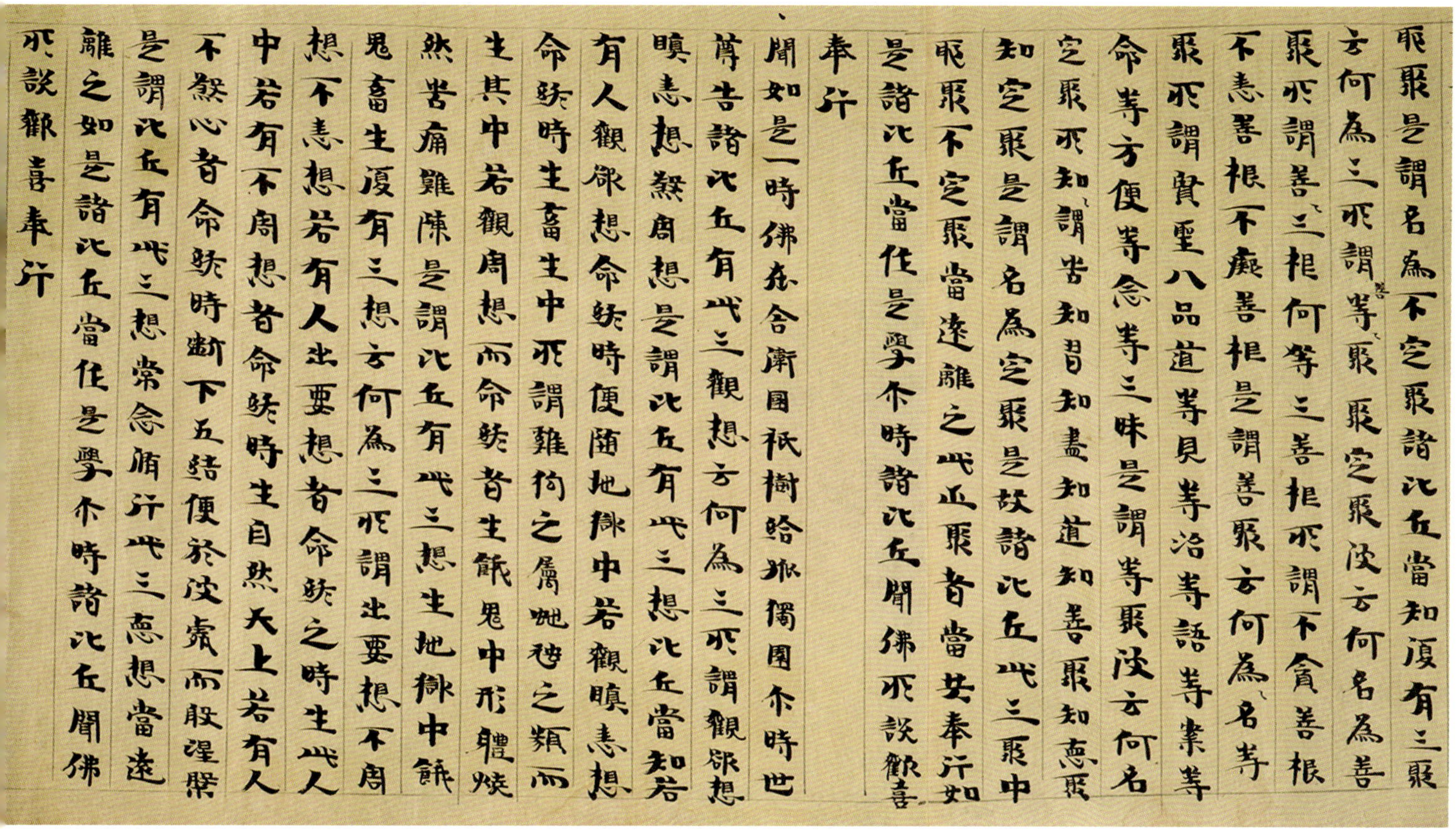

图 6-28　S. 04010《增一阿含经第七》局部二，约 5 世纪，英国国家图书馆

10. S. 02160《大智度论卷六七》

英国国家图书馆藏 S. 02160《大智度论卷六七》，纸本，卷轴装，长 792.7 厘米，宽 24.9 厘米，纸数二十一张，共 438 行，每行 17 字。首全尾全，有护首，有乌丝栏。本遗书原卷为 5 世纪写本，后因残缺，6 世纪上半叶曾经有人修补，现存前 11 纸即为修补本，故前后抄写人不同。尾有题记“比丘德朗经”。

本卷 11 纸后（图 6–29）为五世纪的北凉体，楷隶字体，横画收笔、竖画行笔、撇画弧度、捺画波挑等书写保留隶意明显。字形结构逐渐从隶书偏扁的特征向楷书方正的形态过渡，但单字结构尚未形成规整的楷书，很多左右结构构字部件大小错落，并不均衡对称。点画用笔粗细不一，对比明显，很多粗的肥笔并不利索，影响了此卷的书写水平。

讚嘆諸佛漸〻以敎聞辟支佛〻乘而得涅槃舍
利弗是波羅蜜是深般若波羅蜜從南方盡轉
到西方一飛无處是中比〻丘〻尼優婆塞優婆夷盡
書是深般若波羅蜜盡受持讀誦思惟說正憶
念脩行以是善根因緣故終不墮惡道中受天
上人中樂增益六波羅蜜供養恭敬尊重讚嘆
諸佛漸〻以敎聞辟支佛〻乘而得涅槃舍利弗
是般若波羅蜜從西方盡轉北方一飛〻无處是中
比〻丘〻尼優婆塞優婆夷盡書是深般若波羅蜜
盡受持讀誦思惟說正憶念脩行以是善根因
緣故終不墮惡道中受天上人中樂增益六波
羅蜜供養恭敬尊重讚嘆諸佛漸〻以敎聞辟支佛
〻乘而得涅槃舍利弗是深般若波羅蜜若波

者如須陀洹終不墮三惡道是菩薩一心信敬供養
般若波羅蜜亦如是念諸佛故常行念佛三昧故
終不離諸佛乃至到阿鞞跋致地教化衆生離諸佛无
若如小兒不離其母恐墮諸難故常深愛念善法
故乃至阿耨多羅三藐三菩提終不離六波羅蜜等
得如是等今世後世大果報舍利弗是深般若波羅
蜜佛般涅槃後當至南方國土是中比丘比丘尼優婆
塞優婆夷當書是般若波羅蜜當受持讀誦思
惟說正憶念脩行以是善根因緣故終不墮惡道
中受天上人中樂増益六波羅蜜供養供敬尊重

图 6–29　S. 02160《大智度论卷六七》，魏晋南北朝，原卷 5 世纪，6 世纪上半叶修补，纸本，卷轴装，24.9 厘米 × 792.7 厘米，纸二十一张，首尾均全，英国国家图书馆

11. BD01364《大智度论卷八》

中国国家图书馆藏 BD01364 号《大智度论卷八》(图 6–30)，纸本，卷轴装，长 102.7 厘米，宽 26.7 厘米，纸数三张，共 55 行，每行 17 字。首残尾全，通卷上部等距离残损，已修补。

本卷为隶楷写本，残存有北凉体特征，横画起笔还有重顿，但收笔多为重按或下出锋而不上翘了，转折处也出现了硬折，撇捺甚少波磔。结构已经初具楷书规模，显得方正稳定。横折、捺脚已有魏碑的形态，可以说本卷是由北凉体向魏碑书风过渡的一种书写。但还存在横画收笔偶有重按后保留波磔遗存的现象，如："三"；竖画也有写作隶书翻撇的字样，如"问"、"能"。

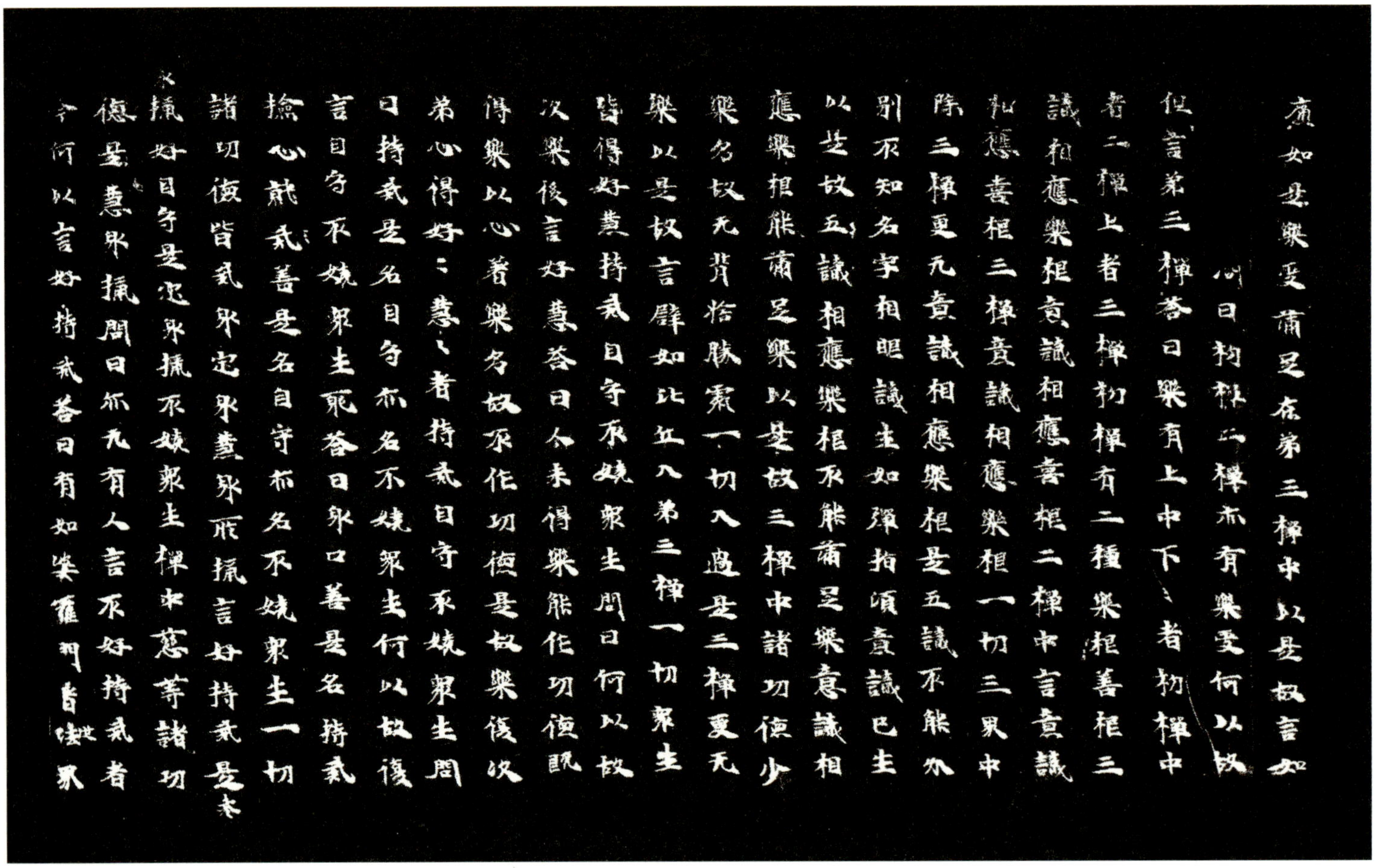

图 6–30　BD01364《大智度论卷八》，东晋，4—5 世纪，纸本，卷轴装，26.7 厘米 × 102.7 厘米，纸三张，首残尾全，中国国家图书馆

（二）类似钟王书风的作品

曹魏作为三国中最强盛的国家，占据长期处于政治文化中心的洛阳，培育出承续东汉而变异发展的洛阳书法新风，早期楷书经过钟繇等书法家的整理、加工和提倡，开始在士大夫间流行，宫廷的书吏也研习这种字体，用以抄录文件，正书地位在曹魏时代得到确立，成为当时既实用又时髦的书写体势。上层社会的书法家对社会风气产生很大的影响，写楷书的新风气便自上而下地普及开来。[①] 河西地区自东汉末年形成割据状态，直至三国曹魏政权派任敦煌太守，整肃社会秩序，保护商业发展，引进推广中原先进农耕技术，促使敦煌经济空前繁荣。敦煌是西北大镇，与洛阳保持着密切联系，在此间，中原的文化书风也源源不断地传到西陲。西晋后期，洛阳将乱，一些在洛阳任职的敦煌士族以故乡为全身之所，北方大乱之际，又有许多中原士族逃亡河西避乱，他们带来了包括书法在内的中原文化，流行的钟繇书风影响到敦煌一带民众的书写。

晋室南迁，政治文化中心由洛阳转移到建康，王羲之继承钟繇，发展了魏晋书风，王献之新开新妍书风独领风骚。十六国时期，北方书法进程大大落后于东晋，楷书处于早期阶段，普遍带有隶意。但西北一带与江南有着松散的联系，凉州地区的有些政权奉东晋为正朔[②]，设学受经，敦煌地区虽处于边缘地区少数民族政权下，但保存和传播了汉晋传统文化，敦煌书风汉晋相传，当地的文化士族也崇尚南方文采风流，如若二王书风北传，士族应当愿意学习，进而会影响到民众的书写。如若江南书风并未对敦煌造成影响，当地楷书在学习钟繇楷书的基础上，也会自然发展演化出类似王书新体的特征。

所以，敦煌写经中出现一类保留部分当地习惯写法、不同于北凉体的钟王风格日常书写体。

1.《道行品法句经》第三十八、《泥恒品法句经》第三十九

此卷纸本（图 6–31），隶楷字体，高 24.9 厘米，长 135 厘米，有乌丝栏，现藏甘肃省博物馆，编号为甘 001。书于白麻纸上，质地精细，纸面光洁，色略泛黄，但保存良好。全卷由《道行品法句经》第三十八、《泥恒品法句经》第三十九两部分组成，存经文六十五行，每行十六字至三十六字不等。末尾题记二则："升平十二年（368）沙弥净明"，"咸安三年（373）十月二十日沙弥净明诵习法句起"。升平、咸安虽均为

---

① 刘涛：《中国书法史·魏晋南北朝卷》，江苏教育出版社，2009 年，第 13 页。
② 刘涛：《中国书法史·魏晋南北朝卷》，江苏教育出版社，2009 年，第 153 页。

貪婬致老　瞋恚致病　愚癡致死　除三得道

釋前解後　脫中度彼　一切念滅　无復老死

人營妻子　不觀病法　死命卒至　如水湍驟

父子不救　餘親何望　命盡怙親　如盲守錠

慧解是意　可修經戒　仂行度世　一切除苦

遠離諸淵　如風却雲　已滅思想　是為知見

智為世長　惔樂无為　知受正教　生死得盡

知衆行空　是為慧見　疲厭世苦　從是道除

知衆行苦　是為慧見　疲厭世苦　從是道除

衆行非身　是為慧見　疲厭世苦　從是道除

吾語汝法　愛箭為射　宜以自勗　受如來言

图 6-31　甘肃省博物馆 001《道行品法句经》第三十八、《泥恒品法句经》第三十九，前凉，368 年、373 年，白麻纸，24.9 厘米×135 厘米，甘肃省博物馆

东晋年号，但升平仅存五年，前凉张氏奉晋正朔[①]，用“升平”年号至十四年；咸安在东晋也仅历两年，前凉张氏于升平十五年后改奉东晋“咸安”年号，一般认为从二年开始至六年结束。[②] 结合写本书写特征，可推断该卷为十六国前凉真迹。此为敦煌写经最早的作品之一。书写者自称“沙弥”，“沙弥”在佛教僧团中指已受十戒，未受具足戒，年龄在七岁以上，未满二十岁时出家的男子。可知这一写本应为年轻出家人所写。

此卷字体正处于由隶向楷演变过程中，可以视为早期楷书写本。从书法来看，横向与斜向两类右行的点画一律由轻到重，下行的纵向点画多由重到轻，横画起笔尖锋直入，收笔重按，由细到粗，偶有波挑，与捺笔一样保持有较浓的隶书余韵；竖钩、抛钩、斜钩等楷书钩画尚未完全形成，转折处尚无明确的顿笔调锋、提按顿挫，而是顺势一弯带下，自然劲疾，书写比较随意，笔力劲健爽快，具有明显的节奏感。左右延展的笔画相对内敛，结体改变了隶书扁形取势的特点，整体呈方形，已经初具楷书的体势规模。

① 王菡薇：《敦煌东晋纪年〈法句经〉写本研究》，《学术研究》2012 年 12 月，第 111—117 页。
② 王素、李方：《魏晋南北朝敦煌文献编年》，新文丰出版公司，1997 年，第 98 页。

2. BD06689《太子瑞应本起经卷上》

中国国家图书馆藏 BD06689《太子瑞应本起经卷上》（图 6–32），纸本，为 4—5 世纪写本。卷轴装，长 592.9 厘米，宽 28 厘米，纸数十五张，共 308 行，每行 16 字。首残尾脱，有乌丝栏。

本卷字形扁小，为北凉体与钟王书风的结合。“道”  字与《道行品法句经》第三十八中的“道”  形态相似。

3. S. 00088《普曜经》（异卷）卷五

英国国家图书馆藏 S. 00088《普曜经》（异卷）卷五，纸本，为四、五世纪东晋写本，多俗字、异体字。卷轴装，长 132.2 厘米，宽 24.3 厘米，纸数四张，共 71 行，每行约 20 字。首残尾全，麻纸，未染潢。卷首残缺，有原轴，轴头涂棕漆。有乌丝栏。每段首有黑笔点标。与《大正藏》本对照，分卷不同。

本卷（图 6–33）为隶楷写本，用笔圆厚，可以看作北凉体与钟王书风的结合。

4. BD05700《道行般若经》（宫本）卷六

国家图书馆藏 BD05700《道行般若经》（宫本）卷六（图 6–34），纸本，为五世纪北凉写本。卷轴装，长 199 厘米，宽 23.7 厘米，纸数五张，共 122 行，每行 18 字。首残尾全，有乌丝栏。

隶楷写本，通卷字形扁方，线心挺直，宽结横势，天然舒朗，有稚拙可爱之气。

5. P. 2381《法句经》

法国国家图书馆藏 P. 2381《法句经》（图 6–35），楷隶写本，书写具有时代风格，应为敦煌写经中书写较早的经卷，卷子的形式较为独特，在每张的乌丝栏中穿插三条横线，将每行等分为四块，横线虚虚实实，粗细不等。书写有特色，在横画、捺画上重按，作肥厚状，捺画还是燕尾的余波。部分横画入笔很有钟繇楷书特征，上下边线鼓起。

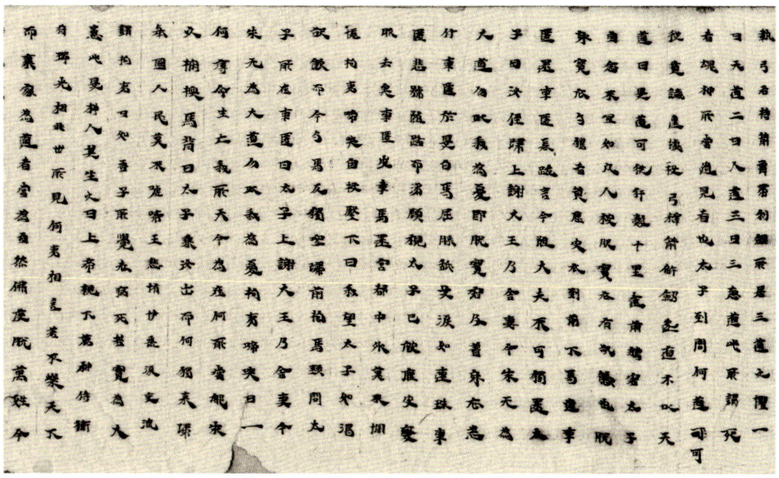

图 6-32　BD06689《太子瑞应本起经卷上》，东晋，纸本，卷轴装，28 厘米×592.9 厘米，纸十五张，首残尾脱，中国国家图书馆

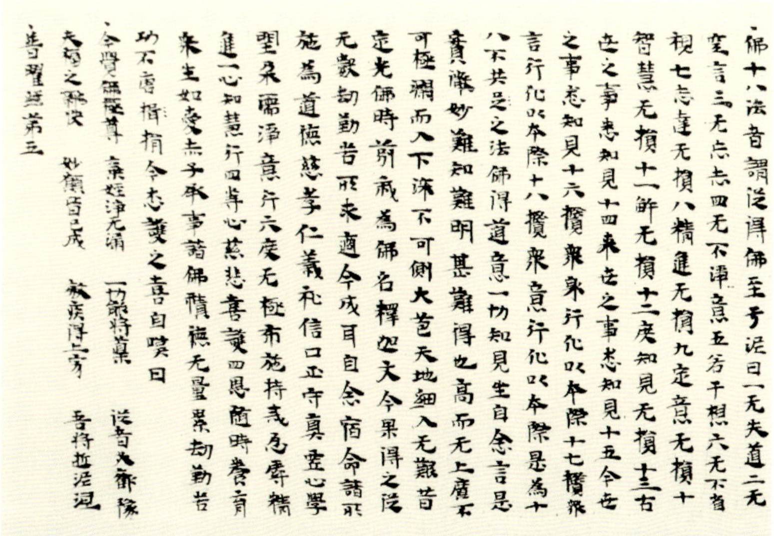

图 6-33　S. 00088《普曜经》（异卷）卷五，东晋，4—5 世纪，麻纸，卷轴装，24.3 厘米 ×132.2 厘米，纸四张，首残尾全，英国国家图书馆

取譬如鳥飛行空中无所觸畏菩薩行甬
詠向空至空向无想不隨空中不隨无想志詠具
佛諸法譬若工射人射空中其箭住所空中後
箭中前箭各各復射後箭各各中前箭其人射欲
令前箭墮尔乃隨善薩行般若波羅蜜為漚
惒拘舍羅所護自於其地不中道取證隨羅漢
辟支佛地持是功德還得阿耨多羅三耶三菩
功德成滿便得佛為善薩於經本中觀不中
道取證須善提白佛言善薩謙若作是學
不中道取證佛言是善薩志為護薩惒薩守
空三昧向泥洹門心念分別何等為分別守空三昧
无想三昧无願三昧是為分別漚惒拘舍羅使是
善薩不中道取證何以故漚惒拘舍羅護之故
心念一切薩惒薩持是所念故得漚惒拘舍羅不
中道取證者善薩深入觀守空三昧向泥洹門无

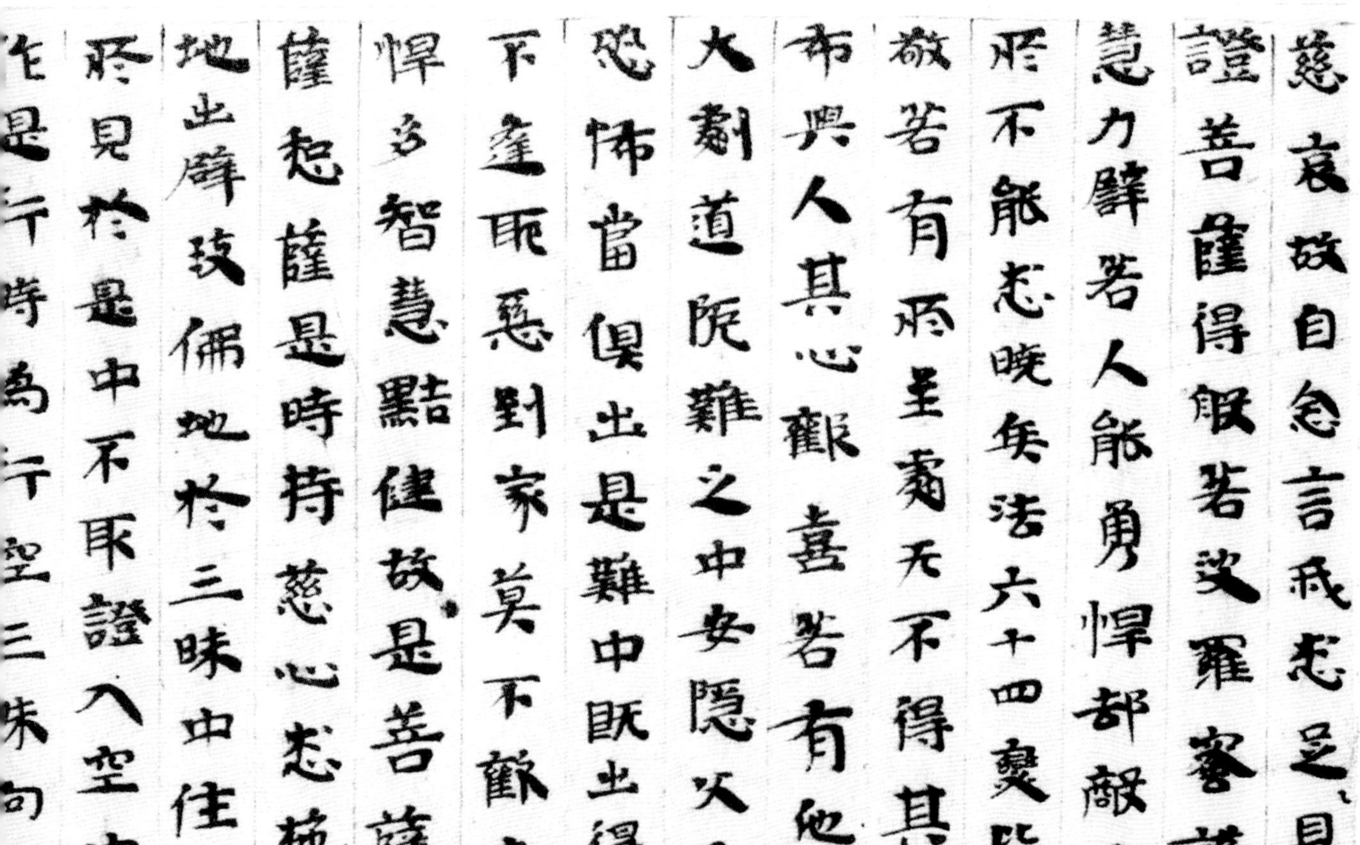
慈哀故自念言我志是、是於功德是時不取
證菩薩得般若波羅蜜護得極大功德志得智
慧力辟若人能勇悍都敵為人極端歐猛健无
所不能志曉六十四變皆知習之為眾人所
敬若有所至處无不得其力者有所得者轉加
布與人其心歡喜若有他事與父母妻子俱去過
大劇道阨難之中安隱父母語其妻子言莫有
恐怖當俱出是難中既出得達父母妻子歸鄉里
不逢賊惡對家莫不歡喜者何以故用是人黠
悍多智慧黠健故是菩薩行極大慈心念十方
薩和薩是時持慈心志極人上是菩薩過羅漢
地出辟支佛地於三昧中住志閔傷薩和薩无
所見於是中不取證入空中瀾不作阿羅漢菩薩
作是行時為行空三昧向

图 6–34　BD05700《道行般若经》（宫本）卷六，北凉，纸本，卷轴装，
23.7 厘米 × 199 厘米，纸五张，首残尾全，中国国家图书馆

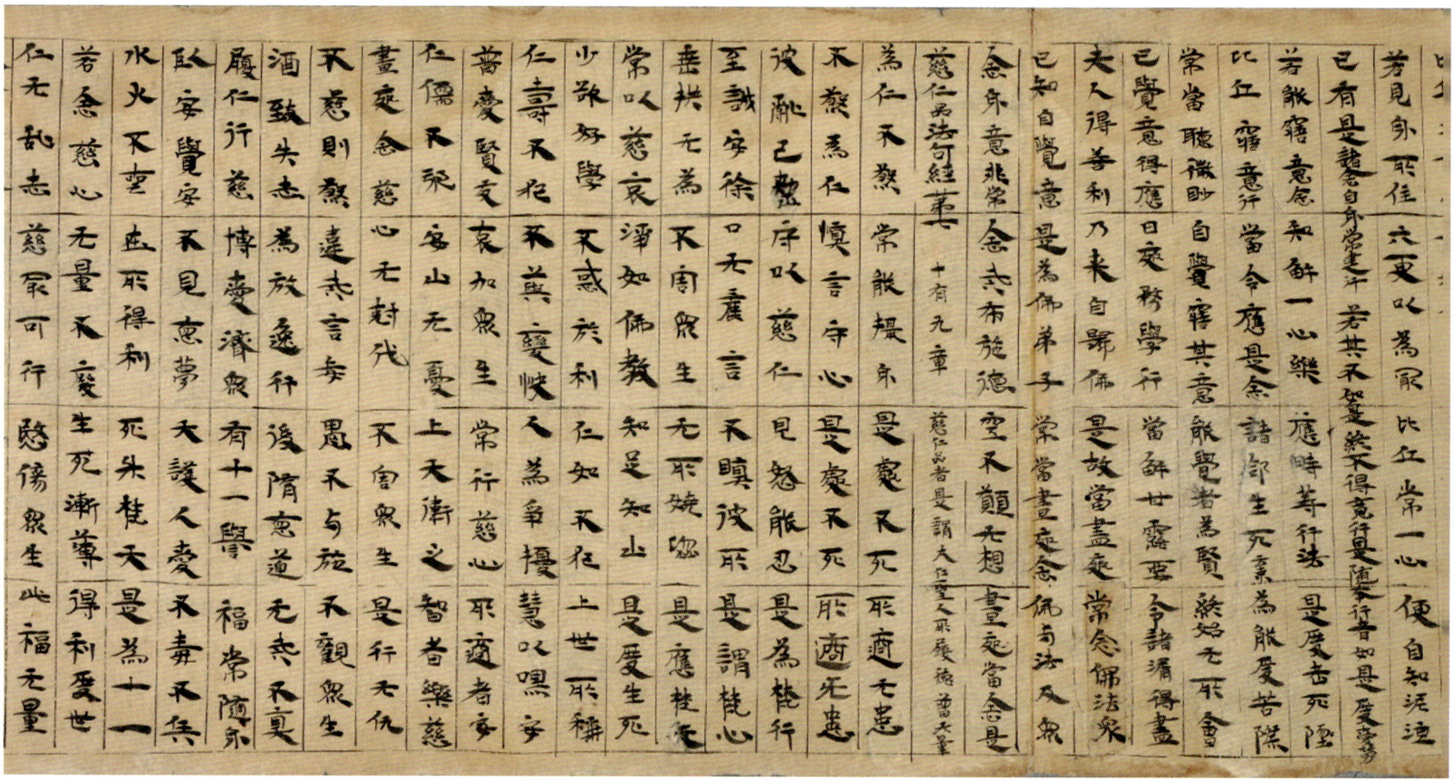

图6-35 P.2381《法句经》，东晋，法国国家图书馆

二、南北朝

自晋室南迁，割据之形既成，南北之局已肇。五、六世纪，敦煌写本中的正书字体趋于成熟，尚存隶、楷杂糅的过渡字体，也有隶意全无、初具楷书字体特征的正楷。阮元《南北书派论》认为："正书、行草之分为南、北两派者，则东晋、宋、齐、梁、陈为南派，赵、燕、魏、齐、周、隋为北派。……南派乃江左风流，疏放妍妙，长于启牍，减笔至不可识别。而篆隶遗法，东晋已多改变，无论宋、齐矣。北派则是中原古法，拘谨拙陋，长于碑榜。"[①]敦煌写经中的南北朝写本风格差异来源于时风中的南北朝书写差异，这一时期，我们从南北书风的视角来赏析敦煌佛教写本。而南北书风并非绝对永久对立，北朝在太和改制后即有效仿南朝者，梁朝书家王褒入关后，南北书风逐渐合流，在写经中也会有所体现。上文提到的写经体保守、用旧体，所以在五世纪仍可看到残存隶意。

（一）北朝

敦煌在北魏统治之下将近百年，后处于西魏与北周的统治范围内。写经中有一类深受魏碑风格影响的书体，另一类是太和改制后效仿南风的书体。

1. 魏碑风格

直至清乾嘉时期金石考证学兴盛之时，北朝书法的艺术价值才被肯定。首先阮元提出了"北碑"这个宽泛的概念，之后包世臣大力宣扬北朝碑刻，最后康有为明确提出"魏碑"，并言"北碑莫胜于魏"，"凡魏碑，随取一家，皆足成体，尽合诸家，则为具美。"[②]而魏碑之精髓，又在494年孝文帝迁都洛阳后的四十年中产生，这一时期，楷书蔚为大宗，碑志楷书可谓"每碑各出一奇，莫有同者"。[③]不同墓志有不同的个人书刻风格，总体特征为：点画丰满，俯仰向背各有姿态；横画起笔出锋斜按，收笔下顿，左低右高的欹侧之态十分明显；撇笔和捺笔写得开张，收笔平挑；竖钩不再平挑而是上挑；间架结构已是斜画紧结而不是

---

① 《历代书法论文选》，上海书画出版社，1979年，第630页。
② 刘涛：《中国书法史·魏晋南北朝卷》，江苏教育出版社，2009年，第418页。
③ 刘涛：《中国书法史·魏晋南北朝卷》，江苏教育出版社，2009年，第434页。

平画宽结。多有高耸峻拔、豪迈开张的气势。[1]而要注意两点，一是洛阳时期孝文帝汉化改制深化，北魏楷书书法已吸取南朝书风；二是关于结构，呈现平宽结变为斜结，后又出现平横结的轨迹，前者即褪去残留隶意的宽展平扁，后者为北魏后期出现的"平正"一路，结构是平画宽结，字形方整平稳，接近南朝楷书风范，后在隋朝居于主导地位。[2]

敦煌写经中北魏后期的经卷，一批书写精良者皆采用魏碑书风抄写。

（1）S. 00996《杂阿毗昙心经卷第六》

英国国家图书馆藏 S.00996《杂阿毗昙心经卷第六》（图 6–36）是 479 年写于洛阳、尔后流传到敦煌的一件写经，它在藏经洞的出现可以让我们一睹当时洛阳地区书写体和写经风貌，也证明了中原与西域的交通往来。题记中首先介绍了杂阿毗昙心经，然后说："是以使待节侍中驸马都尉、羽真、太师、中书监领秘书事、车骑大将军、都督诸军事、启府 / 洛州刺史昌梨王冯晋国，仰感恩遇，撰写十'一切经'，一切经一千四百六十四卷，用答皇施，愿皇帝陛下、天皇太后、德苞九元，明同三曜，振恩阐以熙宁，协淳气而养寿……"后又作赞，最后落明时间地点："大代太和三年岁次己未十月己巳廿八日丙申于洛州所书写成讫。"由此题记可以看出，此经是"昌梨王冯晋国"为报答皇恩、祈祷皇帝和太皇太后长寿所写，写经目的是功利主义地为皇室祈福。而冯晋国是何许人？冯熙，字晋国，担任多种官职，其中有"洛州刺史"一职，他是文明太后之兄，文明太后为文成帝皇后冯氏，太和三年已是孝文帝执政时期，"太皇太后"即指她。冯熙发愿写十部"一切经"，而一部"一切经"就有 1464 卷，可谓一项庞大的事业，据史料记载，冯熙一生不止造这十部，在太和三年之后，还写过六部，如此大规模的写经，必有专门机构、专业人员、抄写地点，也会形成较为固定的格式风格。[3]

北魏文成帝及其后的统治者与皇室成员皆信奉佛教，大兴佛事，此写经出于"国舅"组织的大型写经机构，属官方写经，是佛风炽盛的印证。书写时间 479 年，正经历孝文帝 477 年始大力推行"太和改制"的第一个效仿南朝文化的高峰，南朝书法在北方崛起，北朝人开始效仿南方书风。这便不难解释，S. 00996 中除有横折、撇画、捺脚、钩画的魏碑特征外，还有南方书风的痕迹。也可知，在北魏迁都洛阳之前的十五年中，魏碑标志性笔法如部分横

---

① 刘涛：《中国书法史・魏晋南北朝卷》，江苏教育出版社，2009 年，第 434、452 页。
② 刘涛：《中国书法史・魏晋南北朝卷》，江苏教育出版社，2009 年，第 440 页。
③ 毛秋瑾：《墨香佛音》，北京大学出版社，2014 年，第 39 页。

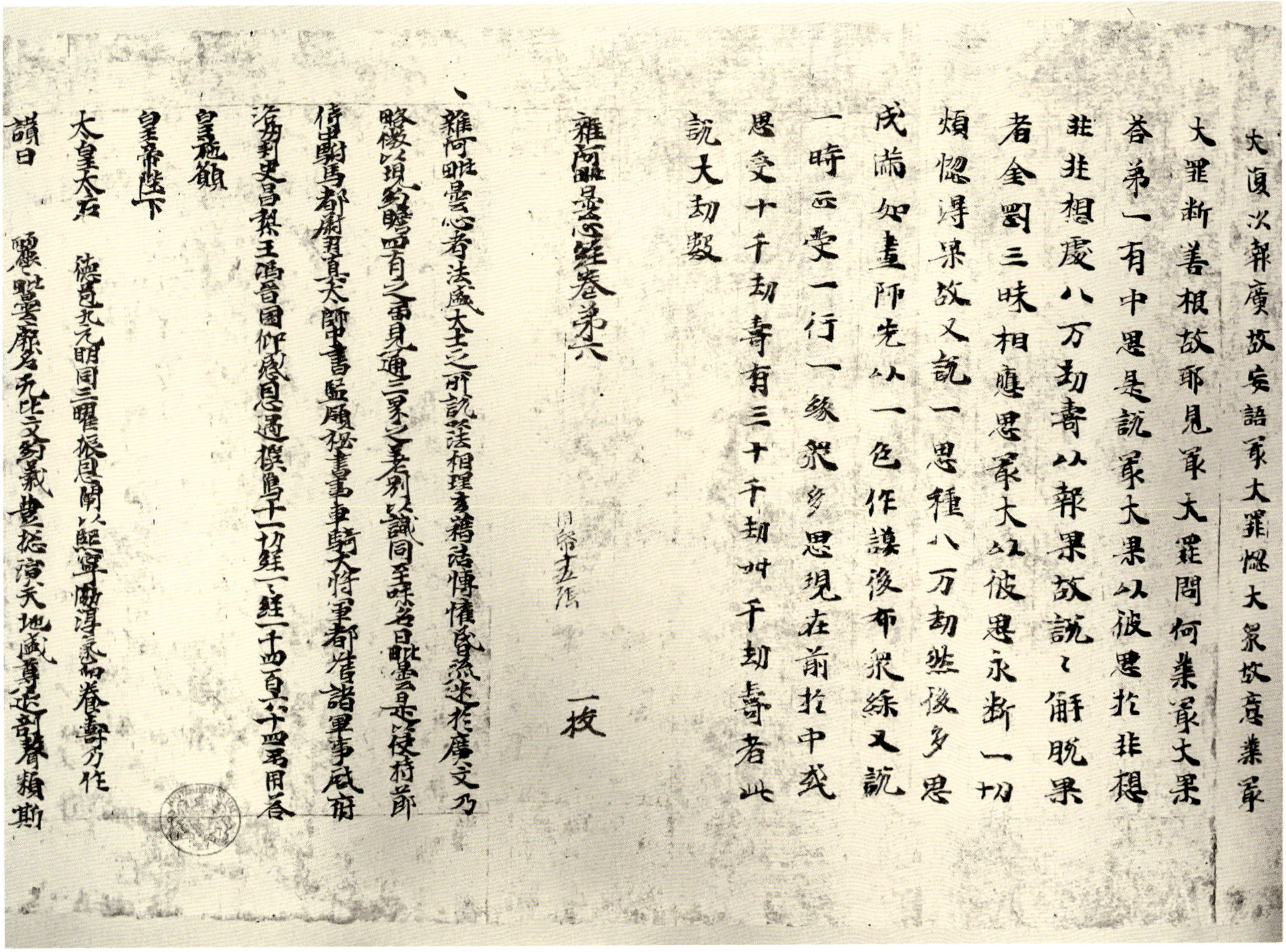

图 6–36　S. 00996《杂阿毗昙心经卷第六》，北魏，479 年，卷轴装，25.8 厘米×218.5 厘米，纸六张，首脱尾全，英国国家图书馆

画、竖画、横折中的方笔，钩的厚重平钩等业已形成，正书的隶意如横画捺画收笔的波磔、撇画的弧度等基本退去，结构有轻微欹侧，但不稳定，有右上斜，如有、僧，或右下斜，如住、問。整卷来看，用笔娟秀，章法疏朗，字形重心下沉稳妥，显得稳重而不呆板。

（2）令狐崇哲主持的官方写经

北魏延昌初年，敦煌地区有一个由典经帅令狐崇哲主持的官方写经机构，从池田温《中国古代写本识语集录》录文可知，其所造的一组写经共16卷，写于511—514年，属于洛阳时期，正值北魏宣武帝元恪统治的大兴佛教时期。抄写地点都在“敦煌镇”，“镇”为北魏政府在边陲地区所设的军政机构，每卷末均盖有“敦”或“敦煌镇印”的黑色印鉴；具体场所为“法海寺”。从题记来看，这组写经题记的格式几乎一致，包括了经卷名、抄写时间与地点、抄写者身份和姓名、用纸情况、抄写机构负责人、校对者等；每卷都提及“令狐崇哲”，他是“典经师”（主持、负责写经工作之人）或“经生师”（经生们的师傅）或亲自抄经者，他的抄本应是弟子们师法的范本，甚至可能对写经手进行过专门的培训，所以这组写卷的书法风格非常相似。其他抄写者都是俗家子弟，身份为“经生”或“官经生”。

①令狐崇哲书写

这组写卷中，四卷由令狐崇哲亲自抄写，分别是 P. 2110《大方广佛华严经离世间品之二》（513 年）、S. 09141《华严经卷第卅八九》（513 年）、李盛铎旧藏《华严经卷第廿四》（513 年）及 P. 2179《诚实论卷第八》（514 年）。法国国家图书馆藏 P. 2179《诚实论卷第八》为纸本，卷轴装。尾有题记：“延昌三年，岁次甲午六月十四日，敦煌镇经生帅令狐崇哲于法海寺写此论成讫竟，用纸廿六张，校经道人（下钤墨印）。”

令狐崇哲的书写可以代表当时敦煌地区官方写经的最高水平，可以看出，其深受洛阳时期的魏碑书体之影响。P. 2179（图 6–37）、P. 2110（图 6–38）、S. 09141（图 6–39）均为正楷写本，但由于写经体的滞后性，还保留个别隶意的笔法，比如竖钩还在平挑到上挑中过渡。书写结构紧结，微有斜势，横画、捺脚、转折处的魏碑特征明显，工整规范，每行 17 字，字距均等，有官方楷模的意味。P. 2110 与 S. 09141 的斜结之势明显，更有一些豪迈开张的气势。令狐崇哲紧跟时风，较好地把握了魏碑书法的气质风貌。S. 09141 用笔跳荡，尤其是横画起笔、收笔与撇捺书写都显得提按分明，节奏感强，风格清晰，容易模仿。

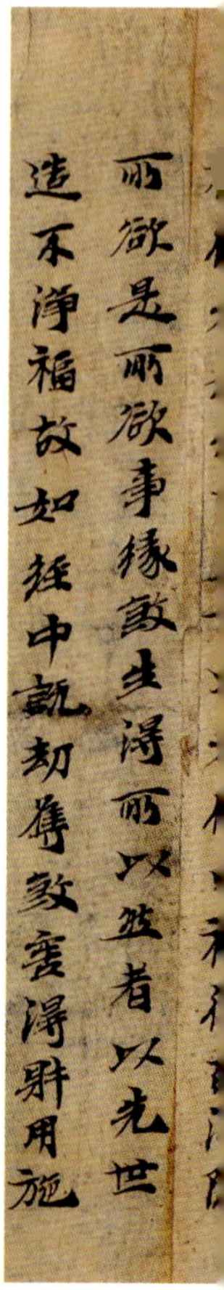

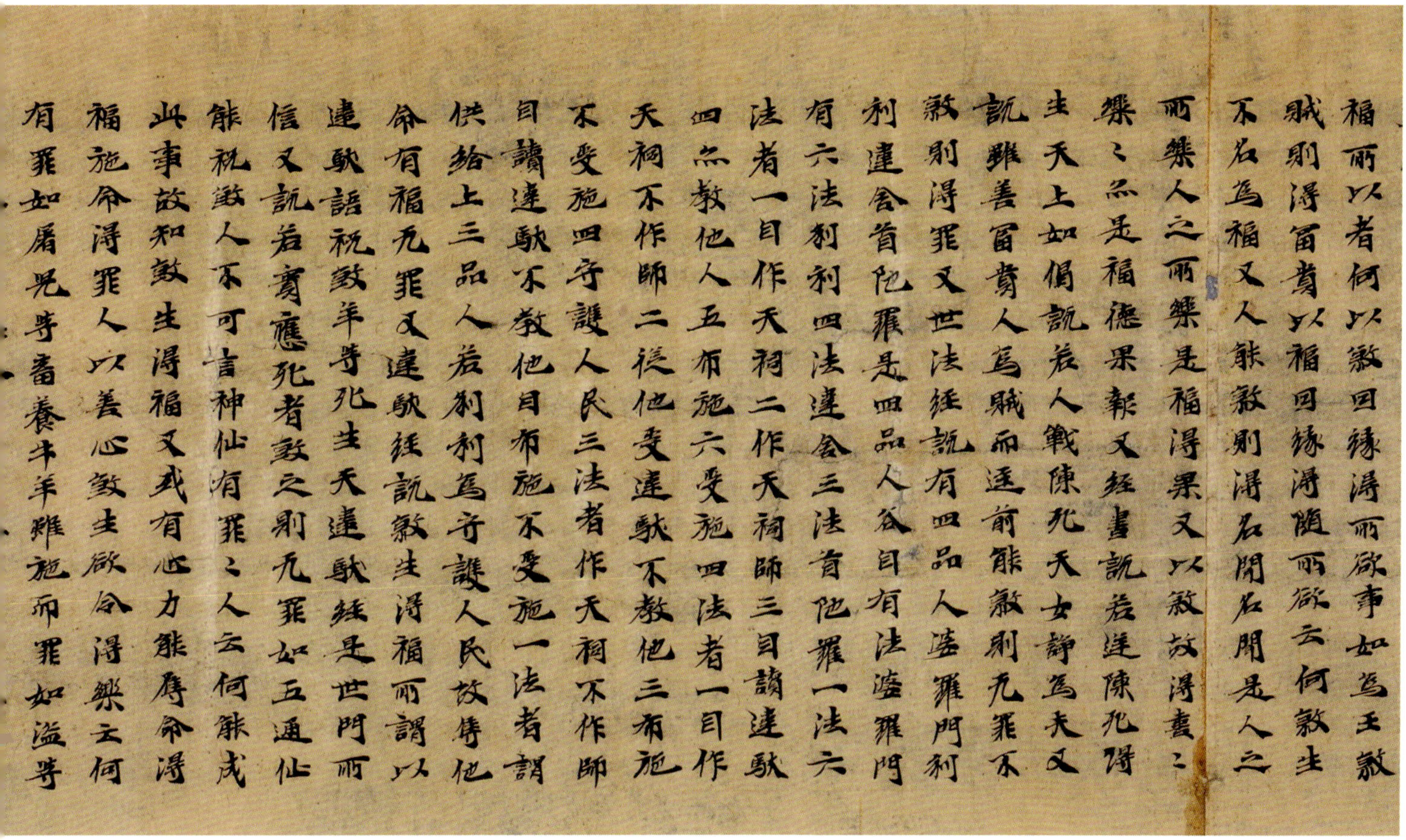

图 6–37　P. 2179 令狐崇哲写《成实论卷第八》，北魏，514 年，法国国家图书馆

②其他经生书写

其他经生书写的经卷，S. 01547 敦煌镇经生刘广周写《诚实论经卷第十四》（图 6–40），S.00341 敦煌镇经生张显昌《大楼炭经（八卷本）卷第七》（图 6–41），S. 02067 敦煌镇经生令狐礼太写《华严经卷第十六》（图 6–42），S. 06727 敦煌镇经生张阿胜写《大方等陀罗尼经卷第一》（图 6–43），都是对令狐崇哲写经的学习模仿。整体来说，笔法熟练，结构平正，魏碑风格明显。但比起令狐崇哲的书写，相对比较拘谨，在节奏的把握、体势的舒展等表现方面要显得弱一些。作为规范化写经，师承都一样，章法形式也基本一致，因此没有太多个性特色可言。

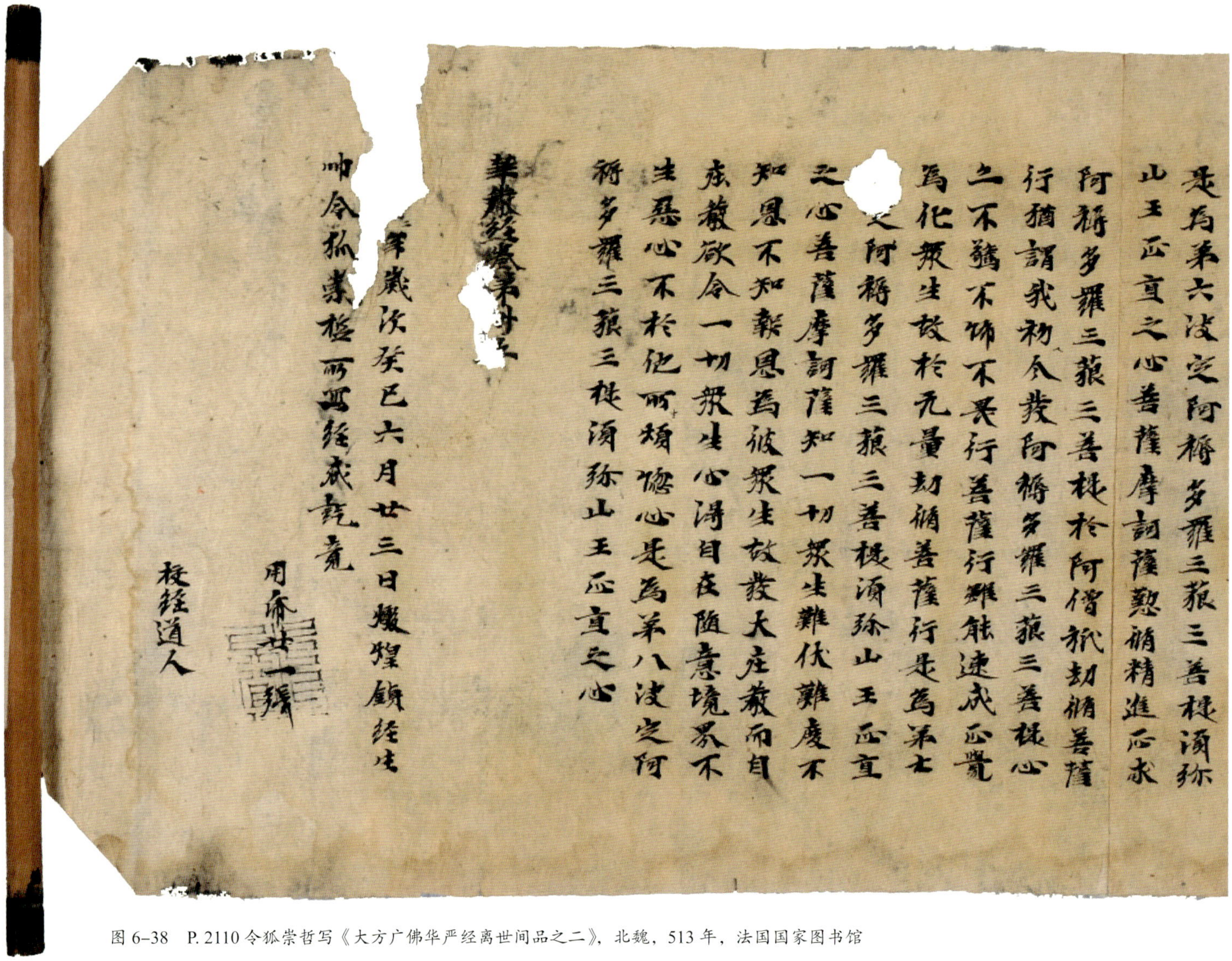

图 6-38　P. 2110 令狐崇哲写《大方广佛华严经离世间品之二》，北魏，513 年，法国国家图书馆

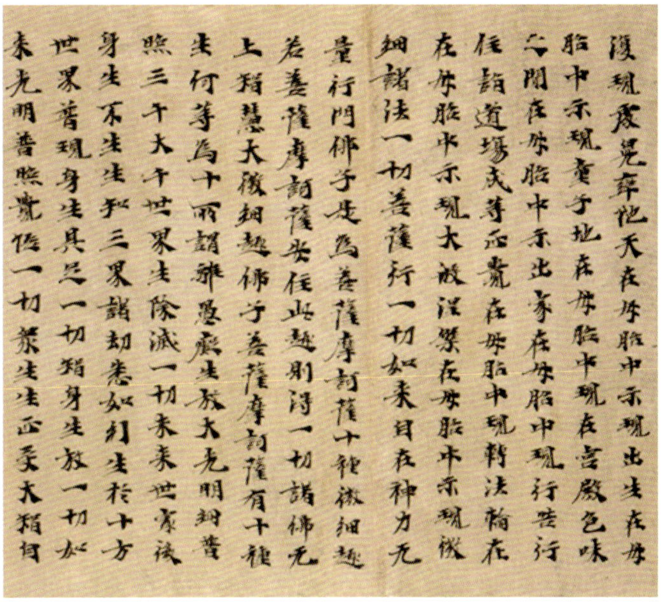

图 6-39 S. 09141 令狐崇哲写《华严经卷第卅八九》，北魏，513 年，英国国家图书馆

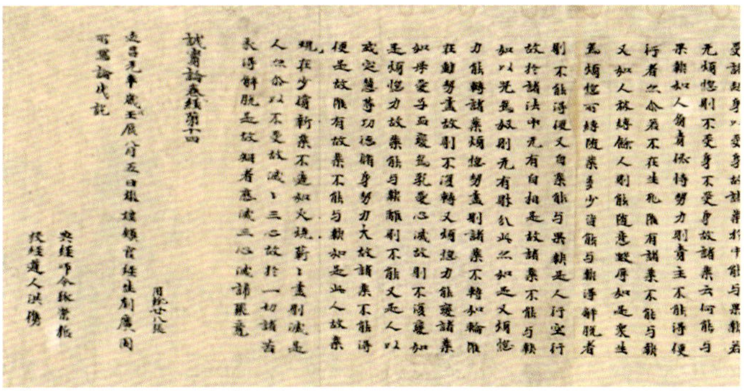

图 6-40 S. 01547 敦煌镇经生刘广周写《诚实论经卷第十四》，南北朝，512 年，卷轴装，24.7 厘米 × 480 厘米，纸十四张，首残尾全，英国国家图书馆

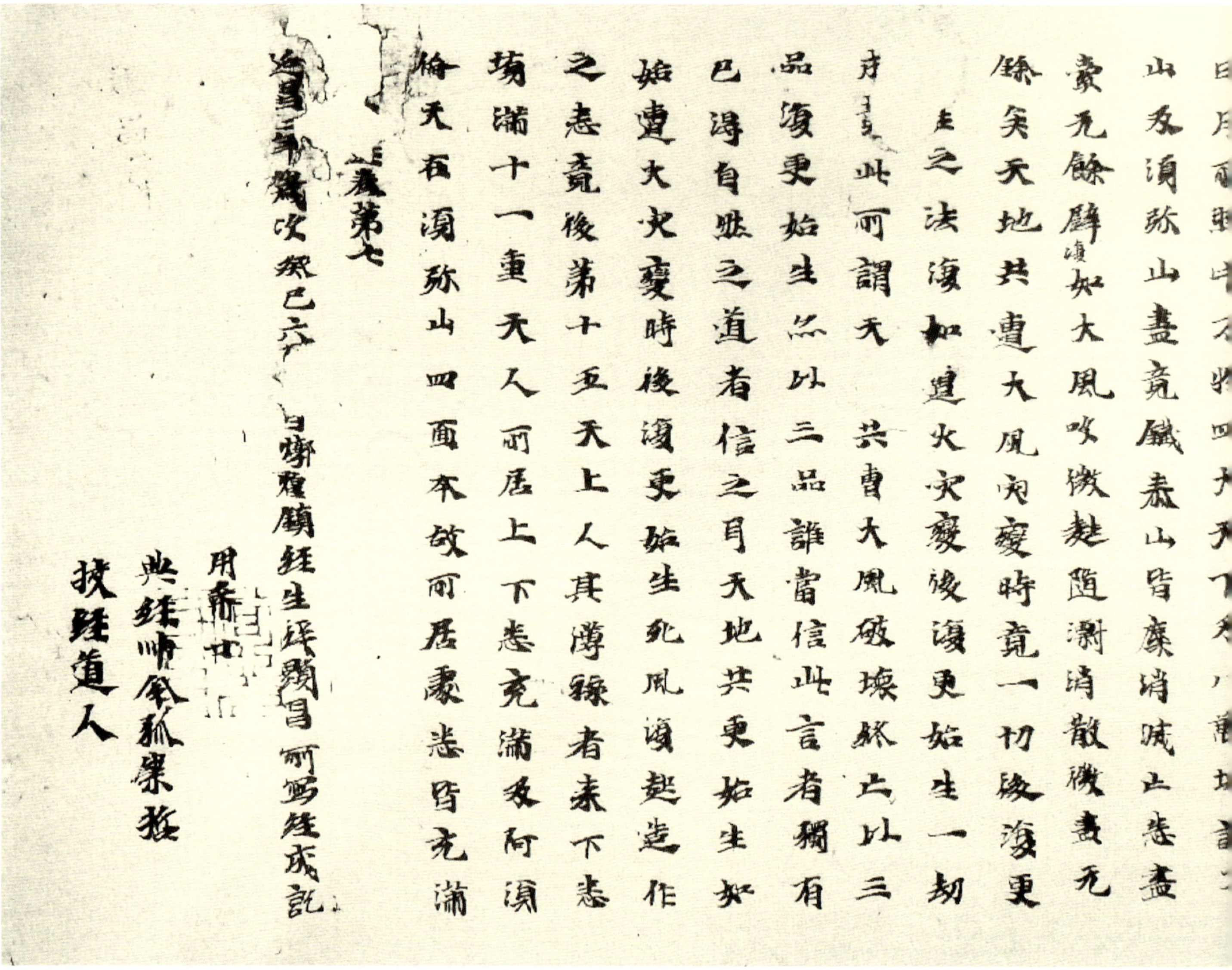

图 6–41　S. 00341 敦煌镇经生张显昌写《大楼炭经（八卷本）卷第七》，南北朝，513 年，卷轴装，26 厘米 × 382.8 厘米，首残尾全，英国国家图书馆

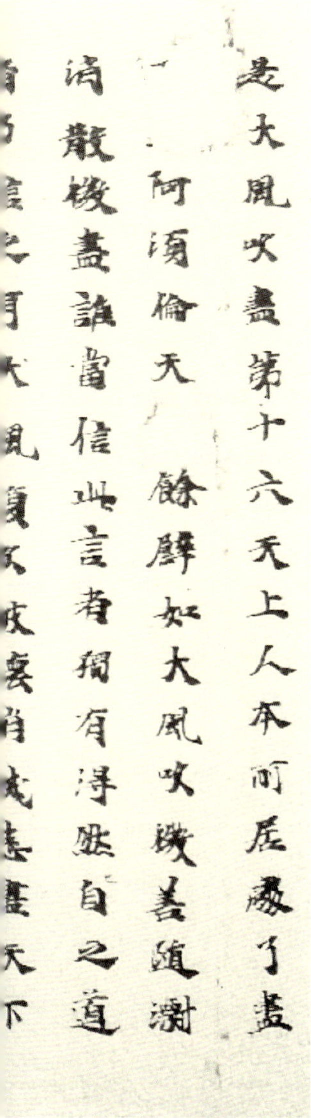

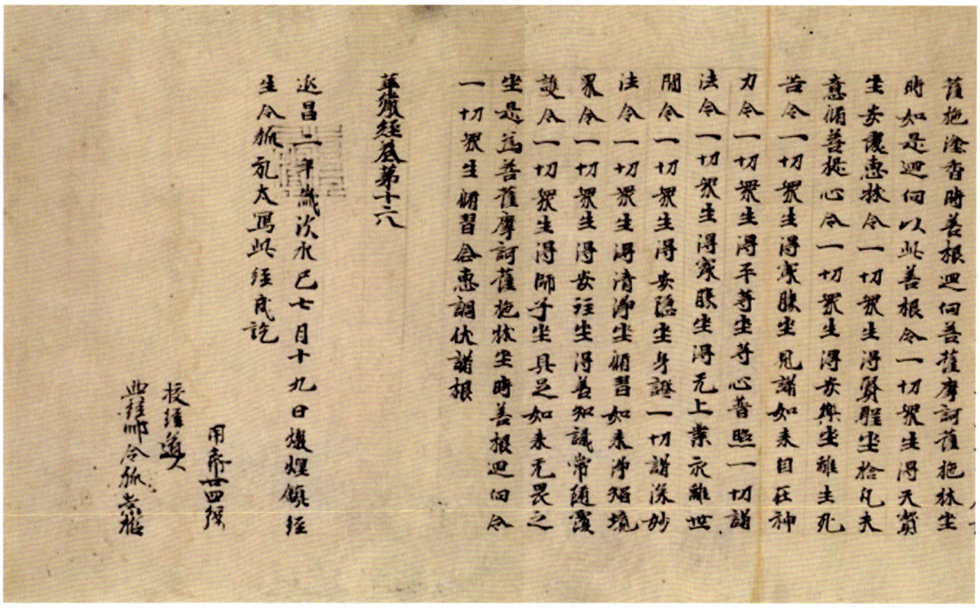

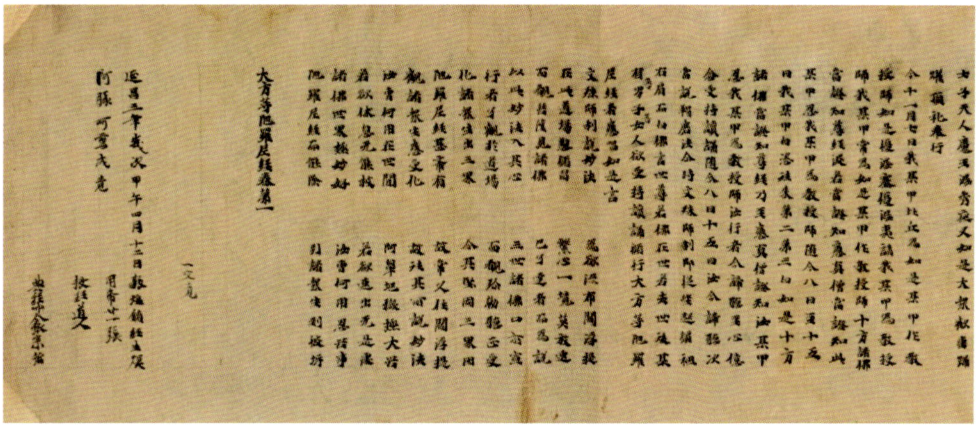

上：图 6–42　S. 02067 敦煌镇经生令狐礼太写《华严经卷第十六》，南北朝，513 年，薄麻纸，卷轴装，25.3 厘米 × 796.2 厘米，纸 22 张，首残尾全，英国国家图书馆

下：图 6–43　S. 06727 敦煌镇经生张阿胜写《大方等陀罗尼经卷第一》，北魏，英国国家图书馆

东魏楷书延续斜结风格，但主要继承了平正横展一路。[①] 敦煌所在的西魏，都城在长安，书迹数量远少于东魏地区。从不多的西魏铭刻书迹来看，东西地区楷书特征大体一致。

（3）元法英供养经

现存敦煌写经中有三卷西魏时期瓜州刺史、敦煌太守邓季彦之妻元法英供养的经卷：李盛铎旧藏《摩诃衍经卷第八》、法国国家图书馆藏 P. 3312《贤愚经卷第一》、甘肃省博物馆藏 004《贤愚经卷第二》。从《摩诃衍经卷第八》题记“大魏大统八年十一月十五日，佛弟子瓜州刺史邓彦妻昌乐公主元敬写……”可知书写时间为 542 年，此时邓季彦已任瓜州刺史。后两卷题记中未写明时间，但为同一人供养，且题记中邓季彦都任“敦煌太守”。据史载，元法英为东阳王元荣之女，其夫邓季彦在东阳王死后杀死元荣之子元康自领刺史，而在赴任瓜州刺史前为敦煌太守。故此，可推断后两卷写于西魏大统八年（542）以前，但前后相差时间并不长。

《贤愚经》，一名《贤愚因缘经》，十三卷，是叙述因缘故事的典籍，北魏太平真君六年（445）凉州（今甘肃武威）沙门慧觉（一作昙觉）等译。译者慧觉、威德等八人，曾西行求经至于阗（今新疆和田）大寺，遇见当地五年一次举行的般遮于瑟会。会中长老各讲经律，他们八人听了分别记录下来，译成汉文，于 445 年回到高昌，综集成此经，又经流沙，送至凉州，凉州名僧慧朗将它题名《贤愚经》。

甘肃省博物馆藏《贤愚经卷二》（图 6–44）高 24 厘米，长 736 厘米，为纸本、楷书。卷末有“敦煌太守邓季彦妻元法英供养为一切”的题记。此卷写本属于典型的魏碑楷书，点画多藏锋起笔，转折多顿挫，多用方笔，用笔沉着，点画厚实，节奏停匀，偶带行书笔意，平实而不失灵动。字内空间茂密，行间气息自然，横画斜耸，结体微呈斜势趋扁，有斜画紧结之势，与北魏碑刻书风大体一致，是北碑书风影响下的写经代表。此卷可以作为临摹北碑的墨迹参照样本，这对于理解这一时期碑刻的用笔是有帮助的。

P. 3312《贤愚经卷第一》（图 6–45）题记为：“敦煌太守邓季彦妻元法英供养为一切”，正文与题记都与甘肃省博物馆藏《贤愚经卷二》字迹相同，为同一人所写。仅凭“供养”二字无法判断元法英是否为书写者，无法断定这就是社会上层女性的书迹，但总之，两卷的书写水准较高，是标准魏碑体势，可让我们一睹西魏时期魏碑体写经样式。

（4）P. 4506《金光明经卷第二》

法国国家图书馆藏 P. 4506《金光明经卷第二》（图 6–46），绢本，尾有长段题记：

① 刘涛：《中国书法史·魏晋南北朝卷》，江苏教育出版社，2009 年，第 454 页。

“皇兴五年岁在辛亥，大魏定州中山郡卢奴县城内西坊里住，原乡凉州武威郡祖厉县梁泽北乡武训里方亭南苇亭北张瓘主……是以在此单城，竭家建福，兴造……金光明一部……愿使福钟皇家，祚隆万代，佑例亡父亡母托生莲华，受悟无生润……若有诵读者，常为流通。”可知在 471 年 2 月 6 日至 472 年 1 月 25 日间，张瓘主为皇室祈福，为亡父母追福，普济一切群生之类而敬造此经，他是凉州武威郡租厉县梁泽北乡人，住定州中山郡卢奴县城内西坊里。

通卷点画精彩，用笔肯定，顿挫分明，转折硬朗，撇捺开张，钩画斜挑，书写精良；字形结构稳定，偏于斜划紧结，是典型的魏碑笔法与体势。

2. 太和改制后的南风影响

北魏太和以前的北方书风以崔氏旧体书法居主导地位，后转衰，477 年孝文帝亲政，大力推行“汉化”改革，即太和改制，开始学习接受南朝文化，效仿衣冠之制，到北魏迁都洛阳后的四十年中，南朝书法风靡北方，成为北方书法师承的对象。在敦煌写经中，可以找到南北分裂以来，北朝弃旧趋新、第一次书风互融的例证。

（1）东阳王元荣写经

在敦煌写经中，还有一组皇室成员所造经卷，他是东阳王元荣，是北魏明元帝的四世孙，他在 527 年被派往敦煌出任瓜州刺史，北周取代西魏后，他仍留任此职，直至去世。元荣极为崇奉佛教，到敦煌之后一边在莫高窟修建洞窟，一边大造佛经，写经规模很浩大，也很有可能成立了专门的抄写机构并聘请书手。从这组写经的题记内容，以及整体书风与十四年前令狐崇哲领导的敦煌官府缮写机构所出的卷子有较大差异，可以推测，这些书手大部分是元荣从中原带往或招募至敦煌的。

日本书道博物馆藏《观世音经》（图 6–47）写于 527 年，尾有题记云：“……清信士佛弟子尹波，实由宿福不勤，触多屯难。扈从主人东阳王殿下，届临瓜土……愿东阳王殿下体质康休，洞略云表，年寿无穷，永齐竹柏。保境安蕃，更无虞寇，皇途寻开，早还京国……大魏孝昌三年岁次丁未四月癸巳朔八日庚子，佛弟子假冠军将军乐城县开国尹波敬写。”可知该卷由东阳王属臣尹波所写，表达了他们到达条件艰苦的瓜州后的愿望，为东阳王殿下祈福，并祈望能早日返回中原。观其书法，一改北方的雄强之势，不再有北方书风明显的刚劲方笔和斜向结构，完全是南朝新风的气象，圆润妍美，用笔流畅，略有行书笔意，除了个别钩画、捺脚和转折，几乎不见中原魏碑书风的影响。可见“汉化”改革到了北魏后期，江南书法已经具有指导地位，效仿南朝书风之气已风靡北方。

法国国家图书馆藏另一件 P. 2143 元荣所造经《大智第廿六品释论》（图 6–48），

题记为："大代普泰二年岁次壬子三月乙丑朔廿五日己丑，弟子使将（持）节散骑常侍都督领诸军事车骑大将军开国（府）仪同三司瓜州刺史东阳王元荣……弟子年老疹（疢）患，冀望叔和早得还回……愿天王等早成佛道，又愿元祚无穷，帝嗣不绝。四方付化，恶贼退散，国丰民安，善愿从心……"是元荣在瓜州任上祈求自己儿子叔和早日回到身边，并为国祈福而造的经卷。正文书写灵动活泼，用笔和结构既有魏碑痕迹，也有南朝风格，个性鲜明，书写娴熟。横画起笔和走向带有魏碑风格。顺锋直入的用笔方式多，书写较快；捺画书写有特点，捺脚着力；抛钩往里，显得迅捷利索，如"说" 、"无" 、"九"  等。题记（图 6–49）书写水平不高，与正文风格不一致，似非一人所写。

（2）S. 00736《大比丘尼羯磨一卷》

英国国家图书馆藏 S. 00736《大比丘尼羯磨一卷》（图 6–50），写于西魏 543 年，尾有题记："大统九年七月六日己丑朔写讫。比丘尼贤玉所供养。比丘尼贤玉起发写羯磨经一卷，愿此功德，普及一切十方世界，六道众生心开意解，发大乘意……"可知该卷是比丘尼贤玉敬写并供养，是难得一见的女性写经。通卷南朝风格，多用圆笔，捺画呈圆弧显得饱满，转折与钩画也多圆笔，隽秀圆润，工整流畅，平和稳健，偶有隶书遗意，显得古雅可观，有女性书写的细腻婉转，也能看出她为众生祈福的虔诚宁静之心。

（3）BD15076《入楞伽经卷第一》

中国国家图书馆藏 BD15076《入楞伽经卷第一》（图 6–51），为 509 年北魏写本，纸本，卷轴装，长 827 厘米，宽 28 厘米，纸数二十一张，共 446 行，每行 17 字。首全尾全，有护首，有乌丝栏。尾有题记："……是以比丘建晖既住（往）不因殖（植因），禀形女秽，英罗病疾，抱难当今。仰惟此苦，无由可拔。述即减割衣资，为七世父母，先死后亡，敬写《入楞伽》一部……因此微善，使得离女身，后成男子。法界众生，一时成佛。大代大魏永平二年八月四日比丘建晖敬写讫流通供养。"比丘为出家男子，但建晖自称"禀形女秽"，又祈愿"因此微善，使得离女身，后成男子"，故应为比丘尼，是此卷的供养者。

本卷也是魏碑书风与南朝风格相结合的一件典型作品，点画书写饱满圆润，用笔熟练，方圆相间，转换自然。字形匀称，楷书字体特征成熟，部分字长撇的用笔强化了左低右高的字形体势，带有魏碑遗风。

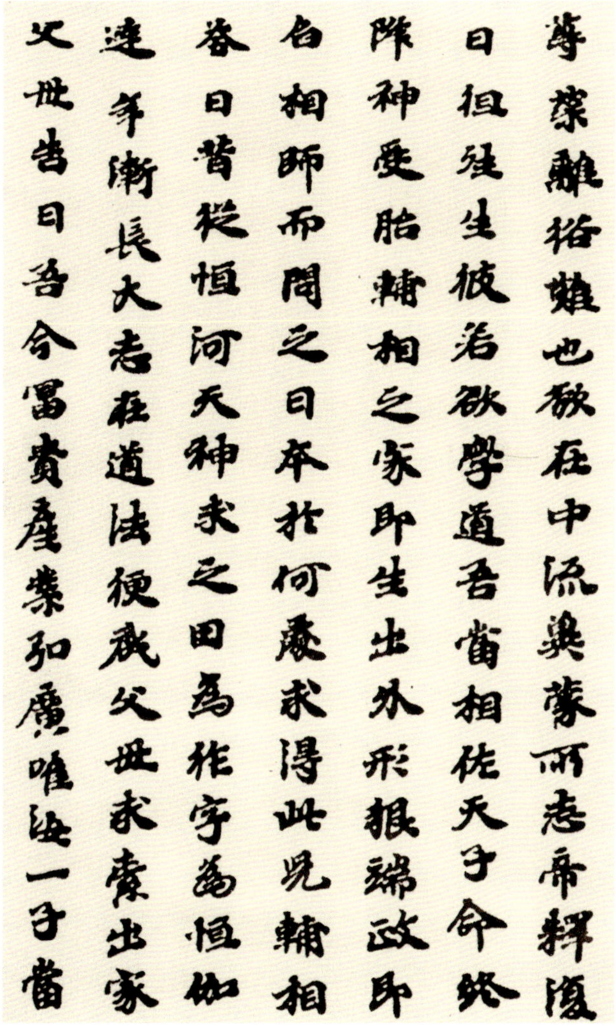

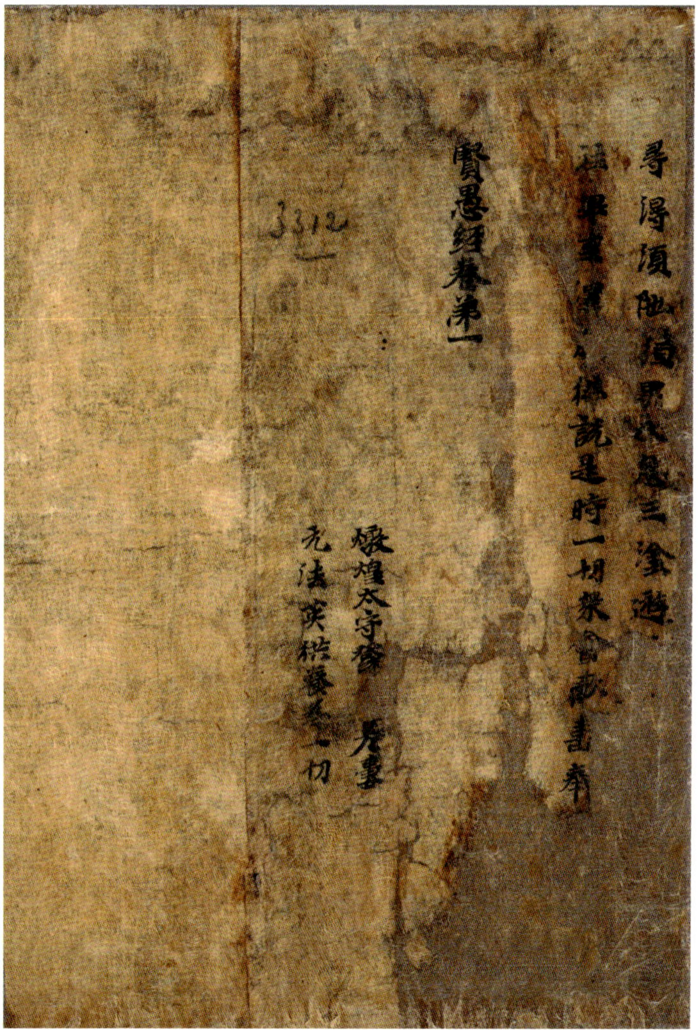

左：图 6-44　甘肃省博物馆 004 元法英供养《贤愚经卷二》局部，西魏，542 年，纸本，24 厘米 × 736 厘米，甘肃省博物馆

右：图 6-45　P. 3312 元法英供养《贤愚经卷一》局部，西魏，法国国家图书馆

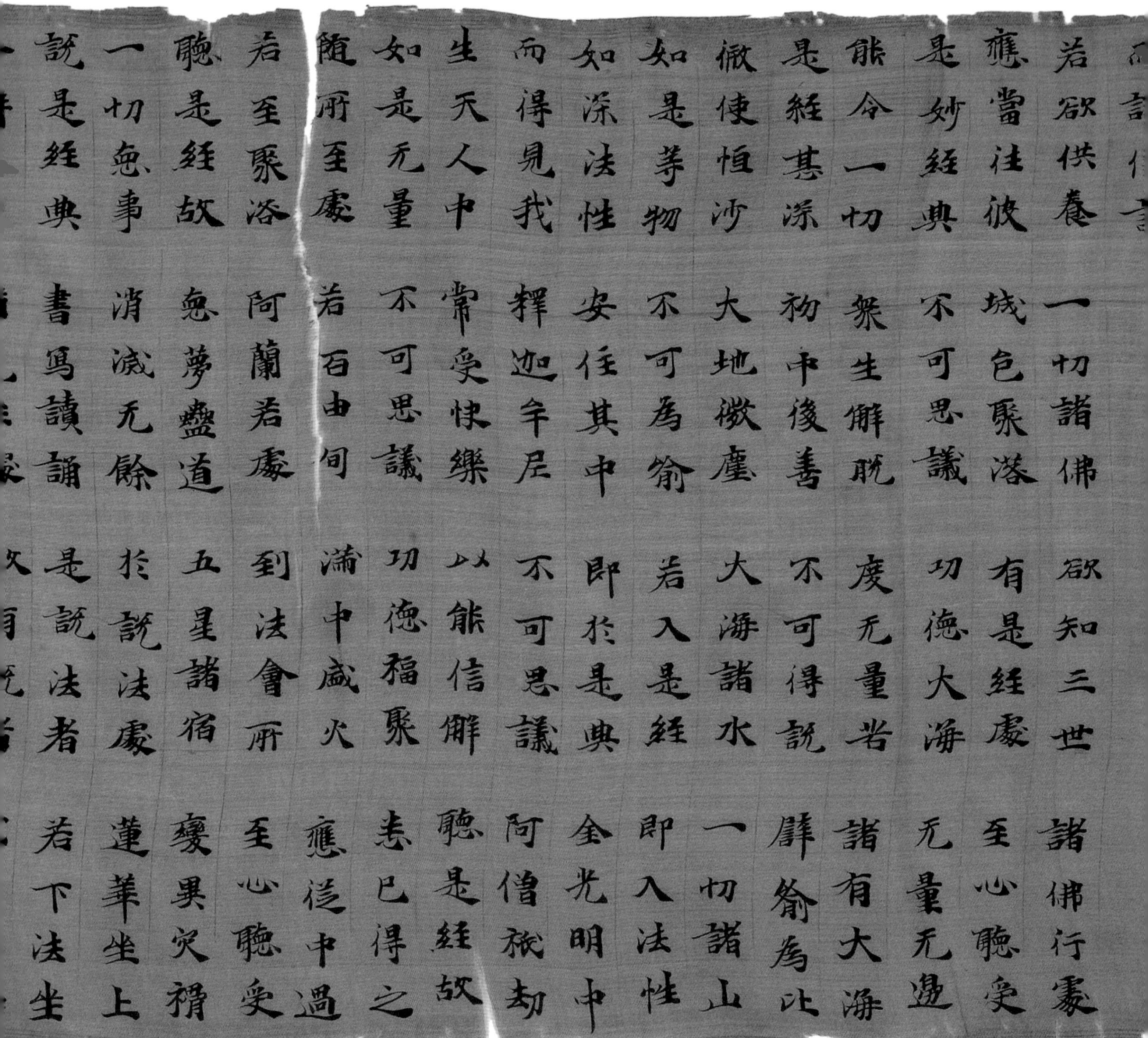

若欲供養一切諸佛欲知三世諸佛行處
應當往彼城邑聚落有是經處至心聽受
是妙經典不可思議功德大海无量无邊
能令一切衆生解脫度无量苦諸有大海
是經甚深初中後善不可得說譬喻爲比
徦使恒沙大地微塵大海諸水一切諸山
如是等物不可爲喻若入是經即入法性
如深法性安住其中即於是典金光明中
而得見我釋迦牟尼不可思議阿僧祇劫
生天人中常受快樂以能信解聽是經故
如是无量不可思議功德福聚悉已得之
隨所至處若百由旬滿中盛火應從中過
若至聚落阿蘭若處到法會所至心聽受
聽是經故惡夢蠱道五星諸宿變異災禍
一切惡事消滅无餘於說法處蓮華坐上
說是經典書寫讀誦是說法者若下法坐

图 6-46　P. 4506《金光明经卷第二》，北魏，472 年，绢本，法国国家图书馆

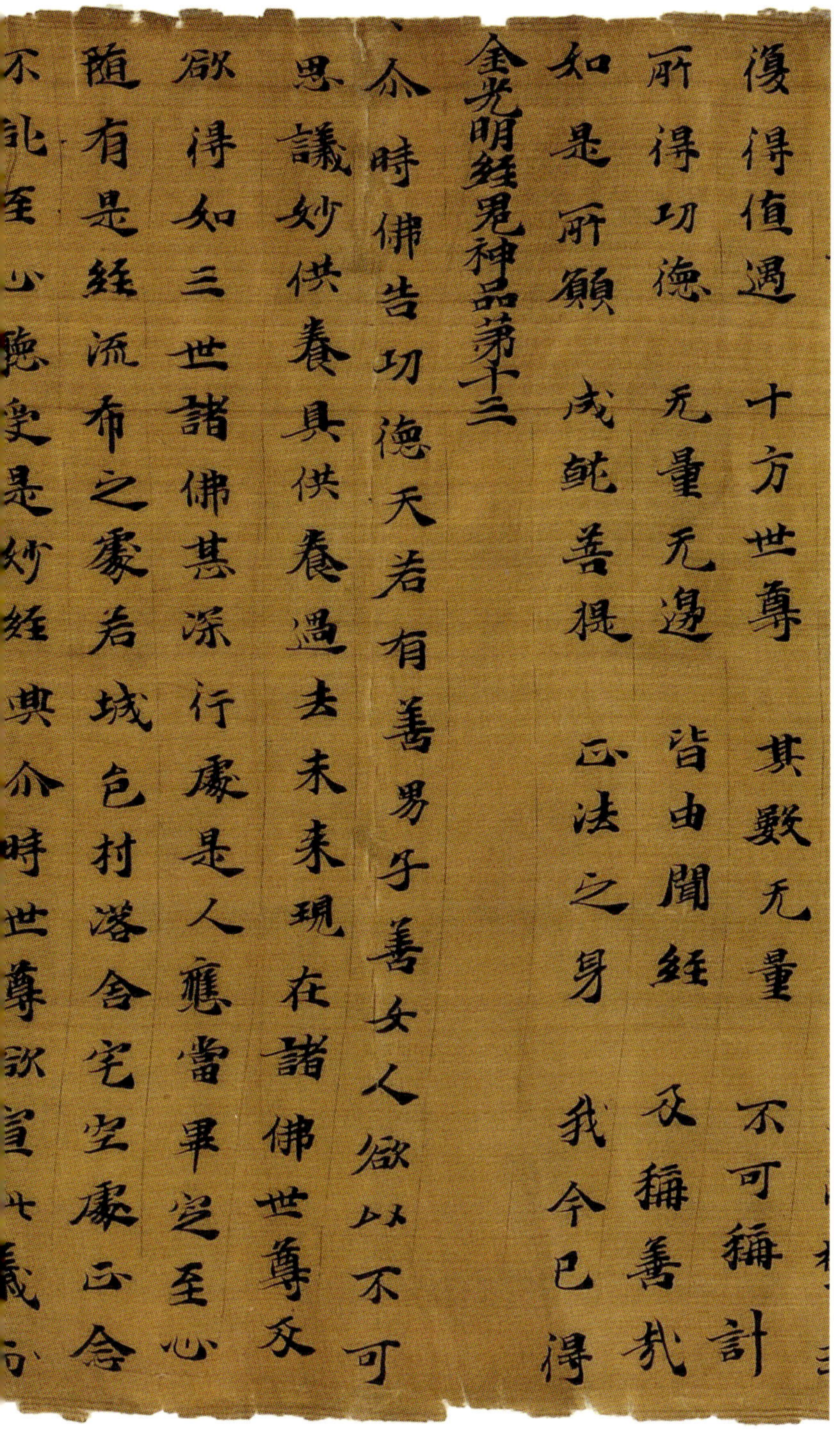

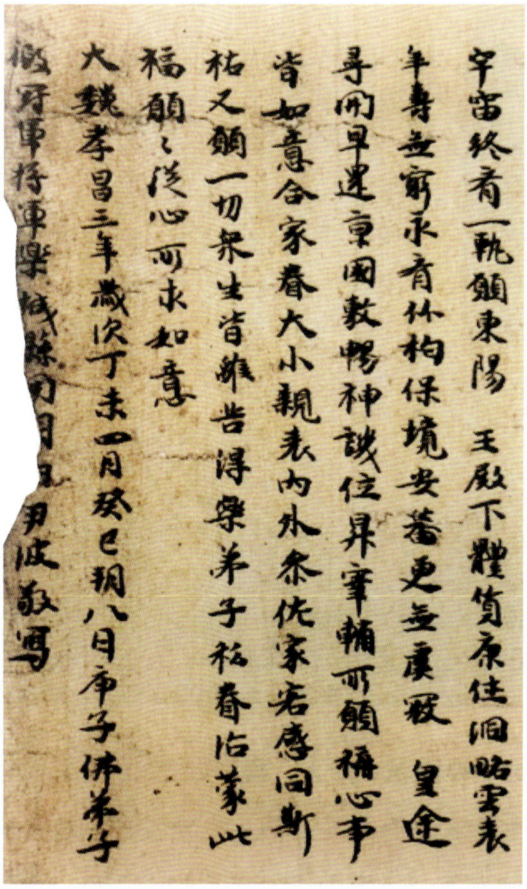

图 6-47 《观世音经》局部，北魏，527 年，书道博物馆

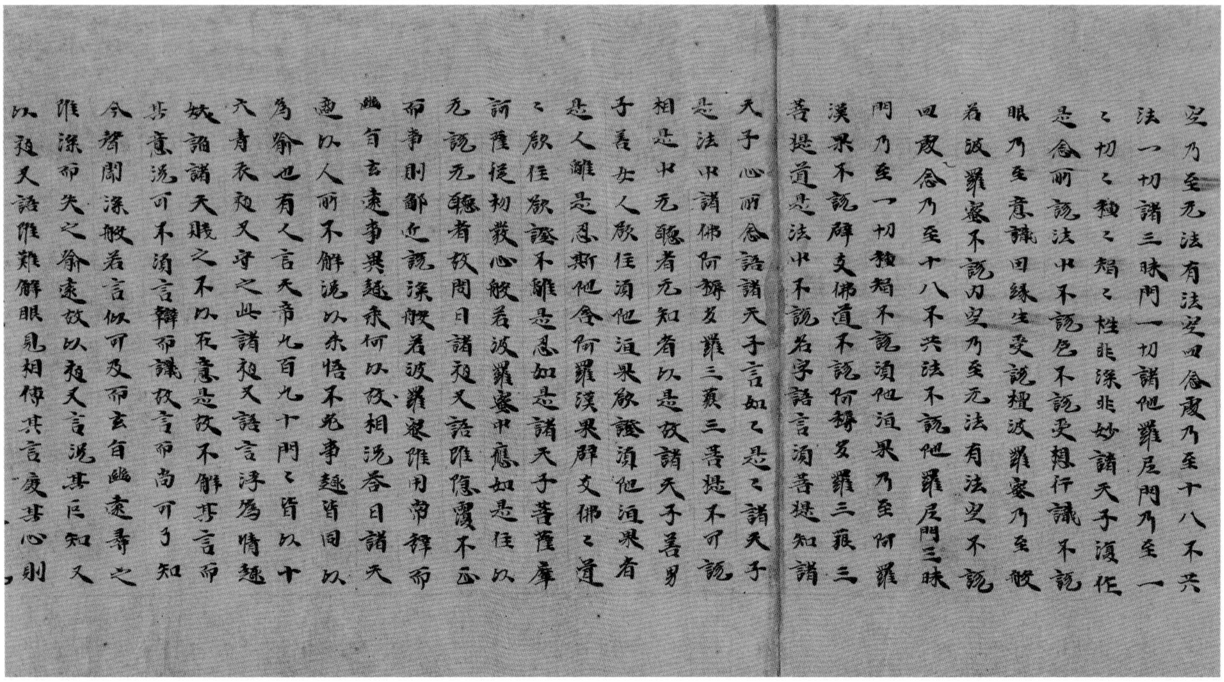

图 6-48　P. 2143 元荣所造经《大智第廿六品释论》局部一，北魏，532 年，法国国家图书馆

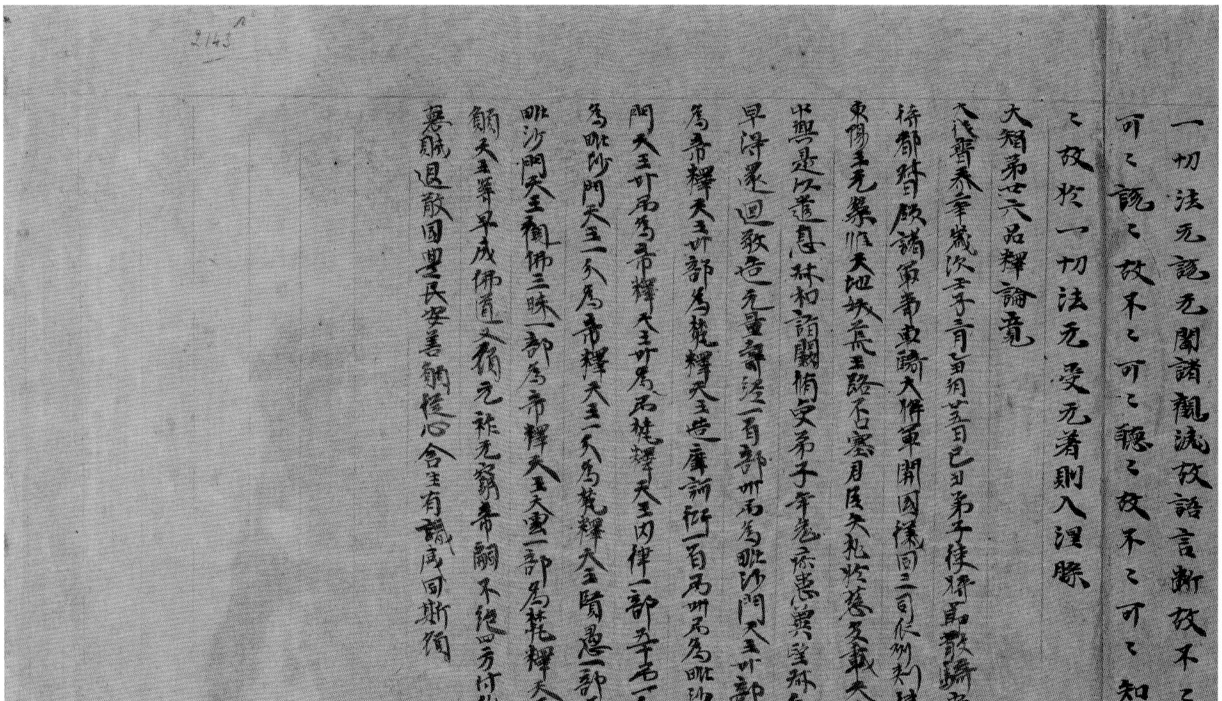

图 6-49　P. 2143 元荣所造经《大智第廿六品释论》局部二，北魏，532 年，法国国家图书馆

图 6–50 S. 00736《大比丘尼羯磨一卷》，南北朝，543 年，卷轴装，26.1 厘米 × 647.2 厘米，纸二十张，首残尾全，英国国家图书馆

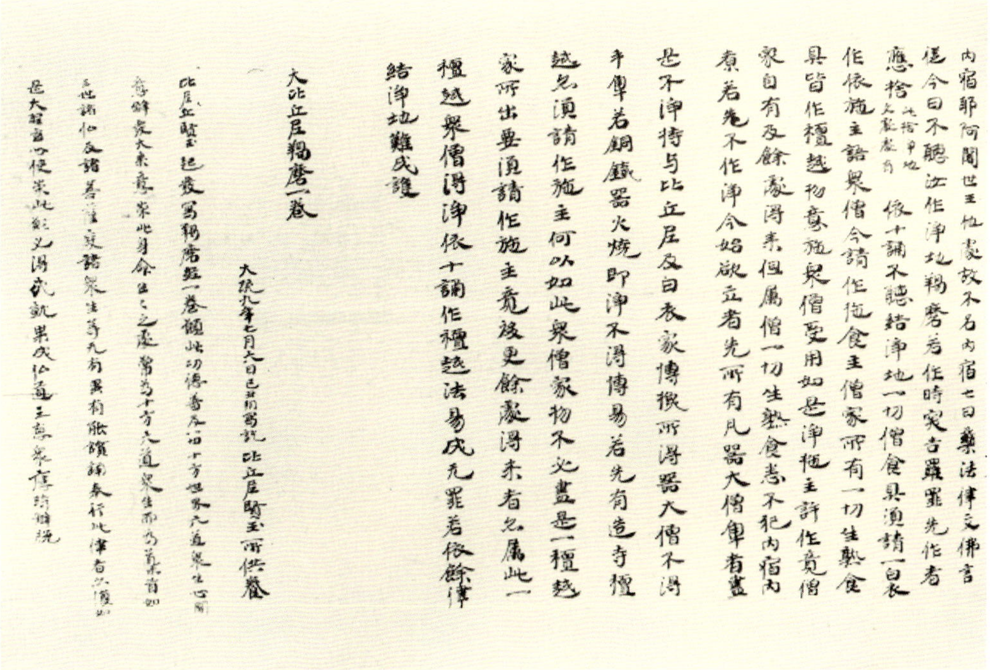

图 6–51 BD15076《入楞伽经卷第一》，北魏，509 年，纸本，卷轴装，28 厘米 × 827 厘米，纸二十一张，中国国家图书馆

（二）南北合流

554年12月，西魏率军攻陷梁朝首都江陵，俘获梁朝文臣王褒等数十人俱至长安，王褒是梁朝著名书家，携带世代相传的王家书迹北来，这便是书法史上著名的“王褒入关”事件。后北周以“和平”方式取代西魏，王褒书法在北周处于强势地位，促使北方又形成第二次更完整稳定的南北书风合流，具有较明显的南方书风，但还保存着魏碑书法风格遗存，这在写经中也有明显的例子。

1. P. 3471《胜天王般若波罗蜜经序》

法国国家图书馆藏 P. 3471《胜天王般若波罗蜜经序》（图 6–52），现存图版中已看不到通卷正文书写内容，只存最后一页题记，其中写道：“以陈文帝天嘉六年九月岁次乙酉七月辛巳朔廿三日癸卯，劝请首那于州听事略开题序，设无遮大会，四众云集五千余人……听笔疏，一言敢失，再三循环，撰为七卷讫。其年九月十八日，文句乃尽……”可知该卷为南朝陈写本，写于 565 年 9 月。观其书法用笔停匀，粗细变化不大，显得清劲秀美，很多点画具有北碑骨力，有的撇画收笔的捺脚，如“大”、“命”，还有的钩画的平推，如“寺”、“乃”、“子”等，都有魏碑笔法的影子。字形也有点紧斜结体，风格与北魏《元怀墓志》（图 6–53）有共同之处，是南北合流的作品。

2. S. 00056《大般涅槃经卷二六》

英国国家图书馆藏 S. 00056《大般涅槃经卷二六》（北本宫本）（图 6–54），纸本，卷轴装，长 932 厘米，宽 27 厘米，纸数二十三张，共 391 行，每行 17 字。首残尾全，卷首中部残缺，卷面保存尚好，有拖尾，尾有木轴，两头涂黑漆，有乌丝栏。《翟林奈目录》著录本卷：“六世纪晚期好写卷。纸张金黄色，纸质薄。”本卷无确切纪年信息，尾有题记“道舒受持”。天津市艺术博物馆藏 022 号《大般涅槃经卷第四》的题记中也出现了“道舒受持”，且时间为“梁普通三年”（522），故可推断 S. 0056 同为南朝梁写本，具体时间在 522 年上下。

从书法来看，用笔熟练细腻，流转妍美，点画中段沉实，圆浑饱满。笔法变化较多，如横画的起笔既有南方锐利细腻的便捷笔法，也有魏碑顿笔方笔。字内空间茂密，结体宽扁，重心较低，稳重宽和。整体风格既有钟王书风，也有《张黑女墓志》的影子。

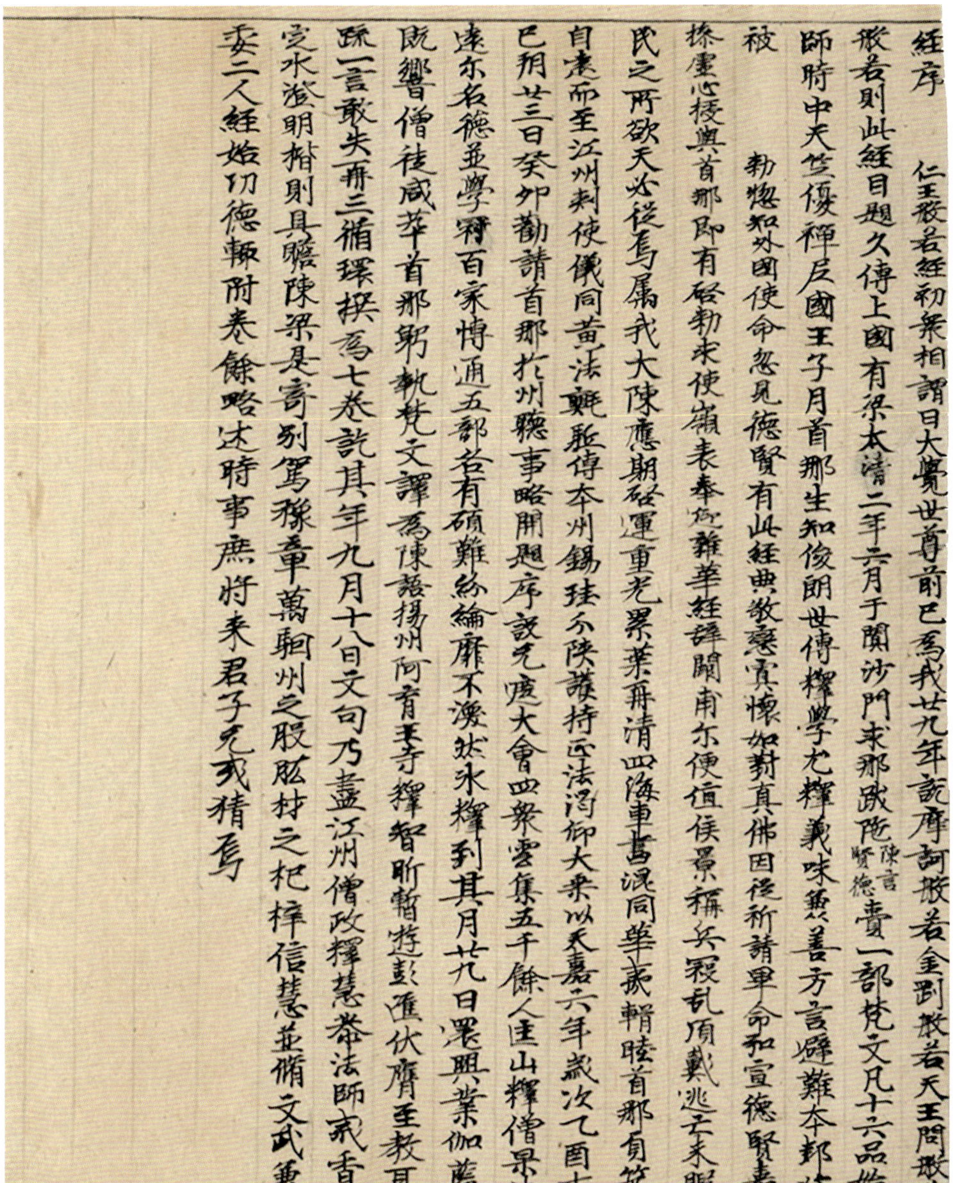
經序 仁王般若經初稱相謂曰大覺世尊前已為我廿九年說摩訶般若金剛般若天王問般若光讚
般若則此經目題久傳上國有梁太清二年于闐沙門求那跋陀（陳言賢德）賷一部梵文凡十六品始泊京
師時中天竺優禪尼國王子月首那生知俊朗世傳釋學尤釋義味兼善方言避難本鄉從仕梁
被 勅惣知外國使命忽見德賢有此經典敬應頂懷如對真佛因從祈請畢命和宣德賢嘉其雅
操虔心授與首那即有啟勅未便翻表奉啟雜華經譯闕甫尔便值侯景稱兵殺亂頂戴逃亡未暇翻譯
民之所欲天必從焉屬我大陳應期啟運重光累葉再清四海車書混同華戎輯睦首那負笈懷經
自遠而至江州刺使儀同黃法氍躬傳本州錫珪分陝護持正法仰大乘以天嘉六年歲次乙酉七月辛
巳朔廿三日癸卯勸請首那於州聽事略開題序說元瘦大會四衆雲集五千餘人匡山釋僧景法師及
遠尔名德並學冠百家博通五部若有碩難紛綸靡不渙然冰釋到其月廿九日還興業伽藍樓扶
既響僧徒咸萃首那躬執梵文譯為陳語揚州阿育王寺釋智昕暫遊彭蠡伏膺聖教耳聽筆
疏一言敢失再三循環撰為七卷訖其年九月十八日文句乃盡江州僧正釋慧恭法師戒香芬郁
定水澄明楷則具瞻陳梁是寄別駕孫章萬騎州之股肱材之杞梓信慧並備文武兼用教
委二人經始功德輒附卷餘略述時事庶將來君子无或猜焉

图 6-52 P. 3471《胜天王般若波罗蜜经序》，南朝陈，565 年，法国国家图书馆

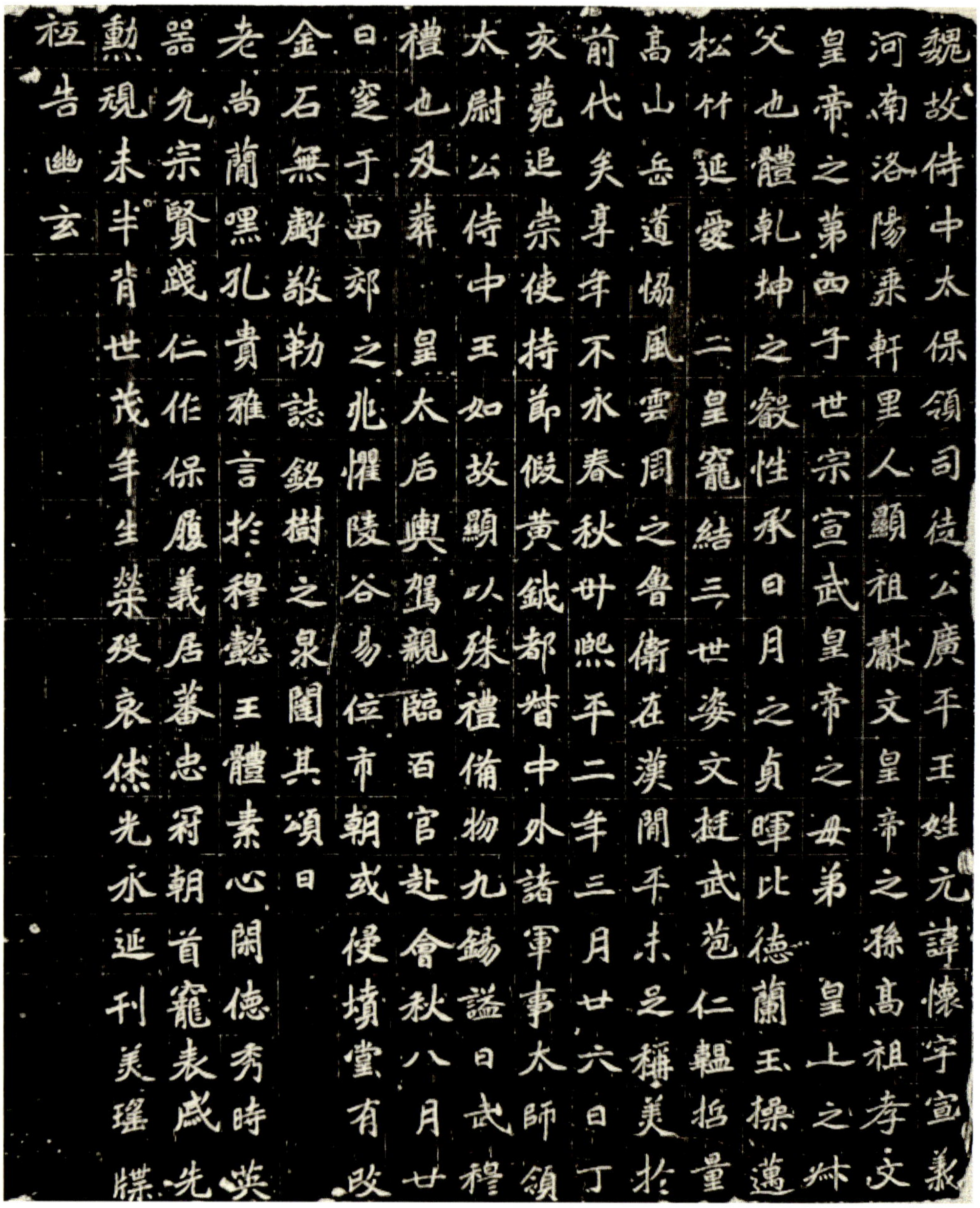
魏故侍中太保領司徒公廣平王姓元諱懷字宣義
河南洛陽乘軒里人顯祖獻文皇帝之孫高祖孝文
皇帝之第四子世宗宣武皇帝之母弟 皇上之叔
父也體乾坤之叡性承日月之貞暉比德蘭玉操邁
松竹延愛 二皇寵結三世姿文挺武苞仁韞挹量
高山岳道協風雲周之魯衛在漢閒平未足稱美於
前代矣享年不永春秋卅熙平二年三月廿六日丁
亥薨追崇使持節假黃鉞都督中外諸軍事太師領
太尉公侍中王如故顯以殊禮備物九錫謚曰武穆
禮也及葬 皇太后輿駕親臨百官赴會秋八月廿
日窆于西郊之兆懼陵谷易位市朝或侵墳堂有改
金石無虧敬勒誌銘樹之泉闥其頌曰
老尚蘭嘿孔貴雅言於穆懿王體素心閑德秀時英
器允宗賢踐仁作保履義居蕃忠冠朝首寵表咸先
勳覲未半背世茂年生榮歿哀悰光永延刊美瑶牒
祏告幽玄

图 6–53 《元怀墓志》拓片，北魏，原石藏于河南博物院

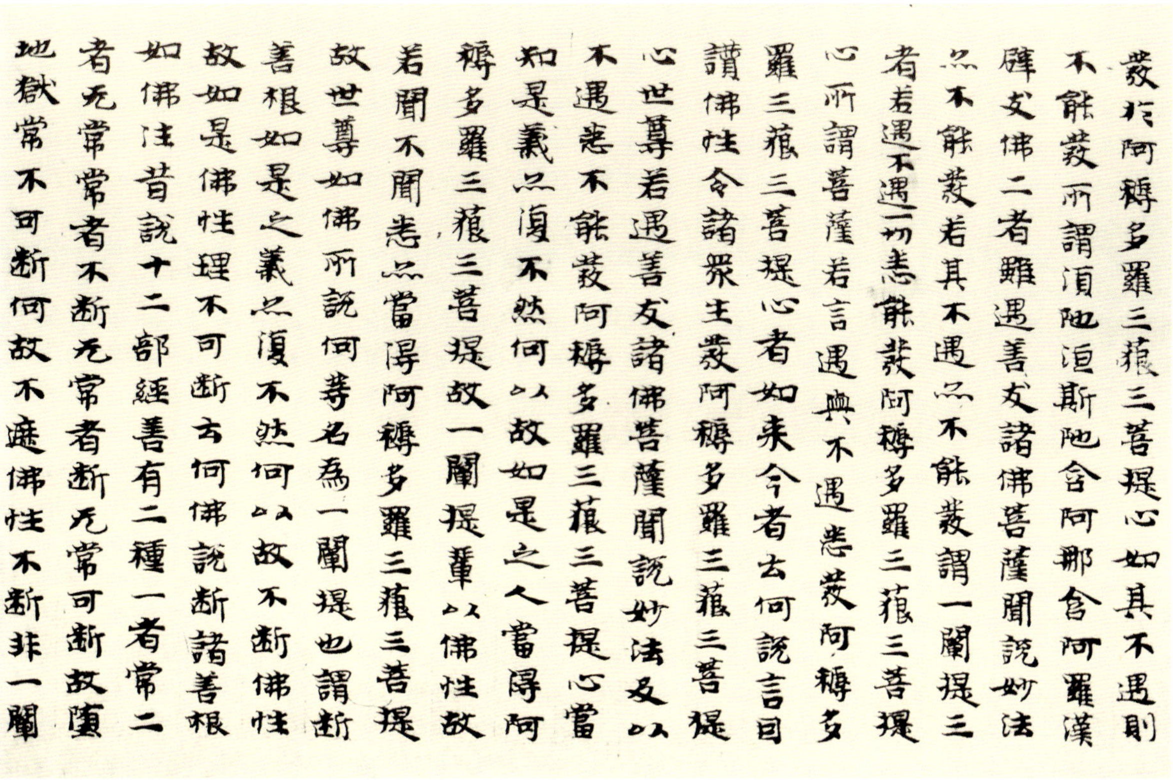
發於阿耨多羅三藐三菩提心如其不遇則
不能發所謂須陀洹斯陀含阿那含阿羅漢
辟支佛二者雖遇善友諸佛菩薩聞說妙法
亦不能發若其不遇亦不能發謂一闡提三
者若遇不遇一切悉能發阿耨多羅三藐三菩提
心所謂菩薩若言遇與不遇悉發阿耨多
羅三藐三菩提心者如來今者云何說言因
讀佛性令諸衆生發阿耨多羅三藐三菩提
心世尊若遇善友諸佛菩薩聞說妙法及以
不遇悉不能發阿耨多羅三藐三菩提心當
知是義亦復不然何以故如是之人當得阿
耨多羅三藐三菩提故一闡提輩以佛性故
若聞不聞悉亦當得阿耨多羅三藐三菩提
故世尊如佛所說何等名為一闡提也謂斷
善根如是之義亦復不然何以故不斷佛性
故如是佛性理不可斷云何佛說斷諸善根
如佛往昔說十二部經善有二種一者常二
者无常常者不斷无常者斷无常可斷故墮
地獄常不可斷何故不遮佛性不斷非一闡

图 6–54　S. 00056《大般涅槃经卷二六》(北本宫本)，南朝梁，纸本，卷轴装，27 厘米×932 厘米，纸二十三张，英国国家图书馆

与此类似的还有国家图书馆藏 BD15078《大般涅槃经卷第九》(北本异卷)(图 6–55)，是 566 年北周写本，纸本，卷轴装，长 827 厘米，宽 28 厘米，纸数二十一张，共 446 行，每行 17 字。首残尾全，背有古代裱补，有乌丝栏。尾有题记："天和元年岁在辰巳十二月七日，比丘法定发愿造《涅槃经》一部，上为天帝释、四天大王、龙王、八部、军王、国主、七世父母、现在所生父母、师僧、眷属，下及三途地狱、一切众生，普同此福。又愿法定舍身之后，不经三涂，不经八难……"

本卷用笔与结构更加接近钟王书风，圆润古朴，偶有魏碑笔法，主要还是南朝风范。

或言如車輪或言如此丸由旬一切皆見月
之光明或見圓圓猶如金槃是月性一種種
眾生各見異相善男子如來亦尒出現於世
或有人天而作是念如來今者在我前住復
有畜生亦生是念如來今者在我前住或有
聾瘂亦見如來有聾瘂相眾生雜類言音各
異皆謂如來悉同己語亦各生念在我舍宅
受我供養或有眾生見如來身廣大无量或
見微小或有見佛是聲聞像或復有見為緣
覺像有諸外道復各念言如來今者在我法
中出家學道或有眾生復作是念如來今者
獨為我故出現於世如來實性譬如彼月即
是法身是无生身方便之身隨順於世示現
无量本業因緣在在處處示現有生猶如彼

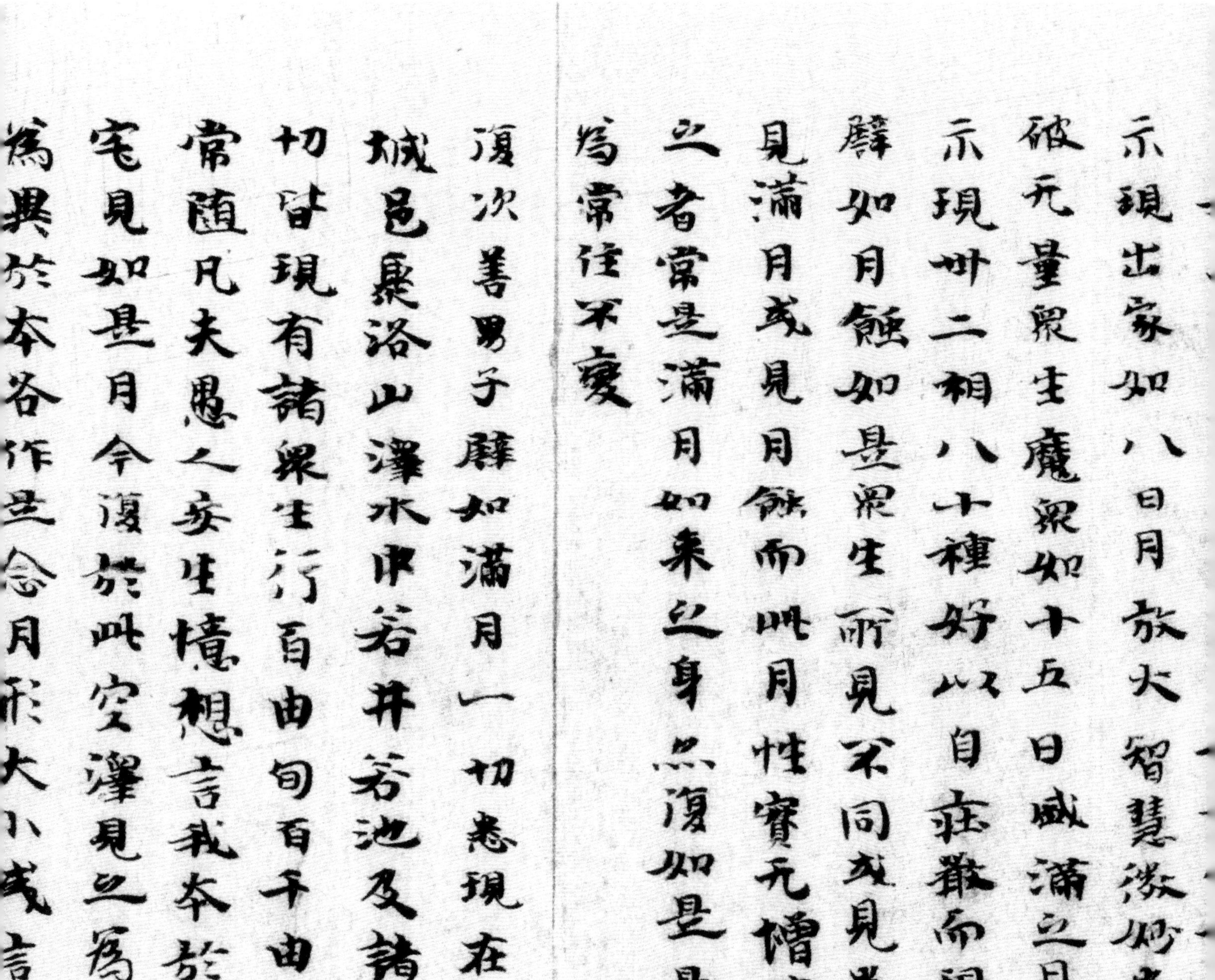
示現出家如八日月放大智慧微妙光明能
破无量衆生魔衆如十五日盛滿之月或復
示現卅二相八十種好以自莊嚴而現涅槃
譬如月蝕如是衆生所見不同或見半月或
見滿月或見月蝕而此月性實无增減蝕
之者常是滿月如來之身亦復如是是故名
爲常住不變
復次善男子譬如滿月一切悉現在在處處
城邑聚落山澤水中若井若池及諸水器一
切皆現有諸衆生行百由旬百千由旬見月
常隨凡夫愚人妄生憶想言我本於城邑屋
宅見如是月今復於此空澤見之爲是本月
爲異於本各作是念月形大小或言如鐺口

图 6–55　BD15078《大般涅槃经卷第九》（北本异卷），北周，566 年，纸本，卷轴装，28 厘米 × 827 厘米，纸二十一张，中国国家图书馆

（三）南派

东吴、东晋与南朝四朝均以南京为都，书风有密切关联和承续关系。刘熙载《艺概·书概》称："渡江以来，王、谢、郗、庾四氏，书家最多。而王家羲献，世罕伦比，遂为南朝书法之祖。"[1]潇洒俊逸、优游从容的魏晋风度影响至南朝，形成了妍美俊秀的南派书风，这与北朝古朴雄浑的审美风格拉开了很大的距离。相较于北朝写本，敦煌佛经中南朝写本甚少，部分写本的题记中有南朝宋齐梁陈年号，时代和地域比较精确，也有虽题记中未明确注明南朝年号，但其风格归属于南朝，很可能为南朝写本。以这些写本为例，可一窥敦煌写本中的南派书法风貌。

1. P. 2196《出家人受菩萨戒法卷一》

法国国家图书馆藏 P. 2196《出家人受菩萨戒法卷一》，是 519 年萧梁政府写经，后流至敦煌。尾有题记（图 6–56）："大梁天监十八年岁次己亥夏五月，敕写，用纸廿三枚，戴萌桐书，睪仙之读，瓦官寺释慧明奉持。"梁武帝曾于天监十八年己亥四月八日发弘誓心，从草堂寺僧慧约受菩萨戒，饶宗颐认为本卷书写时间正是武帝受戒后十余日，应当是奉武帝敕命所写。书写地点"瓦官寺"，是建康名寺。

此卷书法精良，笔画丰腴，自然天成，与智永楷书《千字文》的精神气质有相通之处，而与时间相仿的敦煌镇令狐崇哲的写经有明显差异，笔意显得更加柔和，体势多为横画平结，字形已经相当平正中和。从字体来看，此时南方写经中已很少有隶书遗存，即便演进较慢的横画与捺画的收笔，也逐渐形成了典型的楷书笔画形态，而点画起笔、转折与钩画等的书写已与隋唐楷书无异。

2. S. 00081《大般涅槃经卷第十一》（北本）

英国国家图书馆藏 S. 00081《大般涅槃经卷第十一》（图 6–57），纸本，为 506 年南朝梁写本。卷轴装，长 692.8 厘米，宽 26.7 厘米，纸数十五张，共 405 行，每行 17 字。首残尾全，纸张甚薄，入潢砑光。卷首残缺，通卷上下边多水渍。尾有题记："天监五年七月廿五日，佛弟子谯良颙奉为亡父

---

[1] 《历代书法论文选》，上海书画出版社，1979 年，第 696 页。

于荆州竹林寺敬造《大般涅槃》一部。愿七世含识，速登法王无畏之地。比丘僧伦龚弘亮二人为营。”可知书写者是比丘僧伦、龚弘亮二人，供养人是谯良颙，为其亡父敬造。荆州是南朝重要都市，陈寅恪推测此卷为梁元帝三年（554）江陵陷没时西魏将士虏获的战利品，因隋文帝杨坚之父杨忠最为信佛，时为西魏所遣大将之一，所以可能为杨忠所收，后携至西北，散于人间。[①]

此卷为南朝写经之佳作，正楷写本，章法规整，风格疏朗。通篇结体匀称平正，用笔清劲，笔笔到位。横画起笔一律顺锋斜切，收笔多不出锋，或带波势或重按驻笔，带波势者为楷法中保留隶书笔法遗存。竖画顺锋斜切入笔，尖撇直出，捺脚不带波挑。钩画都顿锋硬钩，转折方圆结合。较之北朝写本，清秀挺拔，平和安静，温润飘逸。作为规范的写经，相同点画与字形之间的变化相对较少，如文中反复出现的“一”一、“不”不、“力”力等，雷同的迹象很明显。

3. P. 2965《佛说生经卷一》与 P. 2160《摩诃摩耶经卷上》

法国国家图书馆藏 P. 2965《佛说生经卷一》（图 6–58）是 576 年南朝陈写本，卷轴装，首残尾全，只存后半，行 17 字，尾有题记：“陈太建八年岁次丙申白马寺禅房沙门慧湛敬造……”通篇有智永之风。运笔灵动轻便，起笔顺锋轻入，笔画中段铺毫，饱满圆润，笔画之间的搭接多有空隙不堵死，如“曰”“因”“国”“臣”（图版）的竖与横之间，都是如此。并且擅用短促的笔画，笔尖着纸，有跳跃之感。很多笔画边线包括转折处均为弧形，显得很有生气和张力。结体停匀，气息平和，潇洒流畅，自然天成。

另一件法藏 P. 2160《摩诃摩耶经卷上》（图 6–59）同为陈代写本，与 P. 2965《佛说生经卷一》风格类似，水平相当。该卷末题记为：“陈至德四年十二月十五日菩萨戒弟子彭普信敬造……”应为 587 年写就，时间较《生经第一》晚十余年，用笔以圆笔为主，但也有顿切锋入笔，转折处硬折等，审美表现上更为中和一些。

① 王菡薇、陶小军：《敦煌南朝写本书法研究》，人民出版社，2011 年，第 273 页。

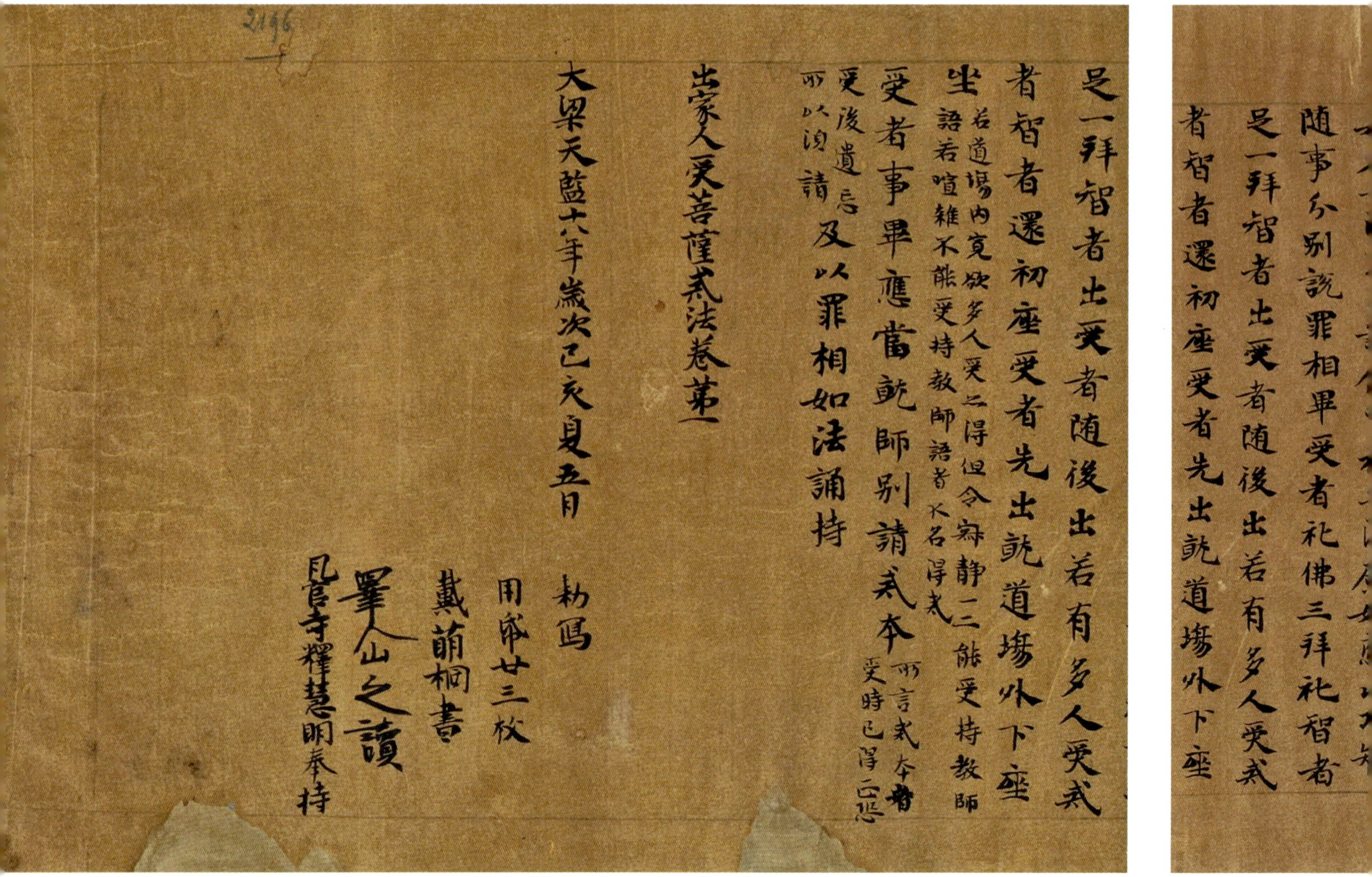

图 6–56　P. 2196《出家人受菩萨戒法卷一》，南朝梁，519 年，法国国家图书馆

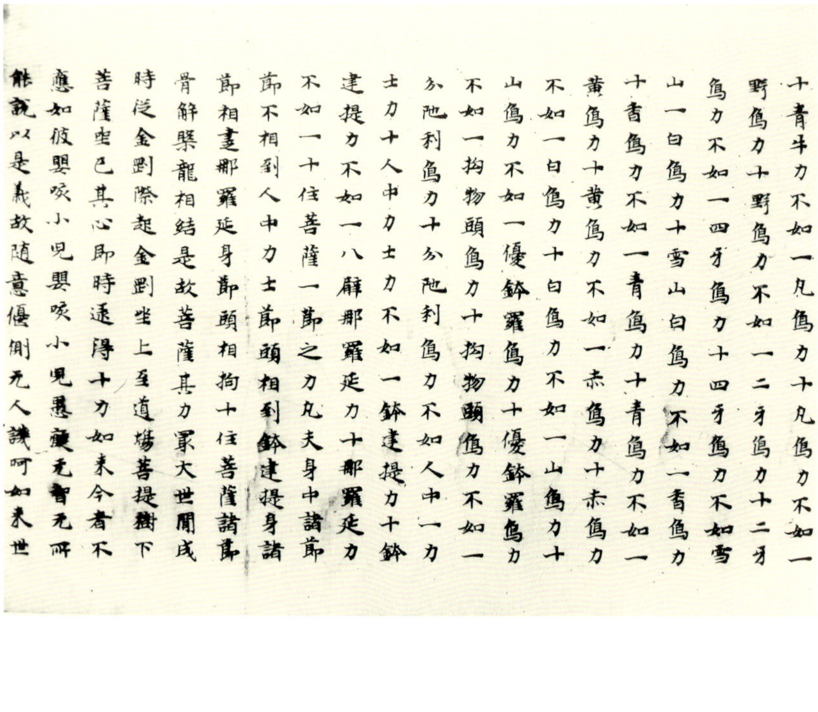

图 6–57　S. 00081《大般涅槃经卷第十一》（北本），南朝梁，506 年，纸本，卷轴装，26.7 厘米 × 692.8 厘米，纸十五张，英国国家图书馆

法中非法律非常生悲心教化是悪人輩令
生大乘善信而菩薩及更自説佛法中罪過
是菩薩波羅夷罪
菩薩若口自讃毀他亦教人自讃毀他毀他
因毀他業毀他法毀他縁而菩薩代一切衆
生受加毀辱悪事自向己好事与他人若自
揚己徳隠他人好事他人受毀辱者是菩薩
薩波羅夷罪
菩薩若自慳教人慳慳因慳業慳法慳縁而
菩薩見一切貧窮人来乞者随前人所須一
切給与而菩薩悪心瞋心乃至不施一錢一
針一草有求法者不為説一句一偈一微塵許
法而反更罵辱是菩薩波羅夷罪
菩薩若自瞋教人瞋瞋因瞋業瞋法瞋縁而
菩薩應生一切衆生中善根无諍之事常生悲
心而反更於一切衆生中乃至非衆生中以
悪口罵辱加以手打及以刀杖意猶不息前
人求悔善言懺謝猶瞋不解是菩薩波羅夷
罪
菩薩若自謗三寶教人謗三寶謗因謗業
謗法謗縁而菩薩見外道及以悪人一言謗佛
音聲如三百鉾刺心況口自謗不生信心孝順
心而反更助悪人耶見人謗是菩薩波羅夷

菩薩若自謗三寶教人
謗法謗縁而菩薩見外道
音聲如三百鉾刺心況口
心而反更助悪人耶見人

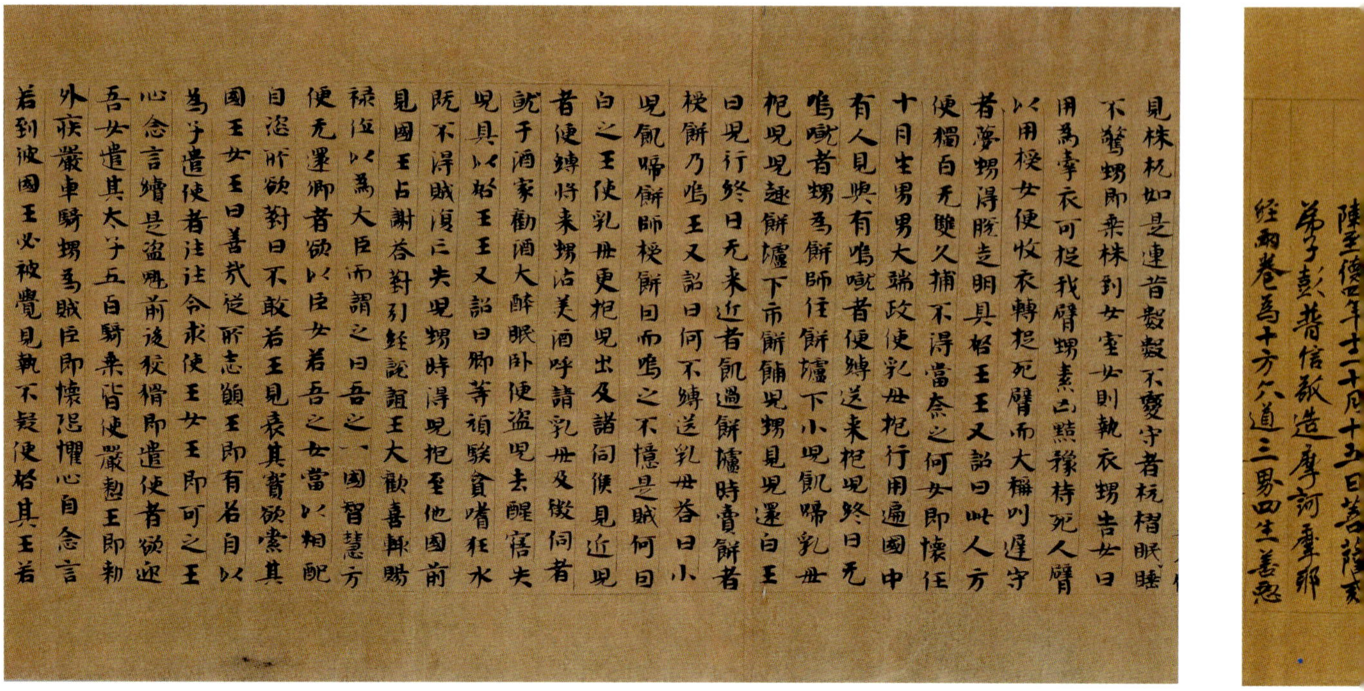

图 6-58　P. 2965《佛说生经卷一》，南朝陈，576 年，卷轴装，首残尾全，法国国家图书馆

三、隋唐

隋唐书法可根据时代特征分为四个阶段：隋代、初唐、盛唐与晚唐五代。隋代承接南北融合的书风，初唐开创楷书典则，盛唐树立博大雄健气象，晚唐逐渐转向衰落，整体显示出瘦硬僵化之风。每个时段产生了代表性的书家，他们各成一体，成就极高，在书法史上有不可撼动的地位，深远影响了楷书的审美与发展。敦煌隋唐写经也打上了时代烙印，名家书法风格对写经书法产生了深刻影响。本书选择以代表性书家风格分类来鉴赏，按照写本取法分为智永、欧阳询、褚遂良、颜真卿、柳公权等类型，还有一类多元取法。吐蕃从中唐始，占领敦煌 60 余年（786—848），后唐中央政权于 851 年遣使河西设立归义军，并以张议潮为首任节度使，敦煌便进入归义军时期。这两个时期写经依然盛行，也具有自己的时代风格。

（一）智永书风

高僧智永为陈至隋朝的书家，王羲之七世孙，是王羲之书风的忠实且重要的传承者。清人梁巘评其书法“晋人后，智永圆劲秀拔，蕴藉浑穆，其去右军，如颜之于孔。”[①]曾书《千字文》八

① 《历代书法论文选》，上海书画出版社，1979 年，第 581 页。

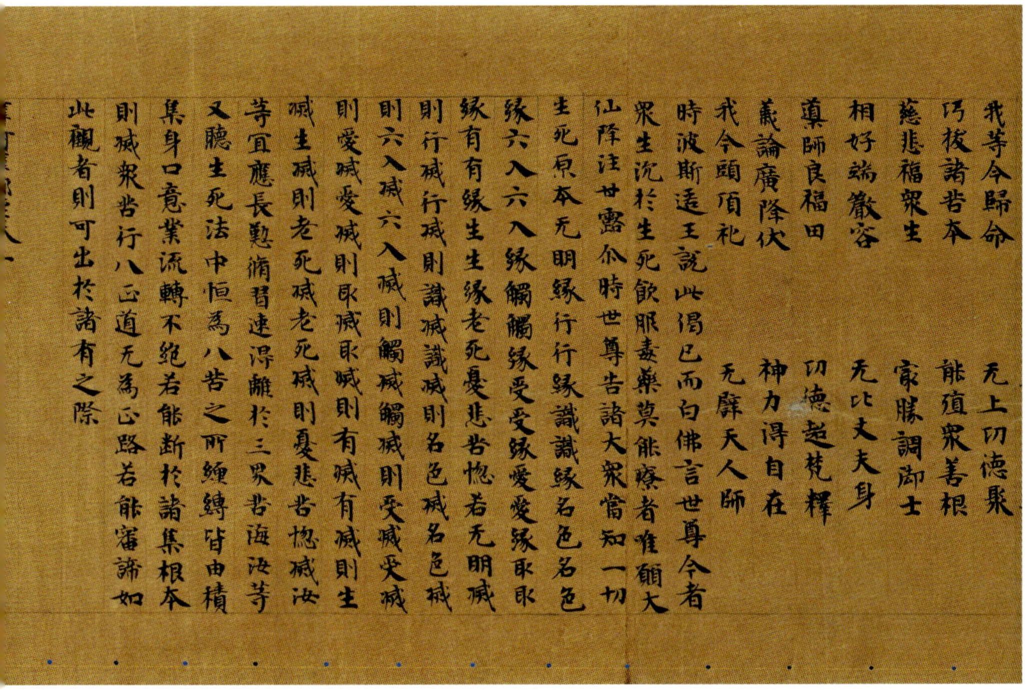

图 6–59　P. 2160《摩诃摩耶经卷上》，南朝陈，587 年，法国国家图书馆

百本，散与浙东诸寺，影响深远。代表作品《真草千字文》（图 6–60），米芾称其“秀润圆劲，八面具备”[1]。《千字文》笔法精湛，楷法完备，流布甚广，在当时成为南方寺院法师和民间经生临习的范本，也影响至敦煌。写于贞观十五年的法藏 P. 3561 蒋善进临《智永真草千字文》（图 6–61）被认为是目前发现最早、水平甚好的临本。敦煌写经中，学习智永书风者并不鲜见。前述 P. 2965《佛说生经卷一》与 P. 2160《摩诃摩耶经卷上》已有智永的风格。

1. S. 02051《提谓经卷下》

英国所藏 S. 02051《提谓经卷下》（图 6–62），纸本，为 6—7 世纪隋写本。卷轴装，长 727.8 厘米，宽 25 厘米，纸数十五张，共 397 行，每行 17 字。首残尾全，卷面整洁，略有水渍。有乌古代褾补接出拖尾，有乌丝栏。该文献亦称《提谓波利经》《提谓五戒经》，宋武时北国比丘昙靖撰。据传佛对提谓（梵名：Trapusa）与波利（梵名：Bhallika）二位长者，开说人天五戒、十善戒。《开元释教录》第十八卷（大正藏第五十五卷第 674 页）质疑此为伪经：“《提谓波利经》，二卷。旧别有《提谓经》一卷，与此真伪全异。”

① 《历代书法论文选》，上海书画出版社，1979 年，第 362 页。

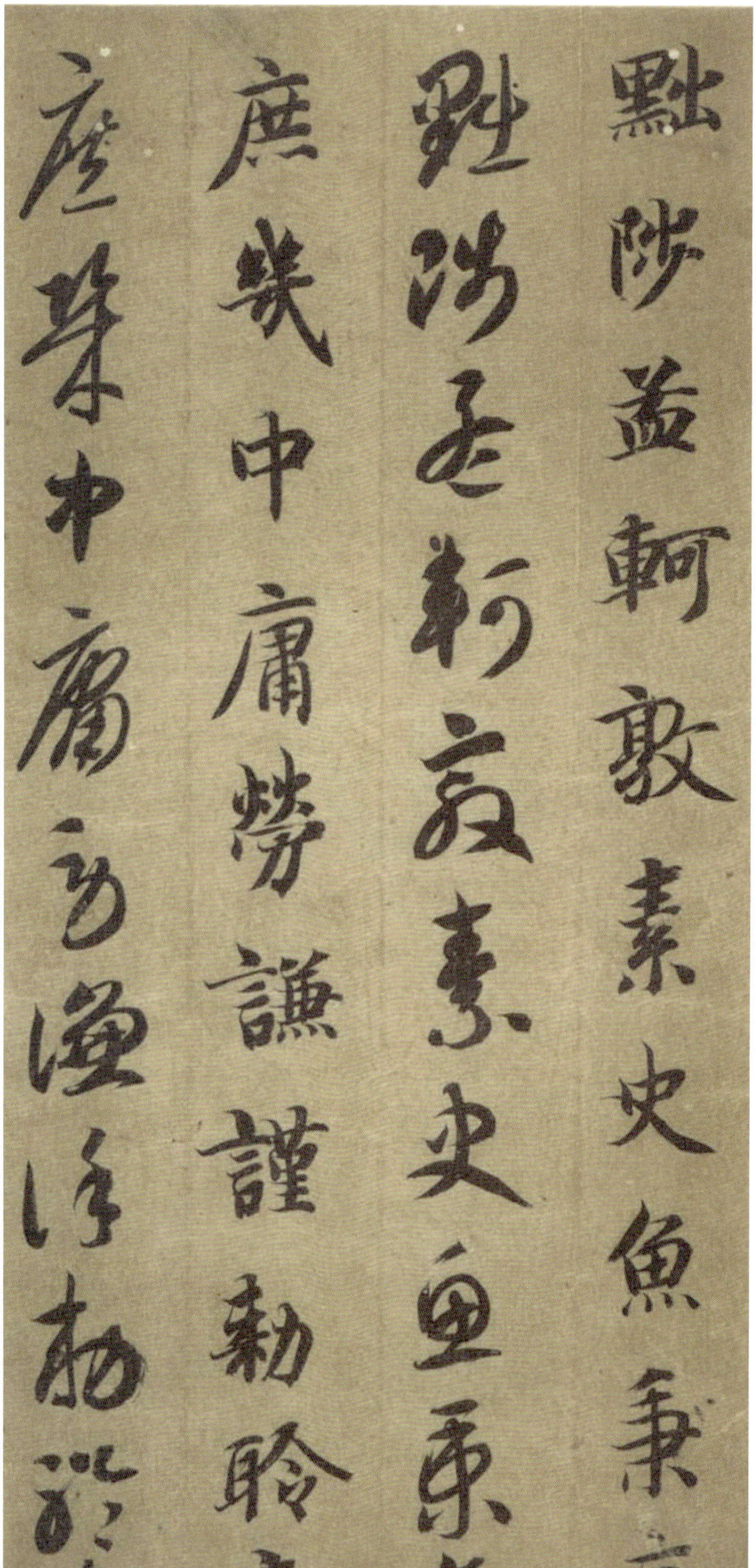

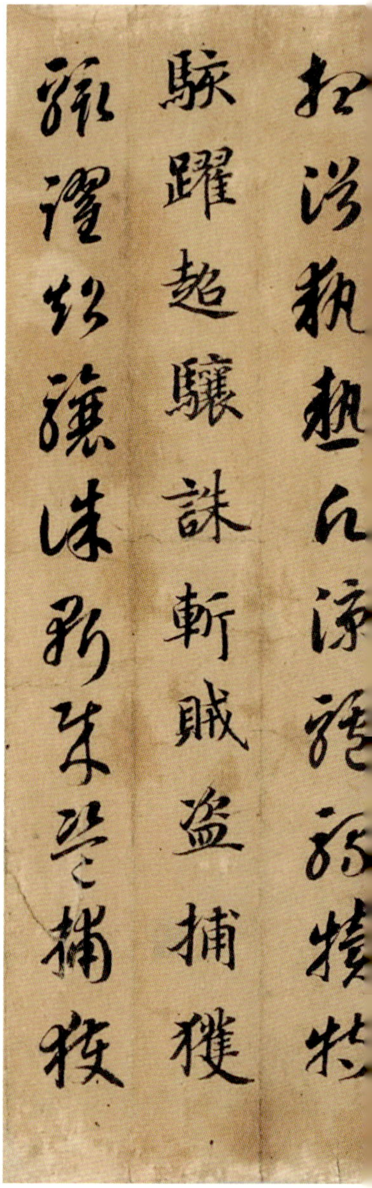

图 6–60《真草千字文》局部，隋，纸本，册页，墨书，29.3 厘米×14.2 厘米，现为日本小川正字广巳先生收藏

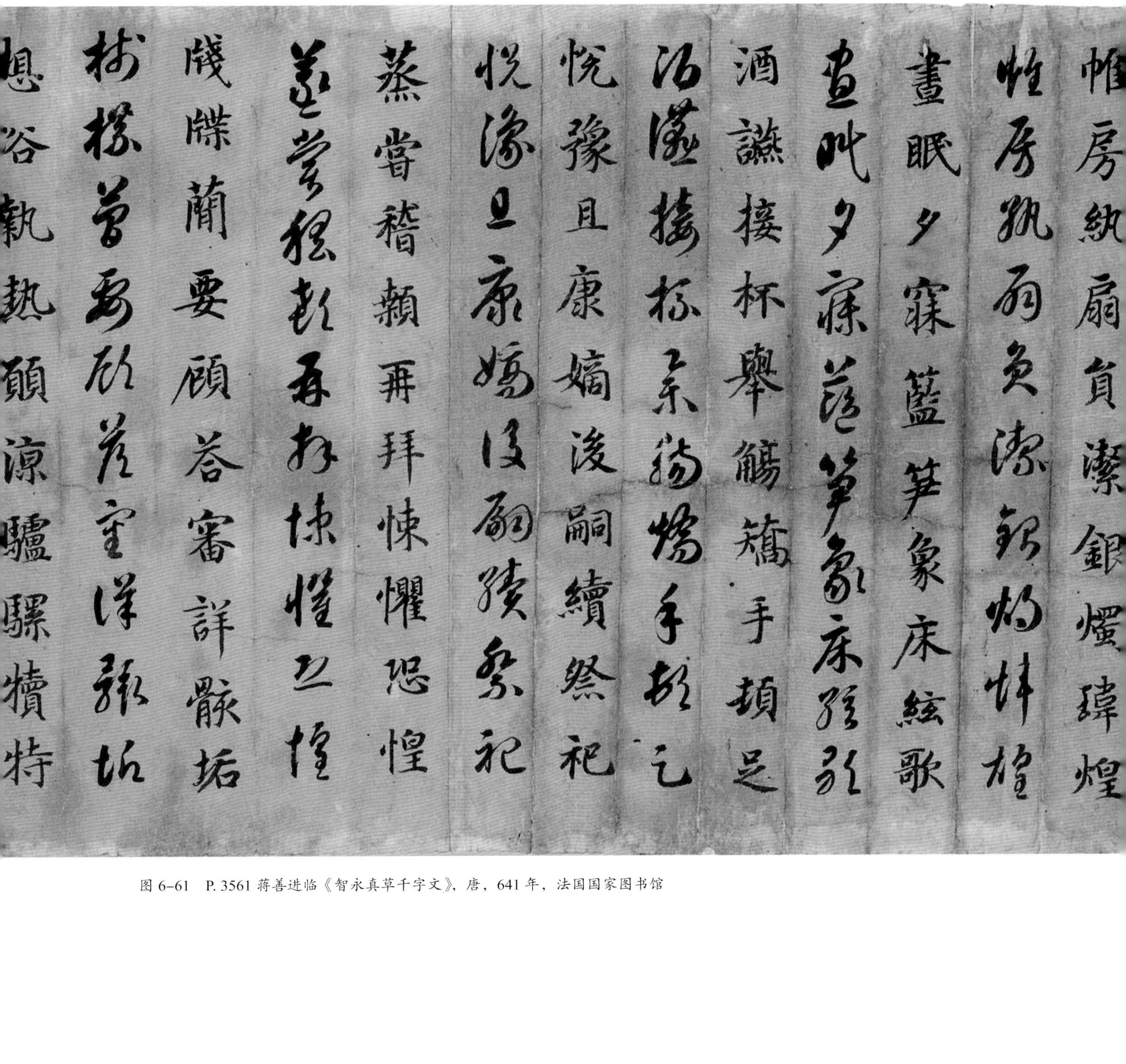

图 6-61　P. 3561 蒋善进临《智永真草千字文》，唐，641 年，法国国家图书馆

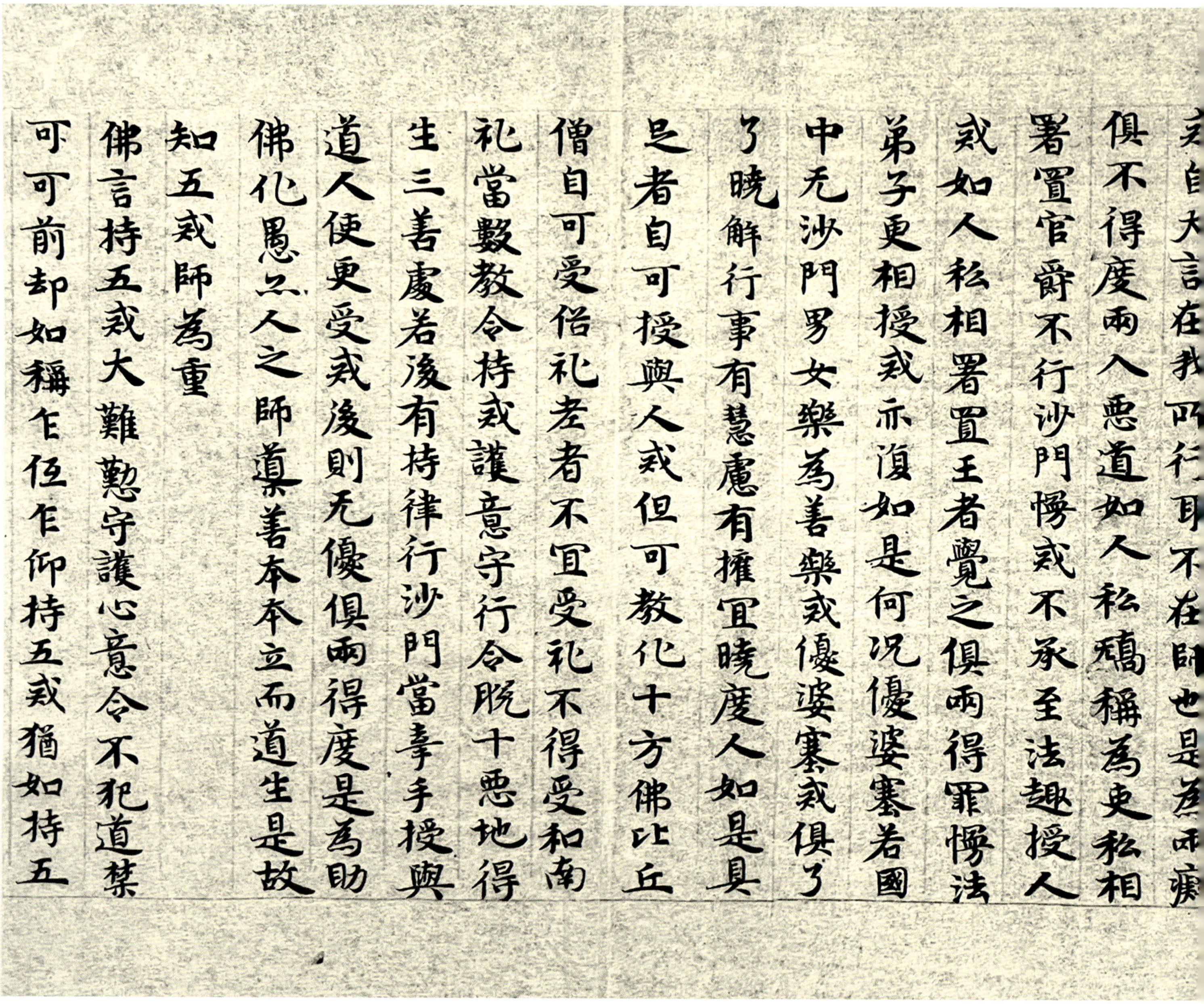
文自大言在我所行耶不在師也是為兩癡
俱不得度兩入惡道如人私竊稱為吏私相
署置官爵不行沙門慢戒不承至法趣授人
戒如人私相署置王者覺之俱兩得罪慢法
弟子更相授戒亦復如是何況優婆塞若國
中无沙門男女樂為善樂戒優婆塞戒俱了
了曉解行事有慧慮有權宜曉度人如是具
足者自可授與人戒但可教化十方佛比丘
僧自可受俗禮老者不宜受禮不得受和南
禮當數教令持戒護意守行令脫十惡地得
生三善處若後有持律行沙門當搴手授與
道人便更受戒後則无傷俱兩得度是為助
佛化愚冥人之師導善本本立而道生是故
知五戒師為重
佛言持五戒大難勤守護心意令不犯道禁
可可前却如稱作低作仰持五戒猶如持五

图 6-62　S. 02051《提谓经卷下》，隋，卷轴装，25 厘米×727.8 厘米，纸十五张，首残尾全，英国国家图书馆

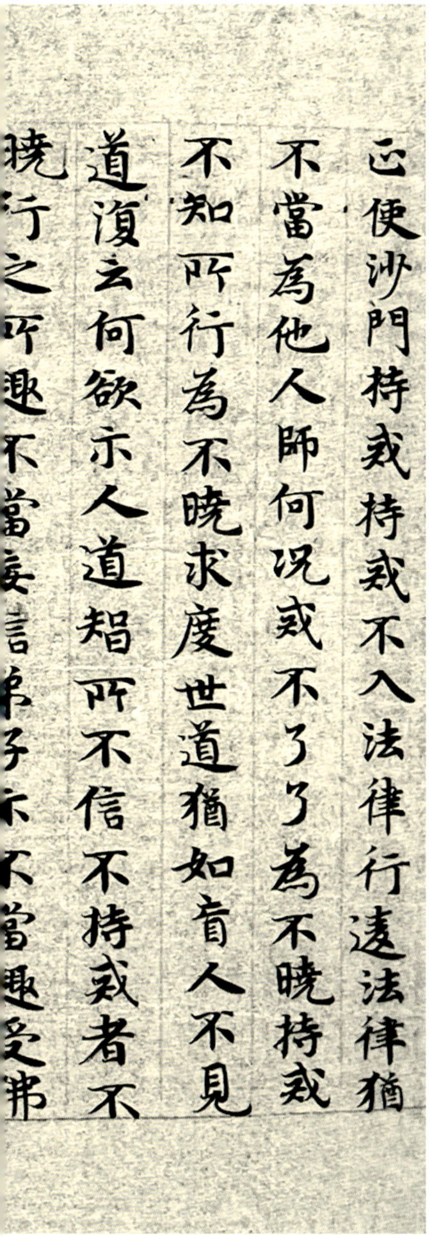

此卷主要取法智永，用笔细腻，点画精到，无一笔苟且懈怠，中段沉实圆厚，骨肉匀称，偶有连笔映带，显得温润通畅。如“在”“男”“女”“为”等字与智永写法无异（表 6–1）。单字结体方正，满行 17 字，通篇具有整齐规范之美。此类风格的写卷在隋唐时期较多，也可见智永书风在各地的流布和影响。

表6–1　智永书风字样对比

字样	智永《千字文》墨迹本	智永《千字文》刻本	S. 2051《提谓经卷下》
在	在	在	在
男	男	男	男
女	女	女	女
为	爲	爲	爲
可	可	可	可
是	是	是	是
有	有	有	有
人	人	人	人

与之风格类似的法藏 P. 2276《优婆塞戒经卷第十一》（图 6–63），写于 604 年，尾有题记（图 6–64）：“仁寿四年四月八日楹维珍为亡父写……”用笔轻松，书写精致，横画收笔多顿笔略出锋，竖弯抛钩多圆弧出锋，并非规范的钩画，如“见”見、“他”他、“亲”親、“观”觀、“无”无、“说”説等，与 S. 02051《提谓经卷下》相较，楷法规范性稍弱，但书写相对轻松，行距之间也相对疏朗。行书题记为拼接部分，书写比较潦草，远不如抄经正式，笔画较凌乱，字形不规整，与正文相比，弱化了书写的整体效果。

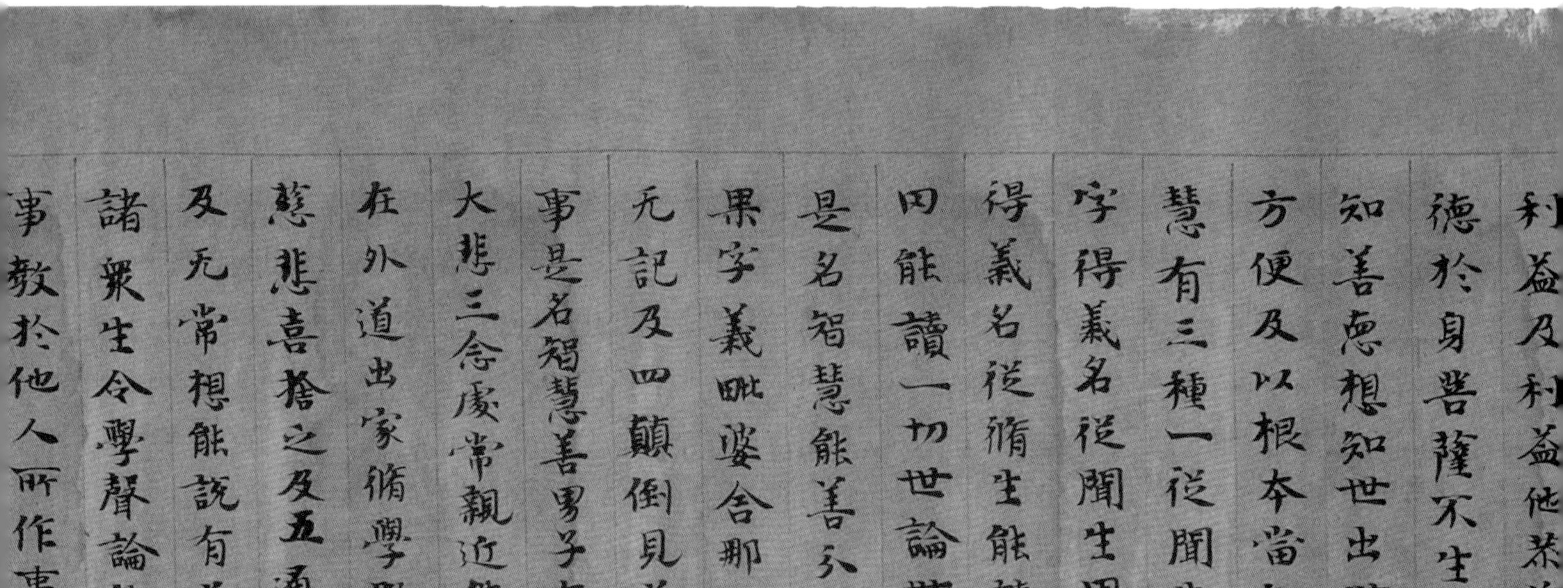

图 6-63　P. 2276《优婆塞戒经卷第十一》局部一，隋，604 年，法国国家图书馆

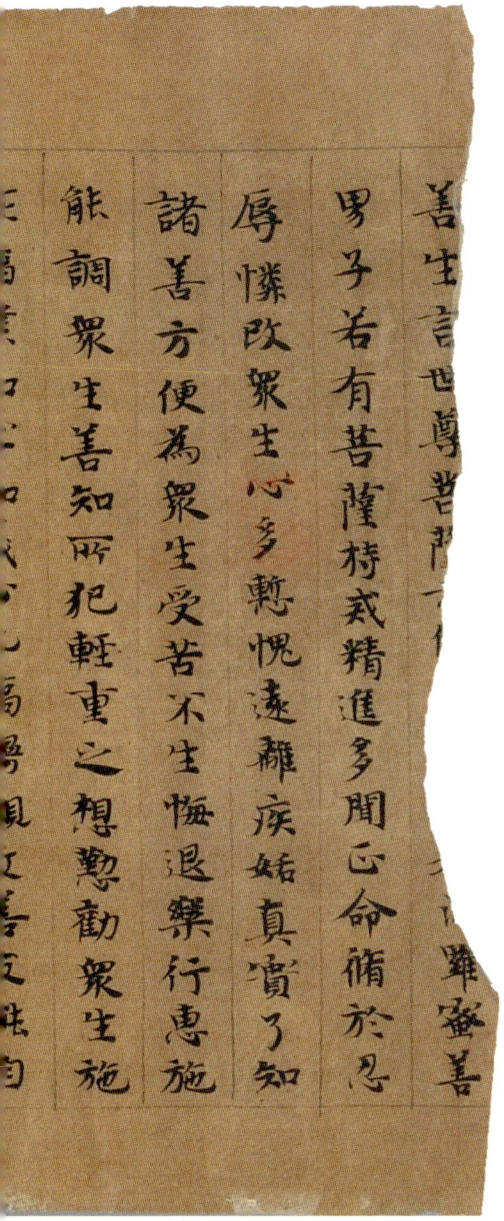

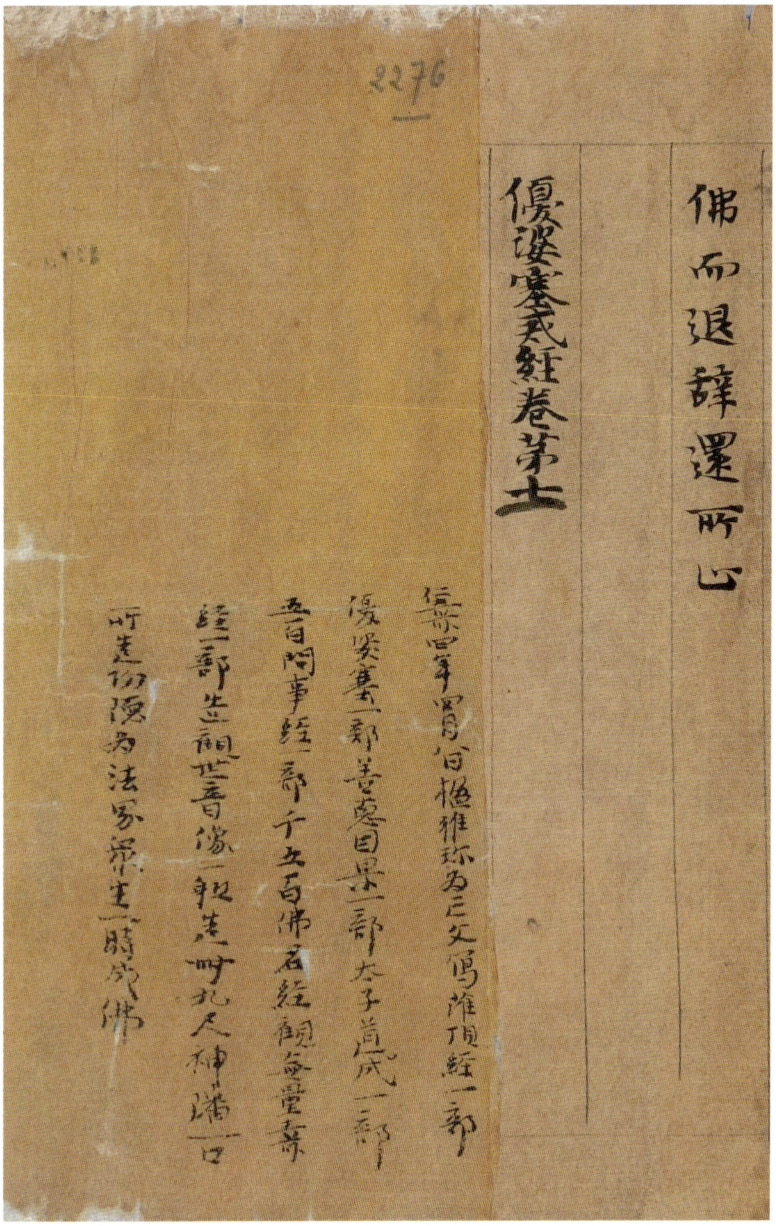

图 6-64　P. 2276《优婆塞戒经卷第十一》局部二，隋，604 年，法国国家图书馆

2. P. 2413《大楼炭经卷第三》

法藏 P. 2413《大楼炭经卷第三》(图 6–65)，写于 589 年，尾有题记："大隋开皇九年四月八日，皇后为法界众生敬造一切经，流通供养。"隋文帝杨坚在位时期，杨坚与皇后独孤氏笃信佛教，宫内频做佛事，他和皇后、举朝上下都参加。现存敦煌文献中，有一组经卷均于佛诞纪念日四月八日书写，皇后独孤氏供养，此卷为其中之一。

楷书发展到隋代智永，笔法与结体都已经成熟，但学习者仍可能写出自己的风格。此卷笔法也很精到，力度十足，用笔硬朗，点画劲挺，撇画和竖画出锋多尖利，行笔多由重到轻，露出锋芒，通篇有一股生气弥漫其间。笔法结构学习智永之风，但整体气息与风格略显生硬，字形大小也基本一律少变化，不如智永书法温润与丰富。

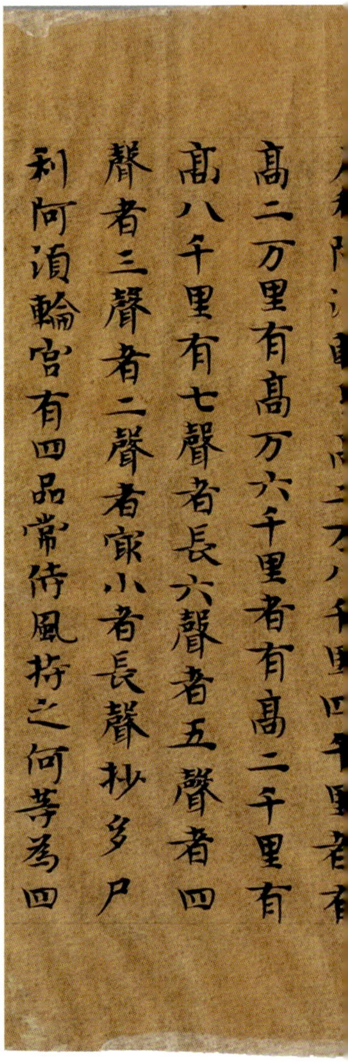

(二)欧阳询书风

欧阳询是初唐杰出的书法家，自创欧体。欧阳询学书，受养父江总教诲与影响，初习梁陈时风，学王羲之书；复师北齐刘珉而上溯北魏，渐变其体；后参学章草，悟索靖之妙；最终融合六朝精华，成为开创隋唐书品的标杆。《书断》中称欧"八体尽能，笔力劲险"[①]，其代表作《化度寺碑》《九成宫醴泉铭》(图6–66)用笔劲健，结体险峻，风神凛然。唐政府曾规定，"有性爱学书及有书性者，即入(弘文)馆内学书"[②]，欧阳询、虞世南都曾在弘文馆教习楷法，所培养的书手也会参与官方佛经等的抄写，以至欧书在写经中影响深远。敦煌写本中藏有唐代拓本 P. 4510，是欧阳询楷书《化度寺故僧邕禅师舍利塔铭》敦煌残本(图 6–67)。碑立于唐贞观五年(631)，楷书 35 行，行书 33 字。此碑书法笔力强健，结构紧密。早《九成宫》一年而书，故风格极相似。元赵孟頫云："唐贞观间能书者，欧阳率更为最善，而《邕禅师塔铭》又其最善者也。"清代金石家翁方纲对此碑书法评价极高，甚至认为此碑胜于《九成宫醴泉铭》。此碑拓片出于敦煌，说明欧楷影响所及之广。

---

① 《历代书法论文选》，上海书画出版社，1979 年，第 191 页。
② 李林甫等：《唐六典》，中华书局，2014 年，第 255 页。

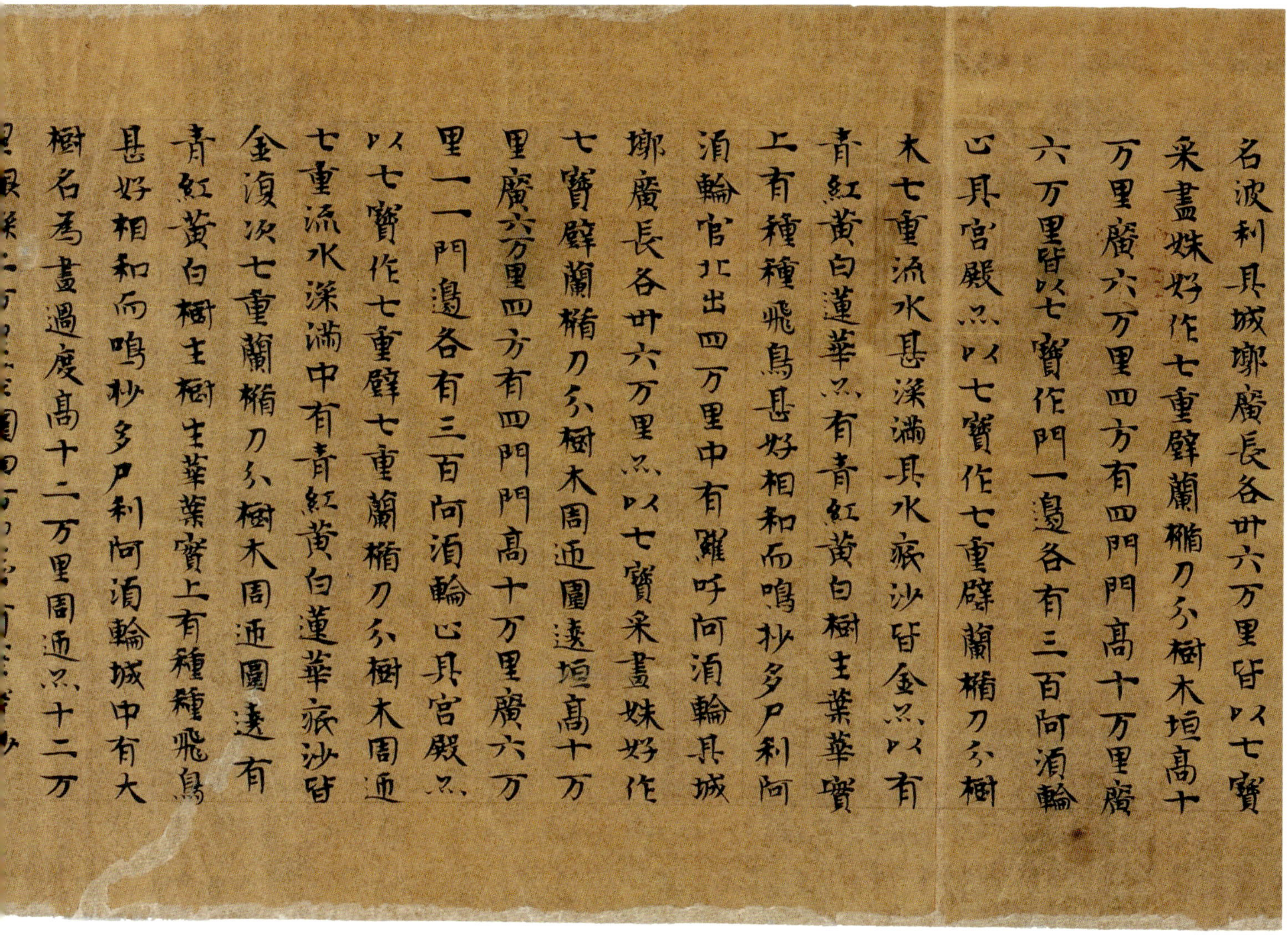
名波利具城墎廣長各卅六万里皆以七寶
采畫姝好作七重壁蘭楯刀分樹木垣高十
万里廣六万里四方有四門門高十万里廣
六万里皆以七寶作門一邊各有三百向須輪
心具宮殿悉以七寶作七重壁蘭楯刀分樹
木七重流水甚深滿其水底沙皆金悉以有
青紅黃白蓮華悉有青紅黃白樹生葉華寶
上有種種飛鳥甚好相和而鳴杪多尸利向
須輪官北出四万里中有羅吁向須輪具城
墎廣長各卅六万里悉以七寶采畫姝好作
七寶壁蘭楯刀分樹木周迊圍遶垣高十万
里廣六万里四方有四門門高十万里廣六万
里一一門邊各有三百向須輪心具宮殿悉悉
以七寶作七重壁七重蘭楯刀分樹木周迊
七重流水深滿中有青紅黃白蓮華底沙皆
金復次七重蘭楯刀分樹木周迊圍遶有
青紅黃白樹生樹生華葉寶上有種種飛鳥
甚好相和而鳴杪多尸利向須輪城中有大
樹名為畫過度高十二万里周迊悉十二万

图 6-65　P. 2413《大楼炭经卷第三》，隋，589 年，法国国家图书馆

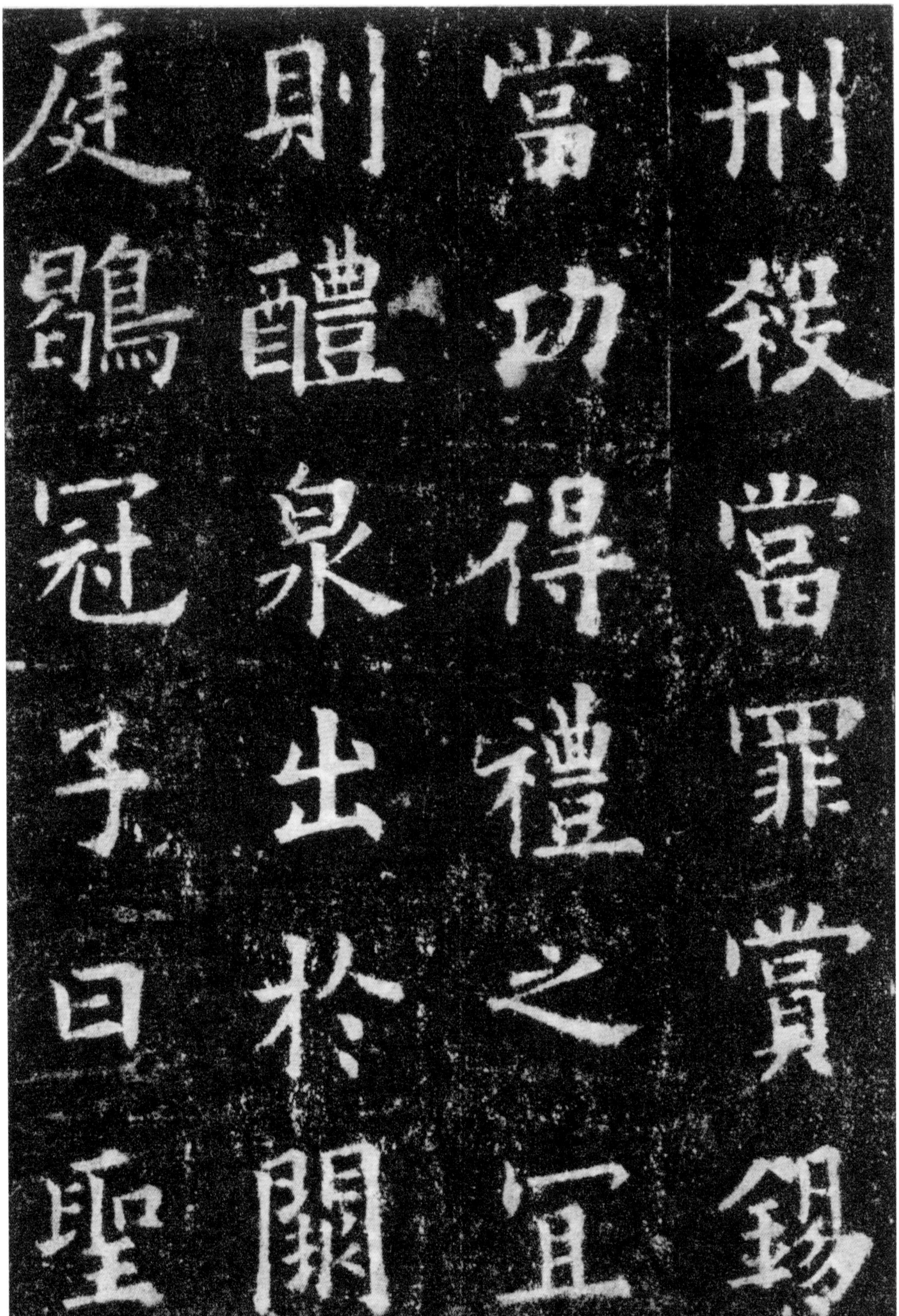

图 6-66 《九成宫醴泉铭》拓本，明拓，故宫博物院

图 6–67　P. 4510 欧阳询书《化度寺故僧邕禅师舍利塔铭》拓片，无明确纪年，法国国家图书馆

1. P. 2173《御注金刚般若波罗蜜经宣演卷上》

法藏 P. 2173《御注金刚般若波罗蜜经宣演卷上》（图 6–68），首题“御注金刚般若波罗蜜经宣演卷上，敕随驾讲论沙门道氤集”。据《册府元龟》记载，开元二十三年（735），唐玄宗亲自注《金刚经》。是年，唐代佛教大师道氤于青龙寺宣讲御注《金刚经》，很有名望，被称为“青龙大师”。故此推断本卷即是玄宗皇帝御注的《金刚经》，书写时间在 735 年或稍后。

本卷深沉内敛，典雅端庄。笔法结构均学欧阳询，横画起笔多切锋，收笔轻顿斜按，不再保留顿笔出隶书波磔遗存的笔法，横折处多方笔，捺脚饱满平出，都是典型的欧楷写法。但用笔不如欧阳询干净利落，笔画中部分横与横折呈弧线，弱化了欧体点画的劲挺之美。结体多方正规整，有的字形拉长，如“本”“冠”“功”与欧体无异（表 6–2），但整体而言缺少了欧体中宫紧收的险峻之势。

表6–2 欧阳询书风字样对比

字样	欧阳询《九成宫醴泉铭》刻本	P. 2173《御注金刚般若波罗蜜经宣演卷上》
冠		
本		
功		
日		
也		
重		
不		

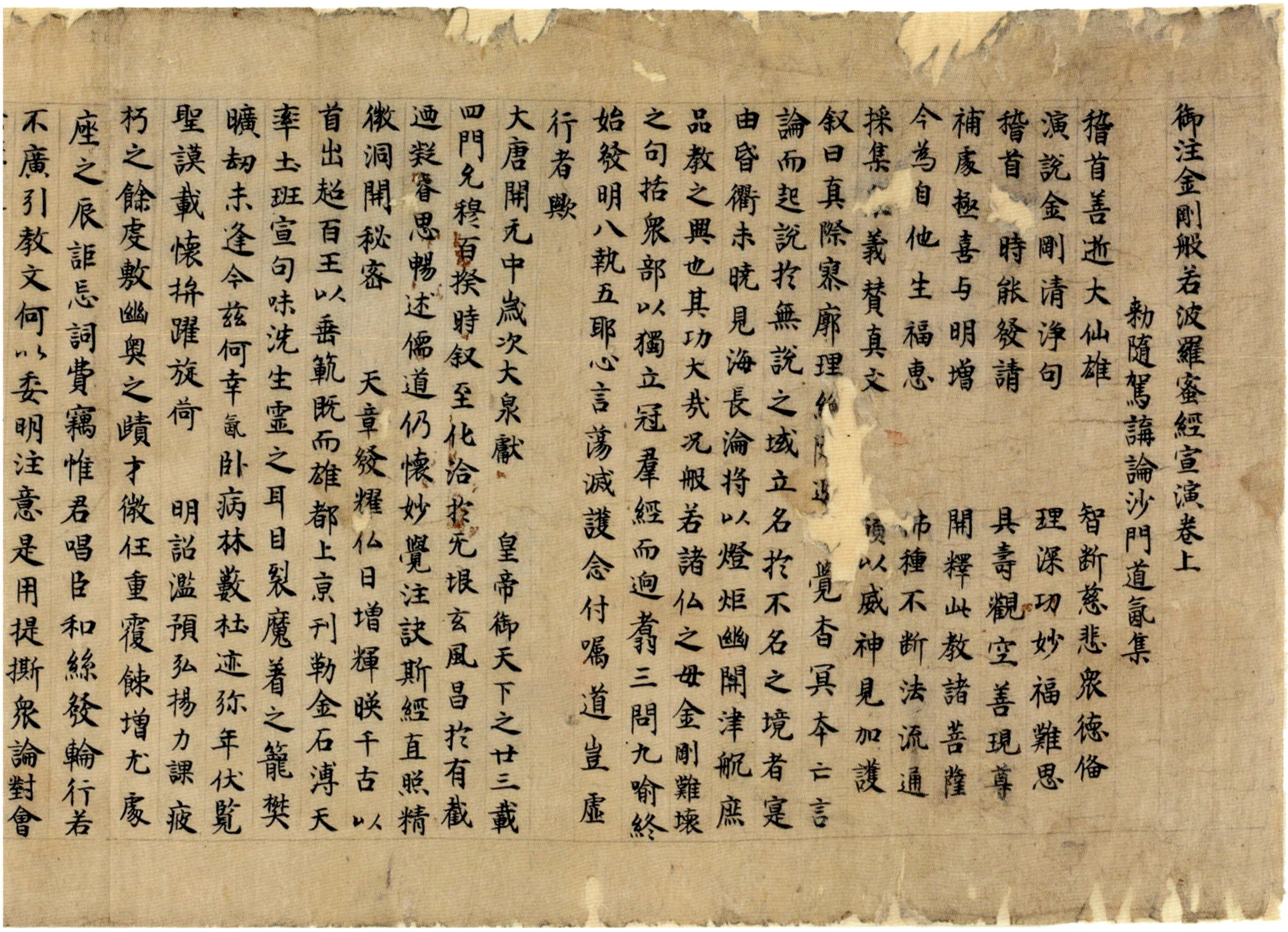

图 6-68　P. 2173《御注金刚般若波罗蜜经宣演卷上》，唐，法国国家图书馆

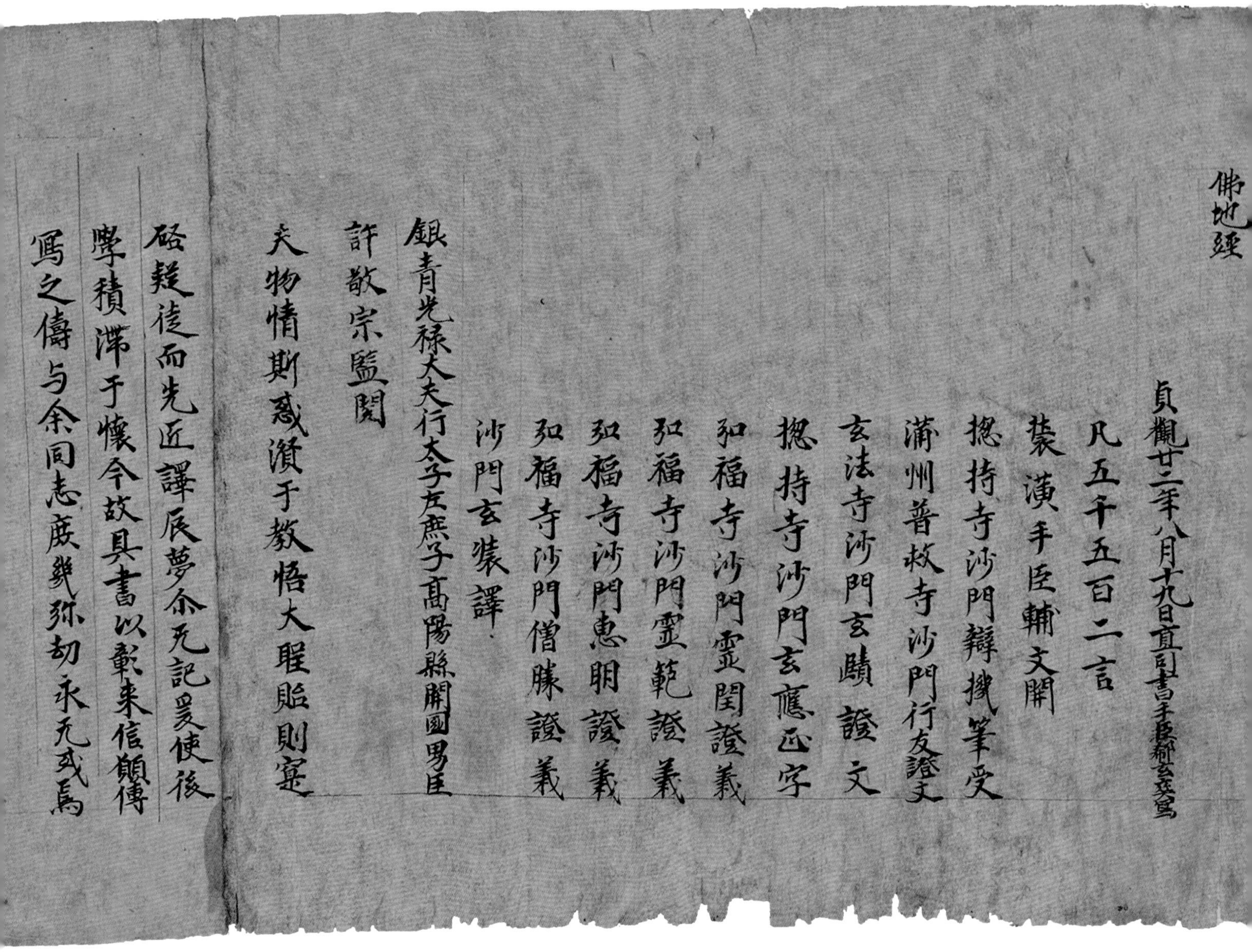
佛地經
貞觀廿二年八月十九日直司書手臣郗玄爽寫
凡五千五百二言
裝潢手臣輔文開
揔持寺沙門辯機筆受
蒲州普救寺沙門行友證文
玄法寺沙門玄賾證文
揔持寺沙門玄應正字
弘福寺沙門靈閏證義
弘福寺沙門靈範證義
弘福寺沙門惠明證義
弘福寺沙門僧勝證義
沙門玄奘譯
銀青光祿大夫行太子左庶子高陽縣開國男臣
許敬宗監閱
夫物情斯惑潰于教悟大聖貽則寔
啓疑徒而先匠譯辰夢尒无記爰使後
學積滯于懷今故具書以彰來信願傳
寫之儔与余同志庶幾弥劫永无或焉

2. P. 3709《佛地经》

法藏 P. 3709《佛地经》（图 6–69），是 648 年唐写本，尾有题记："贞观廿二年八月十九日直司书手臣郗玄爽写，凡五千五百二言，装潢手臣辅文开，揔持寺沙门辩机笔受……揔持寺沙门玄应正字……沙门玄奘译。银青光禄大夫行太子左庶子高阳县开国男臣许敬宗监阅……愿传写之俦，与余同志，庶几弥劫，永无或（惑）焉。"题记中译场列位井然有序，是朝廷写经，由朝廷重臣许敬宗监造。他于贞观二十一年加封为银青光禄大夫，还担任"太子左庶子"，是唐代辅导太子的职务，高宗在位时，他官至右相。

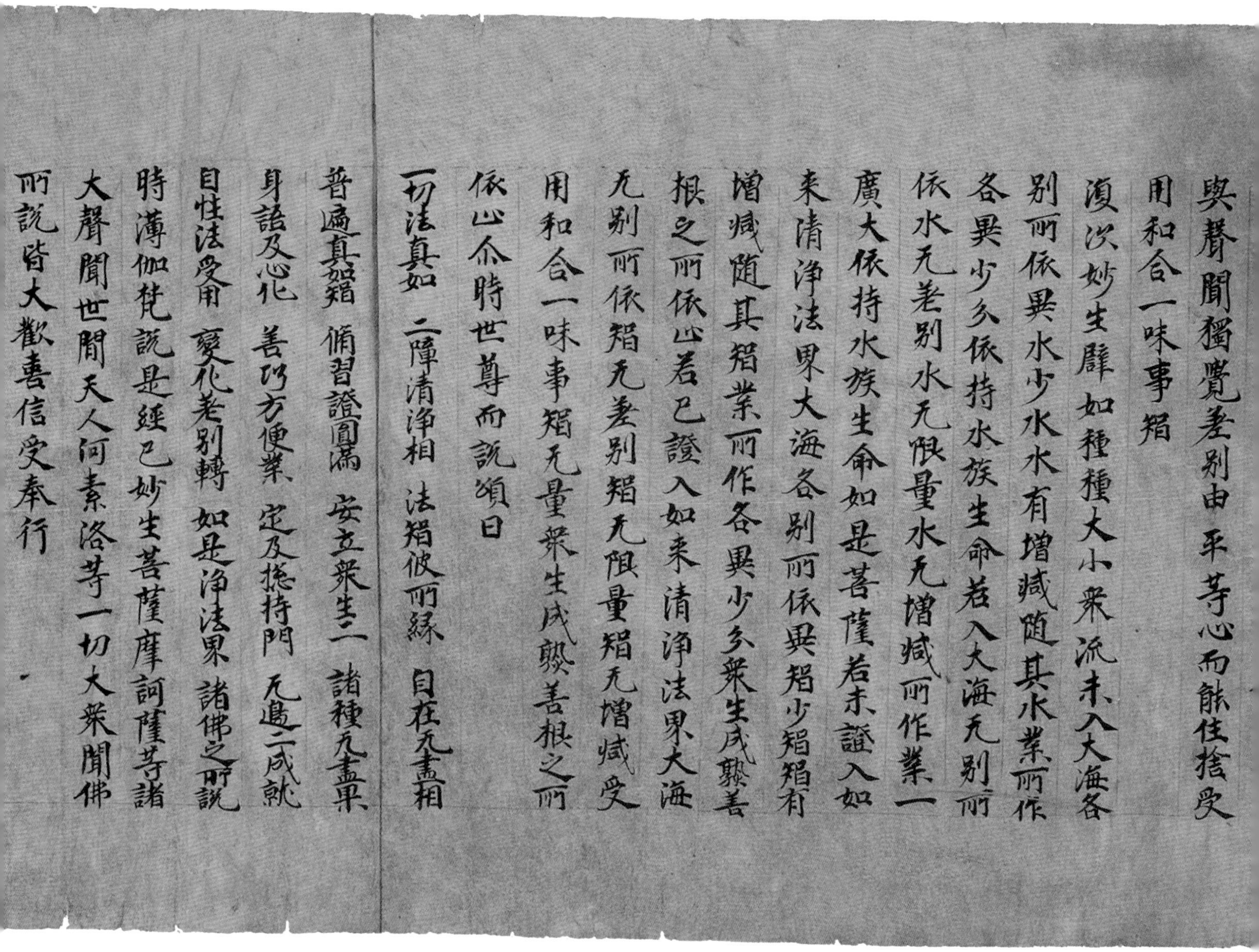

與聲聞獨覺差別由平等心而能住持受
用和合一味事智
復次妙生譬如種種大小衆流未入大海各
別所依異水少水水有增減隨其水業所作
各異少分依持水族生命若入大海无別所
依水无差別水无限量水无增減所作業一
廣大依持水族生命如是菩薩若未證入如
來清淨法界大海各別所依異智少智智有
增減隨其智業所作各異少分衆生成熟善
根之所依止若已證入如來清淨法界大海
无別所依智无差別智无限量智无增減受
用和合一味事智无量衆生成熟善根之所
依止尒時世尊而說頌曰
一切法真如　二障清淨相　法智彼所緣　自在无盡相
普遍真智　脩習證圓滿　安立衆生二　諸種无盡果
身語及心化　善巧方便業　定及揔持門　无邊二成就
自性法受用　變化差別轉　如是淨法界　諸佛之所說
時薄伽梵說是經已妙生菩薩摩訶薩等諸
大聲聞世間天人阿素洛等一切大衆聞佛
所說皆大歡喜信受奉行

图 6-69　P. 3709《佛地经》，唐，648 年，法国国家图书馆

此卷书法是典型的学欧之作。点画瘦硬，起收干净，横画、捺脚、转折、竖钩都体现出欧体风范。结体中宫内收，字形稍长，有欧体险峻之势。但笔力较弱，尤其钩画比较草率，结构也不够稳定统一，无欧阳询书法劲健饱满之美。

图 6-70 《雁塔圣教序》拓本，明末清初拓，张燮旧藏，上海图书馆

（三）褚遂良书风

褚遂良较欧阳询晚一辈，其书法先后受业于史陵、欧阳询、虞世南，后追王羲之，融个人思想与意趣，形成委婉多姿、萧散端雅的书风。[①]最终成为集唐楷之大成者，被誉为书法界“唐之广大教化主”。代表作《雁塔圣教序》（图 6-70），笔法丰富，点画遒劲，结构舒展，宽绰从容。褚遂良曾在弘文馆教授书法，并参与官方佛经抄写，法藏 P. 3311《五经正义》是 653 年官方写本，卷末题记的编纂列位中有很多朝廷重臣参与，其中就有褚遂良之名。褚遂良书法在抄经中影响广泛。

1. 日本三井纪念美术馆藏《妙法莲华经卷二》

日本三井纪念美术馆藏《妙法莲华经卷二》（图 6-71），纸本，楷书，高 25.4 厘米，长 745.3 厘米。题记中有“上元二年”，即 675 年。书手明显学褚遂良书法，颇具褚体书风，具有很好的书写技巧。此卷下笔准确，点画精微，富于变化，笔力劲健，褚遂良惯用的 S 形起笔在此卷中也偶有出现，如“于”  、“生” 、“者” ，显得笔致连贯，精熟灵动。结体端庄，宽绰舒展，轻松自然，是典型的褚体结字之法。字形大小基本一律，偶有变化，字距行距处理合理，左右顾盼，颇为协调，具有很好的视觉效果，堪称唐人写经的经典之作。此卷末署“上元二年十一月廿六日群书手成公敬宾写”，蝇头小楷，一笔不苟，非经过严格训练者不可为。

① 朱天曙：《中国书法史》，文化艺术出版社，2009 年，第 137 页。

以其有象也陰陽
處乎天地而難窮
者以其無形也故
知象顯可徵雖愚
不惑形潛莫覩在

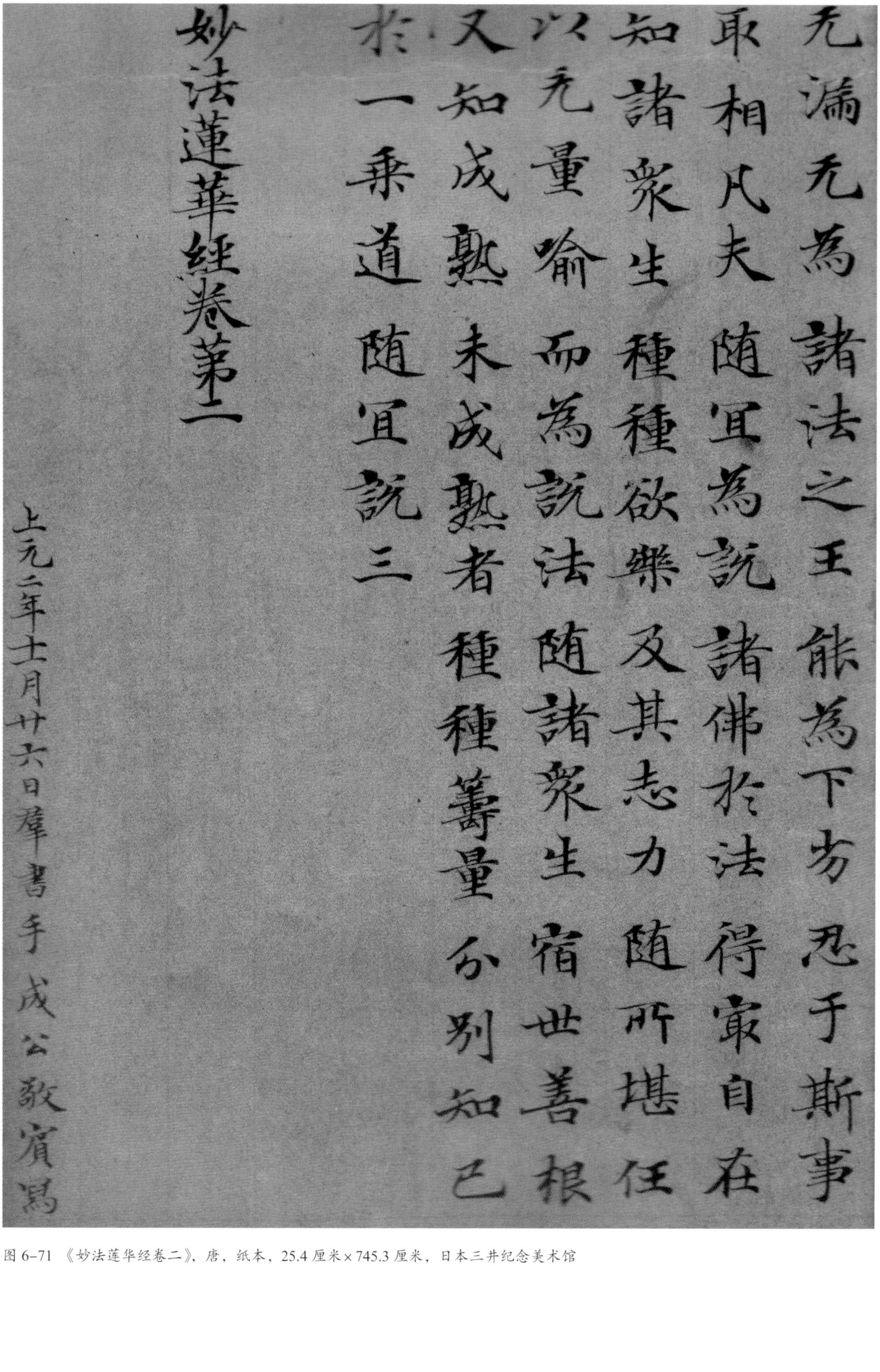
无漏无為諸法之王能為下劣忍于斯事
取相凡夫随宜為説諸佛於法得最自在
知諸衆生種種欲樂及其志力随所堪任
以无量喻而為説法随諸衆生宿世善根
又知成熟未成熟者種種籌量分別知已
於一乘道随宜説三

妙法蓮華經卷第二

上元二年十月廿六日羣書手成公敬賓寫

图 6–71 《妙法莲华经卷二》，唐，纸本，25.4 厘米×745.3 厘米，日本三井纪念美术馆

2. 英藏 S. 00052《妙法莲华经卷二》

英国国家图书馆藏 S. 00052《妙法莲华经卷二》（图 6–72），纸本，为 7—8 世纪唐写本。卷轴装，长 952.9 厘米，宽 26 厘米，纸数二十一张，共 574 行，每行 17 字。首残尾全，砑光上蜡。卷首右下残缺，卷面撕裂，上部有残缺；接缝处开裂，有燕尾。背有古代裱补，有乌丝栏。

用笔结字都学褚遂良，通卷书写从容，平和自然。用笔精致细腻，点画弹性十足，柔中带刚，收放自如，富于变化，提按、轻重、徐疾对比明显，“S”型线条灵动自然，笔势跳跃，纤丝飘逸，带有行书笔意。结体略扁，横向外拓，颇有空间张力，气息灵动，褚体《大字阴符经》的感觉明显，同时兼具《雁塔圣教序》的风格。“不”“我”“宜”“者”等字与《大字阴符经》字形无异（表 6–3）。而“大”“此”“何”“有”等字又是《雁塔圣教序》的写法（表 6–4）。当然从用笔力度与字形结构来看，较褚书略显稚嫩。

表6–3　褚遂良《大字阴符经》书风字样对比

字样	褚遂良《大字阴符经》	S. 00052《妙法莲华经卷二》
不	不	不
我	我	我
宜	宜	宜
者	者	者
火	火	火

表6–4　褚遂良《雁塔圣教序》书风字样对比

字样	褚遂良《雁塔圣教序》	S. 00052《妙法莲华经卷二》
大	大	大
此	此	此
何	何	何
有	有	有

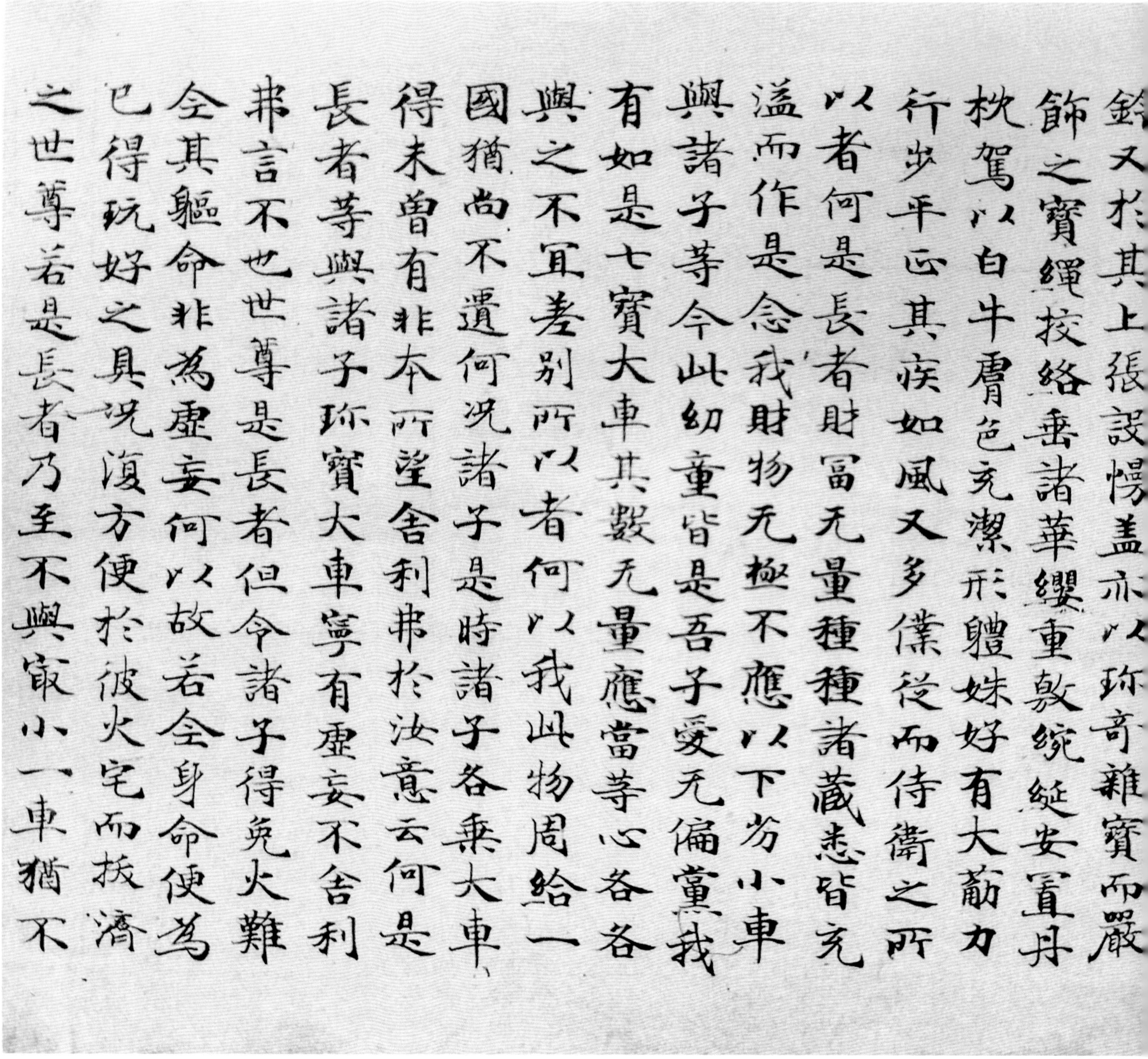
鈴又於其上張設幰蓋亦以珎奇雜寶而嚴
飾之寶繩挍絡垂諸華纓重敷綩綖安置丹
枕駕以白牛膚色充潔形體姝好有大筋力
行步平正其疾如風又多僕從而侍衛之所
以者何是長者財富无量種種諸藏悉皆充
溢而作是念我財物无極不應以下劣小車
與諸子等今此幼童皆是吾子愛无偏黨我
有如是七寶大車其數无量應當等心各各
與之不宜差別所以者何以我此物周給一
國猶尚不匱何況諸子是時諸子各乘大車
得未曾有非本所望舍利弗於汝意云何是
長者等與諸子珎寶大車寧有虛妄不舍利
弗言不也世尊是長者但令諸子得免火難
全其軀命非為虛妄何以故若全身命便為
已得玩好之具況復方便於彼火宅而拔濟
之世尊若是長者乃至不與冣小一車猶不

图 6-72　S. 00052《妙法莲华经卷二》，唐，纸本，卷轴装，英国国家图书馆

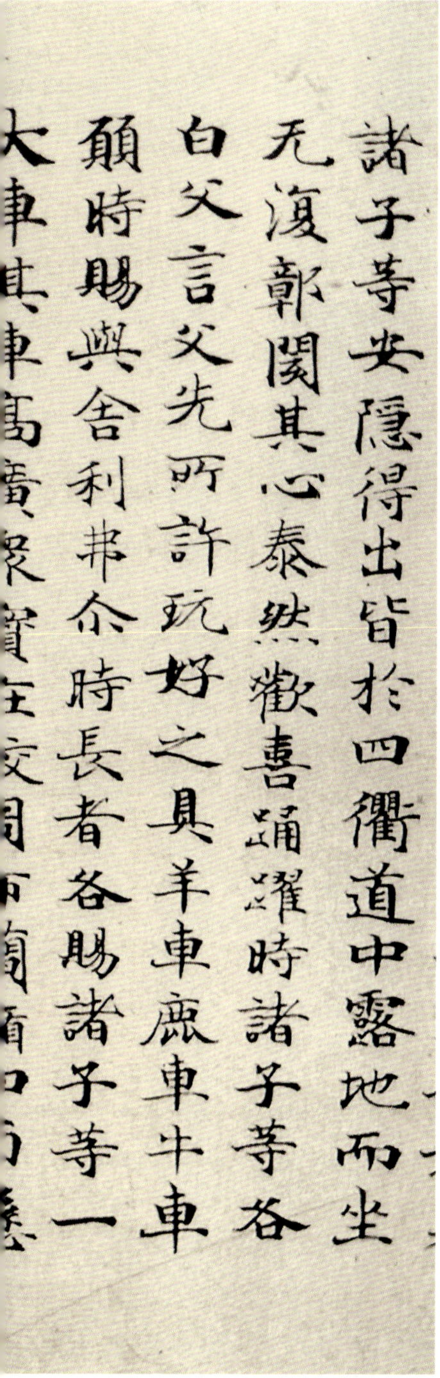

（四）多元书风

隋唐写经往往取法多元，智永对隋唐写经影响不言而喻，唐代欧阳询、虞世南、褚遂良等著名书家都参与过弘文馆的教学，或直接抄经示范。跟随他们学习的经生学子，书风往往吸纳诸家，呈现出多元融合的风格。前述虽说是欧体、褚体之类，但也大抵只是偏重于哪一家，却并不一定只学某家某帖。这种多元融合的书风往往又成为官方写经范本，影响民间抄经，因此唐代佛经的抄写水平都比较高，风格也是你中有我，我中有你，精彩纷呈。

1. P. 2205《大般涅槃经卷第八》

法藏 P. 2205《大般涅槃经卷第八》（图 6-73），写于 608 年，尾有题记："大业四年四月十五日敦煌郡大黄府旅帅王海奉为亡妣敬造……" 书写工整，态度虔诚。书写技法熟练，横画提按分明，转折顿挫干净，表现出很好的控笔能力。横画起笔与捺画收笔多饱满浑厚，结构扁方，长横长捺左右延展，有魏晋楷书之美，如"光""有""入""能"等字，与钟王书风类似。但作为隋唐之际的写本，智永的影响也很明显。能从智永书法进入，直追钟王，在写经中具有较高的格调和较为独特的风格。

2. P.2056《阿毗昙毗婆沙智犍度他心智品中卷第五十二》

法藏 P. 2056《阿毗昙毗婆沙智犍度他心智品中卷第五十二》（图 6-74）是唐人写经中的精品，写于 662 年，来自长安写经手。卷尾有题记："龙朔二年七月十五日，右将军鄂国公尉迟宝琳、兴僧道爽及鄂县有缘知识等敬于云际山寺洁净写一切尊经。因此胜因，上资皇帝皇后，七代父母及一切法界苍生……此经即于云际上寺常住供养。经生沈弘写用纸十七张，造经生道爽别本再校讫。"可以看到这是由经生、高僧与朝廷重臣抄写、校验、监督共同完成的作品，具有一定的示范性。

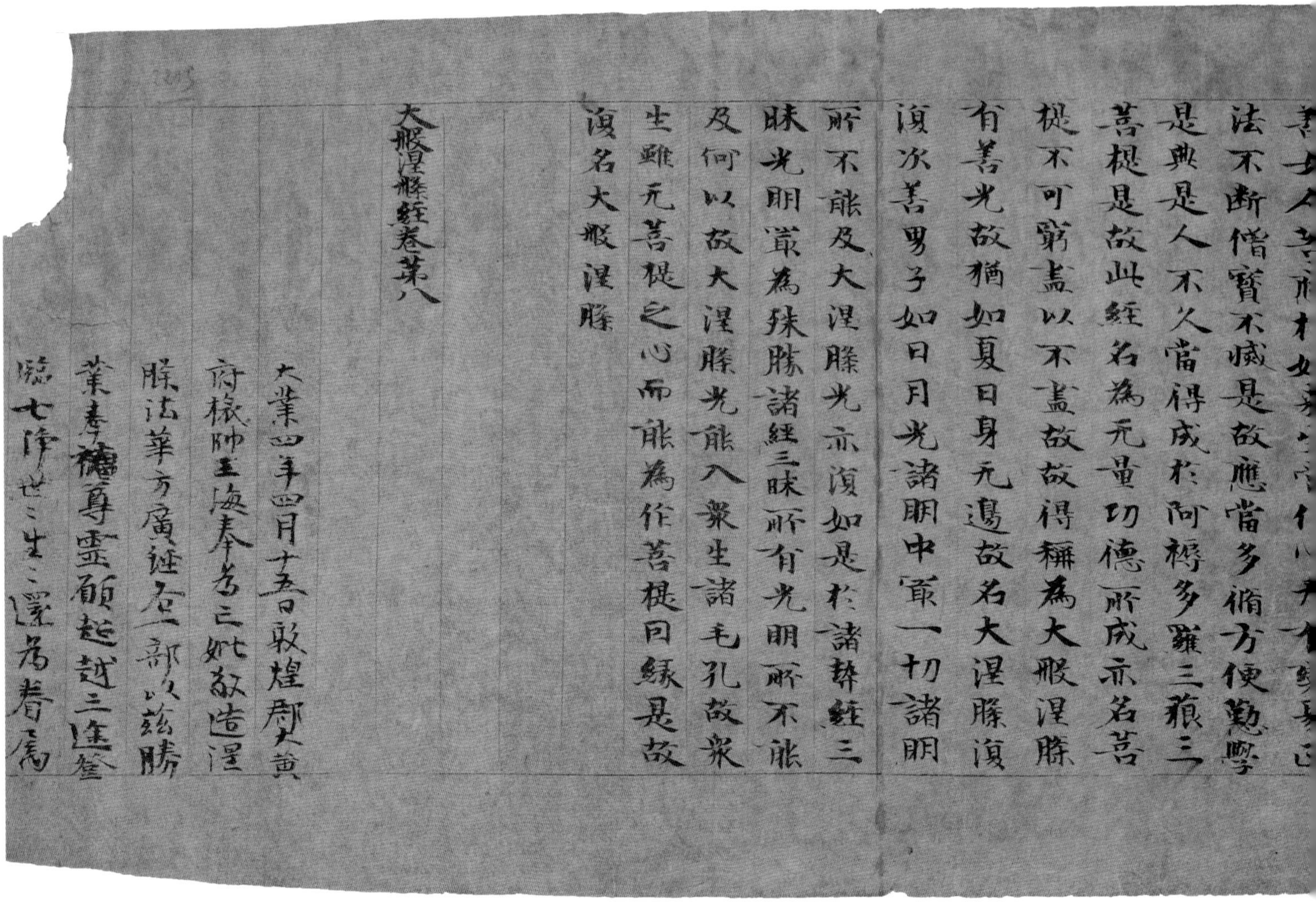
法不断僧寶不㰚是故應當多脩方便懃學
是典是人不久當得成於阿耨多羅三藐三
菩提是故此經名為无量功德所成亦名菩
提不可窮盡以不盡故故得稱為大般涅槃
有善光故猶如夏日身无邊故名大涅槃復
次善男子如日月光諸明中最一切諸明
所不能及大涅槃光亦復如是於諸契經三
昧光明最為殊勝諸經三昧所有光明所不能
及何以故大涅槃光能入衆生諸毛孔故衆
生雖无菩提之心而能為作菩提因緣是故
復名大般涅槃

大般涅槃經卷第八

大業四年四月十五日敦煌郡大黄
府校尉王海奉為亡妣敬造涅
槃法華方廣經各一部以茲勝
業奉福尊靈願超越三塗登
臨七淨世世生生還為眷屬

大般涅槃經卷第八

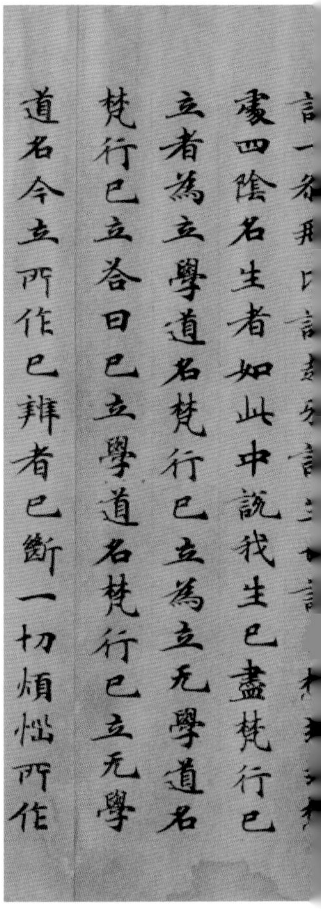
處四陰名生者如此中說我生已盡梵行已
立者為立學道名梵行已立為立无學道名
梵行已立答曰已立學道名梵行已立无學
道名今立所作已辦者已斷一切煩惱所作

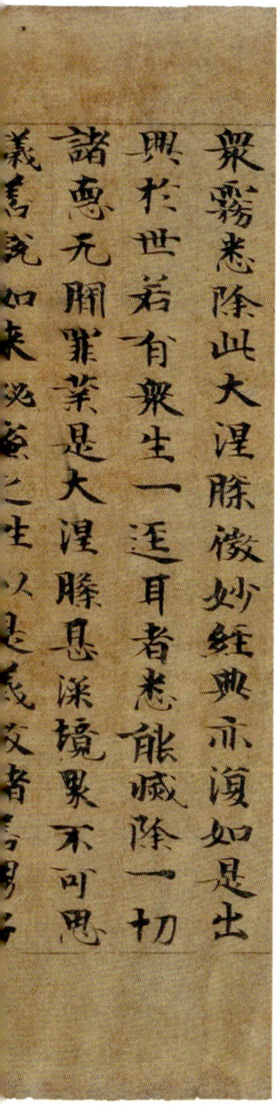
衆霧悉除此大涅槃微妙經典亦復如是出
興於世若有衆生一逕耳者悉能滅除一切
諸惡无間罪業是大涅槃甚深境界不可思

上：图 6-73　P. 2205《大般涅槃经卷第八》，隋，608 年，法国国家图书馆

下：图 6-74　P. 2056《阿毗昙毗婆沙智犍度他心智品中卷第五十二》，唐，662 年，法国国家图书馆

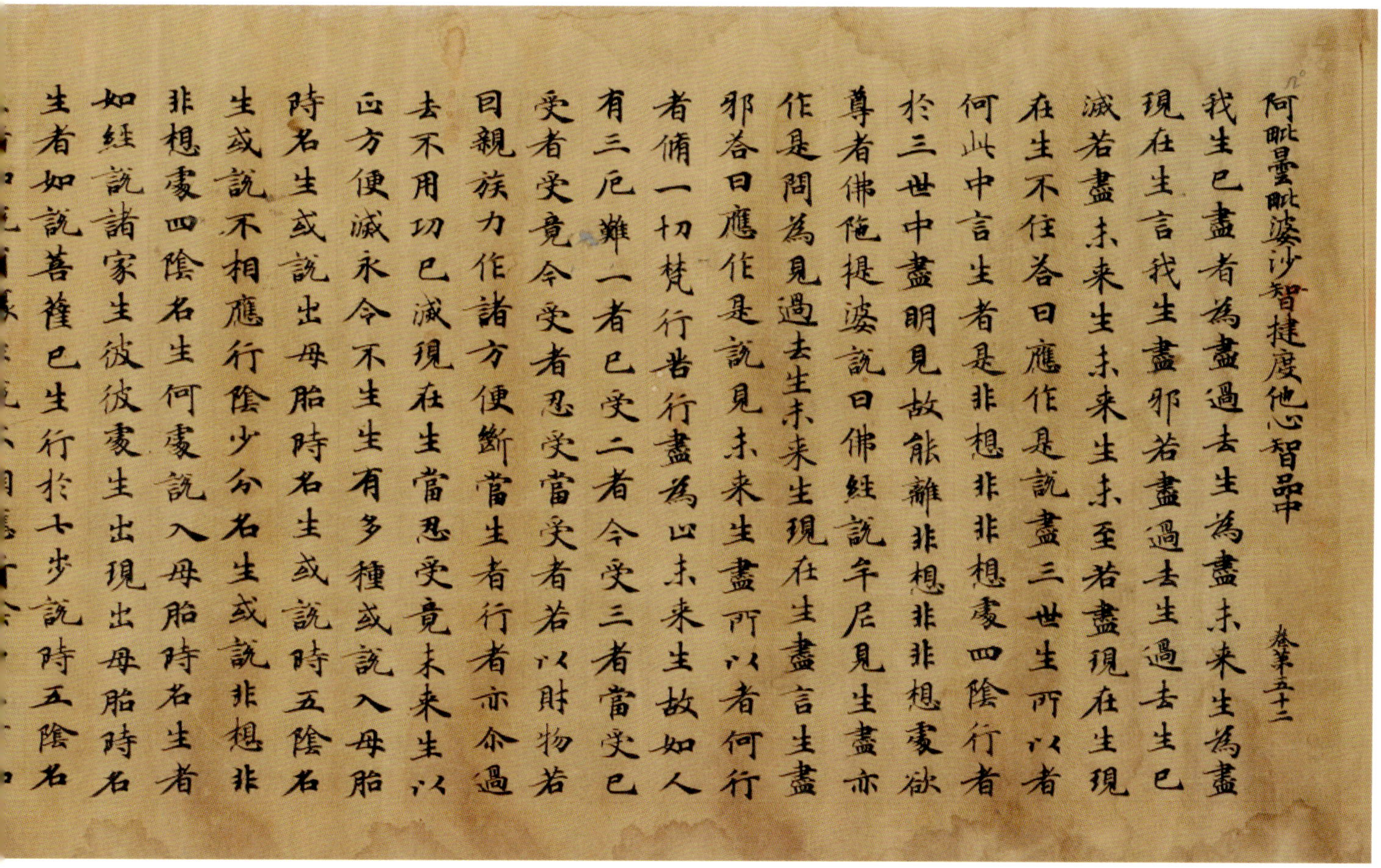
阿毗曇毗婆沙智揵度他心智品中　卷第五十二
我生已盡者為盡過去生為盡未來生為盡
現在生言我生盡耶若盡過去生過去生已
滅若盡未來生未來生未至若盡現在生現
在生不住答曰應作是說盡三世生所以者
何此中言生者是非想非非想處四陰行者
於三世中盡明見故能離非想非非想處欲
尊者佛陀提婆說曰佛經說牟尼見生盡亦
作是問為見過去生未來生現在生盡言生盡
耶答曰應作是說見未來生盡所以者何行
者脩一切梵行皆行盡為此未來生故如人
有三厄難一者已受二者今受三者當受已
受者受竟今受者忍受當受者若以財物若
曰親族力作諸方便斷當生者行者亦介過
去不用功已滅現在生當忍受竟未來生以
正方便滅永令不生生有多種或說入母胎
時名生或說出母胎時名生或說時五陰名
生或說不相應行陰少分名生或說非想非
非想處四陰名生何處說入母胎時名生者
如經說諸家生彼彼處生出現出母胎時名
生者如說菩薩已生行於七步說時五陰名

此卷气息温润，清秀可喜，无论笔法还是字法，几乎无懈可击。从取法来看，整体以虞世南为主，点画扎实挺拔，不追求过多粗细对比。又吸收了褚遂良轻灵多变的用笔特点，点画起收都很精致细腻，行笔刚柔结合，笔笔精到，笔力劲健，无一懈怠，体现了很强的书写能力。字形结构也是虞褚结合，方正中有长短的变化，有正侧的交错，有宽窄的配合。章法松紧适度，每行 17 字，字距行距秩序井然。钟绍京所书道教《灵飞经》，被视为唐人写经经典之作，与此卷相较，精美程度当在伯仲之间。

3. 几件《妙法莲华经》

《妙法莲华经》敦煌写本见于不同时代，数量极多。据董作宾先生记载，清宣统二年，学部咨甘肃有司，将敦煌发现之经卷，悉数运京，藏京师图书馆，凡得八千六百七十九卷，几全属各种佛经。1930 年北平图书馆编总目，其中《妙法莲华经》一种，即有一六九八卷，约占全量五分之一。这一千六百余卷中，短者每卷一纸，仅 22 行，（纸一张，可 28 行，行约 18 至 20 字），长者每卷 22 纸，524 行，其中有年号者 8 件。《妙法莲华经》全文三万余言，要全部抄完，是一项较大的抄写工程。但此经是人们喜爱的抄写内容，其中唐人所写最多，其译文均为鸠摩罗什译本。据明永乐十年四月十七日《御制大乘妙法莲华经序》称：“惟三藏法师独得其旨。”又云：“是经乃诸佛如来秘密之藏，神妙叵测，广大难名。”“善男子善女人一我众生，能秉心至诚，持诵佩服，顶礼供养，即离一切苦恼，除一切业障，解一切生死之厄。不啻如饥之得食，如渴之得饮，如寒之得火，如热之得凉，如贫之得宝，如病之得医，如子之得母，如渡之得舟，其为快适欣慰，有不可言。”古人喜欢抄写此经，其心理就可以理解了。前述已有《妙法莲华经》的卷子，下面选介三件多元融合风格的抄本。

（1）日本三井纪念美术馆藏《妙法莲华经卷七》之一、之二

日本三井纪念美术馆藏《妙法莲华经卷七》之一（图 6–75），纸本，楷书，高 26.2 厘米，长 510.8 厘米。此卷通篇严谨，书写规范，一笔不苟，主要受到褚遂良书风的影响，并有初唐书家欧阳询与虞世南的用笔和结构特点。用笔以刚劲为主，横画挺直，起收笔干净利索，转折提按分明，钩画踢出肯定，点画厚重沉实而不失灵动。结体端庄规范，有欧体的险峻，显得精神饱满，是唐楷在写经中的应用典范。

图 6–75《妙法莲华经卷七》之一，唐，纸本，26.2 厘米 × 510.8 厘米，日本三井纪念美术馆

惡瘡膿血水腹短氣諸惡重病是故普賢若
見受持是經典者當起遠迎當如敬佛說是
普賢勸發品時恒河沙等無量無邊菩薩得
百千萬億旋陁羅尼三千大千世界微塵等
諸菩薩具普賢道佛說是經時普賢等諸菩
薩舍利弗等諸聲聞及諸天龍人非人等一
切大會皆大歡喜受持佛語作礼而去

妙法蓮華經卷第七

图 6-76 《妙法莲华经卷七》之二，唐，纸本，26 厘米×369.4 厘米，日本三井纪念美术馆

日本三井纪念美术馆藏《妙法莲华经卷七》之二（图 6-76），纸本，楷书，高 26 厘米，长 369.4 厘米。此卷从字体来看，同样为唐人写本。与卷七之一相较，此卷点画形态更加轻盈，书风受褚遂良影响更明显，亦有虞世南的特点，欧体的特征不明显。整卷用笔灵动，书写熟练，结体匀称，十分从容，是典型的唐人写经体作品。

（2）敦煌市博物馆藏《妙法莲华经卷六》

敦煌市博物馆藏《妙法莲华经卷六》（图 6-77），此卷写于唐咸亨三年（672），王思谦书，纸本，楷书。卷高 26.2 厘米，现存七纸。从字体来看，属于典型的唐代楷书，深受欧阳询、虞世南、褚遂良等书家的影响，用笔干净，点画肯定，起笔收笔十分讲究，转折顿挫明确，钩画十分完整，已经完全脱去隶书的影子。结体严谨，方正匀称，气息平和，体现出抄经者熟练的书写技巧与从容的书写状态。从卷尾署名来看，全卷历经初校、再校、三校，又由唐玄奘的四个著名弟子“详阅”，最后还有“判官少府监治署令向义感”“使太中大夫守工部侍郎永兴县开国公虞昶监”的落款，可见此卷书写要求十分严格，书写水平也相当高，当为官方经生作品，或作为朝廷颁行天下的佛经粉本，成为各地抄写《妙法莲华经》内容与书法的标准范式。

2. P. 2059《三阶佛法卷第三》

法国国家图书馆藏 P. 2059《三阶佛法卷第三》（图 6-78）无明确纪年，其卷背有一段非同一字迹的《千字文》，题记为“天福伍年庚子岁正月一日”，故可推测正面《三阶佛法卷第三》书写时间大约应在 940 年上下。书写取法多元，其中欧阳询书风特征较为明显，点画多硬朗挺拔，转折方笔顿挫明显，结体紧峭挺拔。用笔又受褚遂良的影响，尤其是起笔轻盈，笔触细腻，还有点画之间的映带关系，总体褚体特征表现得比较明显。另外，点画中段扎实圆润，还兼有虞世南书法的影子。

世得白癩病若輕笑之者當世世牙齒踈缺
醜脣平鼻手脚繚戾眼目角睞身體臭穢惡
瘡膿血水腹短氣諸惡重病是故普賢若見
受持是經典者當起遠迎當如敬佛說是普
賢勸發品時恒河沙等无量无邊菩薩得百
千億旋陀羅尼三千大千世界微塵等諸菩
薩具普賢道佛說是經時普賢等諸菩薩舍
利弗等諸聲聞及諸天龍人非人等一切大
會皆大歡喜受持佛語作礼而去

如来所説經中㝡為深大又如土山黑山小
鐵圍山大鐵圍山及十寶山衆山之中湏弥
山為第一此法華經亦復如是於諸經中㝡
為其上又如衆星之中月天子㝡為第一此
法華經亦復如是於千万億種諸經法中㝡
為照明又如日天子能除諸闇此經亦復如
是能破一切不善之闇又如諸小王中轉輪
聖王㝡為第一此經亦復如是於衆經中㝡
為其尊又如帝釋於三十三天中王此經亦
復如是諸經中王又如大梵天王一切衆生

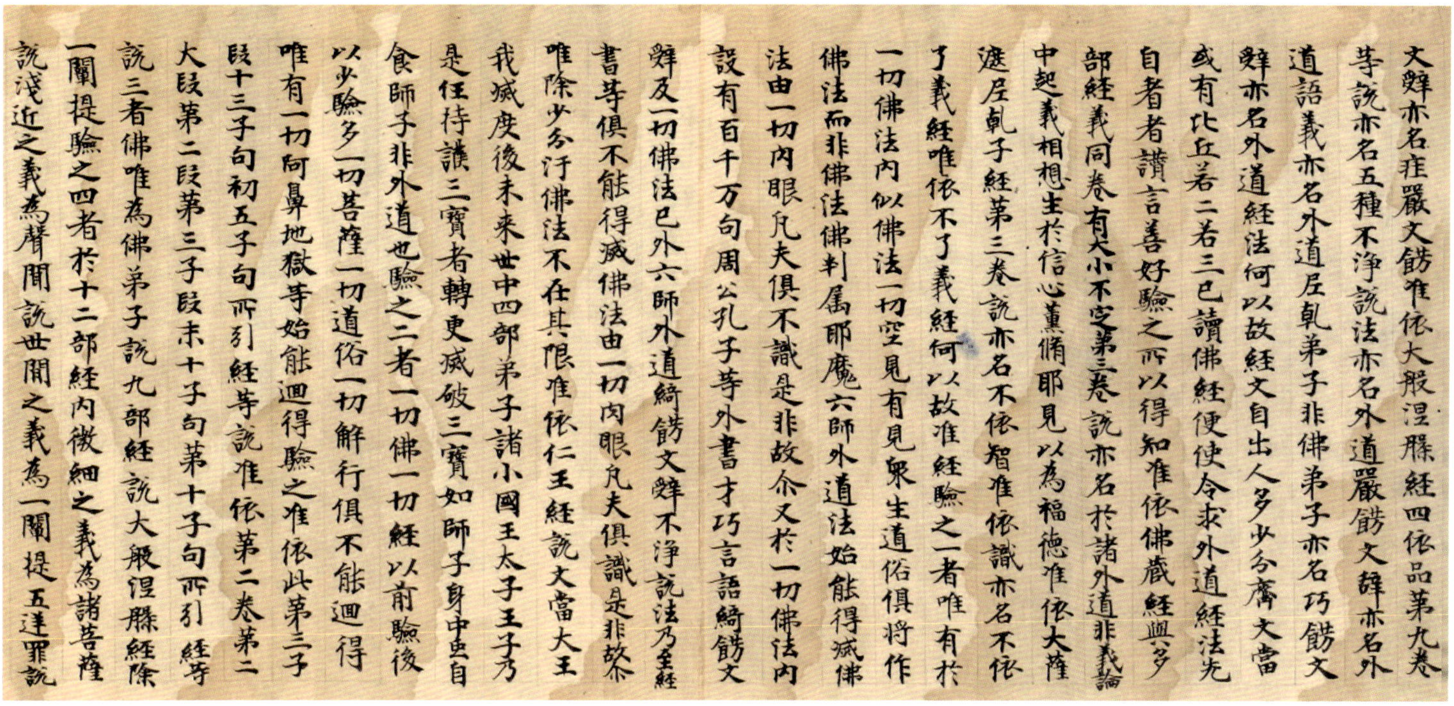
文辯亦名莊嚴文餝唯依大般涅槃經四依品第九卷
等說亦名五種不淨說法亦名外道嚴餝文辯亦名外
道語義亦名外道尼乾弟子非佛弟子亦名巧餝文
辯亦名外道經法何以故經文自出人多少分齊文當
或有比丘若二若三已讀佛經便使令求外道經法先
自者者讚言善好驗之所以得知唯依佛藏經與多
部經義同卷有大小不定第三卷說亦名於諸外道非義論
中起義相想生於信心薰脩耶見以為福德唯依大薩
遮尼乾子經第三卷說亦名不依智唯依識亦名不依
了義經唯依不了義經何以故唯經驗之一者唯有於
一切佛法內似佛法一切空見有見眾生道俗俱將作
佛法而非佛法佛判屬耶魔六師外道法始能得滅佛
法由一切內眼凡夫俱不識是非故尒又於一切佛法內
設有百千万句周公孔子等外書才巧言語綺餝文
辯及一切佛法已外六師外道綺餝文辯不淨說法乃至經
書等俱不能得滅佛法由一切內眼凡夫俱識是非故尒
唯除少分汙佛法不在其限唯依仁王經說文當大王
我滅度後未來世中四部弟子諸小國王太子王子乃
是任持護三寶者轉更滅破三寶如師子身中虫自
食師子非外道也驗之二者一切佛一切經以前驗後
以少驗多一切菩薩一切道俗一切解行俱不能迴得
唯有一切阿鼻地獄等始能迴得驗之唯依此第三子
段十三子句初五子句所引經等說唯依第二卷第二
大段第二段第三子段末十子句第十子句所引經等
說三者佛唯為佛弟子說九部經說大般涅槃經除
一闡提驗之四者於十二部經內微細之義為諸菩薩
說淺近之義為聲聞說世間之義為一闡提五逆罪說

左：图 6-77　王思谦书《妙法莲华经卷六》，唐，672 年，纸本，卷高 26.2 厘米，现存七纸，敦煌市博物馆

上：图 6-78　P. 2059《三阶佛法卷第三》，五代十国，法国国家图书馆

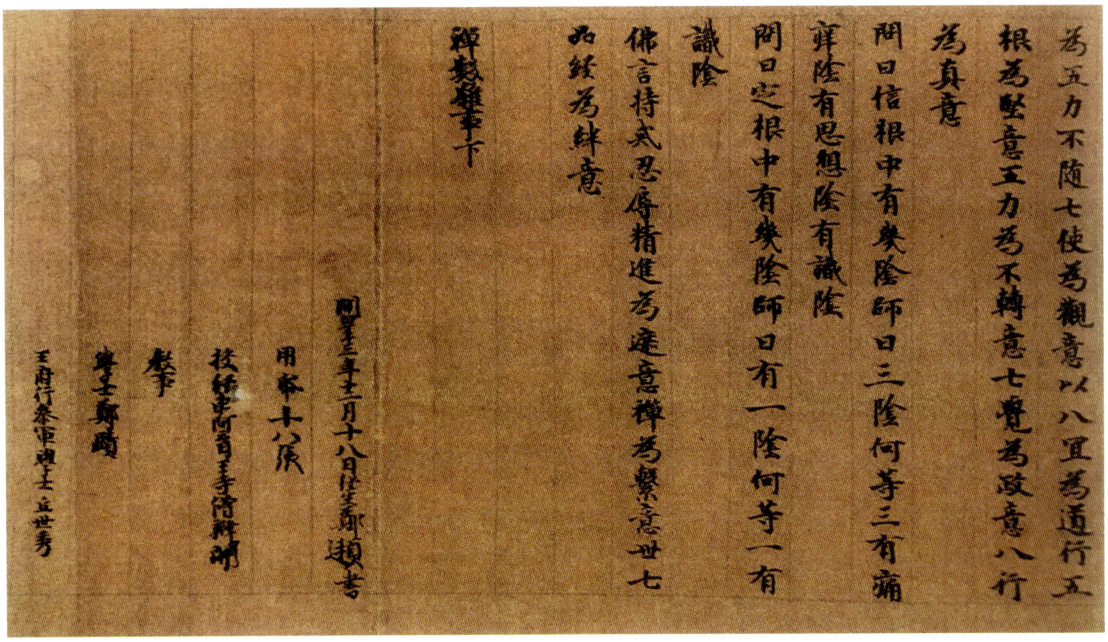

图 6-79 津艺 258 号《禅数杂事卷下》，隋，594 年，纸本，天津市艺术博物馆

3. 天津市艺术博物馆藏 258 号《禅数杂事卷下》

天津市艺术博物馆（津艺）藏 258 号《禅数杂事卷下》（图 6-79），写于 594 年，题记云：“开皇十三年十二月十八日经生郑颋书，用纸十八张，校经东阿育王寺僧辩开，教事，学士郑迹，王府行参军学士丘世秀。”此卷是隋代官府写经，《续高僧传》卷二十七所记“释智命”，俗姓郑名颋，开皇十三年明题经生，即为此卷的书手，此人先为经生，后为僧。[①] 此卷内容非佛教经典，根据句式长短，抄写时多错落，章法形成了很好的虚实对比效果。书法可观，楷书略带行书笔意，入“为”的四点作横，“意”的“心”部后两点连贯书写，行笔流畅轻松，笔法结构均学智永，又有欧阳询、虞世南风格，朴实而不失秀美，也是佛教写本中的上乘之作。

（五）吐蕃及归义军时期

进入中晚唐时期，786 年始，敦煌先后统治于吐蕃政权和唐中央政权下的归义军。敦煌佛教写本的数量与面貌也发生了较大变化，来自长安宫廷和寺庙

① 朱关田：《中国书法史·隋唐五代卷》，江苏教育出版社，2009 年，第 211 页。

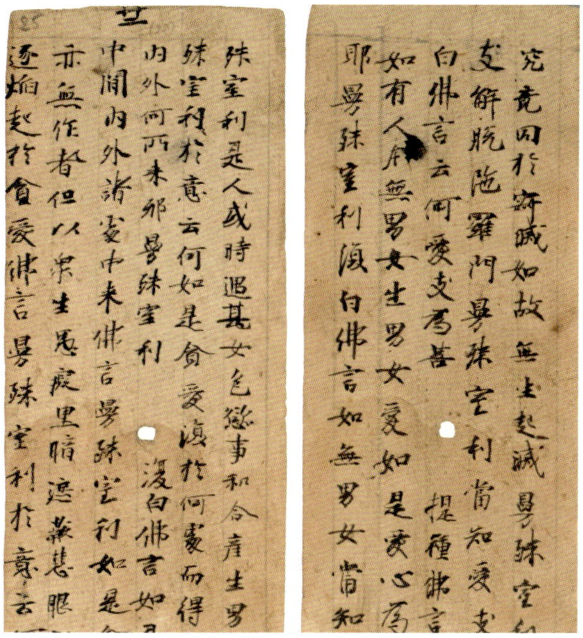

图 6–80 P. 3918 赵彦宾写《佛说金刚坛广大清净陀罗尼经》局部一，唐（西州），793 年，法国国家图书馆

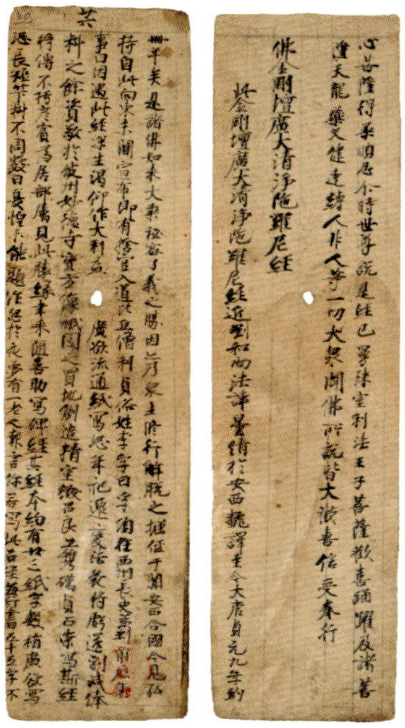

图 6–81 P. 3918 赵彦宾写《佛说金刚坛广大清净陀罗尼经》局部二，唐（西州），793 年，法国国家图书馆

的写本已经相当少见，敦煌及周边地方政府、寺庙的写本也不多，书写水平也无法同名家书风相比。这一时期民间写本占多数，几乎未见书写水平出色的作品。整体来看，卷面多混乱潦草，风格也相当粗犷。

1. P. 3918《佛说金刚坛广大清净陀罗尼经》

法国国家图书馆藏 P. 3918《佛说金刚坛广大清净陀罗尼经》是一件来自西州的写经，写于 793 年。唐西州是高昌王朝故地，在今新疆吐鲁番西，贞元七年（791）始为吐蕃占领。尾有长段题记，记录了书写时间“贞元九年癸酉岁十月十五日”，书写者“西州没落官甘州寺户唐伊西庭节度留后史判官，朝散大夫试太朴卿赵彦宾写”、校勘者“广林阁梨审勘校正”等信息；还先说明了此经被镌刻的过程：比丘僧利贞（俗名李孚，西州长安史兼判）遇此经，深生渴仰，作大利益，广欲流通，出资刻于碑石，以传不朽；后讲述了关于此经的几个小故事，无不显示出抄经人赵彦宾对此经的神圣崇拜。通观全卷，楷中杂行，多数无法可循，略有几处，如“外”、“者”等，似乎有模仿褚遂良之痕迹，但书写水准显然较低（图 6–80、图 6–81）。

2. 两件《劝善经》

在敦煌写经中，有 19 件写于 803 年、题记为“贞元十九年”的《劝善经》，从正月至四月，主要集中于“正月廿三日”这一天书写，经文较为简短，格式基本统一，很可能为出于一致供养目的而统一组织的抄经，每卷字迹不同，应由多位写手写就，整体水平均不高。

法国国家图书馆藏 P. 3463《劝善经一卷》（图 6–82），纸本，行 20 余字。首题“劝善经一卷”。末题“贞元拾玖年正月廿三日下”。该卷楷书，后半段夹杂行书笔意，通篇结体瘦长，体势右上斜耸；在横折、横折钩等笔画中，折角重顿，之后竖画紧收腰，如“劝”、“方”、“同”等中的内擫笔法，有欧体特点。另一件《劝善经》为法国国家图书馆藏 P. 3624（图 6–83），题记为“贞元十九年甲申岁次正月廿三日”。通篇楷书，字形方正，笔法圆实，略有褚遂良《大字阴符经》的感觉。

3. P. 2274《金光明经卷第七》

法国国家图书馆藏 P. 2274《金光明经卷第七》（图 6–84）写于 854 年，纸本，卷轴装，每行 14—17 字，首尾题“金光明经卷第七”，末尾题记“大中八年五月十五日奉为先亡敬写，弟子比丘尼德照记”，隔行又题“比丘道斌写”。通篇顿挫转折硬朗，书写较为熟练，结体较为端正，有褚体风格。但笔画提按动作夸张，粗细对比过于明显，用笔起收也不精致，远不如褚遂良书风典雅，显得相当俗气。相较而言，还算是这一时期书写水平较高的作品。

4. P. 4587《诸星母陀罗尼经一卷》

法国国家图书馆藏 P. 4587《诸星母陀罗尼经一卷》（图 6–85）写于 857 年，纸本，卷轴装，行 17 字，卷首题记“大中十一年五月廿六日思经此是阳英德书记”。此经略有褚体风格，书写熟练，行笔较快，略带行书笔意，通篇体势斜结，字形较大，行间充满，虽有界格，但仍有逼仄之感，远不如唐代中前期写经典雅从容。因为书写追求快捷，点画也显得较为单薄纤弱。

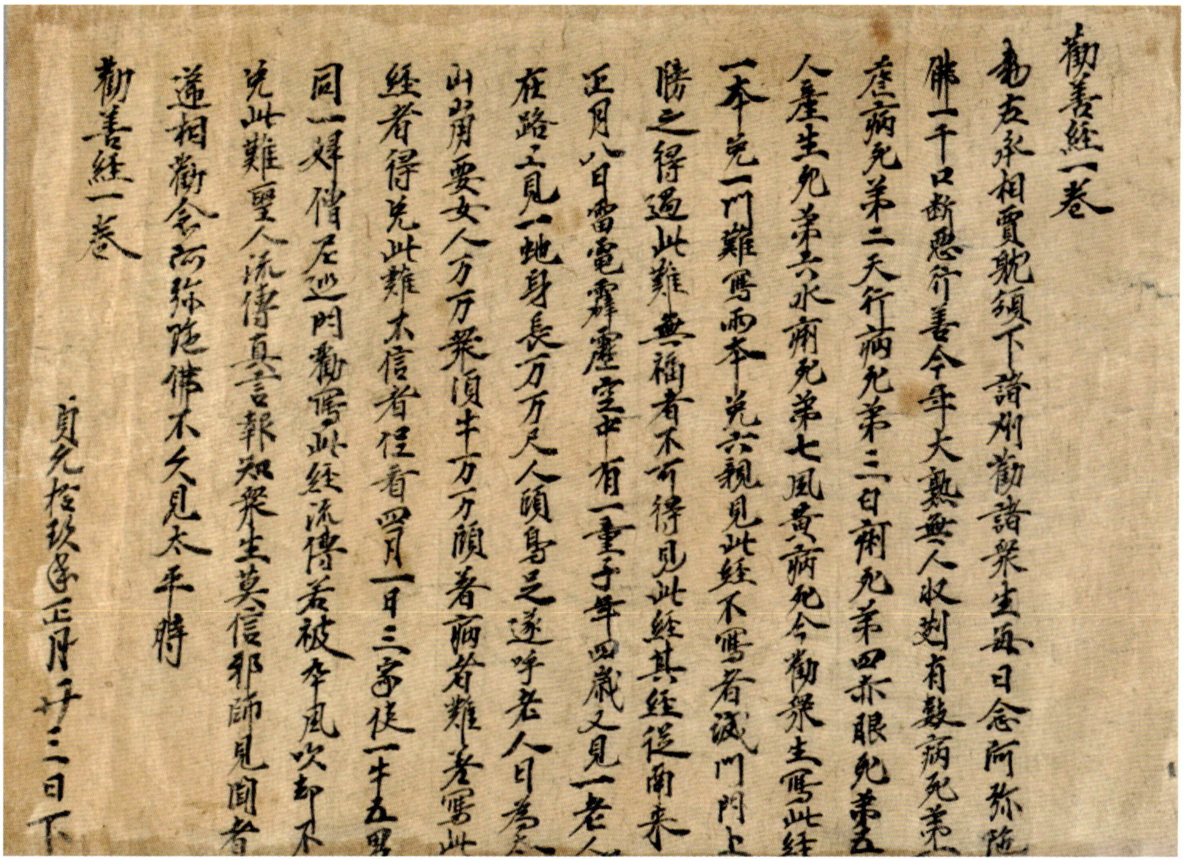

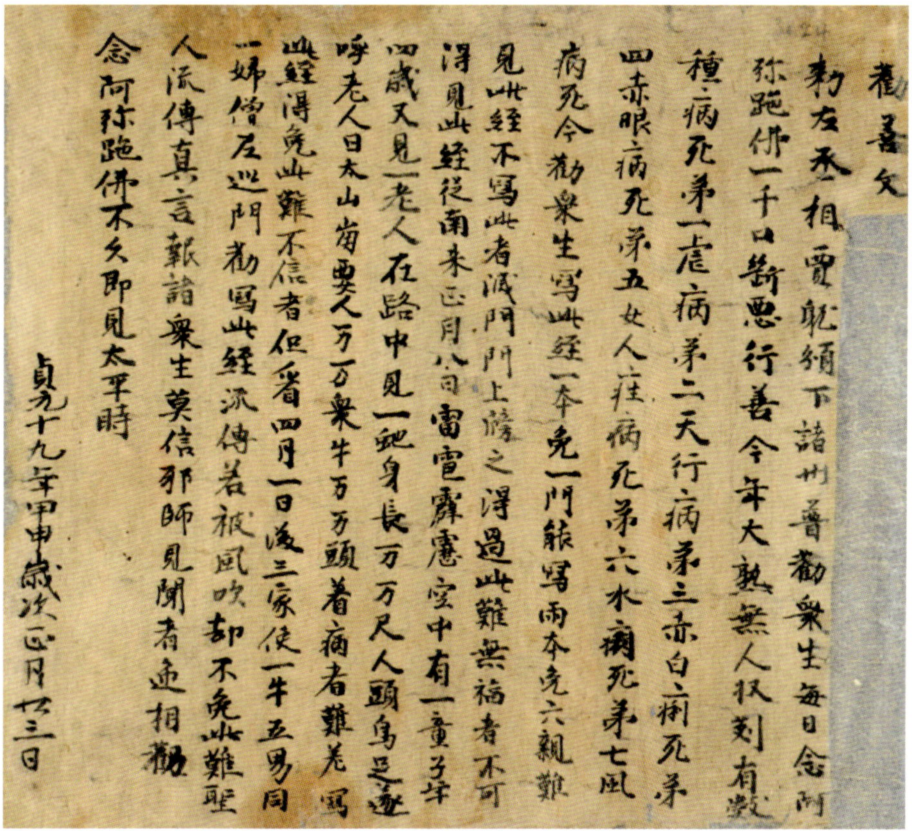

上：图 6–82　P.3463《劝善经一卷》，唐，803 年，纸本，法国国家图书馆

下：图 6–83　P. 3624《劝善经》，唐，803 年，纸本，法国国家图书馆

猶如師子獸中上　常以八辟自莊嚴

各持弓箭刀矟斧　長杵鐵輪并羂索

端正樂觀如滿月　言詞无滯出和音

若有衆生心願求　善士隨念令圓滿

帝釋諸天咸供養　皆共稱讚可歸依

衆德能生不思議　一切時中起恭敬

莎訶（此上呪頌是呪亦是讚　若持呪時必須誦之）

若欲祈請辯才天　依此呪讚言詞句

晨朝清淨至誠誦　於所求事悉隨心

尒時佛告婆羅門善哉善哉汝能如是利益

衆生施安樂讚彼天女請求加護獲福无

邊此品呪法有略有廣或開或合前後不同

梵本既多但依一譯後勘者知之

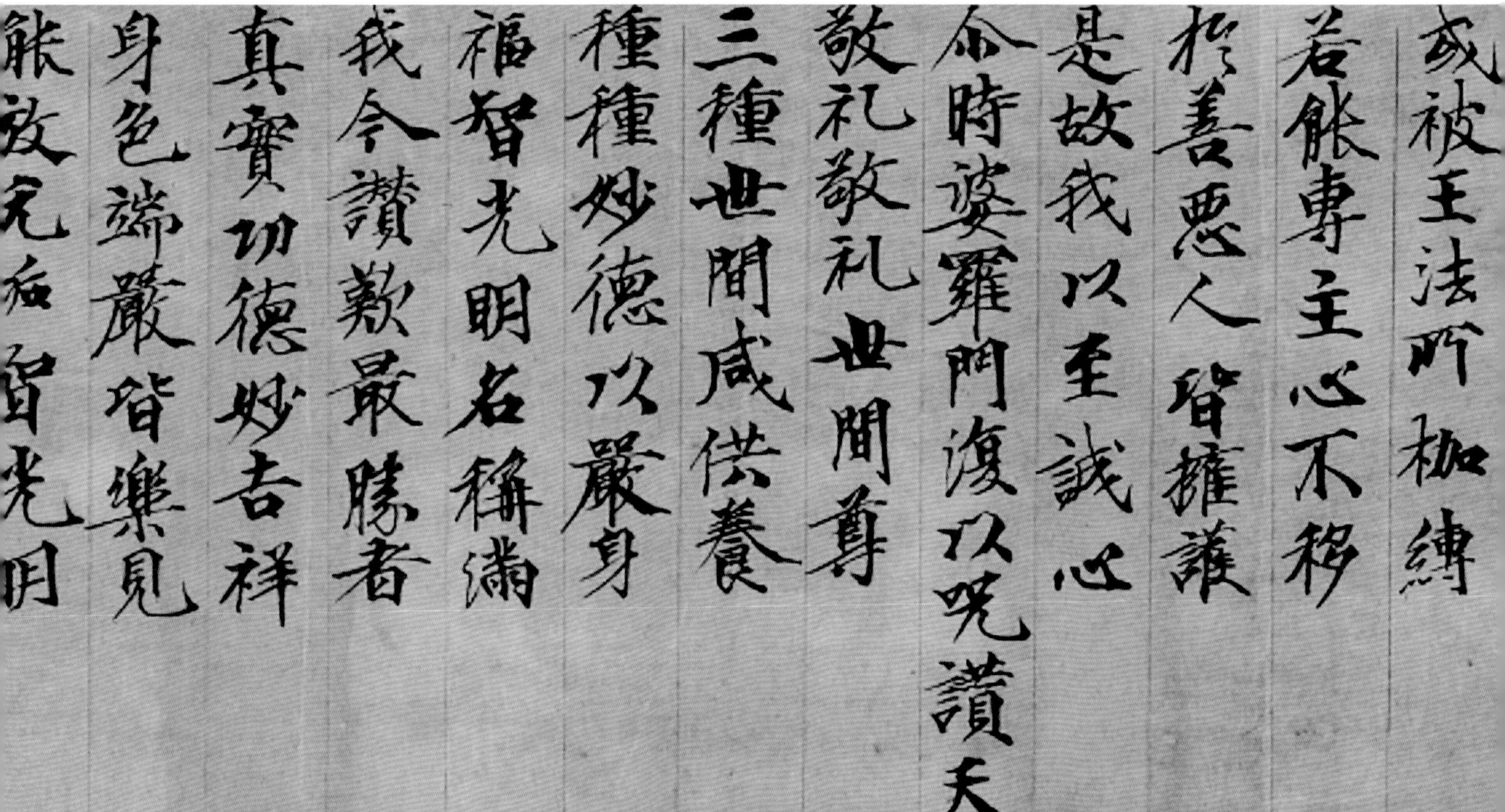
或被王法所枷縛　或為怨讎行殺害
若能專主心不移　決定解脫諸憂苦
於善惡人皆擁護　慈悲愍念常現前
是故我以至誠心　稽首歸依大天女
爾時婆羅門復以呪讚天女曰
敬禮敬禮世間尊　於諸母中最為勝
三種世間咸供養　面貌容儀人樂觀
種種妙德以嚴身　目如脩廣青蓮葉
福智光明名稱滿　譬如无價末尼珠
我今讚歎最勝者　悉能成辦所求心
真實功德妙吉祥　譬如蓮花極清淨
身色端嚴皆樂見　衆相希有不思議
能放无垢智光明　於諸念中為最勝

图 6–84　P. 2274 阳英德书《金光明经卷第七》，唐，854 年，纸本，卷轴装，法国国家图书馆

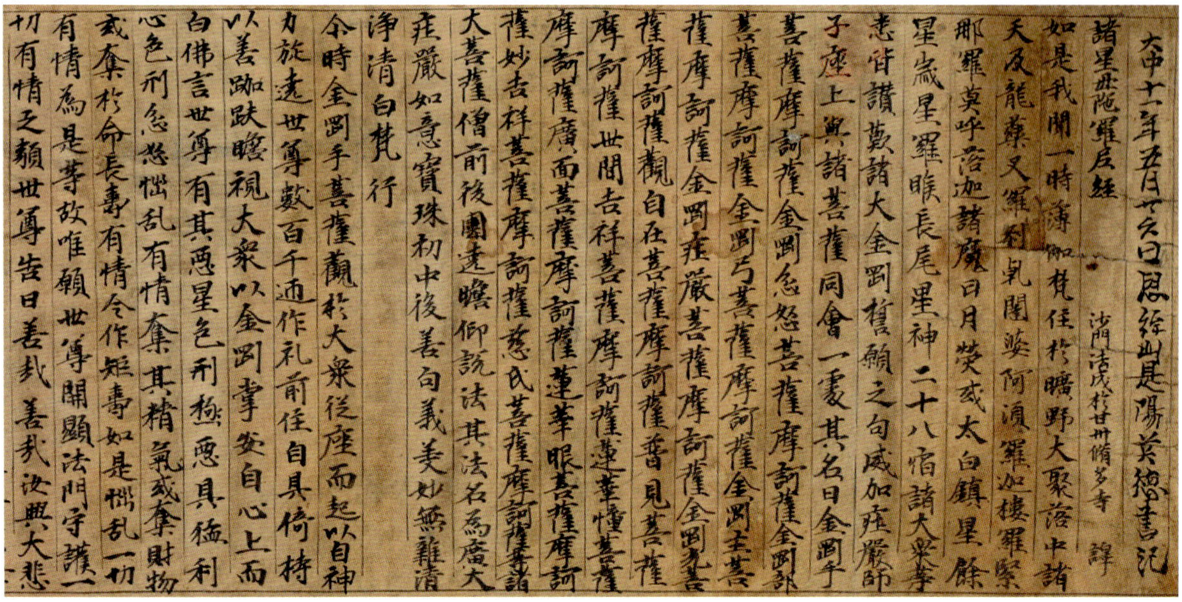

图 6–85　P. 4587《诸星母陀罗尼经一卷》，唐，857 年，纸本，卷轴装，法国国家图书馆

4. P. 2876《金刚般若波罗蜜经》

法国国家图书馆藏 P. 2876《金刚般若波罗蜜经》（图 6–86）是一件较为特殊的写本，是 906 年归义军时期，一位 83 岁老人刺血和墨书写的，抄写格式讲究完整，且非常见的卷轴装，而是经折装，这种装帧方式有利于佛教徒坐禅念诵时翻页的方便。首页奉请八尊金刚，彩绘有八尊护法金刚力士像。正文抄经前还有一段启请文。尾有题记："天祐三年岁次丙寅四月五日，八十三岁老翁刺血和墨，手写此经，流布沙州，一切信士，国土安宁，法轮常转。以死写之，乞早过世，余无所愿。"卷中还有红色血滴。

此卷书写技法不高，也未能工整严谨，但颇有颜体宽博的气势，外拓的点画笔法亦有颜体风格，如"为"、"者"，典型的捺脚笔法如"受"。刺血和墨与题记中的祈福，可一窥这位年迈老人的虔诚之心。佛教为传播佛法，将抄写佛经作为大功德，《华严经》卷八十一《普贤行愿品》中说道："从初发心，精进不退，以不可说不可说身命而为布施；剥皮为纸，析骨为笔，刺血为墨，书写经典，积如须弥。为重法故，不惜身命。"这种抄经的心态与信仰，对于书写行为起到重要的支撑作用。

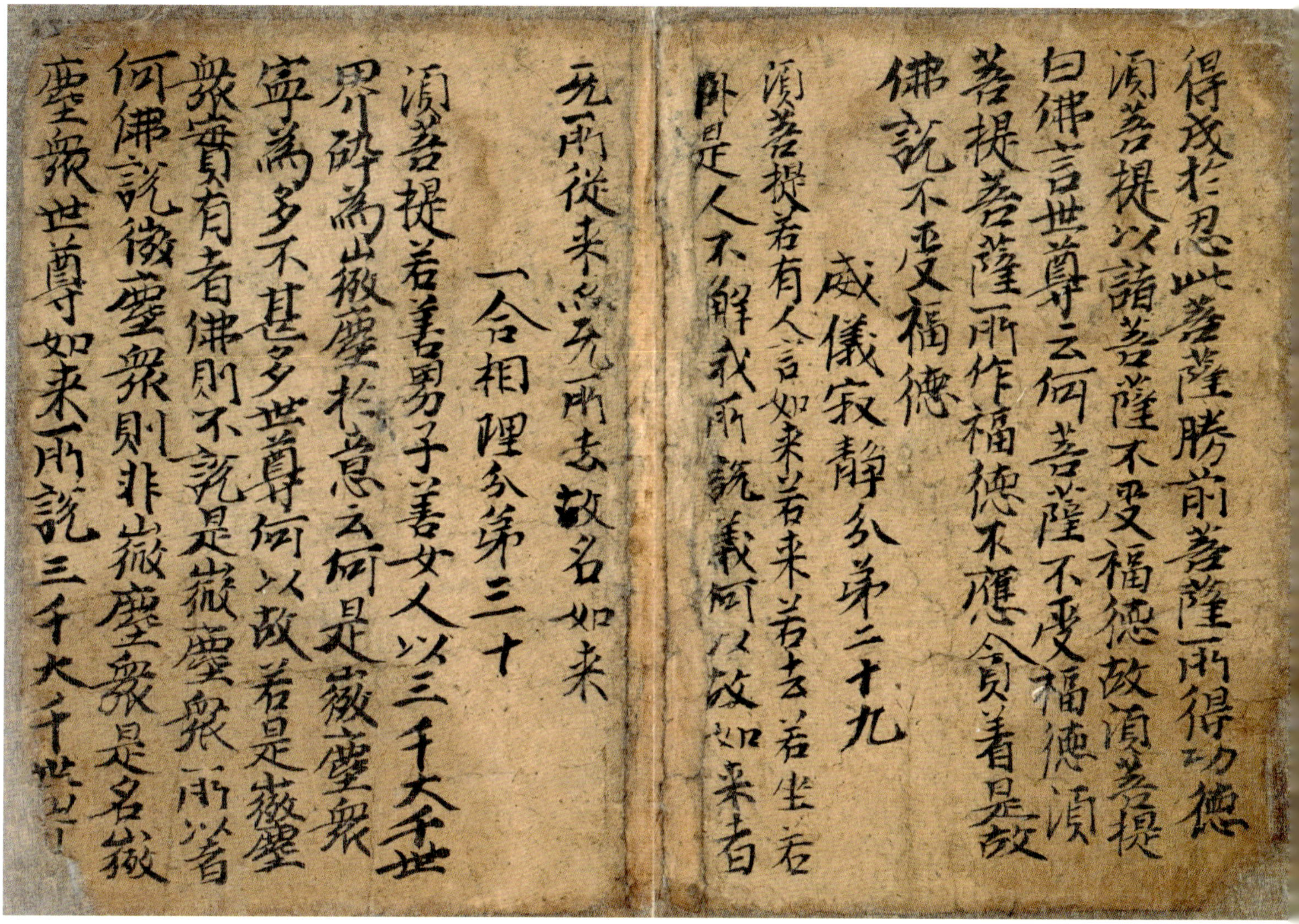

图 6–86　P. 2876《金刚般若波罗蜜经》，归义军时期，906 年，法国国家图书馆

5. P. 2055《佛说盂兰盆经》《大般涅槃摩耶夫人品经》《佛说善恶因果经》

法国国家图书馆藏 P. 2055《佛说盂兰盆经》《大般涅槃摩耶夫人品经》《佛说善恶因果经》（图 6–87），纸本，卷轴装，每行约 17 字，此卷是朝议郎检校尚书工部员外郎翟奉达为亡妻在百日斋、一年斋及三年斋上追福抄写的，故内容有三种经文，书写时间也从 958 年跨至 961 年。末尾题记总结了其为亡妻马氏追福从一七到三年斋每斋写经一卷的十个标题，并记："右件写经功德，为过往马氏追福。奉请天龙八部、救苦观世音菩萨、地藏菩萨、四大天王、八大金刚以作证盟，一一领受福田，往生乐处，遇善知识，一心供养。"这一写本反映出敦煌地区丧俗追福的风习。

此卷抄写工整，横画起收处、转折处及结构都有取法柳公权体的痕迹，竖画线条多有外拓。书写者翟奉达为敦煌地区官员，应有一定的文化水准与书写基础，其书写虽比同时期大多写经质量高，但水平已远不如早中唐时期了。

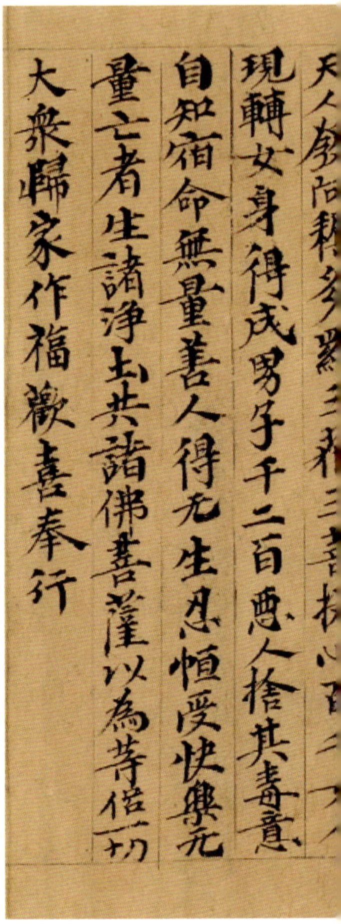
現轉女身得成男子千二百惡人捨其毒意
自知宿命無量善人得无生忍恒受快樂无
量亡者生諸淨土共諸佛菩薩以為等侶一切
大衆歸家作福歡喜奉行

6. P. 2312《佛名经》

写经中有十余件写于 920 年 6 月 4 日的《佛名经》，卷尾均题有："敬写大佛名经贰佰捌拾捌卷，惟愿城隍安泰，百姓康宁，府主曹公己躬永寿，继绍长年，合宅校罗，常然吉庆。于时大梁贞陆年岁次庚辰伍月拾伍日写记。"题记中的曹公即归义军节度使曹议金。914 年，曾在敦煌建立西汉敦煌国（又名金山国）的归义军节度使张承奉（张为开创归义军第一阶段张氏时期的首任节度使张议潮之孙）去世后，曹议金接管政权，取消敦煌国名号，复称归义军，开创了归义军历史上的第二个阶段——曹氏时期，此时期正值中原的五代和宋初。从题记可知，这是一次归义军官方组织的大规模抄经活动。P. 2312（图 6–88）为其中一卷，彩绘有佛像，通篇墨色浓黑，书写几乎没有明显的取法，并非从经典学来，可能是临摹前人的写经，可以看出官方抄经的整体水平和态度的变化，整体书风已经明显衰微。

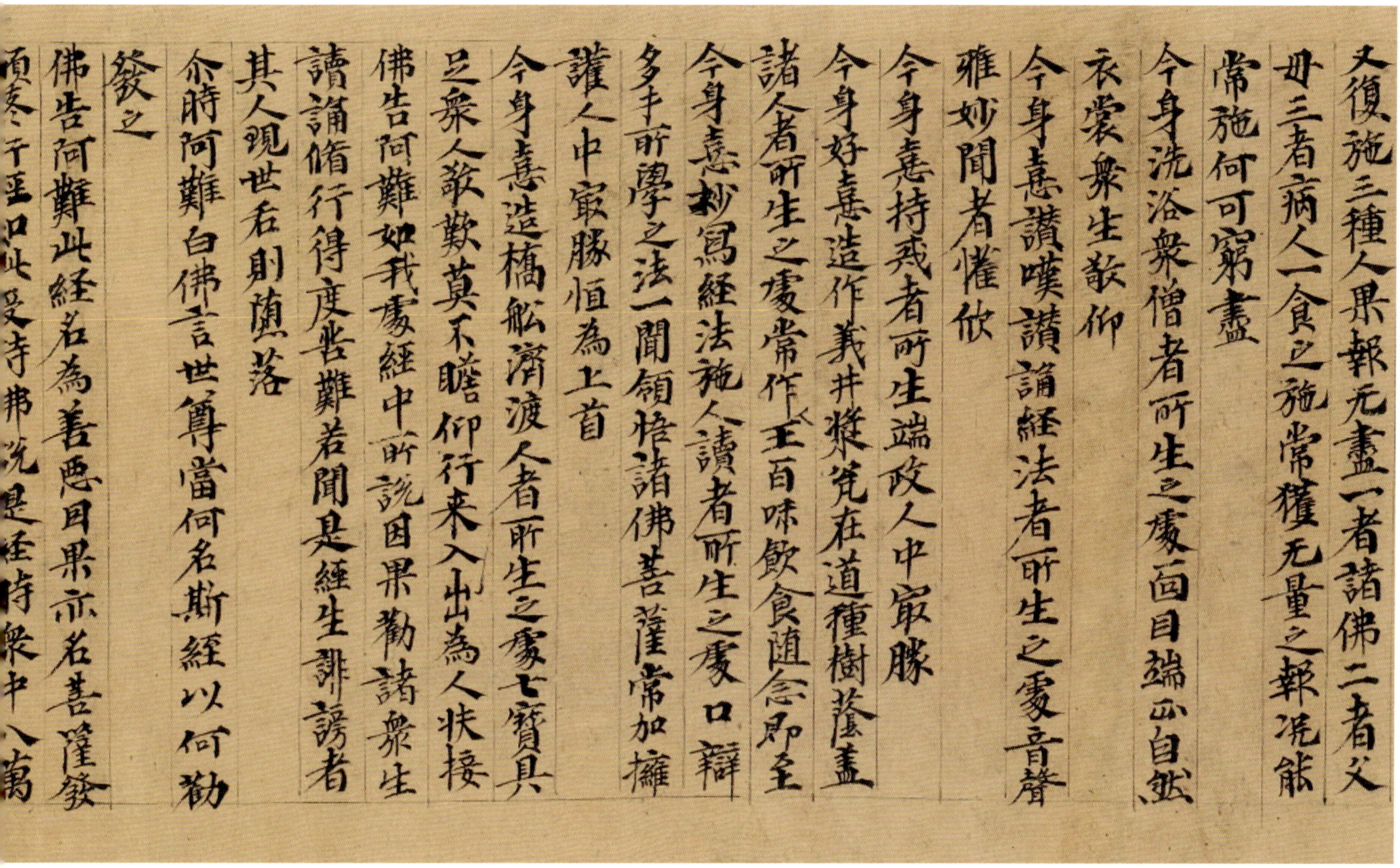

图 6–87　P. 2055 翟奉达书《佛说盂兰盆经》《大般涅槃摩耶夫人品经》《佛说善恶因果经》，五代十国，958—961 年，纸本，卷轴装，法国国家图书馆

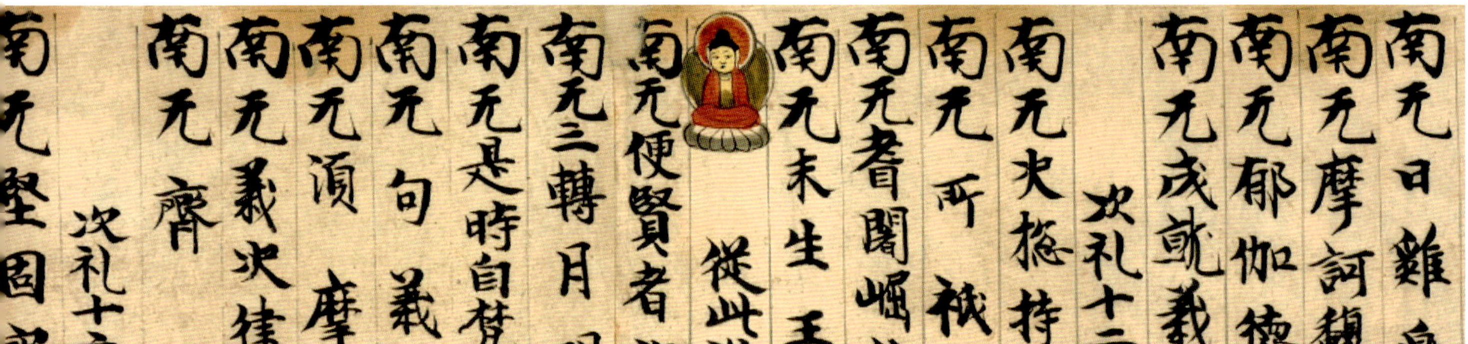

图 6–88　P. 2312《佛名经》，归义军时期，法国国家图书馆

第二节 行书类

敦煌写经中的行书一般由楷书快写发展而来，除个别经文抄写外，主要用于经典的辅助性注释、疏讲之类。其中也有书写水平良好的卷子，多有名家渊源，且表现出不同的艺术趣味和审美样态。经卷中的行书在不同位置与场合有不同表现，我们分为通卷行书与题记中的行书来赏析。

（一）通卷行书

通卷行书即正文内容采用行书抄写，其中不乏熟练潇洒、气息连贯、水平较高的作品，值得欣赏与品评。

1. S. 02106 号 1《维摩义记》

英国国家图书馆藏 S. 02106 号 1《维摩义记》（图 6-89），是北魏 500 年写本。尾有题记：“景明原年二月廿一日，比丘昙兴于定州丰乐寺写讫。”定州在今河北，但此卷写本受钟王书风影响，是典型的南方书风。通篇虽字字独立，但整体流畅，气息贯通。书写熟练，无意于佳，点画到位，笔法纯正，自然生动。结体以魏晋楷书为根柢，字势在自然书写中形成左下往右上拉伸的斜势，追求书写的便捷快速，整体感很强。部分字形草写简捷，是唐代草书之风的前奏。与唐代草书经卷《因明入正理论后疏》对照（见本章第三节），部分草法如“明”“所”“是”“为”等已经几乎完全相同。

維摩義記

論文始終凡有三段：一明序說，二明正說，三明流通。說序為興發之由，正宗為於現在，流通為於未來。始有三焉，從始說七言偈，此即序也，從偈後盡阿閦，取正宗也，後二品即流通也。序中有三義：一明遺教序，從品始盡俱來坐是；二明說法序，次下至歎蓋是；三明歎佛序，自下說偈是。正宗中有二：一文一略開經宗，二廣演其義。從偈後說方便品，即開宗也。此中凡開四義：一開淨土，從初說品是；二開舊方便，從品始至以有疾是；三開新方便，次下至此可患厭是；四開法身，次下說品是。所以開此四者，以新舊二智明化接下流，身土二果是頓化所對。三果盡環中，接下明想无不被，故明四也。從弟子品說阿閦品，即弟子廣前四。於中弟子菩薩二品廣前舊方便。言舊者二偏前時指為也。從文殊品說菩薩品，廣前新方便。言新者託疾現化也。從阿閦品始說名為鄣觀，廣前法身也。從汝於何沒說品

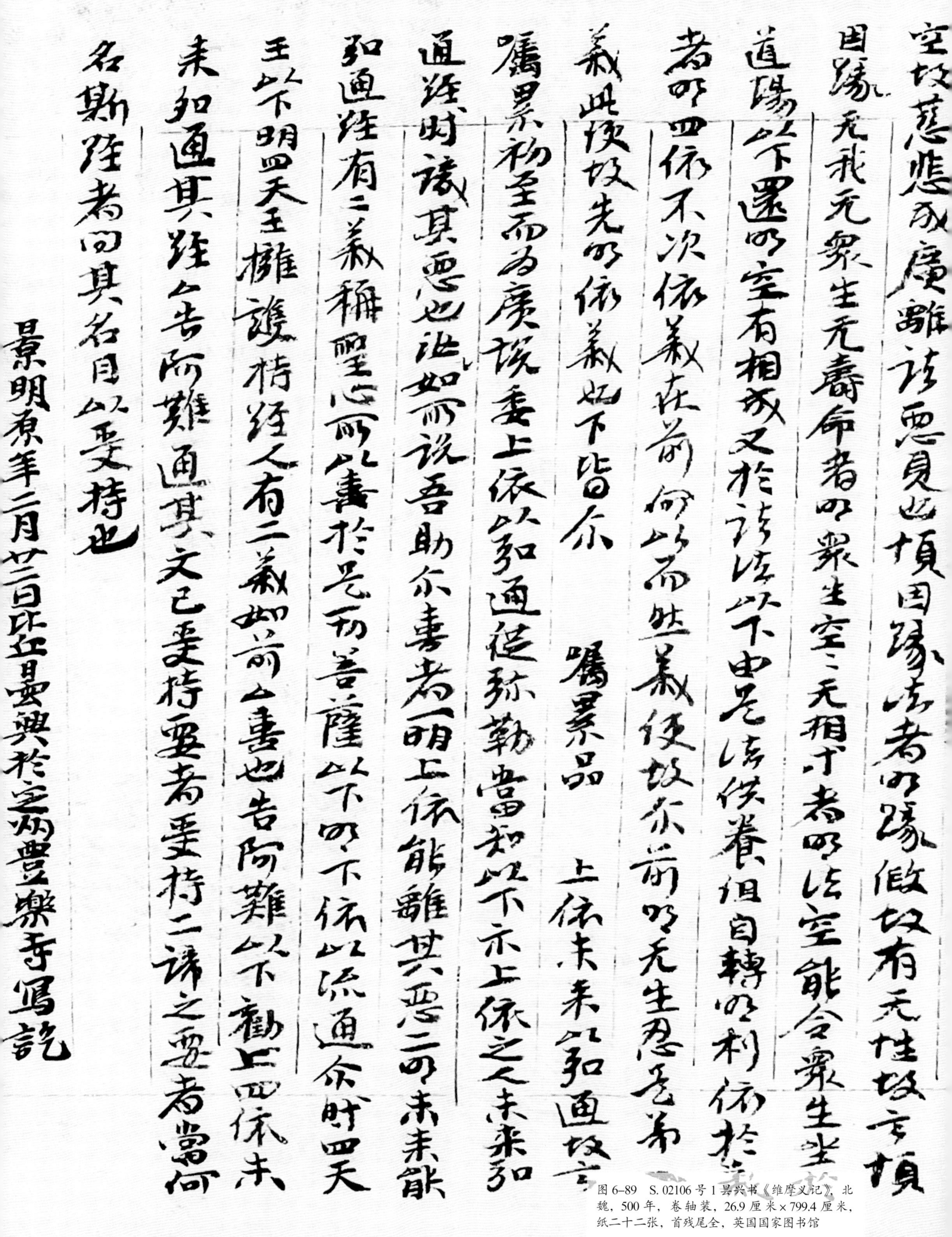
空故慈悲成廣雖諸惡見也頂因緣法者明緣假故有无性故言頂
因緣无我无衆生无壽命者明衆生空〻无相寸者明法空能令衆生坐
道場以下還明空有相成又於諸法以下由是法供養但自轉明利依於法
者明四依不次依義在前所以而然義便故前明无生忍是第
義此後故先明依義以下皆爾　囑累品　上依未來知通故言
囑累初至而為廣説要上依以知通從彌勒當知以下亦上依之人未來知
通經時議其惡也此如所説吾助尒甚者一明上依能離其惡二明未來能
知通經有二義稱聖心所以書於是勿菩薩以下明下依以流通尒時四天
王以下明四天王擁護持經人有二義如前以書也告阿難以下勸上四依未
來知通其經以告阿難通其文已受持要者受持二諦之要者當何
名斯經者明其名目以受持也
景明元年二月廿二日比丘曇興於定州豐樂寺寫訖

图 6–89　S. 02106 号 1 曇兴书《维摩义记》，北魏，500 年，卷轴装，26.9 厘米×799.4 厘米，纸二十二张，首残尾全，英国国家图书馆

2. P. 3308《法华经义记第一卷》

法国国家图书馆藏 P. 3308《法华经义记第一卷》(图 6–90),写于西魏 536 年,尾有题记:“利都法师释之,比丘昙延许,丙辰岁,用纸卅八,大统二年岁次丙辰六月庚午三日水酉,写此法华义记一部。愿令此福,逮及含生有识之类,齐悟一实无二之理。”此件写经内容为讲疏类,用行书抄写,字形多向右上方敧斜,运笔流畅,舒展放逸,竖画、捺画多出肥笔。此种行书,似未受南方二王时风影响,而由北方魏碑体、写经体快写而成,法度不严谨,个人发挥过多。倒是笔法结体并无太多拘束,显得质朴率真。这类北方行书,从书法的典雅程度来看显然是不够的。

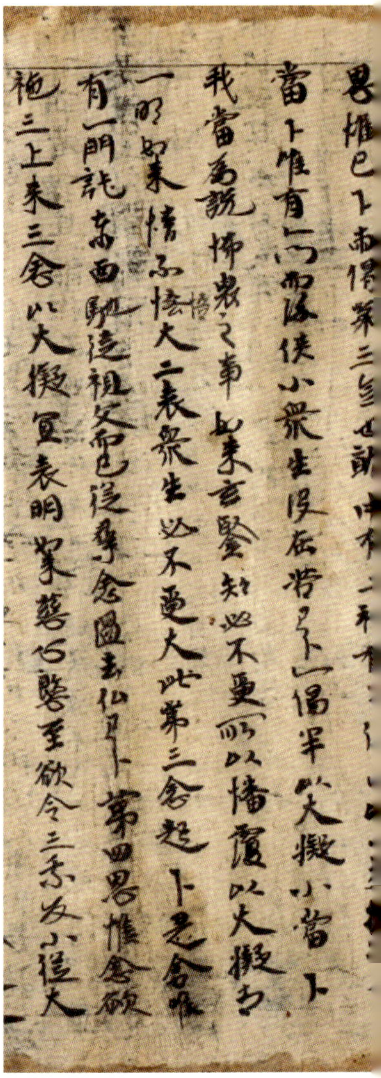

3. S. 02660《胜鬘义记一卷》

英藏 S. 02660《胜鬘义记一卷》(图 6–91)是北魏 504 年写本,题记云:“正始元年二月十四日写讫。用纸十一张……”此卷行书是魏碑楷书的快写,形成了点画之间的连贯。这种写法虽然比较生硬,但也反映了未受南方书风影响的北方写本的行书状态。即书写者以魏碑楷法作行书,起笔多方笔,转折见棱角,多骨少肉,筋骨外露,提按过渡不够自然。字形斜拉,有《张猛龙碑》的影子。上下字之间偶有连属,体现作者追求快速便捷的书写心理。从前述法藏 P. 3308《法华经义记第一卷》与这件作品可以看出北方书法未能很好地解决楷书的快写问题,导致行书生硬而无太多法度,可见北方自觉接受南方书风尤其是行书的影响是书写发展的客观需要。

4. BD04787《诸经集抄》与 P. 3848《众经别录》

中国国家图书馆藏 BD04787《诸经集抄》(图 6–92),纸本,为 7—8 世纪唐写本。卷轴装,长 83.7 厘米,宽 28 厘米,纸数二张,共 46 行,每行 23 字。首残尾脱,有朱笔断句。本文献从诸多经论中摘录若干经文,集抄而成;集抄时不分卷,诸经文连写未空格,少数句有删节。其形式为先抄经题,然后用朱笔揭示所抄经文主题。法藏 P. 3848《众经别录》(图 6–93、6–94)便是 BD04787《诸经集抄》的尾部,两卷原为一件写经。

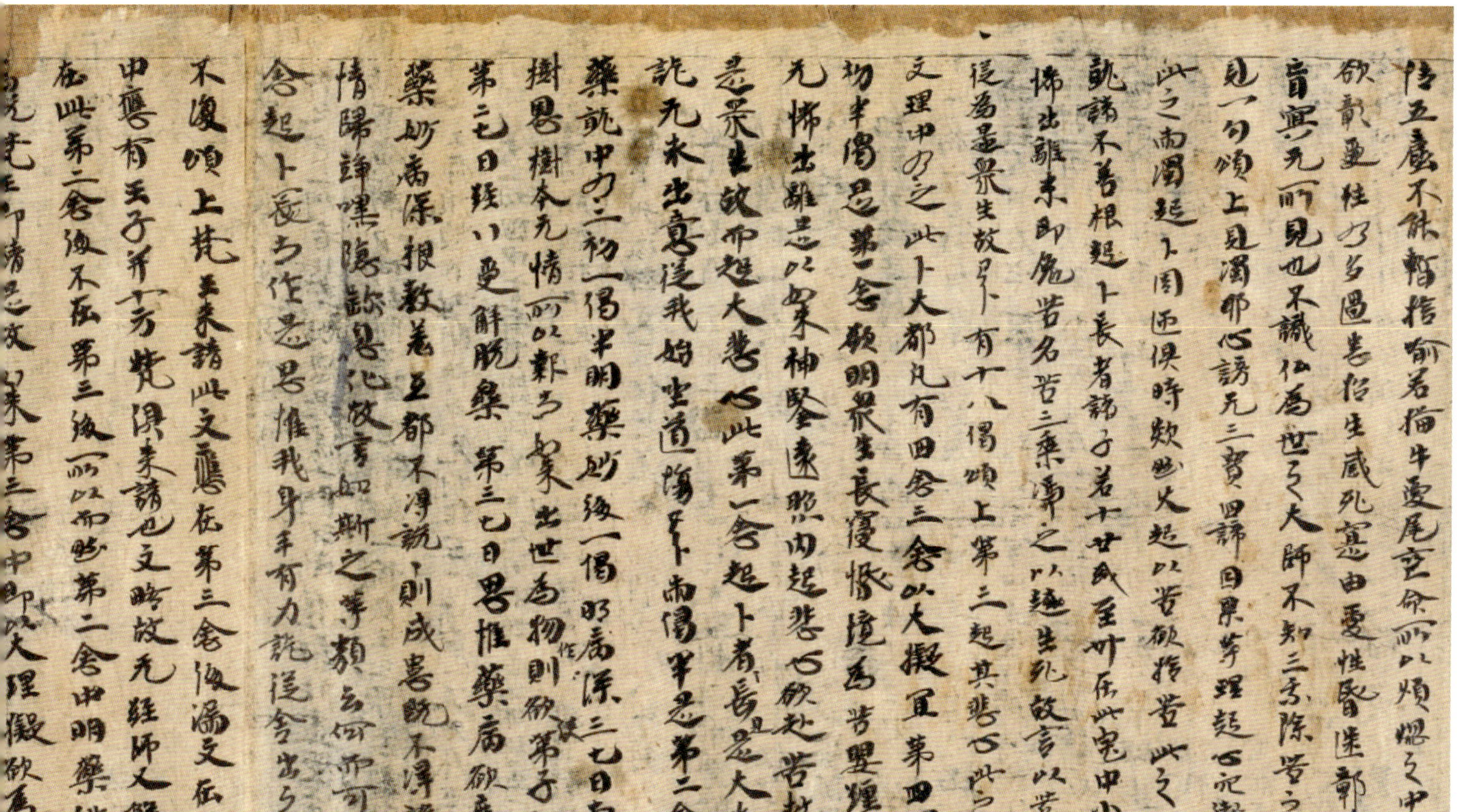
隋五塵不能暫捨喻若猫牛愛尾吝命所以煩惱之中偏彰一愛之
欲載愛性乃多過患始生感死寔由愛性昏迷鄣人慧目名為
盲冥无所見也不識佛為世之大師不知三乘除苦之法深入諸邪
見一句頌上見濁邪心謗无三寶四諦因果等理起也沉溺名為邪見
此之兩濁起下周匝俱時欻然火起以苦欲捨苦 此之一句頌上成
就諸不善根起下長者諸子若十廿卅至卅在此宅中小乘機感雖
佛出離未即免苦名苦三乘濟之以趣生死故言以苦欲捨苦也
從為是衆生故ㄗ下 有十八偈頌上第三起其悲心 此之三舍長行无
文理中乃之 此下大都凡有四舍三舍以大擬宜第四一舍以小教之
初半偈是第一舍頌明衆生長寢憍慢為苦塑理迷也其更(?)
无佛出離意以如來神鑒遠照內起悲心欲赴苦救之故言為
是衆生故而起大悲心 此第一舍起下者長是大火從四面起
詵无永出意從我始坐道場ㄗ下兩偈半是第二舍審其根
藥就中乃三初一偈半明藥妙後一偈明為深三七日之一七日欲觀
樹思樹本无情所以鄣之如來出世為物則欲第子知思鄣思
第二七日雖以受解脫樂 第三七日思惟藥為欲度衆生但
藥妙為深根數義五都不淨說則成喜既不淨說如來便欲
情歸靜嘿隱跡息化故言如斯之等類云何而可度 第二
舍起下長之作是思惟我身手有力就從舍出之 頌有兩偈
不復頌上梵王來請此文應在第三舍後滿文在此唯下化城
中德有五子并十方梵俱來請也文略故无雖師又解梵王已德(?)
在此第二舍後不在第三後所以而然第二舍中明藥妙為深不淨
無先世乃情是故如來第三舍中即以大理擬欲為說從我即日

图 6-90 P. 3308《法华经义记第一卷》，西魏，536 年，法国国家图书馆

勝鬘義疏一巻

拂掌盧

正始元年二月廿日寫記

用紙十張

勝鬘師子吼一乘大方便方廣經

寶獻共玄濟上學

勝鬘義記一巻

義 義 義 義 義

勝鬘義記一巻

我 我 義 義 義 義

我 我 我 我

勝 我 勝 勝鬘 勝鬘 我 我 我 起 起

義 我 勝鬘師子吼經一巻 戊 戊 遠 遠 遠 起 起

信忍也隨順法忍者順忍人也而得究竟者是上二忍信有佛性不復退轉也
觀察諸法施六根也若云身地有此觀者當云地有佛性大明者也觀
察業報者若云身地有因有果二能知云有佛性萬善因也觀察阿羅漢
眠者小乘經云羅漢昔眠今見有眠云非究竟衣恐有佛性常覺不眠也觀
察心自在樂者得自在者心則受樂三禪之中亦有樂根故云恐有佛性之樂也
觀察聖自在通者若三乘聖人与身地常有自在神通故云地亦有佛性大神通
也究竟衣者入大乘道深信佛性不退轉者則能見明萬善向色因信如
來者得如是大利益不勞深義者因由信佛語云有佛性復得知云大乘之道
不復言非也　更有餘大利益者第十四經名也佛去世後降伏惡人合法善流
一切信門也雖自毀傷者不謗大乘也生大功德者生大乘法也自就成甚深
法忍者世世生忍人也隨順法忍者順忍人也何唯也爲唯佛所云者信忍人也
此三忍人同佛性大乘則能受門也若餘衆生者此不明非法人也堅著
妄說者說有三乘因果名爲也違背正法者不順一乘也習謗外道者明身
外道經記論也處敗種子者世世力能我佛法子也其若雖經不能生死也王力
天龍鬼神力者斷力能制假諸國王護法天神摧伏之也頂禮佛是者諸佛可
第十五經世尊文自提上所說以爲名也過眼境界者目不及處也是念
者十力世界相好光明內外諸德也

图 6-91　S. 02660《胜鬘义记一卷》，北魏，504 年，卷轴装，28 厘米 × 525.2 厘米，纸十一张，首残尾全，英国国家图书馆

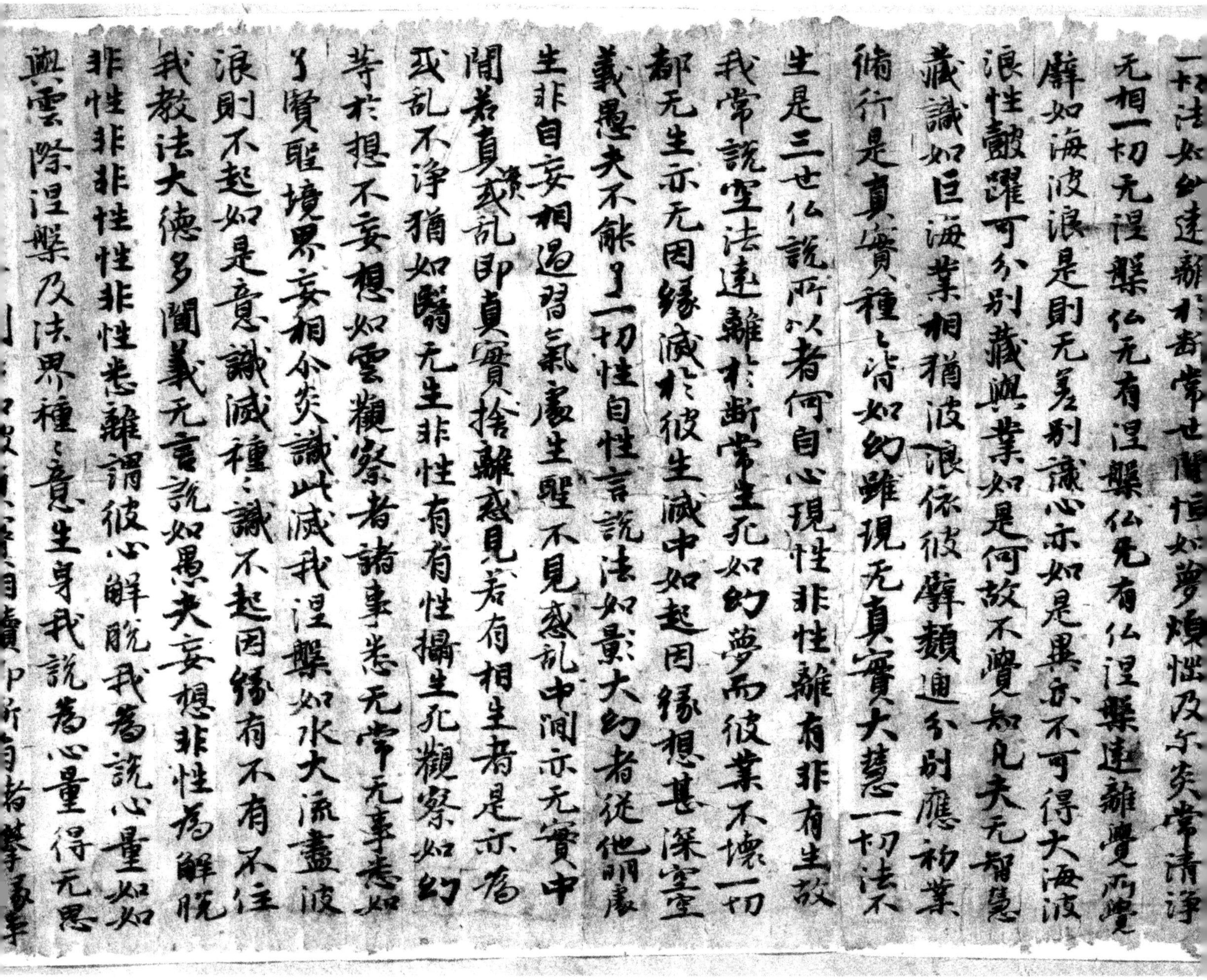

一切法如幻遠離於斷常世間恒如夢煩惱及尔炎常清淨
无相一切无涅槃仏无有涅槃仏无有仏涅槃遠離覺所覺
譬如海波浪是則无差別識心亦如是異亦不可得大海波
浪性皷躍可分別藏與業如是何故不覺知凡夫无智慧
藏識如巨海業相猶波浪依彼譬類通分別應初業
脩行是真實種種皆如幻雖現无真實大慧一切法不
生是三世仏說所以者何自心現性非性離有非有生故
我常說空法遠離於斷常生死如幻夢而彼業不壞一切
都无生亦无因緣滅於彼生滅中如起因緣想甚深空
義愚夫不能了一切性自性言說法如晝大幻者從他明處
生非自妄相過習氣處生聖不見惑亂中間亦无實中
間若真惑亂即真實捨離惑見若有相生者是亦為
惑亂不淨猶如翳无生非性有有性攝生死觀察如幻
等於想不妄想如雲觀察者諸事悉无常无事悉如
了賢聖境界妄相分炎識此滅我涅槃如水大流盡波
浪則不起如是意識滅種種識不起因緣有不有不住
我教法大德多聞義无言說如愚夫妄想非性為解脫
非性非非性悉離謂彼心解脫我為說心量如如
與雲際涅槃及法界種種意生身我說為心量得无思

上：图 6–92　BD04787《诸经集抄》，唐，纸本，卷轴装，28 厘米 × 83.7 厘米，中国国家图书馆

右：图 6–93　P. 3848《众经别录》局部一，唐，与 BD04787 原为一卷，法国国家图书馆

若分別諸法則入增上慢隨所分別皆名爲邪梵天我雖
說生死實无有人往來生死雖說涅槃實无有人滅
度者若有於法生見則於其人仏不出世何謂𦬇行精進
仏言求心不得知法名爲仏知離名爲法知无名爲僧明解
於諸法不疑道非道所有行皆是分別无分別是菩提
仏言離諸法二相是受記義不分別生滅是具足受記
義无所見者乃名見諦梵天言不見何名法爲見諦
答曰一切諸見名爲見諦阿耨菩提同於虛空辟如虛空

[illegible]
不從因緣生是故一切法无不是空者涅槃之實際及與
世間際如是二際者无毫釐差別二法空故世間諸見等同
時誰起是諸見
楞伽經四卷

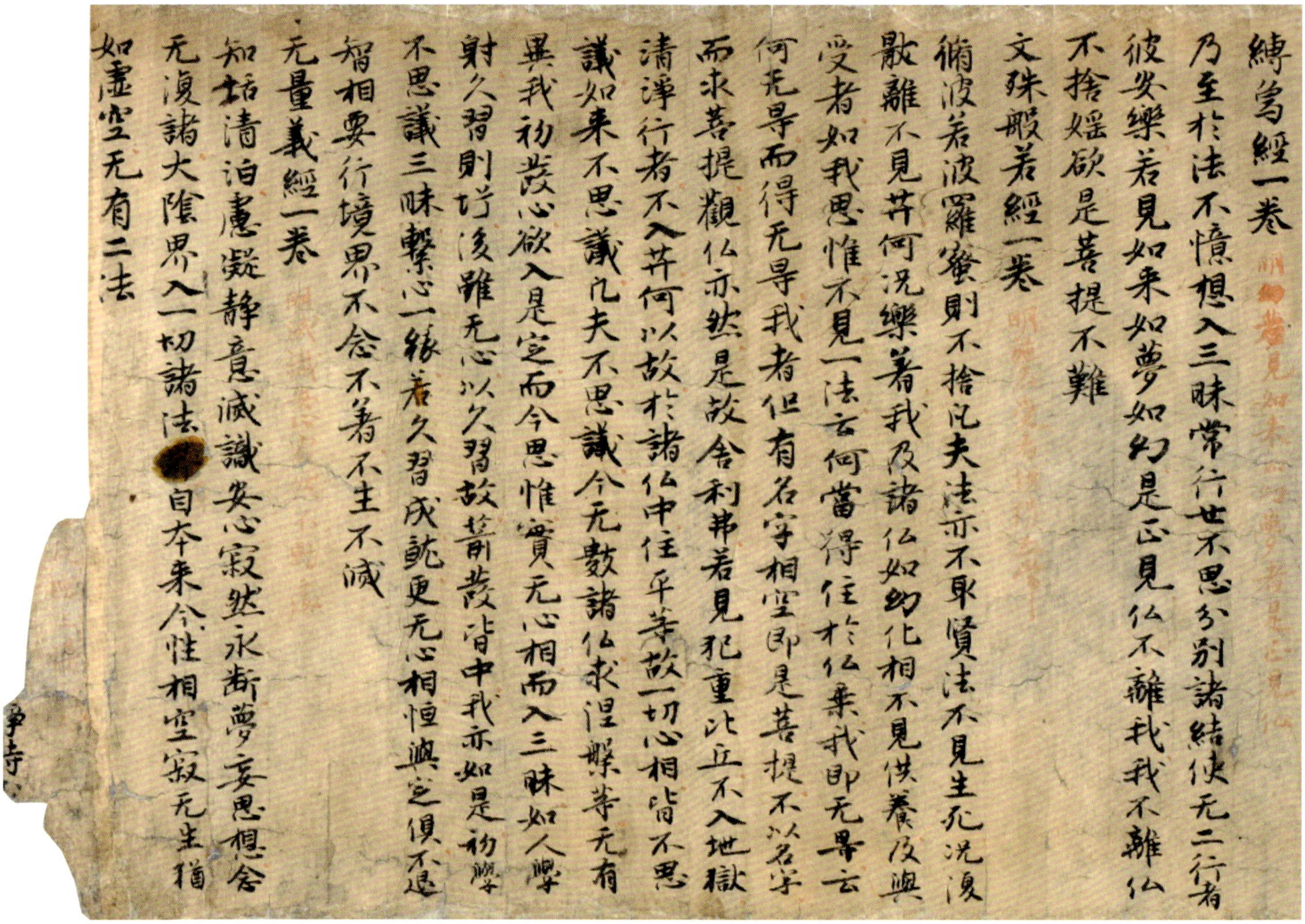

图 6–94　P. 3848《众经别录》局部二，唐，与 BD04787 原为一卷，法国国家图书馆

《众经别录》为佛教经典分类的目录，上卷是《大乘经录第一》《三乘通教录第二》《三乘中大乘录第三》，下卷是《小乘经录第四》，第五篇目本阙，《大小乘不判录第六》，《疑经录第七》，《律录第八》，《数录第九》，《论录第十》。现在所存的是《大乘经录第一》的最后一部分、《三乘通教录第二》全部和《三乘中大乘录第三》前一部分，共存七十八个经名，约全书十四分之一。这种分类法，对于其后的经录编辑者起过一定的示范作用。

早在三国时代已开始佛经编目，南朝梁释僧祐的《出三藏记集》（494—510）是现存最早的一部。此前虽有很多部目录，均早亡佚。敦煌藏经洞所出此部《众经别录》残卷，比《出三藏记集》早数十年。据隋费长房《历代三宝纪》卷十五记载，称此录二卷，作者不详，似刘宋时述。此书除用一句话说明一本经的要旨外，还在每部经下面注明“文”或“质”，虽很笼统，但说明当时人对佛经翻译已相当注意文辞的修饰与内容的准确。

从书法来看，此卷以行书写成，用笔讲究，行笔流畅，字形结构亦颇具板眼，有着较好的二王行书基础与唐楷根基。从敦煌藏经洞出土的材料中，发现有王羲之《旃罽帖》等行草书经典范本，也有唐代李世民的《温泉铭》拓本，这些字帖都可能是这些敦煌写本作者学习的对象。此卷《众经别录》书法，书写水平较高，虽是行书，并不草率，笔笔到位，字字独立，可以认为是以楷法作行书。当然这种写法影响了上下字之间气息的贯通，少了行书的流动，多了唐楷的严谨，显得相对比较生硬。作为诸多经典的集抄，每一节都有其局部形态，节与节之间有变化，组合在一起形成一件完整的作品。每行字数亦不以十七字为限，显得相对自由生动，堪称唐代民间行书的代表性作品。

5. BD14546《妙法莲华经玄赞卷二》

中国国家图书馆藏 BD14546 号《妙法莲华经玄赞卷二》（图 6–95），为 717 年写本。纸本，薄皮纸，卷轴装，长 1309.3 厘米，宽 28.2 厘米，纸数三十一张，共 942 行，每行 29—31 字，近 3 万字长卷，书写工作量实在不小。首残尾全，有折叠栏。尾有题记：“开元五年四月十五日辰时写了。”此卷字体以行书为主，其中草书也不少。从作者取法来源来看，依然沿着初唐学书的传统，深受二王、智永一路的影响。虽为行草夹杂，但书写并不草率，笔法字法合度，尤其是草法严谨，草书符号多与智永、孙过庭草书字形一致。字距紧密，但极少连属，抄写者无意炫耀书法技艺，只是为了完成便于阅读传播的书写任务。值得注意的是，此卷写本表现出颜体行草（如图 6–96 颜真卿《争座位帖》局部）的雏形，或者说颜真卿书法的来源不无民间书风的影响，这种民间书法也是时代书风的反映。

入彼〻法不退轉謂〻菩薩身論云〻大菩薩此〻依身入衆所由諸
爲何等事外爲他說法因入於諸法以大菩薩地重修身心校量無異故
顯行上一種但爲菩薩不由餘事菩薩名有三如下當說七地前報
如實境界不退轉謂菩薩入佛真此三顛倒並盡如實境界之一切智
不退轉得入觀與智與本无別若依論文便无異也八依我空法
空不退轉通達大智達二我无智也九入如實境界不退轉到於
彼岸顯彰如實佳故 經名稱普聞至百千衆生 贊曰此有二句
合爲一句十通作所作住持不退轉名稱普聞无量實果故能住持法
令法不滅衆生聞名信向修學能度无數百千衆生故名通作所作
菩薩通作謂利衆生故上來上文下文問下明攝取事門論有二釋論
攝取事門者攝取諸功德乃初翻釋之未現諸菩薩住何等清淨地中因
何等方便何等境界中通作所作故此爲總標攝論下隨釋十二句中上之
爲三於无上正等正覺不退轉句是住何等清淨地中次有十句是因何等方便
後之二句是何等境界中通作所作故論隨釋中唯解初二句標不釋末一
句何等境界中通作所作地清淨者地已上三地无相行寂靜清淨故地中
无相理名无上正等正覺故後三地皆於无相行任運寂靜離障清淨名
不退轉非始始深首於等之所退轉故更二句因何等方便者有攝
[illegible]

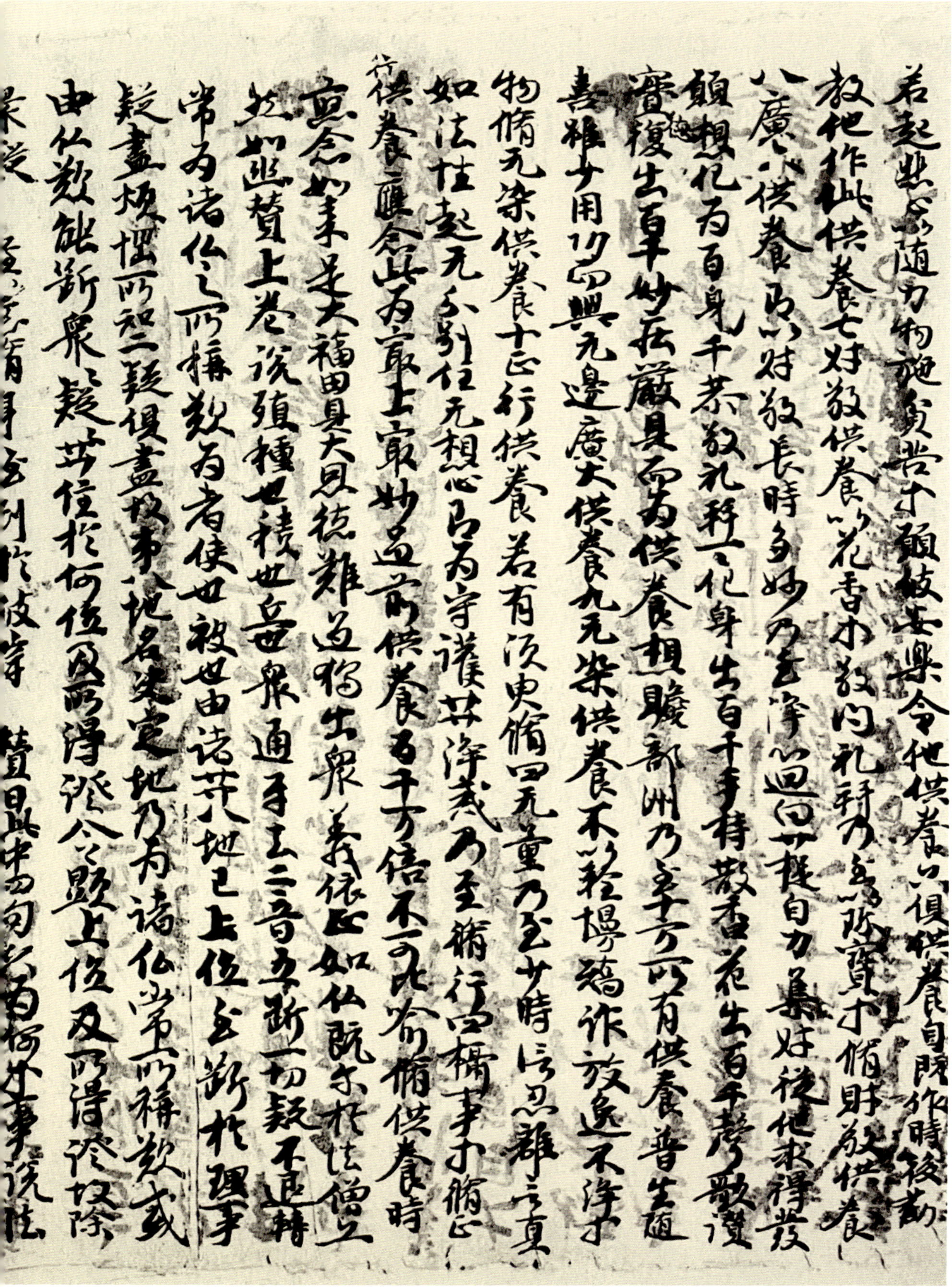

图 6–95 BD14546《妙法莲华经玄赞卷二》，唐，717 年，纸本，薄皮纸，卷轴装，28.2 厘米×1309.3 厘米，近三万字，中国国家图书馆

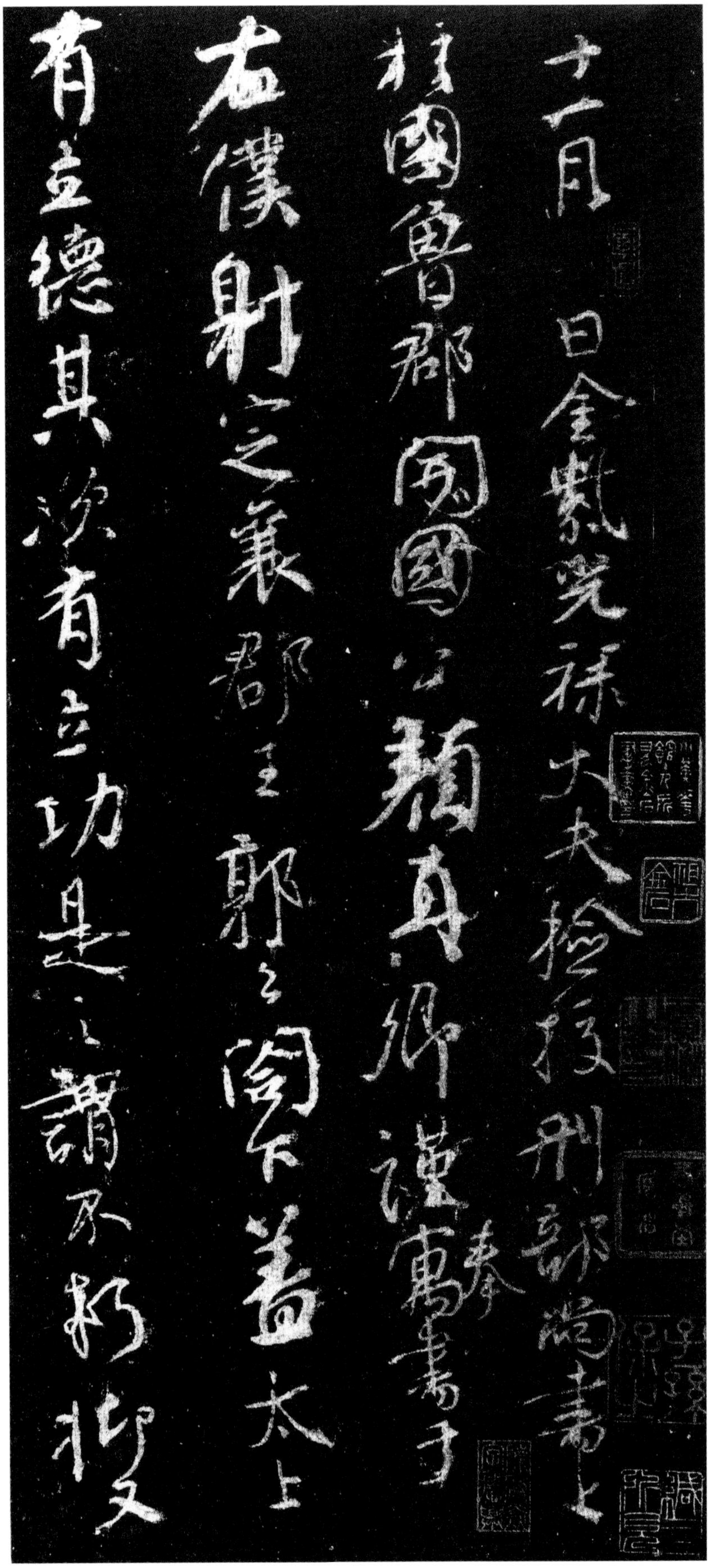

图 6–96　颜真卿《争座位帖》拓本，宋拓，中国国家博物馆

（二）题记行书

一些写卷正文用楷书或行楷抄写，题记使用行书。且用行书落款的写卷正文内容大多也是讲疏类。虽短短几行，但有质量，书法亦可圈可点。

1. P. 2091《胜鬘义记卷下》

法国国家图书馆藏 P. 2091《胜鬘义记卷下》（图 6–97），写于 613 年，题记为："释慧远撰之也。大隋大业九年八月五日沙门昙皎写之，流通后世校竟也，经疏卷之下。"三十四字，分五行书写。后四行每行字数由多变少，章法不受乌丝栏束缚，字形较正文大，整体微微右斜。墨色自然，由浓到淡。用笔尽量放松，起笔多露锋直入，笔法细腻到位；笔势连贯，字与字之间有照应，与唐代端严楷书写法有意拉开距离。第三行末字"了"拉长竖画，调整书写节奏，表现出书写者释放心情的状态，也是书写者昙皎性情的点滴发挥。这样的书写效果在相对板滞的宗教写经中是很少见到的。

2. P. 2199《大智度论卷第五十一》与 S. 0457《大智度论卷第卌四》

隋代写经中，有一组李思贤书写供养的卷子，内容均为《大智度论》，且末尾题记均为："开皇十三年岁次癸丑四月八日，弟子李思贤敬写供养。"选择的日期"四月八日"，是释迦牟尼佛诞纪念日。法国国家图书馆藏 P. 2199《大智度论卷第五十一》（图 6–98）与英国国家图书馆藏 S. 00457《大智度论卷第卌四》均出于这组写经，正文为楷书，书写非常精美，字势扁平，用笔方圆结合，有智永风格，但非一人书迹。题记为同一人书写，行书字体，圆笔为主。

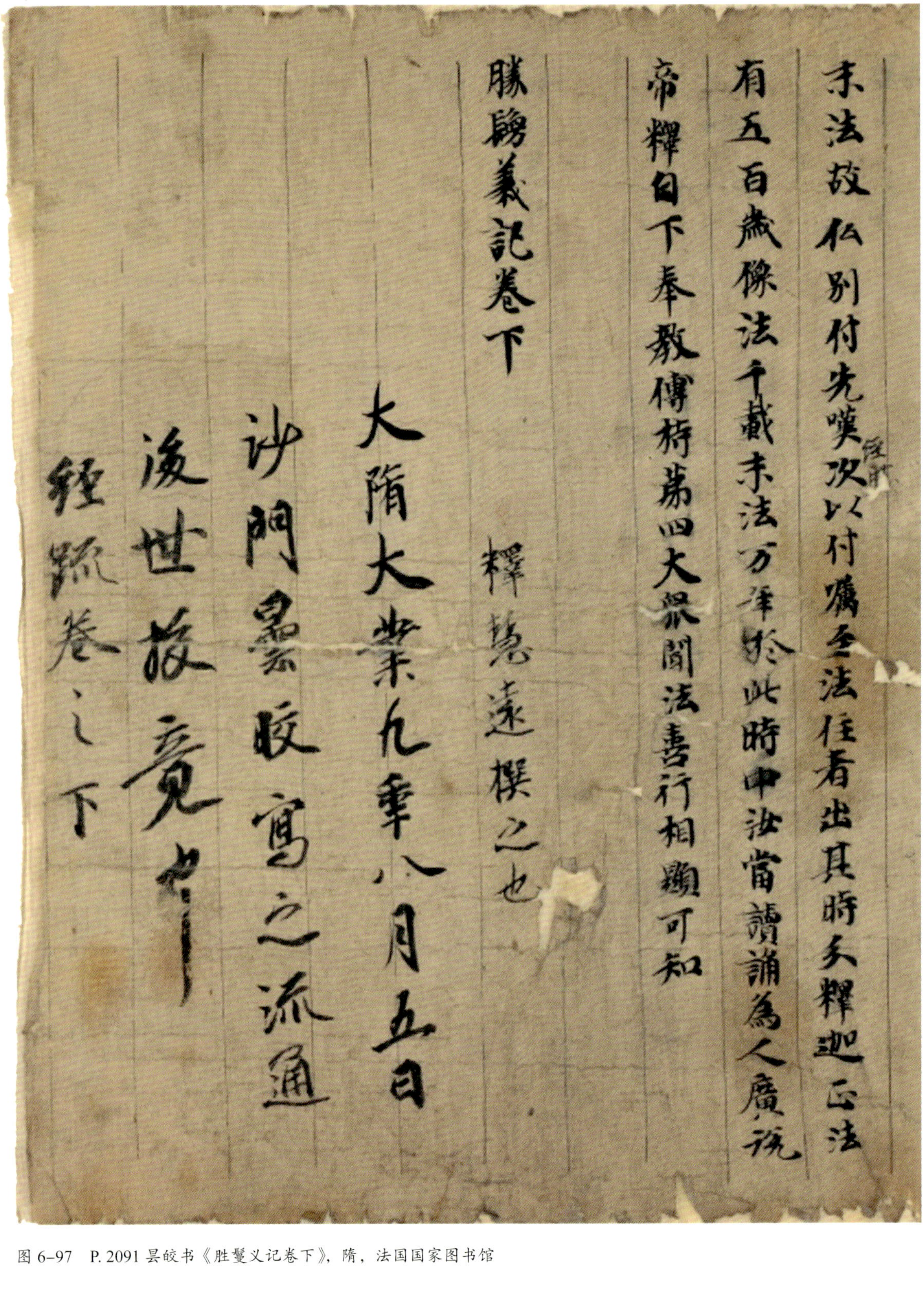

图 6–97　P. 2091 昙皎书《胜鬘义记卷下》，隋，法国国家图书馆

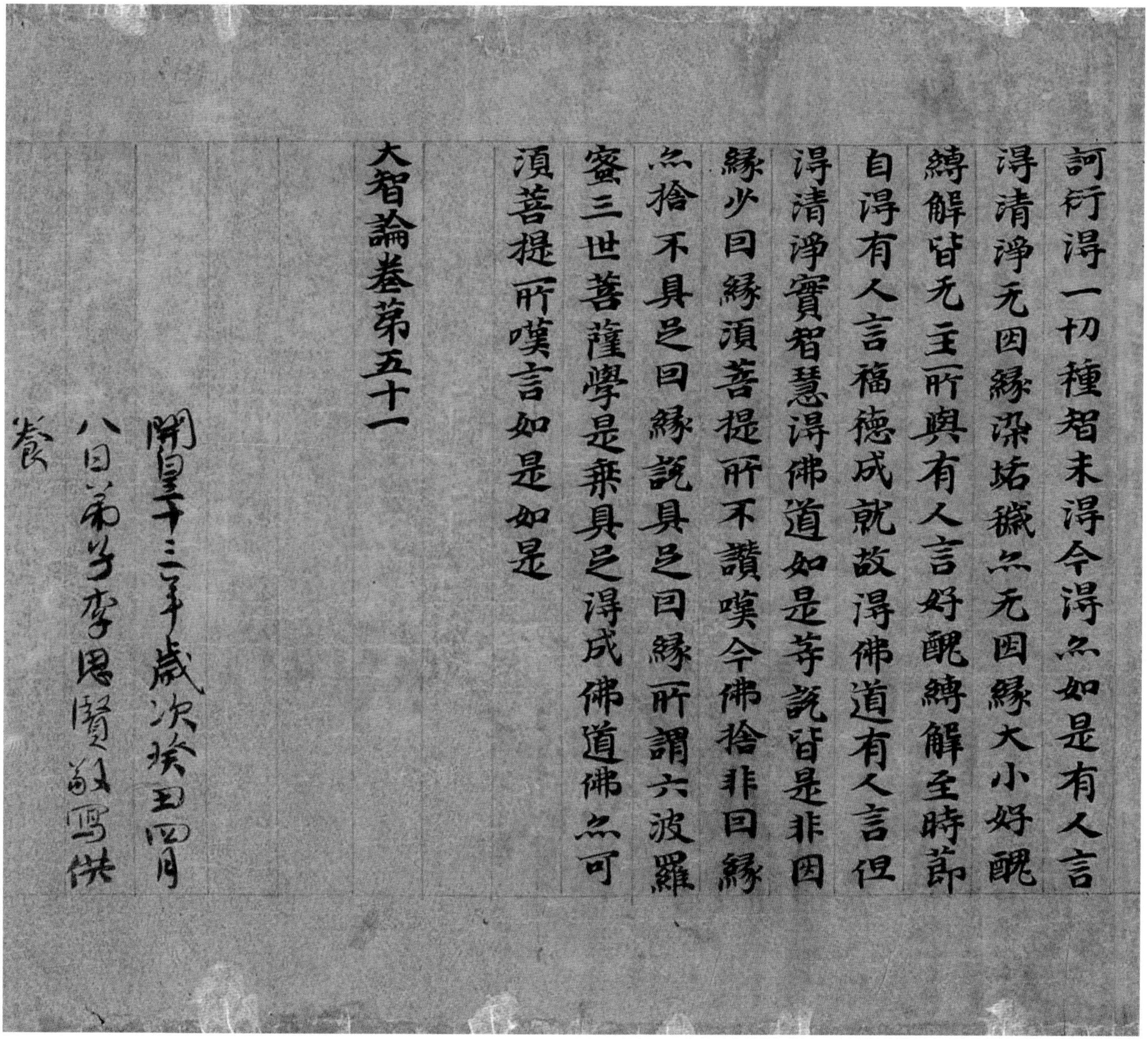
訶行得一切種智未得今得亦如是有人言
得清淨无因緣染垢穢亦无因緣大小好醜
縛解皆无主所與有人言好醜縛解至時節
自得有人言福德成就故得佛道有人言但
得清淨實智慧得佛道如是等說皆是非因
緣少因緣須菩提所不讚嘆今佛捨非因緣
亦捨不具足因緣說具足因緣所謂六波羅
蜜三世菩薩學是兼具足得成佛道佛亦可
須菩提所嘆言如是如是

大智論卷第五十一

開皇十三年歲次癸丑四月
八日弟子李思賢敬寫供
養

图 6-98　P. 2199 李思贤书《大智度论卷第五十一》，隋，法国国家图书馆

第三节 草书类

西汉简牍中就已出现早期草书，草书产生于隶书快写。“草者，隶之捷也。”（张怀瓘语）到西汉晚期，形成了较为固定的草法，但隶书波磔遗存并未褪去，是为章草；东汉草书进一步成熟，敦煌瓜州（今酒泉市瓜州县）人“草圣”张芝成为书法爱好者竞相学习的偶像。与张芝基本同时代的草书大家索靖，所作《月仪帖》，成为章草经典。魏晋时代草书得到进一步发展，今草逐渐成熟，唐代草书达到时代高峰。这是隶书时代形成草书，后来逐渐发展成熟成为章草、今草的基本线索。从现存资料来看，水平较高的敦煌佛教草书写本都以隋唐为主，取法多受到二王一脉包括智永《草书千字文》的影响。

1.《因明入正理论后疏》与《因明入正理论略抄》

《因明入正理论后疏》（以下简称《后疏》）和《因明入正理论略抄》（以下简称《略抄》），纸本，草书，内容均为唐代高僧玄奘门下大德净眼法师所撰，无名氏书手抄写。《略抄》与《后疏》合写在一个卷子里，写卷的前半部是《略抄》，后半部是《后疏》，卷首朽蚀，故《略抄》缺首题和著者名号。此卷除卷首残破外，保存基本完好，现存 954 行，共计 25842 字。其中《略抄》为 446 行，计 12478 字；《后疏》为 508 行，计 13364 字。此卷全长 1396.4 厘米，高约 29 厘米。此卷是敦煌因明写卷中分量最重，篇幅最长而且保存较为完整的，现藏于巴黎法国国家图书馆，编号 P. 2063（图 6–99）。

因明（梵文 Hetuvidyā 的意译）指古印度的逻辑学。因，指推理的根据、理由、原因。明，指显明、知识、学问。商羯罗

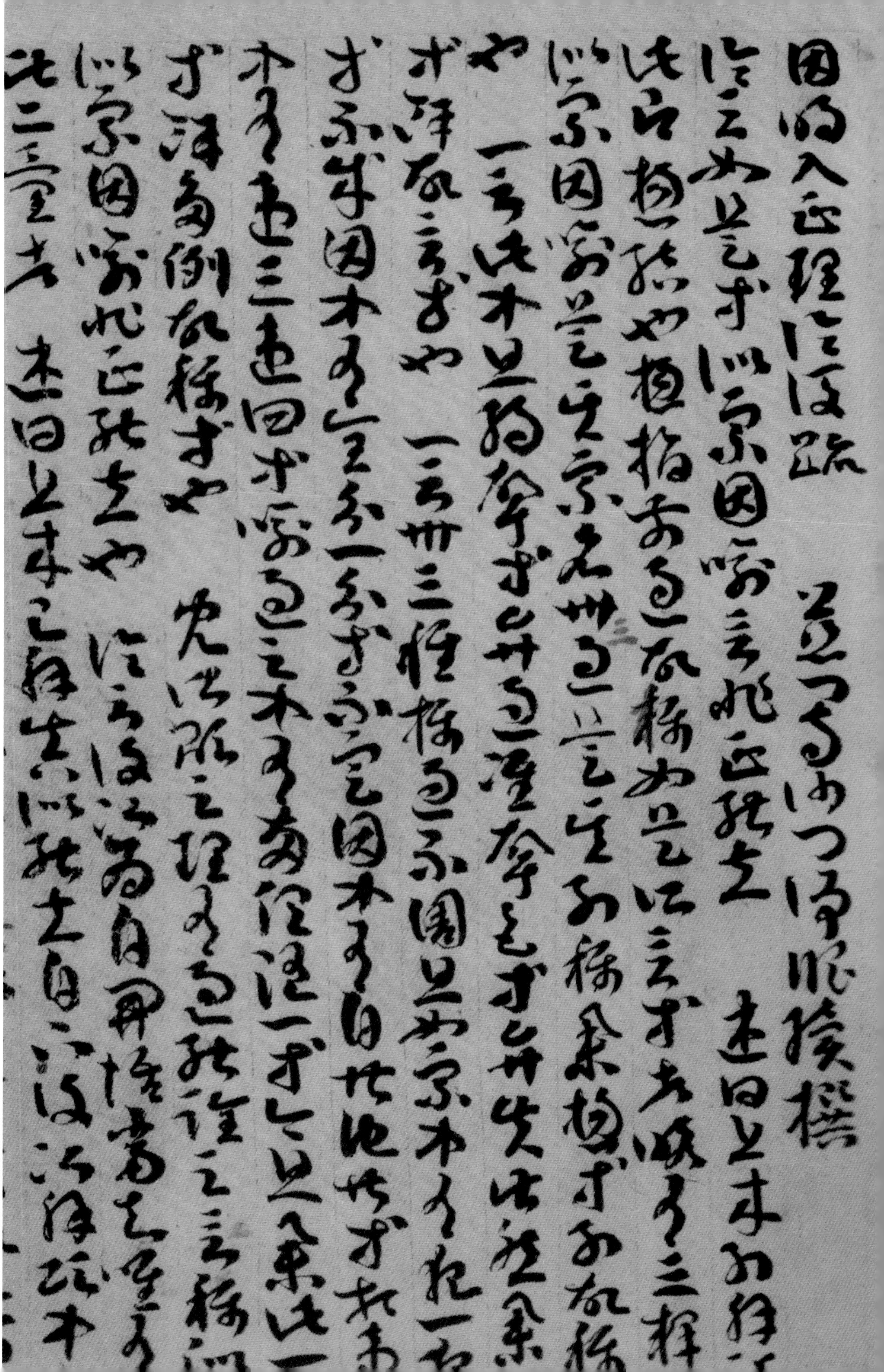

图 6-99 P. 2063《因明入正理论后疏》局部，唐，纸本，法国国家图书馆

主的《入正理论》与陈那的《正理门论》是因明学的重要著作，商羯罗主的《入正理论》是诠释陈那《正理门论》的逻辑体系的，此论篇幅不长，然对陈那早期的逻辑体系阐说精当，层次分明。玄奘先后于贞观二十一年（647）在长安弘福寺、贞观二十三年（649）在慈恩寺译出《入正理论》《正理门论》后，二论深受玄奘弟子们的推崇。诸大德纷纷依据玄奘对经义的宣讲，结合各自的理解，竞造文疏。如神泰、靖迈、明觉、文轨、文备、玄应、定宾、灵隽、净眼、璧公、窥基、利涉、玄范、顺景、胜庄等均撰有《因明入正理论》的疏解。虽同受教于玄奘，但见解并不一致，争论亦不可避免。其中文轨的《因明入正理论疏》由于传播较为广泛，"人多信学"，甚至"依文诵习，未曾辄改"，遭到同门大德的批评亦更为强烈。

《略抄》与《后疏》正是净眼法师针对文轨法师《因明入正理论疏》提出的批评和见解，文中引述了许多文轨的疏文，这些引文有相当一部分系佚文，显得弥足珍贵。在《略抄》和《后疏》中，净眼法师常为阐说某一问题而引述诸师的多种解释，概括问题的多个方面，具有相当的说服力。从内容来看，这些古代因明研究的思想资料，直至今天依然具有很高的文献价值。

此卷的书写年代当与净眼撰成《略抄》与《后疏》的初唐相去不远。从书法来看，字体为纯正的草书，点画厚实饱满，草法简捷规范，书写婉转流便，通篇两万余字，不激不厉，从容自信，很少涂改，可见书写技术之娴熟，体现出相当高的书写水平。与二王体系草书相比，此卷书写少顿挫、多圆转，字形内部线条注意穿插，但字形外轮廓整体平正，少欹侧，虽无孙过庭《书谱》摇曳多姿的变化，但点画浑厚而不失灵动，随机变化，修短合度，自有一种潇洒的风神。字内空间茂密，字间气息流畅，但字与字不连绵，尚有章草遗风。整体来看，上下勾连，左右穿插，偶留虚白，浑然一体。字数、尺幅、书写水准达到如此规模与高度的草书写本，堪称唐代草书的典范之作，完全可以作为草书经典载入史册。

2. P. 2147《受菩萨戒文》与 P. 2118《妙法莲华经明决要述卷四》

法国国家图书馆藏 P. 2147《受菩萨戒文》（图 6–100），此卷非佛经抄写，字体行草相间，无乌丝栏，卷末有"受菩萨戒文一卷"题记。《受菩萨戒文》据称为三藏法师玄奘传入中国，收入唐慧沼《劝发菩提心集》卷下，亦题《大唐三藏法师传西域正法藏受菩萨戒法》。宋《高僧传》卷四载，慧沼名玄，彭城人，淄州大云寺僧，学因明，著有《法华玄赞义诀》一卷，开元二年（714）示寂。

此卷杂写武后新字草书，书写时代当在武周之后。字体行草，笔圆气厚，大小错落，摆动自然，跳跃多姿，偶有多字连属书写，行云流水，轻松灵便，具有稳定平和的书写节奏。虽非佛教经典的书写，亦并不率性随意，在保持书写效率的同时，尽可能遵守行草的规范与章法的整齐，以保证内容的可辨识性。从书风来看，与颜真卿行书有相合之处，此卷书写年代大概与颜相先后，可知此类风格的行草实属时代书风。此卷书写水平虽不算高，但作者专门受过草书

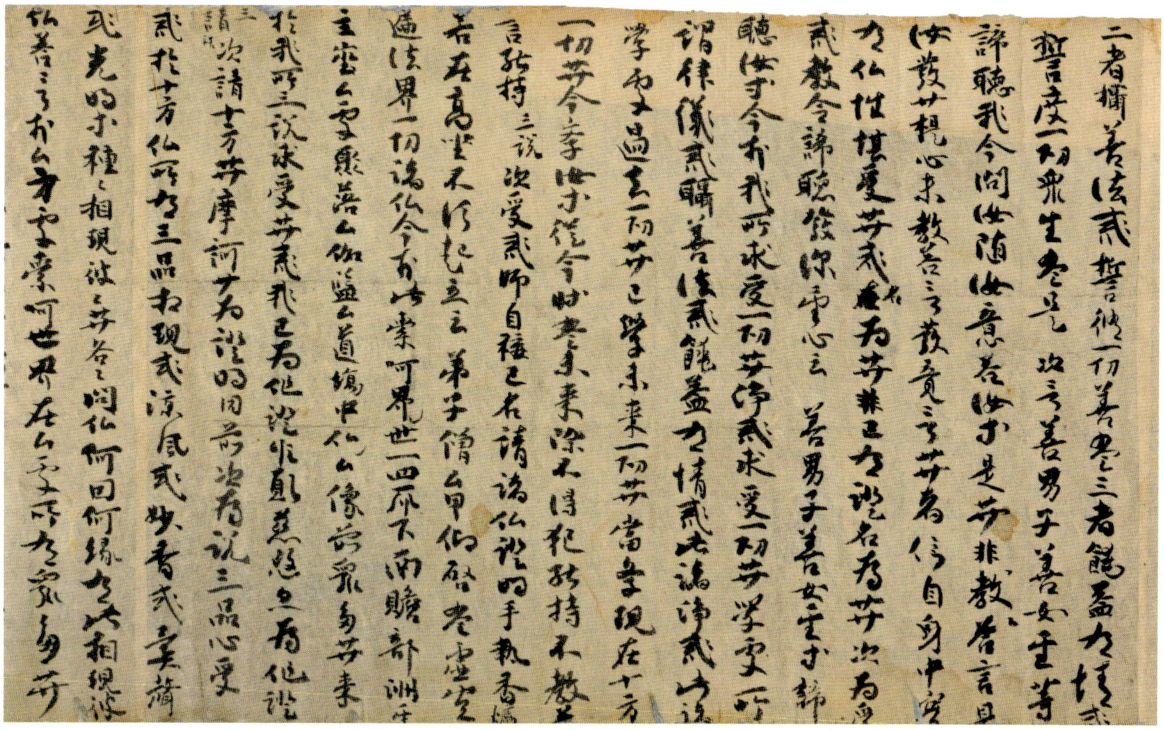

图 6-100　P. 2147《受菩萨戒文》，唐，法国国家图书馆

训练，草书符号基本准确。可见当时人们将追求便捷的行草书作为书写训练的内容，并能在日常书写中加以应用，且能流通。包括草书在内的各种书写训练与识读都具有广泛的群众基础，这也是唐代书法全面繁荣的重要原因。

能说明当时社会书写状态者又如法国国家图书馆藏 P. 2118《妙法莲华经明决要述卷四》（图 6-101），纸本，卷轴装，篇幅巨大。典型的草书写本，大致推断为 6—7 世纪唐代作品。书写水准介于前述《后疏》《略抄》与《受菩萨戒文》之间。从草法书写规范性来看，不如《后疏》《略抄》纯正，偶有行书写法，但比《受菩萨戒文》规范熟练。此卷用笔迅捷果断，点画劲健，起收笔多露锋，末笔右行，少部分捺画或竖弯钩还带有隶书的波磔遗韵，从字形看字字还保持独立，章草特征较明显。但已出现大量的末笔下行，初显上下连绵之意。但整体行笔急促，转折用笔较为生硬，草书符号不够精确，与《后疏》《略抄》的书写水平不可同日而语。

敦煌佛教写本占据了藏经洞所出写卷的 80% 以上，代表了敦煌写本的整体水平，较为完整地反映了自晋至宋初的汉字书写状态，可以成为书法史的重要组成部分。本章所选经卷无论从字体书体、书写水准还是内容类型都具有一定的代表性，作为具有宗教功能的书法，自然具有一般书法艺术作品所不具备的美学特征，这个课题，值得继续深入研究。

七子菩薩越度名　云踊躍者言由大法度為歡喜時
演說一乘接化未能隨機悔執由心歡踊及心跳躍試以踴躍及
以七踐名數七佛之極以身數云名起合掌者歸法不安名起
遲摩將陳訶七佛之慶執合掌慶恭目擊神儀略不報凡接世
記如知作法名中接沙勒世尊未仙記　云光受山林老名
報恩受云無量無以表名報儀云無化是恩表名正報之恩
於由乘才不能了機如來初時善權方便以從小教初中後三受名
是中以處報思惟名生思惠時最誕名生佛惠後誕四果報是乘
今云廿揆三心配三句者緣慕者情名云何住阿之康大勇一光正心
不慧衛如羅四生三界出之入天餘世界天口世授記名如是情以天和
念之度歡離為名如是降伏降龍降和尚心也　悔從界為名夜
慈化名悔々者以勝執名慈化因中從界而名文悔者不化之名
為悔　云憂悔者是法執以引取以執羅漢不能慈悔名
悔悟也隨中之愧　引法執以引受悔二つ於三性何以性擬異慈

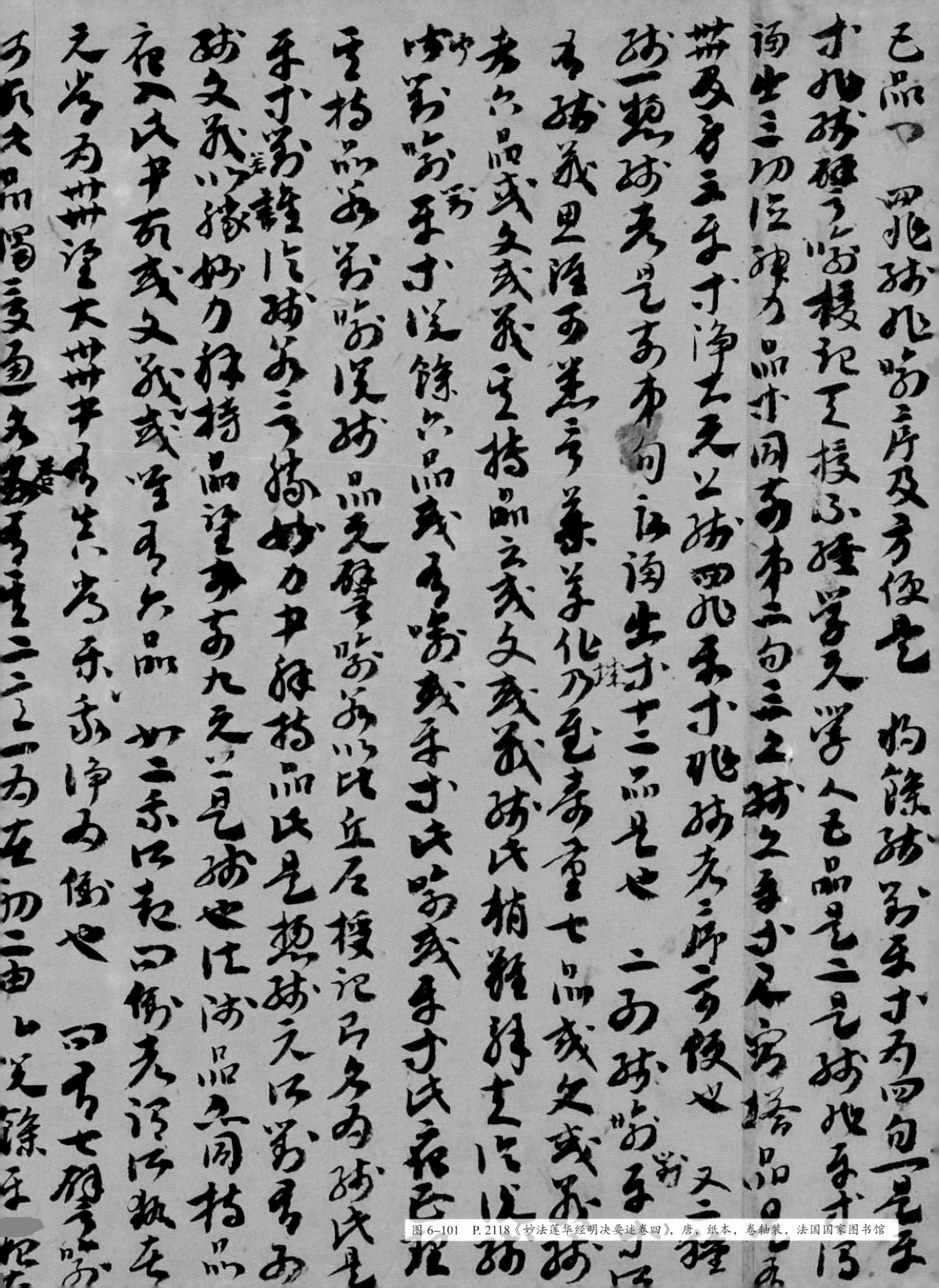

图 6-101　P. 2118《妙法莲华经明决要述卷四》，唐，纸本，卷轴装，法国国家图书馆

后记

敦煌写经是敦煌文化的一部分，这是一个书法宝库，我和我的学生们致力于敦煌写经书法的学习和研究。2012年，我入中国社科院世界宗教研究所，师从何劲松老师做博士后研究工作，经过三年多的努力，写成《敦煌楷书写本书法研究》出站报告，其实是沿用我博士论文《敦煌汉简书写研究》的研究方法，立足于宗教学、书法学与文字学学科交叉的角度，选取书写参数进行分析，对敦煌楷书写本进行宏观与微观考察。本书作为《中国佛教美学典藏》系列丛书的一本，主要从鉴赏的角度考察敦煌佛教写经书法艺术。作为书法欣赏，势必牵涉字体书体的判断，所以也把我博士后研究报告中关于字体研究的成果用了进来，一方面充实本书的学术色彩，另一方面也是对敦煌写经的书法之美进行细致的阐释。

敦煌写经之美，美在端庄，美在多元，美在熟练。经典的抄写无不端正庄严，其中很多书法水平很高，特别是隋唐写经，足以与经典书家作品相媲美，有的本身可能就是当时朝廷里书家们的作品，或者至少是他们学生的作品。我们看到了智永书风、欧阳询书风、褚遂良书风，写得精美绝伦。这些书风又构成了敦煌写经多元的书法风貌，即便是唐代楷书写经，也有各不一样的风采。另外，从西晋到宋代，经律论内容不同，各朝代各书者所用字体不一，显得丰富多彩。尤其是唐代草书写本作品，为我们展现了这一时期草书艺术的风貌和高度。从书法学习的角度，我更加看重两晋时期字体并未完全成熟的作品，非隶非楷，亦隶亦楷，但总的来说书写熟练，生动自然，足以供我们学习参考。敦煌写经本身很美，但其书法之美还需要实现创造性转化，要变成书法学习者的吸收与创造，其实是如何在学习非经典作品过程中进行雅化的问题。正因为其字体书风并不成熟，所以供我们创造发挥的余地就更大。

本书写作过程中，得到了何劲松老师的诸多帮助，中国大百科全书出版社曾辉先生多次指出写作当中要注意的问题，王廓等编辑做的工作也非常细致。我的研究生刘昱菡在图版分类与文字鉴赏等方面贡献了很多力量，石放、朱敏敏也参与了前期图版和数据的筛选和统计，李可馨、赵佳琪参与了后期校对。在此，深表谢意！

李逸峰

2022 年 9 月于郑州

蒸嘗稽顙再拜悚懼恐惶
牋牒蘭要顧荅審詳骸垢
牋牒簡要顧荅審詳骸垢
想浴執熱願涼驢騾犢特
想浴執熱願涼驢騾犢特
駭躍超驤誅斬賊盜捕獲
駭躍超驤誅斬賊盜捕獲

晝眠夕寐藍筍象床絃歌
晝眠夕寐藍筍象床絃歌
酒讌接杯舉觴矯手頓足
酒讌接杯舉觴矯手頓足
悅豫且康嫡後嗣續祭祀
悅豫且康嫡後嗣續祭祀
蒸嘗稽顙再拜悚懼恐惶

依此義時世尊而說頌曰

一切法真如　二障清淨相　法智彼所緣　自在無盡相
普遍真智　修習證圓滿　無上乘出生　諸種大義果
身語及心化　善巧方便業　定及總持門　無邊二成就
自性法受用　變化差別轉　如是淨法界　諸佛之所攝

時薄伽梵說是經已　妙生菩薩摩訶薩等諸
大聲聞世間天人阿素洛等一切大眾聞佛
所說皆大歡喜信受奉行